KB131791

한국목간학회총서 14

木簡과 文字 연구

14

| 한국목간학회 엮음 |

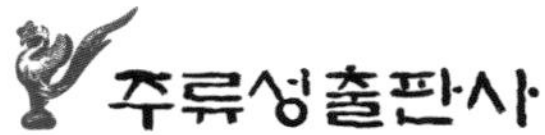

「毌丘儉紀功碑」(사진: ⓒ 이승호)

부여 구아리 출토 442번 목간

포항 중성리 신라비 (국립경주문화재연구소)

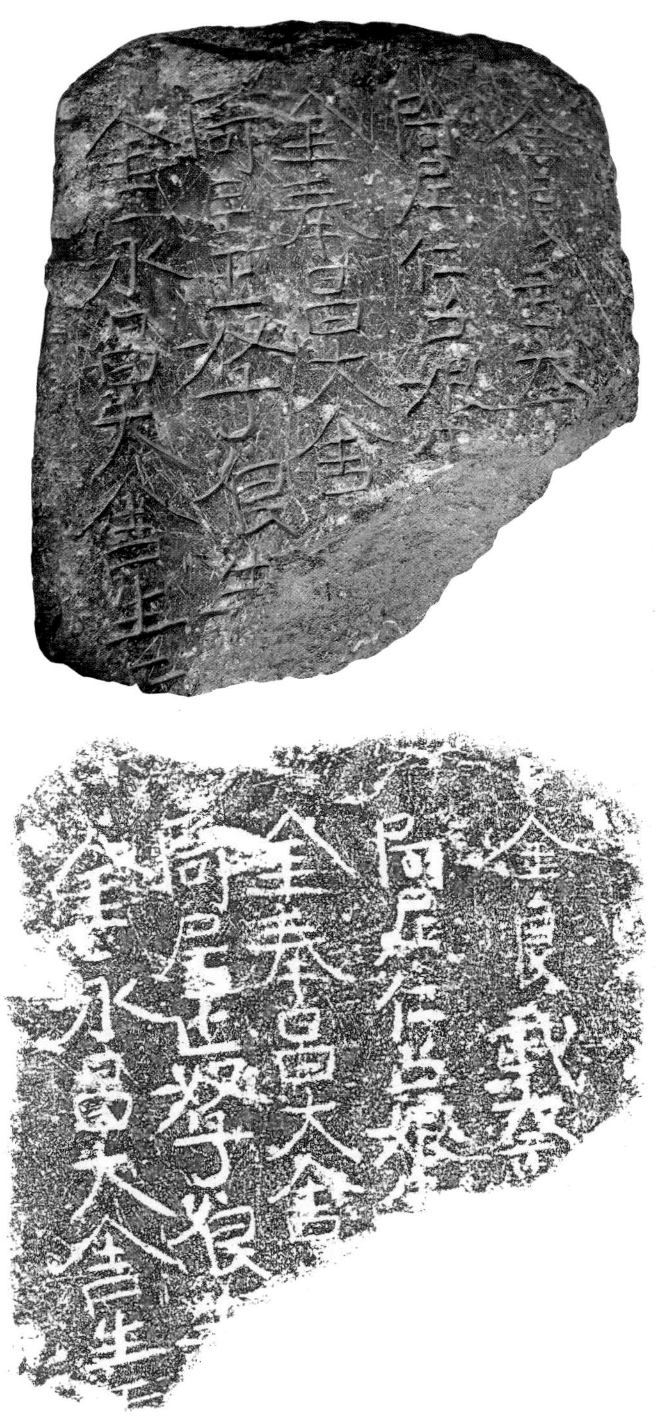

주미사지 출토 명문석편과 탁본 (사진: © 김창석, 탁본: 李南奭 · 李勳, 1999, 『舟尾寺址』, 公州大學校 博物館, p.183)

「성주사 낭혜화상비」 '得難' 부분

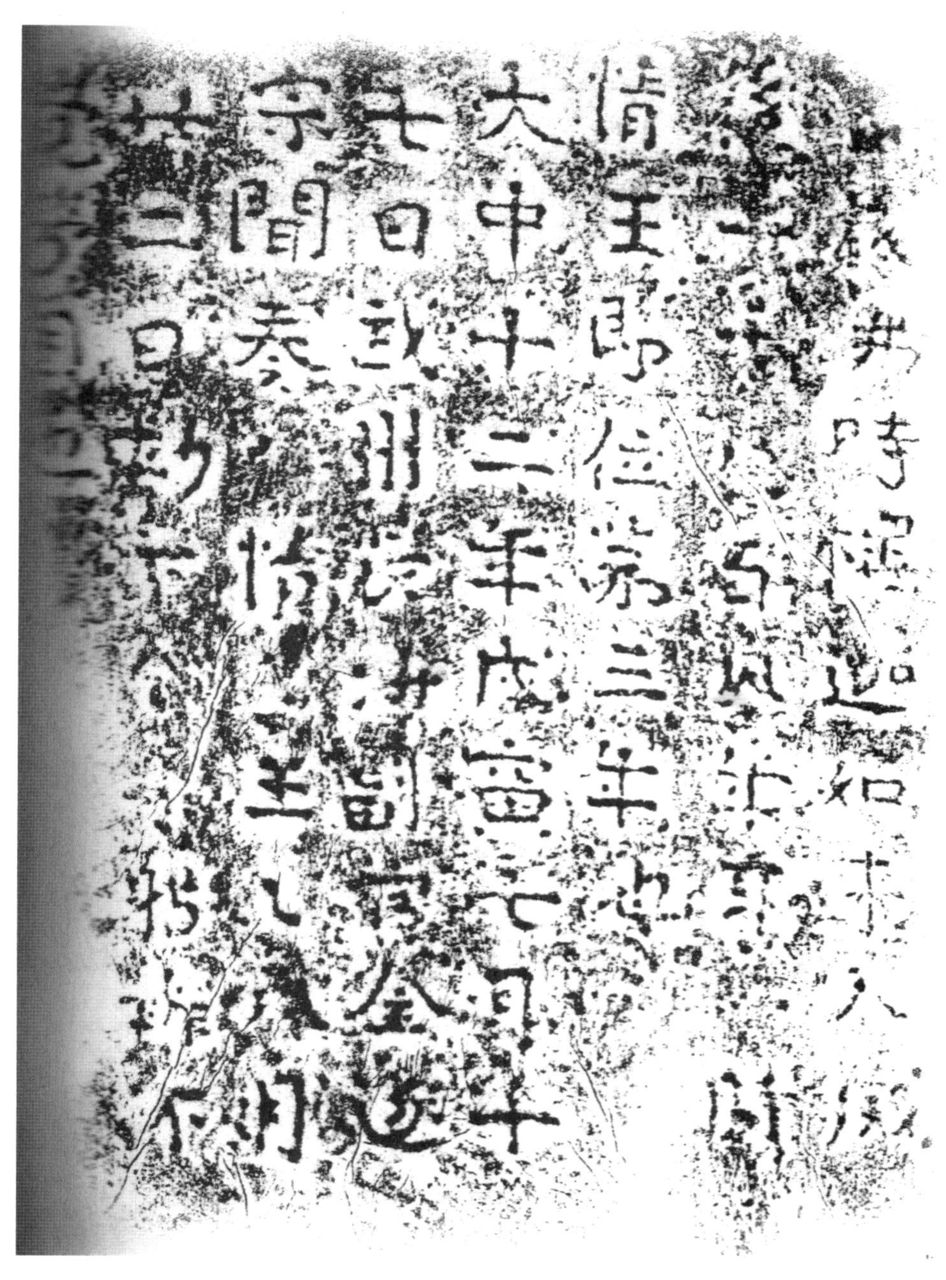

보림사 철조비로자나불조상기

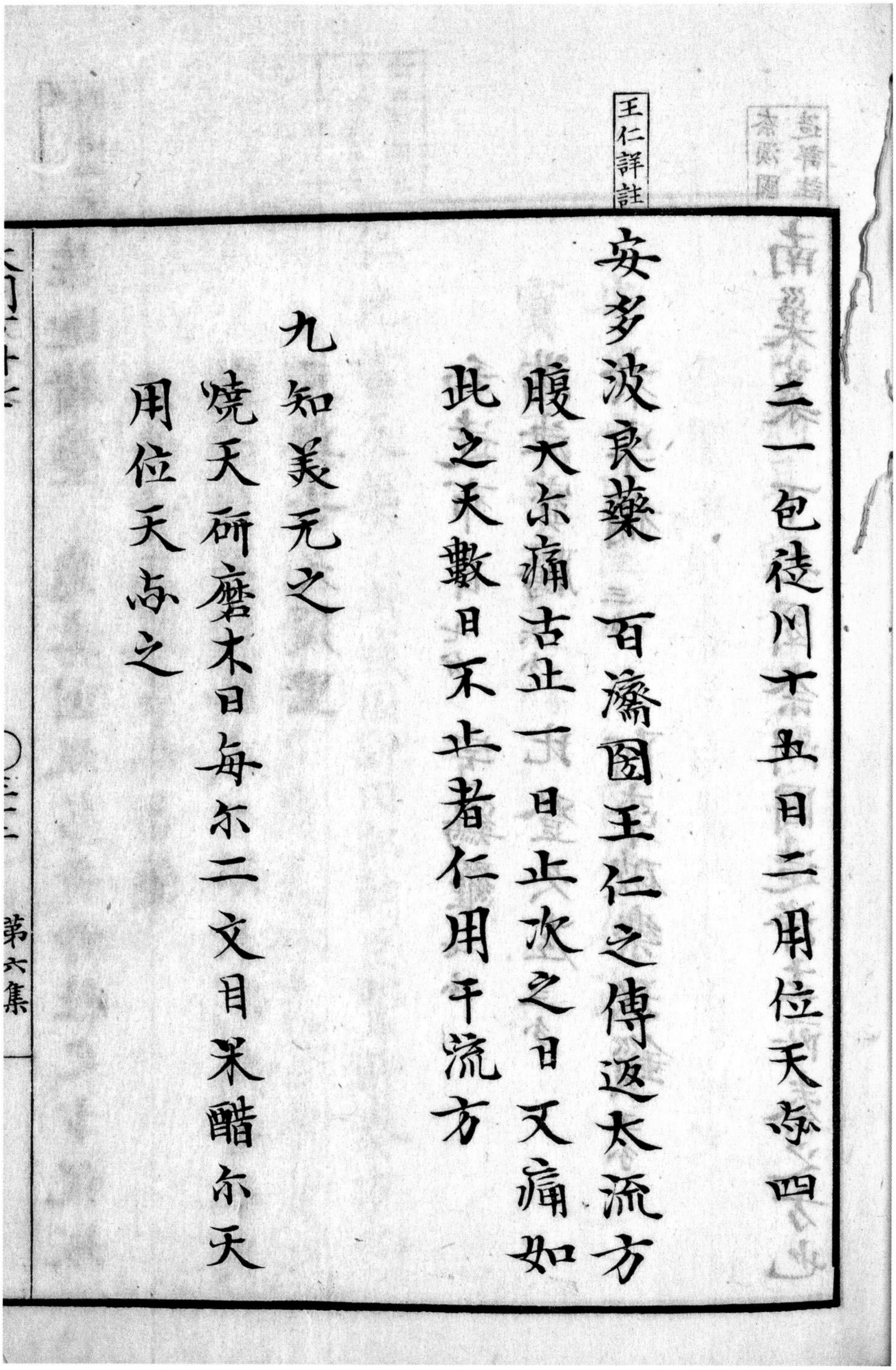
王仁詳註

二一包徒川十五日二用位天亦四

安多波良藥 百濟國王仁之傳返太流方

腹大尓痛古止一日止次之日又痛如

此之天數日不止者仁用于流方

九知美元之

燒天研磨木日每尓二文目米醋尓天

用位天亦之

日本『大同類聚方』(卷37, 阿囊箙邏楊莽必, 大寓羅藥 2 / 安多波良藥 王仁 처방전)

木簡과 文字

第15號

| 차 례 |

논/문

신/출/토 문/자/자/료

문/자/자/료 다/시 읽/기

휘/보

부/록

논/문

논 문

「毌丘儉紀功碑」의 해석과 高句麗·魏 전쟁의 재구성

이승호*

〈국문초록〉

잘 알려져 있듯이 「毌丘儉紀功碑」에는 正始 5~6년(244~245)에 걸쳐 진행된 고구려와 曹魏의 전쟁 상황을 전하고 있다. 한편 같은 사건을 전하는 여러 사서에서는 당시 두 나라의 전쟁 시점을 正始 5~6년(244~245) 또는 正始 7년(246)의 일로 각기 다르게 전하고 있는데, 이에 학계에서는 비석의 내용을 바탕으로 전쟁이 正始 5~6년(244~245)에 일어났던 것으로 보는 견해가 주류를 이루고 있다. 그러나 각각의 사서에서 같은 사건에 대해 그 시점을 서로 다르게 전하는 이상 사료 상에 그처럼 차이가 나타나게 된 원인은 무엇인지 해명할 필요가 있다. 따라서 본 논문에서는 「毌丘儉紀功碑」와 현전하는 관련 문헌사료를 종합적으로 재검토하여 3세기 중엽 진행된 高句麗와 曹魏 간에 벌어진 전쟁의 경과를 복원해보고자 하였다.

먼저 근래 답사를 통해 확보한 「毌丘儉紀功碑」 실물 사진자료에 대한 분석과 魏晉時代 圭首碑의 形制에 대한 검토를 바탕으로 비석 원형을 대략 높이 85cm, 넓이 30cm 크기에 총 7행으로 구성되어 있었을 것으로 추정하였다. 또한 새롭게 파악된 비문의 구성과 내용을 통해 비석은 正始 6년 5월에 魏軍이 제작한 戰功碑였으며, 곧 244년 개시된 전쟁이 245년 5월 마무리되었음을 전하고 있음을 확인하였다. 구체적으로 비문의 2행과 3행의 내용은 曹魏의 1차 침공 당시 관구검의 군대가 환도성을 함락한 다음 다시 회군하는 정황을 전하는 것으로 이해하였다.

다음으로 현도태수 왕기의 공격으로 알려져 있는 曹魏의 2차 고구려 침공의 시점과 그 배경을 다시 검

* 동국대학교 사학과

토함으로써 여러 관련 사료에서 서로 다르게 전하는 전쟁 과정과 기간에 대한 혼란을 바로잡고 사건을 보다 명확히 이해하고자 하였다. 검토한 바 『삼국지』 관구검 열전이나 여타 문헌에 보이는 245년의 2차 침공은 245년 8월에 시작되어 246년 2월 무렵 종결되었던 것으로 결론 내릴 수 있었다. 이를 통해 전쟁이 정시 7년(256)에 일어난 것으로 전하는 사료들은 전쟁의 종결 시점에 맞추어 기사가 기입된 것일 뿐 오류로 볼 수 없다는 점도 확인하였다. 또한 그간 신빙하기 어려운 자료로 인식되어 왔던 『삼국사기』 고구려 본기 동천왕 20년 조의 전쟁 기사를 새롭게 파악할 수 있었는데, 당시 남옥저 지역에서 벌어진 고구려군과 위군의 전투는 동천왕의 군대와 낙랑태수 유무가 이끄는 낙랑군 병력이 충돌한 것으로 판단된다.

결국 244년 관구검군의 고구려 침공으로 시작된 高句麗와 曹魏의 전쟁은 246년 2월까지 3년 간 지속되면서 유주자사 관구검의 지휘 아래 曹魏의 군대가 고구려를 전방위적으로 압박해 들어갔던 사건이라 볼 수 있다. 즉 현도태수 왕기의 군대는 환도성을 거쳐 북옥저 일대로, 낙랑태수 유무와 대방태수 궁준의 군대는 영동의 예 지역으로 동시에 각기 길을 달리하여 고구려를 침공한 것이라 판단된다. 이로써 당시 曹魏는 한반도 동북부 일대에 넓게 형성된 고구려 세력권의 철저한 붕괴를 도모하려 했던 것으로 이해된다. 이는 곧 한반도 동북부 일대에서 고구려의 영향력을 분쇄시켜야만 낙랑군과 대방군을 안전히 확보할 수 있다는 曹魏와 유주자사 관구검의 전략적 판단에서 비롯되었던 것이라 할 수 있다.

▶ **핵심어: 관구검(毌丘儉), 관구검기공비(毌丘儉紀功碑), 무구검(毋丘儉), 무구검기공비(毋丘儉紀功碑), 동천왕(東川王)**

I. 머리말

이른바 「毌丘儉[1]紀功碑」[2](이하 「기공비」)는 高句麗와 曹魏의 전쟁이 한창이던 魏 正始年間(240~248)에

1) 흔히 毌丘儉(관구검)이라 읽는 인명은 본래 毋丘儉(무구검)으로 표기하는 것이 옳다는 의견이 있다. 이와 관련하여 『資治通鑑』 卷73, 魏紀5, 明帝 景初 元年(237) 秋 7월조 기사에 胡三省이 注한 부분을 보면 "毋丘儉爲幽州刺史[毋丘, 複姓. 毋, 音無]"라고 하여 '毋'의 음이 '無'와 통함을 전하고 있다. 이를 통해 毌丘儉(관구검)을 毋丘儉(무구검)으로 읽어야 한다는 의견이 제기되기도 하였는데(박노석, 2003, 「고구려 동천왕대 관구검의 침입」, 『한국사상과 문화』 20, p.151 각주 6번), 근래에 중국 山西省 太原의 純陽宮에서 (毋丘儉의 鎭魂을 위해 그 손자 毋丘奧가 제작했다는) 「毋丘氏造像碑」를 직접 조사한 田中俊明은 '毌丘儉'이 아닌 '毋丘儉'으로 표기하고 읽어야 함을 재차 주장한 바 있다(田中俊明, 2008a, 「유주자사 이름은 '관구검'이 아닌 '무구검'이다」, 『한국의 고고학』 9; 田中俊明, 2008b, 「魏の東方經略をめぐる問題點」, 『古代武器研究』 9, pp.8-9). 하지만 '毌丘'라는 성은 중국 山東省 曹縣 남부의 古地名 '毌丘'에서 비롯한 것으로(日中民族科學研究所 編, 1979, 『中國姓氏辭典』, 國書刊行會, p.29) 그 역사나 연원이 상당히 오래된 것으로 알려져 있다(『史記』 卷46, 田敬仲完世家 第16, "明年, 宣公與鄭人會西城. 伐衞, 取毌丘" 【索隱】毌音貫, 古國名, 衞之邑. 今作毌者, 字殘缺耳. 【正義】括地志云, 故貫城即古貫國, 今名蒙澤城, 在曹州濟陰縣南五十六里也). 때문에 현전하는 금석문에 '毋丘'라고 표기되어 있다고 하여 무작정 이를 따르기에는 어려운 점이 있다. 여기서는 이에 대한 자세한 검토는 미루어 두도록 하고, 학계의 일반적 통례에 따라 '毌丘儉(관구검)'으로 표기하도록 한다.

환도성을 함락시킨 魏軍에 의해 작성된 기공비로서 현재는 일부 碑片만이 남아 있는 상태이다. 비석이 발견되었을 당시 정황을 보면 光緖 丙午(1906)년[3] 輯安縣(지금의 吉林省 集安市) 환도산성 서북의 板石嶺(小板岔嶺) 부근에서 도로공사 중에 발견되었다고 한다.[4] 현재 비석은 중국 요령성 박물관에 소장되어 있으며 필자 또한 지난 2014년 답사를 통해 유물을 실견한 바 있다.

현재 남은 碑身의 크기는 높이 39cm, 넓이 30cm, 두께 8~8.5cm이며,[5] 여기에 총 7행 48자가 隸書로 새겨져 있다. 연구자에 따라 현재 남아 있는 비면의 아래에 1~2자가 더 있었을 가능성이 있고, 行도 2~3행은 더 있었을 것으로 보기도 하며,[6] 혹은 비신에 대한 자체적 분석을 통해 그 형태가 圭首碑임을 지적하고 명문도 대략 총 10행 안팎의 분량이었을 것으로 추정하기도 한다.[7] 1행에서 3행까지 당시의 전쟁 경과를 간략히 서술하고 4행부터 바로 전투에 참전했던 諸將의 명단이 나열되는 것으로 보아 비석 자체는 관련 戰況에 대한 많은 내용을 담고 있지는 않았던 것으로 보인다.

어쨌든 남아있는 명문에는 正始年間에 벌어진 高句麗와 曹魏의 전쟁 상황을 전하고 있는 것으로 알려져 있는데, 특히 242년 고구려의 서안평 공격을 암시하는 1행 正始 3년(242) '高句麗反'이라던가 正始 5년(244) 및 6년(245) 戰況을 서술한 것으로 보이는 2행과 3행의 구절이 주목되고 있다. 왜냐하면 현전하는 문헌 사료 상에는 당시 高句麗와 曹魏의 전쟁 시점을 각기 다르게 전하고 있기 때문인데, 이 비석은 이러한 사료 상의 혼란을 해결해 줄 수 있는 자료로서 인정되고 있는 것이다. 실제 3세기에 편찬되어 당대의 사실을 충실히 전하고 있다고 알려져 있는 『三國志』에서 조차 당시의 전쟁 시점을 「魏書」 列傳(관구검전 및 고구려전)에서는 正始 5년(244)에 개시된 것으로 전하는가 하면 「魏書」 三少帝紀(齊王芳紀)에서는 正

2) 현재 「毌丘儉紀功碑」라 불리는 이 비석은 처음 발견되었을 당시 '魏毌丘儉丸都紀功石刻'으로 명명되어 현재는 '魏毌丘儉紀功碑' 혹은 '毌丘儉紀功碑'로 불리고 있다. 이 비의 성격을 毌丘儉의 紀功碑로 규정할 수 있을지는 좀 더 검토해 보아야 할 문제이지만 일단은 여기서도 본 비를 기왕의 호칭을 고려하여 「毌丘儉紀功碑」로 표기하도록 한다.

3) 「기공비」에 대한 초기 자료들을 검토하다 보면 비편의 발견 시점에 대해 1904년(金毓黻, 『東北通史』), 1905년(池內宏, 『通溝』 上), 1906년(王國維, 『觀堂集林』) 등으로 각기 다르게 전하고 있는데, 발견 당시의 정황을 면밀하게 추적한 田中俊明에 의해 비석은 1906년에 발견되었음이 확인되었다(田中俊明, 2008b, p.7).

4) 王國維 1975, 「魏毌邱儉丸都紀功石刻跋」, 『觀堂集林』 卷20, (臺北)河洛圖書出版社, p.981.

5) 현재 남아있는 碑身의 크기에 대해서 논자마다 그 수치를 제각기 달리 적고 있어 약간의 혼란을 불러일으키고 있다. 우선 임기환, 1992, 「魏 毌丘儉紀功碑」, 『역주 한국고대금석문』 1권, 가락국사적개발연구원, p.449에서는 높이가 26.6cm, 넓이가 26.3cm라고 하고 있으며, 三國時代の出土文字資料班 編, 2005, 『魏晉石刻資料選注』, 京都大學人文科學硏究所, p.19에서는 높이가 35.7cm, 넓이가 27cm라고 하였다. 한편 「『毌丘儉紀功碑』 拓片」, 社會科學戰線, 2010-9에서는 높이가 38.5cm, 넓이가 27.5cm라 하고 있으며, 范犁, 1993, 「毋丘俭征高句丽的几个问题」, 『集安博物馆高句丽研究文集』, p.265와 李殿福 저·車勇杰·金仁經 역, 1994, 『中國內의 高句麗遺蹟』, 學硏文化社, p.109 및 최근 발표된 耿鐵華, 2013, 「중국 지안에서 출토된 고구려비의 진위(眞僞) 문제」, 『한국고대사연구』 70, p.260에서는 모두 높이가 39cm, 넓이가 30cm라 하였고 비신의 두께는 8~8.5cm라고 한다. 이처럼 연구자나 각종 자료집마다 전하는 정보가 제각각인 이유는 길이를 측정하는 기준이 서로 달랐기 때문으로 보인다. 발표자가 현장에서 촬영한 사진을 바탕으로 남은 비신의 비율을 측정한 바, 耿鐵華 등이 제시한 높이 39cm, 넓이 30cm라는 수치는 가로세로 길이의 최대 기준점에서 측정된 것임을 확인하였기에 여기에서는 이를 따르도록 한다.

6) 임기환, 1992, p.449.

7) 하일식, 2014, 「관구검기공비는 규형비(圭形碑)인 듯」, 『한국역사연구회 웹진』 (인터넷자료, 검색일자: 2015년 8월 14일, http://www.koreanhistory.org/webzine/read.php?pid=11&id=739); 田中俊明, 2008b, pp.7-8.

始 7년(246)의 일로 서로 달리 기록하고 있다. 이에 학계에서는 「기공비」의 내용을 바탕으로 列傳의 기록을 신뢰하는 한편 齊王芳紀의 기사를 오류로 보는 견해가 대세를 점하고 있다.

그러나 보다 신뢰가 가는 記事를 취신함으로써 그와 다른 사실을 전하는 관련 記事는 취하지 않고 해석을 포기하는 태도는 그다지 옳은 접근방식이라 하기 어렵다. 오히려 하나의 사서에서 같은 사실에 대해 그 시점을 서로 다르게 전하는 이상 사료 상에 그처럼 차이가 나타나게 된 원인은 무엇인지 해명할 필요가 있다. 즉 어느 한 記事만이 옳다고 보기보다는 주어진 모든 사료를 종합적으로 연관시켜 이해할 필요가 있는 것이다.

이와 같은 문제의식을 바탕으로 본 논문에서는 「기공비」와 현전하는 관련 문헌사료를 종합적으로 재검토하여 3세기 중엽 진행된 高句麗와 曹魏 간에 벌어진 전쟁의 경과를 복원해보고자 한다. 이를 위해 먼저 비문에 대한 재판독을 진행하는 한편 위진 시대 圭首碑의 刑制에 대한 검토를 통해 「기공비」 본래 원형에

① 「관구검기공비」 비편 사진 ⓒ이승호 (촬영일시: 2014.5.4. / 장소: 요령성박물관)

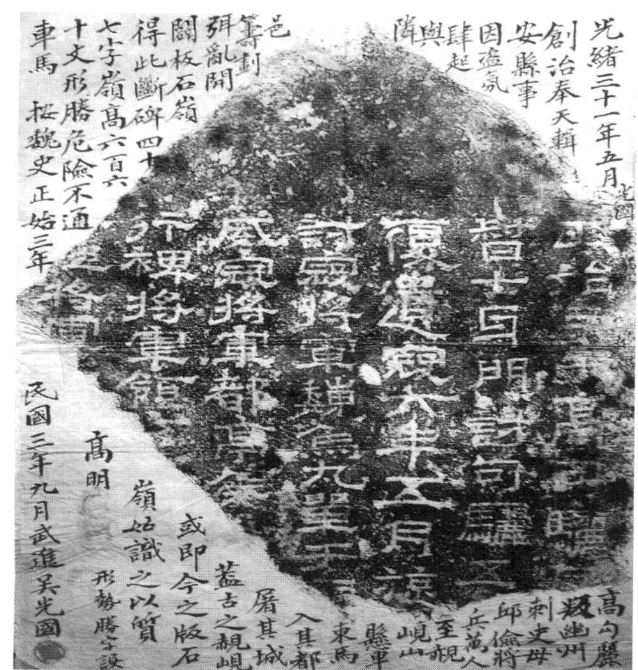

② 吉林省社會科學院 도서관 소장 「관구검기공비」 탁본A(출처: 『毌丘儉紀功碑』 拓片, 社會科學戰線, 2010-9)

③ 「관구검기공비」 탁본B(출처: 三國時代の出土文字資料班 編, 2005, 『魏晉石刻資料選注』, 京都大學人文科學研究所, p.19)

대한 접근을 시도하도록 하겠다. 필자는 앞서 2014년 5월에 요령성 박물관을 답사하면서 실제 비석을 실견한 바 있다. 이때 촬영한 사진 자료에 기초하여 명문에 대한 보다 정확한 판독과 비석 자체에 대한 면밀한 검토가 가능할 것으로 기대한다. 다음으로 판독 결과 얻어진 명문 내용과 관련 문헌을 대조해가며 당시의 전쟁 경과를 복원하는 것이 본 글의 목적이라 하겠다.

II. 「관구검기공비」 명문 해석과 비석의 원형 복원

1. 명문의 판독과 해석

… ▨	7	6	5	4	3	2	1	
	▨	行	威	討	復	督	正	①
	裨	裨	寇	寇	遺	七	始	②
	將	將	將	將	寇	牙	三	③
	軍	軍	軍	軍	六	門	年	④
	▨	領	都	魏	年	討	高	⑤
		玄	亭	烏	五	句	句	⑥
		▨	▨	丸	月	驪	驪	⑦
				單	旋	五	反	⑧
				于	▨	▨	▨	⑨
				▨				⑩

〈全文〉

正始三年 高句驪反[8] … 督七牙門 討句驪 五▨[9] …[10] 復遺[11]寇 六年五月旋▨[12] … 討寇將軍 魏[13]烏丸單于▨[14] … 威寇將軍 都亭▨[15] … 行裨將軍 領玄[16]▨[17] … ▨[18]裨[19]將軍 …

8) 反(朝鮮金石總覽, 葛城末治, 王國維, 梅原末治, 吉林省文物志編委會, 임기환, 李殿福, 田中俊明, 하일식, 김효진) 寇(池內宏).

9) 年(王國維, 池內宏 추독), ▨(朝鮮金石總覽, 葛城末治, 梅原末治, 吉林省文物志編委會, 임기환, 李殿福, 田中俊明, 하일식, 김효진).

10) 無(王國維 추독) 王國維는 3행 첫머리 "復遺寇"의 바로 앞 글자, 즉 2행의 마지막 글자로 '無'자가 올 것으로 보고, 이렇게 복원한 '無復遺寇'라는 구절은 魏軍의 正始 5년 출병과 관련한 내용이라 이해한 바 있다(王國維 1975, p.984). 이 의견에 金毓黻과 田中俊明 또한 동의하고 있다.

1－⑧: 反

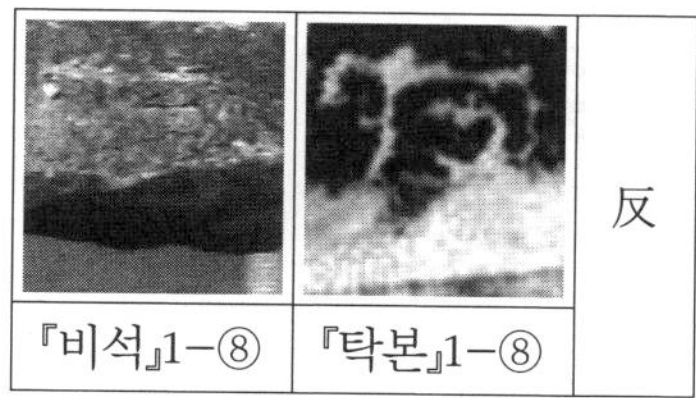

		反
『비석』1－⑧	『탁본』1－⑧	

∴ 1－⑧은 일찍이 '寇'자로 추독하기도 하였지만, 현재는 '反'자로 보는 견해가 유력하다.

3－②: 遺

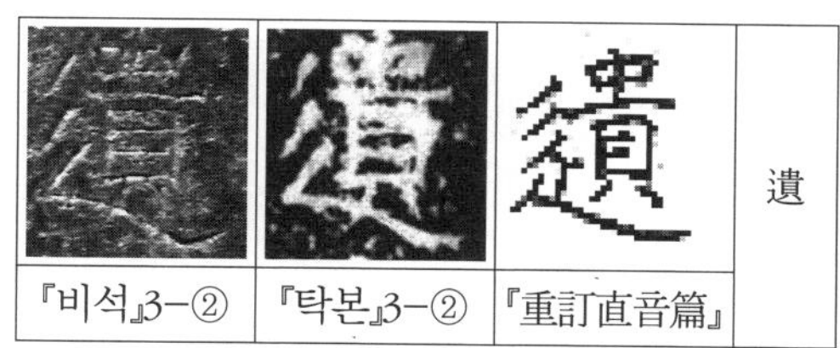

			遺
『비석』3－②	『탁본』3－②	『重訂直音篇』	

∴ 3－②를 '遣'자로 판독하기도 하는데, 자획에 '貝'자가 뚜렷하여 '遺'자로 보는 것이 타당하다.

---

11) 遺(朝鮮金石總覽, 池內宏, 葛城末治, 王國維, 梅原末治, 吉林省文物志編委會, 李殿福, 田中俊明, 김효진), 遣(임기환, 하일식).

12) 師(王國維, 池內宏 추독), ▨(朝鮮金石總覽, 葛城末治, 梅原末治, 吉林省文物志編委會, 임기환, 李殿福, 田中俊明, 하일식, 김효진).

13) 魏(王國維, 池內宏, 梅原末治, 吉林省文物志編委會, 李殿福, 田中俊明, 하일식, 김효진), 巍(朝鮮金石總覽, 葛城末治, 임기환).

14) 寇婁敦(王國維 추독) 王國維는 『삼국지』 위서 권3, 명제기, 경초 원년(237) 7월 조에 '右北平烏丸單于寇婁敦'이 내부한 사실을 바탕으로 4행 討寇將軍 魏烏丸單于에 이어지는 인명을 '寇婁敦'으로 추독하였는데(王國維 1975, p.984), 이 의견에 金毓黻과 田中俊明 또한 동의하고 있다.

15) 侯(朝鮮金石總覽, 池內宏, 葛城末治, 王國維, 吉林省文物志編委會, 임기환, 李殿福, 田中俊明, 하일식, 김효진), 傍(梅原末治).

16) 玄(王國維, 梅原末治, 吉林省文物志編委會, 李殿福, 田中俊明), ▨(朝鮮金石總覽, 池內宏, 葛城末治, 임기환, 하일식, 김효진).

17) 菟太守王頎(王國維 추독) 王國維는 6행의 마지막 글자를 '玄'으로 판독하여 이어지는 인물을 '玄菟太守王頎'로 추독하였는데(王國維 1975, p.985), 이 의견에 金毓黻과 田中俊明 또한 동의하고 있다.

18) 行(王國維, 池內宏 추독), ▨(朝鮮金石總覽, 葛城末治, 梅原末治, 吉林省文物志編委會, 임기환, 李殿福, 田中俊明, 하일식, 김효진).

19) 裨(朝鮮金石總覽, 池內宏, 葛城末治, 王國維, 梅原末治, 吉林省文物志編委會, 임기환, 李殿福, 하일식, 김효진) ▨(田中俊明).

4-⑤: 魏

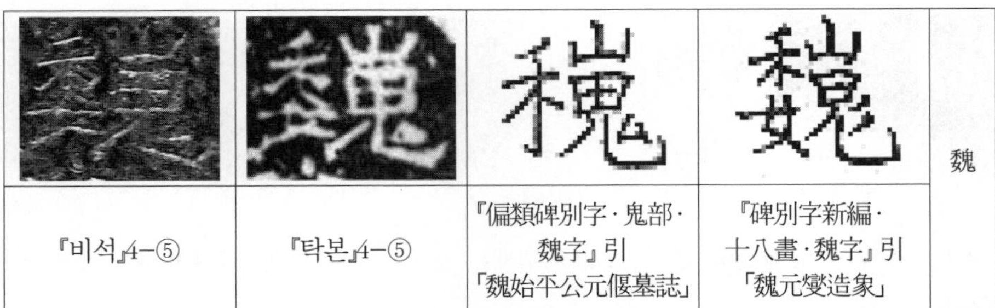

『비석』4-⑤	『탁본』4-⑤	『偏類碑別字·鬼部·魏字』引「魏始平公元偃墓誌」	『碑別字新編·十八畫·魏字』引「魏元燮造象」	魏

∴ 4-⑤를 '巍'자로 판독하기도 하는데, '魏'의 이체자로 보는 것이 옳다. 좌변 '鬼'의 윗변에 '山'변이 보이는데, 이는 '魏'의 여러 이체자에서도 확인되는 모습이다.

5-⑦: ▨

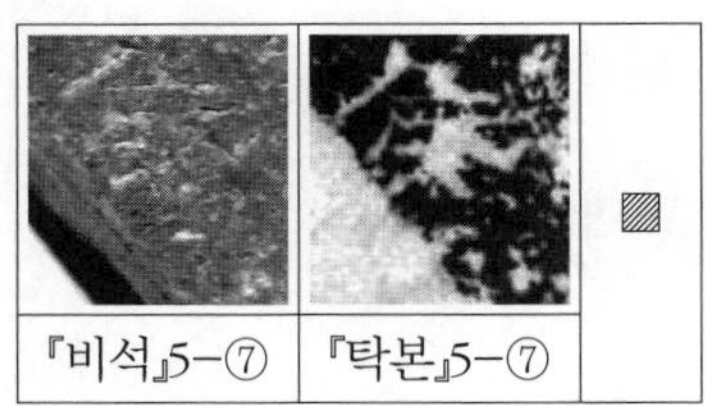

『비석』5-⑦	『탁본』5-⑦	▨

∴ 5-⑦은 대체로 '侯'자로 판독하거나, '傍'자로 판독하기도 하는데, 사진이나 탁본 상 확단하기 어렵다.

6-⑥: 玄

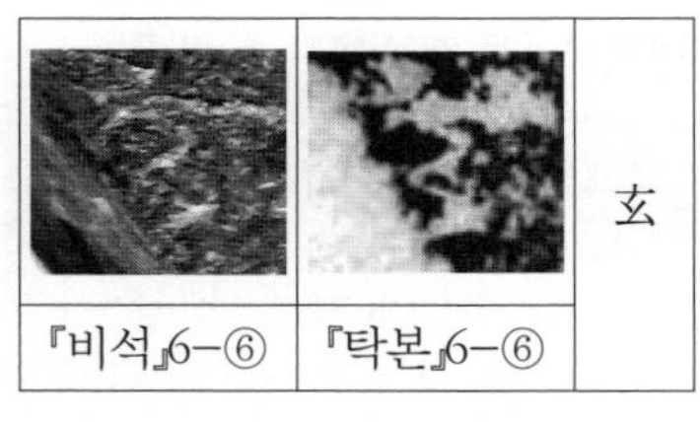

『비석』6-⑥	『탁본』6-⑥	玄

∴ 6-⑥은 자획의 좌변이 약간 깨져나간 상태이지만, '玄'자로 판독하는데 큰 어려움이 없다.

7-②: 裨

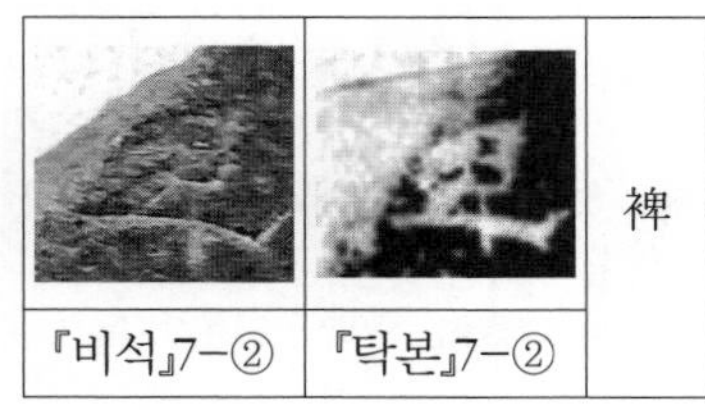

『비석』7-②	『탁본』7-②	裨

∴ 7-②는 자획의 좌변이 깨져나간 상태에서 우변에 '卑'만이 확인되고 있다. 6행의 '裨'자의 자형과 비교해 볼 때, '裨'로 읽을 수 있다.

〈해석〉

정시(正始) 3년 고구려가 반란을 일으켰다. … (缺失) … 7아문(牙門)을 통솔하여 구려(句驪)를 토벌하였다. 5(五)[년에][20] … (缺失) … 남은 적(寇)이 없게 하였다.[21] 6년 5월에 개선하였다(旋). … (缺失) … 토구장군(討寇將軍) 위오환선우(魏烏丸單于) [寇婁敦?][22] … (缺失) … 위구장군(威寇將軍) 도정▨(都亭▨) … (缺失) … 행비장군(行裨將軍) 영현(領玄)[菟太守 王頎?][23] … (缺失) … ▨비장군(▨裨將軍) … (缺失) …

2. 비석의 원형 복원과 비문의 내용 구성

현재「기공비」는 완형에서 우측 상단부분만이 남아 있는 상태이다. 따라서 지금으로서는 비의 전체적인 크기와 형태를 알 수 없다. 다만 남아있는 비편을 통해 비석의 형태가 규수비였음을 짐작할 수 있다.[24] 그렇다면 위진 시대 중국에서 제작되었던 규수비의 刑制에 대한 검토를 통해서「기공비」의 본래 크기를 어느 정도 가늠해볼 수 있을 것 같다.

관련 연구에 따르면 위진 시대 중국의 비석 형태는 碑首의 형태에 따라 圓首碑(비수가 둥근 형태의 비), 圭首碑(비수가 圭 형태의 비), 方首碑(비수가 없는 직사각형 형태의 비)로 구분되는데, 圭首碑는 漢·魏晉 시기에 주로 제작되었다고 한다.[25] 또한 그 내용에 따라 墓碑, 紀事碑, 功德碑로 분류되는데,[26] 특히 위진 시대의 紀事碑와 功德碑는 주로 圭首碑의 형태로 제작되었다고 한다.[27] 안타까운 점은 현전하는 위

---

20) 처음 王國維가 2행 마지막 글자 '五'자 뒤에 '年'자가 올 것으로 추독하였는데(王國維 1975, p.984) 이후 池內宏을 비롯하여 현재까지 대부분의 연구에서 이 견해를 따라 해석하고 있다.

21) 일찍이 王國維는 3행 첫머리 "復遺寇"의 바로 앞 글자, 즉 2행의 마지막 글자로 '無'자가 올 것으로 추측하였는데(王國維 1975, p.984), 이 의견에 金毓黻과 田中俊明 또한 동의하고 있다. 사실 '復遺寇'의 세 글자만으로는 문장을 풀이하기 어려우나 이 구절을 '無復遺寇'로 복원하면 그 뜻은 뚜렷해진다. 먼저 사전에서 '無復'의 의미를 찾아보면, 보통 '없다' 혹은 '없게 하다'라는 뜻으로 해석된다. 또 '遺寇'는 말 그대로 '남아있는 적(残寇)'을 뜻하는 것으로『三國志』卷64, 吳書 19, 諸葛滕二孫濮陽傳(諸葛恪傳)에 보이는 "野無遺寇, 邑罔殘姦"이라는 구절이나『晉書』卷30, 載記 30, 赫連勃勃, "自枕戈寢甲, 十有二年, 而四海未同, 遺寇尙熾, 不知何以謝責當年, 垂之來葉" 등의 구절이 이와 같은 용례를 보여주고 있다. 그러므로 여기서 '無復遺寇'라는 구절은 "남은 적이 없게 하였다"는 의미로 해석하는 것이 자연스럽다.

22) 王國維와 池內宏은 여기서의 魏烏丸單于를 237년 관구검이 幽州의 군사들을 이끌고 襄平에 도착해 遼水에 주둔했을 당시 魏軍에 항복한 右北平烏丸單于 寇婁敦과 동일인이라 보았다(王國維 1975, pp.984-985; 池內宏 1928,「曹魏東方經略」,『滿鮮地理歷史研究報告』; 1951,「曹魏の東方經略」,『滿鮮史研究』上世篇 第1册, 吉川弘文館, p.289 미주 6번).

23) 王國維는 6-⑥을 '玄'으로 판독한 다음 이 부분을 "行裨將軍領玄[菟太守]"로 복원하여 곧 당시의 玄菟太守 王頎를 말하는 것으로 보았다(王國維 1975, p.985).

24) 耿鐵華, 2013, p.261; 하일식, 2014.

25) 楊磊, 2011,「漢魏晉南北朝石碑刑制研究」, 山東藝術學院 석사학위논문, p.95.

26) 趙超, 1997,『中國古代石刻概論』, 文物出版社, pp.17-20.

27) 楊磊, 2011, p.88.

진 시대 규수비의 사례들 중에 「관구검기공비」의 경우처럼 紀功碑(戰功碑)는 찾기 어렵다는 것이다. 그러나 紀功碑 또한 넓게 보면 紀事碑나 功德碑와 그 성격이 통한다 할 수 있으므로 「관구검기공비」가 규수비 형태로 제작된 것도 이러한 경향에서 크게 벗어나지는 않는다고 생각된다.

현재 실물로 전하는 위진 시대 규수비의 사례를 살펴보면, 먼저 紀事碑로 분류되는 220년에 제작된 「孔羡碑」가 있다. 孔羨는 공자의 22대손으로 위 문제 黃初 원년(220)에 奉議郎에 오르고 2년에는(221)에는 宗聖侯에 봉해져 食邑 100호를 받은 인물이다. 功德碑로는 曹丕가 漢 獻帝로부터 제위를 선양받았을 당시 이를 찬양한 「受禪表碑」와 「上尊號奏碑」가 유명하다. 한편 건안 10년(205) 중국에서는 조조에 의해 비석을 세우는 것이 금지되기도 하였는데, 이것이 잘 지켜지지 않자 재차 立碑를 금지시킨 바 있다. 이러한 금지령은 서진 시대에도 이어져 晉代의 석각 숫자가 다른 시대에 비해 비교적 적은 요인이 되기도 하였다고 한다.[28] 이처럼 서진 시대에 비석을 세우는 것이 법으로 금지되자, 오히려 墓誌가 성행하게 되었는데 현전하는 규수비 형태의 서진 시대 묘비로는 「任城太守孫夫人碑」가 있다.

魏-西晉 시대 규수비 사례[29]

비명	시기	종류	위치	크기
孔羡碑	魏黃初元年 (220)	紀事碑	山東省 濟宁市 曲阜 (孔子廟)	高230cm 寬93cm 厚25cm
受禪表碑	魏黃初元年 (220)	功德碑	河南省 許昌市 博物館	高322cm 寬102cm 厚28cm
上尊號奏碑	魏黃初元年 (220)	功德碑	河南省 許昌市 博物館	高332cm 寬102cm 厚32cm
任城太守 孫夫人碑	晉太始 8년 (272)	墓碑	山東省 泰安市 岱廟	高255.5cm 寬96cm 厚19.5cm

이상의 네 개 비석은 위진 시대 제작된 규수비로서 현재 실물이 전하는 사례들이다. 위의 표를 통해 알 수 있듯이 위진 시대 규수비의 특징은 비신의 높이와 넓이 비율이 2.5:1에서 3:1이 될 정도로 높고 얇은 것이 특징인데, 이러한 경향은 북위 시대 이후로 변화가 나타나 비신의 높이가 축소되고 넓이가 증가한다고 한다.[30] 따라서 「관구검기공비」의 넓이를 어느 정도 예측할 수 있다면 그에 따라 파손되기 전 原碑의 높이도 대략 추측이 가능할 것으로 생각된다. 또한 위진 시대의 규수비는 보통 2~3m의 높이에 0.9~1m의 넓이로 제법 큰 규모로 제작되었음을 알 수 있다. 그렇다면 「관구검기공비」 또한 이와 비슷한 규모로

28) 趙超, 1997, p.93.

29) 이 표는 楊磊, 2011, pp.65-66의 표2-1-4와 같은 논문 뒤에 첨부된 附表 1(pp.169-174)을 바탕으로 작성한 것이다.

30) 趙超, 2011, p.65.

제작되었다고 볼 수 있을까. 만약 그렇다고 한다면 현재 전하는 높이 39cm, 넓이 30cm의 이 작은 비편은 비석의 매우 일부 내용만을 전하는 것이 된다.

그러나 「기공비」는 위의 사례들처럼 큰 규모로 제작되지는 않았던 것 같다. 오히려 1m 이하의 작은 비석으로 제작되었던 것으로 생각되는데, 이러한 점을 알 수 있게 해주는 것이 바로 비석의 두께이다. 즉 위에서 제시한 비석들의 두께는 20~30cm 사이로 매우 두터운 반면 「기공비」의 두께는 8cm 정도 밖에 되지 않기 때문이다. 10cm도 안 되는 비석의 두께를 고려할 때, 비신의 높이도 1m를 넘지는 않았을 것으로 추정된다. 그렇다면 비신의 넓이 또한 30~40cm를 넘지는 않았을 것이다.

한편 비문의 내용 구성에 대한 검토를 통해서도 原碑의 높이와 넓이를 짐작할 수 있다. 먼저 비문의 첫 1행은 "正始 3년(242) 고구려가 반란을 일으켰다."로 시작하여 뒤에 나올 魏軍의 고구려 정벌 명분을 서술하고 있다. 그렇다면 그 뒤에 이어질 내용으로는 관구검의 직위와 인명이 이어질 가능성이 높다. 왜냐하면 2행의 첫머리에 보이는 "督七牙門"하였던 인물이 바로 관구검이기 때문이다. 한편 남아있는 7행의 비문 중 4행부터 7행까지는 2행에서 '七牙門'이라 표현되었던 당시 전쟁에 참여한 諸將의 직위와 인명이 나열되어 있는데, 4행의 첫머리에 등장하는 인물은 관구검이 아니라 '討寇將軍魏烏丸單于(寇婁敦)'라는 인물이다. 나열된 諸將의 첫머리에 전쟁을 총괄하였던 관구검을 적지 않고 그 副將급의 인물이 명단의 첫머리를 장식하고 있다는 것은 관구검의 지위와 인명은 이미 앞서 기록되었기 때문이라 볼 수 있다. 즉 2행에서 '7아문을 통솔하여 句驪를 토벌하였다'는 문장의 주어이자 이 군사행동의 주체인 관구검의 지위와 이름이 1행의 결락된 부분에 이어졌다고 판단된다.

그렇다면 4~6행에서 보이는 諸將의 지위와 인명의 기록 방식으로 보아 관구검 또한 단순히 인명만을 적지는 않았을 것으로 보인다. 적어도 "▨▨將軍 幽州刺史 毌丘儉"의 식으로 기록되었을 것이므로 그 인명과 지위를 적는 것만으로 1행의 결락된 부분에 11자 이상이 이어지게 된다. 또한 관구검이 공손씨 정권을 정벌할 당시(237) '度遼將軍 使持節 護烏丸校尉'의 관직

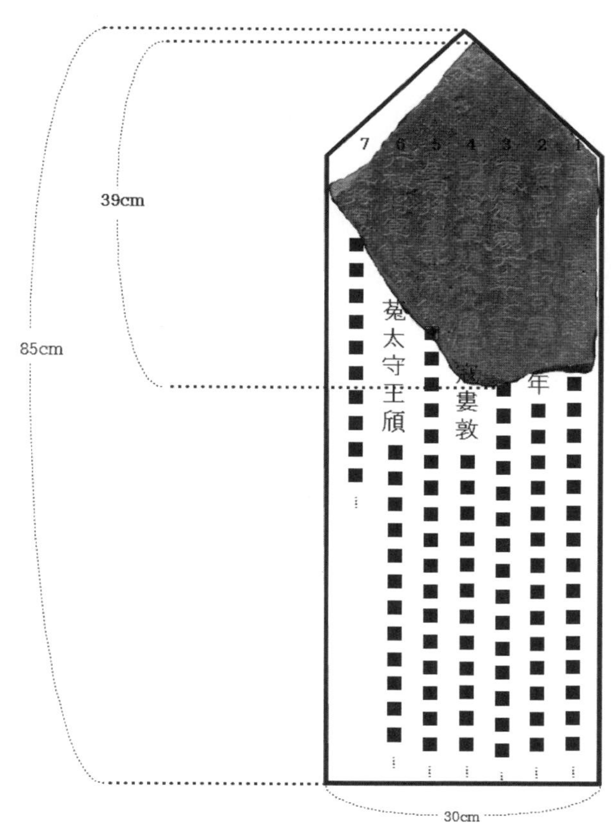

「관구검기공비」 추정 복원도

에 있었기에 이와 같은 지위가 이때까지 계속 유지되었다면 '度遼將軍 使持節 護烏丸校尉 幽州刺史 毌丘儉'이라는 19자가 적혀있었을 가능성도 있겠다.[31] 다만 비문이라는 텍스트의 성격과 지면(비면)의 한계를 고려할 때 그러할 가능성은 희박하다고 생각된다. 어쨌든 관구검의 직위와 인명만으로 1행의 결락된 부분에 11자 이상의 글자가 추가로 들어간다고 할 때, 본래 1행의 글자 수는 20자 내외 혹은 그 이상이었음을 알 수 있다. 이러한 이해가 타당하다면 원 비석의 높이는 현재 남은 비편보다 2배 이상 늘어날 수밖에 없다.

다음으로 2행부터는 본격적으로 전쟁 상황을 전하는데, (…▨▨將軍 幽州刺史 毌丘儉이) "7牙門을 통솔하여 句驪를 토벌하였다. 5년에…"라고 하여 먼저 관구검이 7牙門을 거느리고 고구려 토벌에 나섰음을 서술한 다음 '五'자부터 다시 새 문장이 시작되고 있다. 여기서 2행의 남겨진 마지막 글자인 '五' 다음에는 '年'자가 올 것이라 추측되므로 이후 내용은 正始 5년(244)부터 전개된 고구려와 魏軍의 전투 상황이 간략히 서술되었던 것으로 보인다. 3행은 앞서 "無"자로 추정되는 2행의 마지막 글자에 이어서 "復遺寇"라는 구절로 한 문장이 끝이 난 다음 "6년 5월 旋 …"이라 하여 다시 새 문장이 시작되고 있다. 3행에서는 앞서 2행에 서술된 군사행동을 통해 "남은 적들이 없게(無復遺寇)" 됨으로써[32] 正始 6년(245) 5월 魏軍이 개선(旋)하게 되었던 정황을 서술했던 것으로 보인다.

다음으로 4행부터 7행까지는 당시 전투에 참여했던 7牙門, 즉 諸將의 명단을 나열하고 있다. 연구자에 따라서는 7牙門의 장군 한명 한명의 관직과 이름이 각각 행을 달리하여 한 행씩 새겨져 비문은 총 10행이었을 것이라 추정하기도 하지만,[33] 그렇게 될 경우 비신이 넓이가 넓어지고 그만큼 비신의 높이도 올라가 1m를 크게 상회할 수밖에 없게 된다. 앞서 살펴본 대로 「기공비」의 얇은 두께를 고려할 때 그럴 가능성은 높지 않다고 생각한다. 더불어 1행의 글자 수가 20자 이상이었을 가능성이 높다는 점을 고려할 때, 4행부터 7행까지에 장수 7명의 직위와 이름이 모두 들어갔다고 보아도 무리는 없다. 즉 4행부터 6행까지 각각 2인의 직위와 인명이, 그리고 마지막 7행에는 1인의 직위와 인명이 새겨졌을 것으로 생각된다.

이상의 검토를 바탕으로 「관구검기공비」의 원형을 추정 복원하면 위의 그림과 같다. 비문은 총 7행이며 따라서 비신의 넓이는 현재 남아있는 비편의 최대 넓이 30cm로 추정하였다. 더불어 위진 시대 비신의 높이와 넓이의 비율을 고려하여 비신의 높이는 대략 80~90cm정도로 추정해보았다.

31) 田中俊明, 2008, p.15 미주 7번.

32) 2행 마지막 글자를 '無'로 추독하는 문제와 "無復遺寇"에 대한 해석은 뒤에서 자세히 검토하도록 한다.

33) 田中俊明, 2008, pp.7-8.

III. 3세기 高句麗·魏 전쟁의 재구성

1. 曹魏의 1차 침공과 전쟁의 전개

앞서 언급하였듯 正始 연간(240~248)에 진행된 고구려와 曹魏의 전쟁을 전하는 여러 문헌사료를 검토하다 보면 각각에서 전쟁 시점에 대한 기록에 차이가 있음을 발견할 수 있다. 크게 전쟁을 244년(正始 5년)과 245년(正始 6년) 두 해에 걸쳐 일어난 것으로 전하는 기록이 있는가 하면, 전쟁이 246년(正始 7년) 한 해 동안 일어난 것으로 전하는 기록도 있다. 먼저 각각의 사료 상에 전하는 전쟁의 경과를 살펴보도록 하자.

사료 A: 전쟁 시점을 244~245년(正始 5~6년)으로 기록

① 正始 3년(242), (位)宮이 西安平을 노략질하였다. 그 5년(244), 幽州刺史 관구검에게 격파되었다. 이 이야기는 (毌丘)儉傳에 (기록되어) 있다.[34] (『삼국지』「위서」 고구려전)

② 正始 중(240~248), (毌丘)儉은 高句驪가 자주 侵叛하므로, 諸軍 步騎 만인을 독려하여 玄菟로부터 나아가 諸道를 따라 토벌했다. 句驪王 (位)宮은 步騎 2만인을 거느리고 沸流水 상에 진군하여 梁口에서 크게 싸웠다. 宮이 연이어 격파되어 달아났다. 儉은 마침내 말을 묶고 수레를 매달아 丸都에 올라 句驪의 도읍을 도살하니 斬하고 獲한 머리와 포로가 수천이었다. 句驪의 沛者이며 이름이 得來인 자가 宮에게 수 차례 간언하였지만 宮은 그 말을 따르지 않았다. 得來가 탄식하며 말하기를, "곧 이 땅에 장차 蓬蒿가 자라는 것을 보겠구나!"라고 하며 결국 먹지 않고 죽으니, 나라 전체가 그를 어질다고 했다. 儉이 諸軍으로 하여금 그 묘를 허물지 말도록 하고, (무덤 주변의) 나무를 베지 못하게 하였으며, 그 처자를 얻어 모두 풀어주었다. 宮은 홀로 처자를 데리고 달아나 숨었다. 儉이 군사를 이끌고 돌아왔다. 6년, 다시 정벌하니 宮은 마침내 買溝로 달아났다. 儉이 玄菟太守 王頎를 보내어 이를 추격하여, 沃沮를 지나 천 여리를 가 肅愼氏 南界에 이르러 돌을 새겨 공을 기록하였다. 丸都之山을 깎아 不耐之城이라 새겼다. 모두 죽이거나 사로잡은 바가 8천여 구였고, 공을 논하여 상을 수여하니 侯者가 백 여인이었다. 산을 뚫어 灌漑하니 백성들이 그 이로움을 얻었다.[35] (『삼국지』「위서」 관구검전)

34) 『三國志』 卷30, 「魏書」30, 東夷傳 高句麗, "正始三年, 宮寇西安平, 其五年, 爲幽州刺史毌丘儉所破. 語在儉傳."

35) 『三國志』 卷28, 「魏書」28, 毌丘儉傳, "正始中, 儉以高句驪數侵叛, 督諸軍步騎萬人出玄菟, 從諸道討之. 句驪王宮將步騎二萬人, 進軍沸流水上, 大戰梁口, 宮連破走. 儉遂束馬縣車, 以登丸都, 屠句驪所都, 斬獲首虜以千數. 句驪沛者名得來, 數諫宮, 宮不從其言. 得來歎日, 立見此地將生蓬蒿. 遂不食而死, 擧國賢之. 儉令諸軍不壞其墓, 不伐其樹, 得其妻子, 皆放遣之. 宮單將妻子逃竄, 儉引軍還. 六年, 復征之, 宮遂奔買溝. 儉遣玄菟太守王頎追之, 過沃沮千有餘里, 至肅愼氏南界, 刻石紀功. 刊丸都之山, 銘不耐之城. 諸所誅納八千餘口, 論功受賞, 侯者百餘人. 穿山漑灌, 民賴其利."

③ 正始 3년(242), 位宮이 西安平을 노략질하였다. 5년(244), 幽州刺史 毌丘儉이 만인을 거느리고 玄菟로부터 나아가 位宮을 토벌하였다. 位宮은 步騎 2만인을 거느리고 (관구검의) 군에 맞서니 沸流에서 크게 싸웠다. 位宮은 敗走하였고 儉의 군대가 추격하여 峴에 이르러 수레를 매달고 말을 묶어 丸都山에 올라 그 도읍을 도살하니 참수하고 포로로 잡은 것이 만여 급이었다. 位宮은 홀로 처식을 데리고 멀리 숨었다. 6년(245), 儉이 다시 토벌하자, 位宮은 재빨리 諸加를 거느리고 沃沮로 달아났다. 儉이 將軍 王頎로 하여금 이를 추격케 하여, 沃沮를 가로질러 천 여리를 가니 肅慎 南界에 이르러 돌을 새겨 공을 기록하였다. 또 환도산에 이르러 不耐城이라 새기고 돌아왔다. 그 후 다시 中夏와 왕래하였다.[36] (『양서』「열전」 동이전 고구려)

④ 正始 3년(242), 位宮이 遼(東) 西安平을 노략질하였다. 5년(244), 幽州刺史 毌丘儉이 만인을 거느리고 玄菟로부터 나아가 位宮을 토벌하여 沸流에서 크게 싸웠다. (位宮이) 敗走하자, 儉은 추격하여 赬峴에 이르러 수레를 매달고 말을 묶어 丸都山에 올라 그 도읍을 도륙하였다. 位宮은 홀로 처식을 데리고 멀리 숨었다. 6년(245), 儉이 다시 토벌하니, 位宮은 재빨리 諸加를 거느리고 沃沮로 달아났다. 儉은 將軍 王頎로 하여금 이를 추격케 하여 沃沮 가로질러 천여 리를 가서 肅愼의 남쪽에 이르러 돌을 새겨 공적을 기록하였다. 또 丸都山을 깎아 不耐城이라 새기고 돌아왔다. 그 후 다시 中夏와 왕래하였다.[37] (『북사』「열전」 고구려전)

사료 B: 전쟁 시점을 246년(正始 7년)으로 기록

① (正始) 7년(246) 봄 2월, 幽州刺史 毌丘儉이 高句驪를 토벌했다. 여름 5월, 濊貊을 토벌하여 모두 깨뜨리니, 韓那奚 등 수십 국이 각각 種落을 거느리고 항복하였다.[38] (『삼국지』「위서」 삼소제기 제왕방 정시 7년 조)

② 正始 7년(246) 봄 2월, 吳 車騎將軍 朱然이 租中을 노략질하고 수천인을 殺略하고 돌아갔다. 幽州刺史 毌丘儉은 高句驪王 位宮이 자주 侵叛하니 諸軍을 독려하여 이를 토벌하였다. 位宮이 패주하니 儉은 마침내 丸都를 도륙하고 斬하고 獲한 수급과 포로가 수

36) 『梁書』 卷54, 「列傳」48, 諸夷 東夷傳 高句麗, "正始三年, 位宮寇西安平. 五年, 幽州刺史毌丘儉將萬人出玄菟討位宮, 位宮將步騎二萬人逆軍, 大戰於沸流. 位宮敗走, 儉軍追至峴, 懸車束馬, 登丸都山, 屠其所都, 斬首虜萬餘級, 位宮單將妻息遠竄. 六年, 儉復討之, 位宮輕將諸加奔沃沮, 儉使將軍王頎追之, 絶沃沮千餘里, 到肅慎南界, 刻石紀功. 又到丸都山, 銘不耐城而還. 其後, 復通中夏."

37) 『北史』 卷94, 「列傳」82, 高句麗傳, "正始三年, 位宮寇遼西安平, 五年, 幽州刺史毌丘儉將萬人出玄菟, 討位宮, 大戰於沸流. 敗走, 儉追至赬峴, 懸車束馬登丸都山, 屠其所都. 位宮單將妻息遠竄. 六年, 儉復討之, 位宮輕將諸加奔沃沮. 儉使將軍王頎追之, 絶沃沮千餘里, 到肅愼南, 刻石紀功. 又刊丸都山銘不耐城而還. 其後, 復通中夏."

38) 『三國志』 卷4, 「魏書」4, 三少帝紀4, 齊王芳 正始7年, "(正始)七年春二月, 幽州刺史毌丘儉討高句驪, 夏五月, 討濊貊, 皆破之. 韓那奚等數十國各率種落降."

천이었다. 句驪의 신하 得來가 位宮에게 여러 번 간언하였으나 位宮이 따르지 않자 得來가 탄식하며 말하길 "곧 이 땅에 장차 蓬蒿가 자라는 것을 보겠구나!" 하며 마침내 먹지 않고 죽었다. 儉이 諸軍으로 하여금 그 묘를 허물지 말도록 하고, (무덤 주변의) 나무를 베지 못하게 하였으며, 그 처자를 얻어 모두 풀어주었다. 位宮은 홀로 처자를 데리고 달아나 숨었다. 儉이 군사를 이끌고 돌아왔다. 얼마 지나지 않아 다시 공격하니 位宮은 마침내 買溝로 달아났다. 儉이 玄菟太守 王頎를 보내어 이를 추격하여, 沃沮를 지나 천여 리를 가 肅愼氏 南界에 이르러 돌을 새겨 공을 기록하고 돌아왔다. 죽이거나 사로잡은 바가 8천여 구였고, 공을 논하여 상을 수여하니 侯者가 백 여인이었다.[39] (『자치통감』 위기, 정시 7년 조)

③ (동천왕) 20년(246) 가을 8월, 魏가 幽州刺史 毌丘儉을 보내어 만인을 거느리고 玄菟로부터 나와 내침하였다. 왕이 步騎 2만인을 거느리고 沸流水 상에서 逆戰하여 패퇴시키고 3천여 급을 참수하였다. 또 군사를 이끌고 梁貊之谷에서 재차 전투를 벌여, 다시 패퇴시키고 3천여 인을 참획하였다. 왕이 諸將에게 일러 말하기를, "魏의 大兵이 거꾸로 나의 小兵만 못하다. 毌丘儉이란 자는 魏의 名將으로 금일 목숨이 나의 손바닥 안에 있구나."라고 하였다. 곧 鐵騎 5천을 거느리고 나아가 공격하였다. 儉이 方陣을 세워 決死로 싸우니, 我軍이 크게 무너져 죽은 자가 1만8천여 인이었다. 왕이 1천여 기를 거느리고 鴨淥原으로 도주하였다. 겨울 10월, 儉이 丸都城을 공격하여 함락시키고 도륙하였다. 곧 將軍 王頎를 보내 왕을 추격하였다. 왕은 南沃沮로 도주하다가 竹嶺에 이르니 軍士가 흩어지고 거의 없어, 오직 東部의 密友만이 홀로 왕의 곁에 있다가 왕에게 일러 말하기를, "지금 추격병이 매우 가까이 와 있으니 형세가 벗어나기 어렵습니다. 신이 決死로 막기를 청하오니 왕께서는 피하실 수 있을 것입니다."라고 하였다. 마침내 결사대를 모아 함께 적에게 나아가 힘껏 싸웠다. 왕은 사잇길로 벗어나 달아났고, 山谷에 의지하여 흩어진 군사들을 모아 스스로 지키며 일러 말하기를, "만약 密友를 데리고 올 수 있는 자가 있으면 후한 상을 주겠다."라고 하였다. 下部 劉屋句가 앞으로 나와 대답하여 말하기를 "신이 가보겠습니다."라고 하였다. 마침내 전장에서 땅에 엎드려 있는 密友를 발견하고 곧 등에 업어 왔다. 왕은 자신의 다리를 베개 삼아 누이니 한참이 지나 소생하였다. 왕은 사잇길을 전전하며 南沃沮에 이르렀는데, 魏軍의 추격이 그치지 않았다. 왕은 계책도 다하고 세가 꺾이어 어찌할 바를 몰랐다. 東部人 紐由가 나와 말

39) 『資治通鑑』 卷75, 魏紀 7, 正始7年, "正始七年春, 二月, 吳車騎將軍朱然寇柤中, 殺略數千人而去. 幽州刺史毌丘儉以高句驪王位宮數爲侵叛, 督諸軍討之. 位宮敗走, 儉遂屠丸都, 斬獲首虜以千數. 句驪之臣得來數諫位宮, 位宮不從, 得來歎曰, 立見此地將生蓬蒿, 遂不食而死. 儉令諸軍不壞其墓, 不伐其樹, 得其妻子, 皆放遣之. 位宮單將妻子逃竄, 儉引軍還. 未幾, 復擊之, 位宮遂奔買溝. 儉遣玄菟太守王頎追之, 過沃沮千有餘里, 至肅愼氏南界, 刻石紀功而還. 所誅納八千餘口. 論功受賞, 侯者百餘人."

하기를, "형세가 매우 위급하니 헛되이 죽을 수는 없습니다. 신에게 어리석은 계책이 있사오니 청컨대 음식을 가지고 가서 魏軍을 위로하다가, 틈을 보아 그 장수를 찔러 죽이고자 합니다. 만약 신의 계책이 성공하면, 곧 왕께서는 奮擊하여 승리할 수 있을 것입니다."라고 하였다. 왕이 말하기를 "허락한다."고 하였다. 紐由가 魏軍에 들어가 항복을 가장하며 말하기를, "寡君이 大國에 죄를 얻어 바닷가로 도망하였으나 몸을 의지할 곳이 없으므로, 장차 진영 앞에 항복하기를 청하고 법관(司寇)에게 죽음을 맡기려 하니 먼저 소신을 보내 변변치 못한 음식물을 바쳐서 從者의 음식으로 쓰시라 한다."고 하였다. 魏將이 이를 듣고 장차 그 항복을 받으려 하니 紐由가 식기에 칼을 숨기고 나아가 칼을 뽑아 魏將의 가슴을 찌르고 그와 더불어 함께 죽었다. 魏軍이 마침내 혼란에 빠지자 왕은 군사를 세 길로 나누어 급히 공격하니 魏軍은 혼란 속에 진을 갖추지 못하고, 마침내 樂浪으로 퇴각하였다.[40] (『삼국사기』 고구려본기 동천왕 20년 조)

위에 제시된 사료를 통해 알 수 있듯이 전쟁 시점을 244~245년(正始 5~6년)으로 전하는 기록은 『三國志』 관구검전을 비롯하여 『梁書』 고구려전과 『北史』 고구려전이 있다. 여기서 『양서』와 『북사』의 기록은 대체로 『삼국지』의 관구검전을 원전으로 했던 것으로 보이는데, 다만 전투가 벌어진 전장을 『삼국지』 관구검전에서는 "沸流水 상에 진군하여 梁口에서 크게 싸웠다"고 하는 반면 『양서』와 『북사』에서는 "沸流에서 크게 싸웠다"고 전하면서 그 뒤로 환도성까지 추격하는 과정에 '峴(『양서』)' 혹은 '赬峴(『북사』)'이라는 지명이 더 등장하고 있다는 점에서 차이가 있을 뿐이다. 즉 대체로 전쟁 시점을 244~245년(正始 5~6년)으로 전하는 기록은 『삼국지』 관구검전을 모본으로 삼았던 것임을 알 수 있다.

한편 전쟁 시점을 246년(正始 7년)으로 전하는 기록은 『삼국지』 「위서」 삼소제기(제왕방기)를 비롯하여 『자치통감』과 『삼국사기』에 보인다. 특히 『삼국사기』 고구려본기 동천왕 20년 조의 기록을 보면 관구검전에 보이는 '梁口'라는 지명 대신 '梁貊之谷'[41]이라는 고구려본기 고유 지명이 전하며 여타 중국 문헌에서는 찾아지지 않는 密友와 紐由의 활약상도 확인된다. 즉 고구려본기의 해당 기사에는 고구려 자체 원전

---

40) 『三國史記』 卷17, 高句麗本紀 5, 東川王 20年, "二十年, 秋八月, 魏遣幽州刺史毋丘儉, 將萬人, 出玄菟來侵. 王將步騎二萬人, 逆戰於沸流水上敗之, 斬首三千餘級. 又引兵再戰於梁貊之谷, 又敗之, 斬獲三千餘人. 王謂諸將曰, 魏之大兵, 反不如我之小兵. 毋丘儉者魏之名將, 今日命在我掌握之中乎. 乃領鐵騎五千, 進而擊之. 儉爲方陣, 決死而戰, 我軍大潰, 死者一萬八千餘人. 王以一千餘騎, 奔鴨淥原. 冬十月, 儉攻陷丸都城屠之. 乃遣將軍王頎追王. 王奔南沃沮, 至于竹嶺, 軍士分散殆盡, 唯東部密友獨在側, 謂王曰, 今追兵甚迫, 勢不可脫. 臣請決死而禦之, 王可遯矣. 遂募死士, 與之赴敵力戰. 王間行脫而去, 依山谷聚散卒, 自衛謂曰, 若有能取密友者, 厚賞之. 下部劉屋句前對曰, 臣試往焉. 遂於戰地, 見密友伏地, 乃負而至. 王枕之以股, 久而乃蘇. 王間行轉輾, 至南沃沮, 魏軍追不止. 王計窮勢屈, 不知所爲. 東部人紐由進曰, 勢甚危迫, 不可徒死. 臣有愚計, 請以飮食往犒魏軍, 因伺隙, 刺殺彼將. 若臣計得成, 則王可奮擊決勝矣. 王曰諾. 紐由入魏軍詐降曰, 寡君獲罪於大國, 逃至海濱, 措躬無地, 將以請降於陣前, 歸死司寇, 先遣小臣, 致不腆之物, 爲從者羞. 魏將聞之, 將受其降, 紐由隱刀食器, 進前拔刀, 刺魏將胸, 與之俱死. 魏軍遂亂, 王分軍爲三道, 急擊之, 魏軍擾亂不能陳, 遂自樂浪而退."

41) '梁口'와 '梁貊之谷'의 관계 및 전쟁 초기 전투 상황에 대해서는 여호규, 2007, 「고구려 초기 對中戰爭의 전개과정과 그 성격」, 『동북아역사논총』 15, pp.45-50 참조.

에 근거한 내용이 확인되고 있다.

하지만『三國志』관구검전의 기사와「기공비」의 대조를 통해 전쟁이 244~245년 두 해에 걸쳐 진행되었다고 보는 견해[42)]가 널리 받아들여지면서『삼국사기』의 기년 또한 오류로 보는 시각이 주류를 이루고 있다. 즉 고구려본기에서 전쟁 기사를 동천왕 20년(246) 조에 끼워 넣은 것은『삼국지』「위서」제왕방기 正始 7년 조의 기사에 의거한 것이며 곧 오류라는 것이다.[43)] 나아가『三國志』제왕방기 正始 7년(246) 조의 기사는 韓那奚 등의 내항 시점에 맞추어 기록한 것이기 때문에 正始 7년 침공 기사는 오류일 가능성이 크며 침공은 244~245년에 있었다고 보는 견해도 제기된 바 있다.[44)]

한편 244~245년 침공 사실이 오히려 오전이며『三國史記』의 기록을 신뢰하는 입장에서 246년 설을 지지하는 주장도 제시되었다.[45)] 이와 같은 주장은「기공비」에 대한 자체적인 재해석에 기초하는데, 먼저「기공비」3행의 풀이를 "다시 보내어 노략질 하였다. 6년 5월에 돌렸다(復遣寇 六年五月旋…)."로 풀이하고 이 군사행동의 주체를 고구려 보아 정시 5년에 고구려가 위를 다시 공격하여 정시 6년 5월에 돌아갔다고 해석한다. 즉「기공비」에 보이는 정시 5년 및 6년의 내용은 모두 고구려의 군사행동을 서술한 것으로 이에 대응한 관구검의 고구려 침공은 정시 7년(246)에 이루어졌다고 이해하는 것이다. 그러나 이미 지적된 바 있듯 이 주장을 따르자면「기공비」상에 관구검군의 정벌 내용이 들어갈 공간이 없게 되고 정작 立碑의 주체인 曹魏가 등장하지 않은 채 고구려의 군사행동만을 남긴 비석이 되고 만다.[46)] 더구나 이와 같은 해석은 3행 두 번째 글자(3-②)를 '遺'가 아닌 '遣'으로 읽는 판독에 기초한 해석이기에 따르기 어렵다.

지금까지 살펴본 바 현재까지 제기된 선행 연구에서는 244~245년 설을 취하거나 혹은 246년 설을 취하는 식의 어느 한 記事만을 신뢰하는 경향을 엿볼 수 있다. 그러나 앞서 지적하였듯 하나의 사건에 대해 각각의 문헌마다 시점을 다르게 전하는 이상 사료 상에 그처럼 차이가 나타나게 된 원인이 무엇인지 해명하고 주어진 모든 사료를 종합적으로 연결시켜 이해할 필요가 있다. 따라서 여기서는 앞서 판독된「기공비」의 내용에 기초하여 각각의 문헌사료에 전하는 전쟁의 경과를 재검토하도록 한다.

이를 위해 우선 당시의 정황을 전하는「기공비」의 1~3행의 내용을 다시 음미해볼 필요가 있겠다.

---

42) 池內宏, 1951, pp.254-257.

43) 池內宏, 1951, p.282; 이병도, 1996,『삼국사기』(상), 을유문화사, p.393 각주 7번.

44) 池內宏, 1951, p.282; 임기환, 2000,「3세기~4세기 초 위(魏)·진(晉)의 동방정책」,『역사와 현실』36, pp.16-19; 윤선태, 2001,「馬韓의 辰王과 臣濆沽國」,『백제연구』34, p.5.

45) 박노석, 2003, pp.169-171; 장창은, 2006,「3~5世紀 高句麗·新羅關係의 戰爭史的 推移」,『고구려연구』24, p.48.

46) 김미경, 2007,「高句麗 前期의 對外關係 硏究」, 연세대학교 박사학위논문, pp.124-125; 김효진, 2015, 高句麗 東川王代의 對中國 外交와 西安平」, 한국학중앙연구원 석사학위논문, p.44.

행	원문 *[ ] 안은 추독	해석 *[ ] 안은 추정 내용
1행	正始三年 高句驪反 …	正始 3년 고구려가 반란을 일으켰다. [▨▨將軍 幽州刺史 毌丘儉이]
2행	督七牙門 討句驪 五[年] … [無]	7牙門을 거느리고 句驪를 토벌하였다. 5[년에 전투에서 승리하고 丸都城을 함락하여]
3행	復遺寇 六年五月旋 …	남은 적(遺寇)이 [없게 하였다.] 6년 5월에 개선하였다. …

우선 문제가 되는 것은 3행의 "復遺寇"의 풀이이다. 그간 3행의 '遺'자를 '遣'자로 판독하여 이를 "(고구려가) 다시 寇略하자, (토벌하고) 6년 5월에 (군사를) 돌이켰다(復遣寇 六年五月旋)"고 풀이한 견해가 자주 인용되어 왔다.[47] 그리고 여기서 '(군대를) 돌이켰다(旋)'는 부분에 대해서는 1차 침공을 마무리한 관구검 본대가 환도성에서 철군하는 사정을 뜻하는 것으로 보는 것이 일반적인 이해이다.[48] 그런데 이와 같은 해석을 따르자면 3행의 내용은 정작 다시 寇略을 시작한 고구려에 대한 토벌 내용 없이 관구검의 군대가 철군하였다는 서술이 된다. 때문에 고구려에 대한 토벌 내용이 생략된 것으로 보기도 하지만[49] 이 비가 '戰功碑'의 성격을 지니고 있음을 고려할 때 그와 같은 풀이는 납득하기 힘들다. 더구나 3행의 두 번째 글자가 '遺'자임이 판명된 이상 이러한 해석은 성립하기 어렵다고 판단된다.

때문에 근래에 3행 '遺'자의 해석을 살려 "… 을 다시 고구려(寇)에게 주었다."고 풀이하여 이것이 환도성을 점령한 관구검 군대가 철수하면서 마치 은혜를 베푸는 양 포장한 것이라는 해석이 제기되었다.[50] 나아가 그 다음의 "六年五月旋 …"이라는 구절은 현도태수 왕기의 재침공을 함축적으로 표현한 것이라고 이해하고 있다.[51] 흥미로운 주장이지만, 이러한 견해 또한 쉽게 받아들이기는 어렵다. 우선 6년 5월의 '旋'에 대한 풀이는 관구검군의 회군을 의미하는 것으로 보아야 하지 않을까 한다. 3행은 전공을 새긴 마지막 서술 부분으로 여기에 2차 침공에 대한 전황을 추가로 서술할 공간적 여유는 없다고 판단되기 때문이다. 따라서 3행의 마지막 서술 부분은 관구검 군대가 승전하고 개선한 내용이 새겨져 있다고 보아야 무

47) 임기환, 1992, p.450.

48) 池內宏, 1951, p.256.

49) 임기환, 1992, p.450.

50) 김효진, 2015, p.45.

51) 김효진 2015, p.45. 여기서 "六年五月旋 …" 구절을 246년 진행된 현도태수 왕기의 2차 침입을 서술한 내용으로 이해한 배경에는 현도태수 왕기의 군대가 "肅愼 南界에 이르러 刻石 紀功"하였다는 구절을 의식하여 본 비를 당시 魏軍이 "刻石 紀功"한 비와 동일한 것으로 간주하고 있기 때문이 아닌가 한다. 그러나 魏軍이 "刻石 紀功"하였다는 비는 "肅愼 南界"에서 찾아야할 것이지 현재 「관구검기공비」로 불리는 이 비석과는 관련이 없다(김육불 저·동북아역사재단 역, 2007, 『김육불의 東北通史』(上), 동북아역사재단, p.276). 이 비석에는 현도태수 왕기가 동천왕을 추격하였다는 내용이 보이지 않으며 또 그와 같은 서술이 들어갈 공간적 여유도 없다고 판단된다.

리가 없다. 그렇다면 남은 것은 문제의 "復遺寇" 풀이인데, '遺'자를 '주다'라는 뜻의 동사로 풀이하는 해석 또한 당시의 정황상 선뜻 받아들이기 힘들다.

이미 여기에 대해서는 일찍이 "復遺寇" 구절 앞, 즉 2행의 마지막 글자가 '無'자였을 것으로 추정한 연구가 제기된바 있으며,[52] "復遺寇" 앞에 '無'나 '不'이 오지 않고는 뜻이 통하기 어렵다는 지적도 제기된 바 있다.[53] 위에서 본 것처럼 "復遺寇"라는 구절만으로 의미를 풀이하기 어렵다면 당연히 그 앞에 빠진 글자가 있었다고 보는 것이 자연스럽다. 여러 문헌에 나타나는 '遺寇'의 용례[54]를 통해 알 수 있듯이 여기서의 '遺寇'는 말 그대로 남은 '殘賊'을 뜻하는 한 단어이자 문장의 주어로 보는 것이 타당하다. 그렇다면 그 앞에 올 "□復"은 '남은 적(遺寇)'의 동사가 될 것이며, 3행에서 이어지는 그 뒷부분이 魏軍이 승전 후 개선하는 내용을 서술한 것이라면, "□復"은 "無復"으로 추정하는 것이 적절하다 생각된다. 즉 2행 말미부터 3행까지의 내용은 "남은 적이 없게 하였다. 6년 5월 개선하였다(… 無復遺寇 六年五月旋 …)"로 풀이되어 위군이 환도성을 함락한 다음 회군하는 정황을 설명하는 구절로서 이해된다.

이상의 검토를 바탕으로 비문의 1행부터 3행까지의 내용을 재해석하면 다음과 같다.

> "正始 3년 고구려가 반란을 일으켰다. (…▨▨將軍 幽州刺史 毌丘儉이) 7牙門을 거느리고 句驪를 토벌하였다. 五(년 ▨월에 … 전투에서 승리하여 丸都城을 함락하고) 남은 적(寇)이 없게 하였다. 6년 5월에 개선하였다(旋)."

결국 관구검의 군대는 정시 5년에 고구려를 공격하여 환도성을 함락시킨 다음 6년 5월 개선한 것이다. 즉 「관구검기공비」는 正始 6년 5월에 魏軍이 작성한 戰功碑라 할 수 있으며 244년 개시된 전쟁이 245년 5월 마무리되었음을 전하고 있다. 구체적으로 曹魏의 1차 침공 당시 관구검의 군대가 환도성을 함락한 다음 그 일대를 초토화하고[55] 회군하였던 정황을 전하는 것으로 이해된다.

2. 曹魏의 2차 침공과 전쟁의 확대

이상에서 살펴본 것처럼 「기공비」는 정시 5년(244) 고구려를 침공하여 환도성을 함락한 관구검군이 정시 6년(245) 5월 환도성에서 철군하여 돌아갔음을 전하고 있다. 그렇다면 244년과 245년 두 해에 걸쳐 고구려를 공격하고 환도성을 함락한 관구검의 군대는 왜 애써 점령한 환도성을 포기하고 회군하였던 것일까. 일단 당시 관구검의 군대가 여러 차례 치열한 전투를 지속하면서 병사들이 지치고 물자가 바닥난 상태에 놓여 있었던 것이 주요인이었을 것으로 추측된다. 「기공비」에서는 관구검군이 6년 5월에 개선하였

52) 王國維, 1975, p.984.

53) 田中俊明, 2008, pp.7-8.

54) 앞의 각주 21번 참조.

55) 앞의 사료 A-②의 『三國志』 관구검전에서 "丸都에 올라 句驪의 도읍을 도살하니 斬하고 獲한 머리와 포로가 수천이었다." 고 하였듯 당시 관구검군은 환도성을 함락하고 그 주변 일대를 초토화시켰던 것으로 보인다.

다고 하므로 위군의 침공이 정시 5년 겨울에 개시되었다고 보아도 전쟁은 5개월 이상의 장기전으로 진행되었음을 알 수 있다. 더구나 전쟁 초반 관구검이 이끄는 위군은 비류수 전투에서 패배하고 양맥지곡으로 퇴각하는 등 고전을 면치 못했던 사실[56] 등을 고려할 때, 이후 다섯 달을 넘게 끌어온 전쟁에 위군 또한 피로감이 만만치 않았으리라 쉽게 짐작할 수 있다. 이에 위군은 환도성을 함락한 상태에서 급히 피난한 동천왕을 뒤쫓지 않고 그대로 둔 채 일단은 회군을 결정하였던 것이 아닐까 한다.

또한 이와 관련하여 본래 관구검의 침공 목적은 1차적으로 서안평 지역을 탈환하는 것이었고 2차적으로는 고구려에 대한 복수심과 낙랑, 대방에 대한 지배력 강화가 주목적이었다는 지적도 유의된다.[57] 사료 A-①·③·④와 「기공비」에서는 모두 침공의 명분을 정시 3년(242) 고구려의 서안평 공격에서 찾고 있기 때문이다. 즉 관구검의 고구려 침공은 곧 서안평의 탈환과 함께 새로 장악한 낙랑·대방 지역의 안정적 확보를 위한 것이었고 때문에 관구검군은 환도성을 함락하고 그 일대를 초토화하는 선에서 일단 만족하고 회군할 수 있었던 것으로 추정된다. 그렇다면 관구검은 A-②·③·④에서 보이듯 환도성에서 철군한 그 해에 다시 현도태수 왕기를 보내 고구려를 재침공한 목적은 무엇이었고 구체적인 침공 시점은 언제였을까. 먼저 다음의 사료를 보도록 하자.

사료 C

① 正始 6년(245), 樂浪太守 劉茂와 帶方太守 弓遵은 領東의 濊가 句麗에 복속하니, 군대를 일으켜 정벌하였는데, 不耐侯 등이 고을을 들어 항복하였다. 그 8년(247), 詣闕하여 朝貢하니 조를 내려 다시 不耐濊王으로 임명하였다.[58] (『삼국지』「위서」 예전)

② 正始 중(240~248), 幽州刺史 毌丘儉이 句麗를 토벌하면서 玄菟太守 王頎를 夫餘에 파견하였다. 位居는 大加를 보내어 郊外에서 맞이하고 군량을 제공하였다.[59] (『삼국지』「위서」 부여전)

위의 사료 C-①을 보면 正始 6년(245) 관구검의 명령으로 왕기의 군대가 옥저를 지나 숙신 남계에까지 진군하는 동안 같은 시기 유주자사 관구검 휘하의 樂浪太守 劉茂와 帶方太守 弓遵의 군대도 單單大嶺을 넘어 濊 지역을 공격하고 있음을 알 수 있다. 당시 고구려는 이미 옥저를 복속[60]한 다음 남하하여 동예

56) 『삼국사기』 고구려본기 동천왕 20년조(앞의 사료 B-③). 『삼국사기』에 전하는 것처럼 고구려가 우세했던 전쟁 초반의 상황은 중국 측 기록에서는 찾아지지 않는다. 여기에 대해 『三國志』 관구검전에서 그의 공적을 칭송하기 위해 이러한 패전 사실을 의도적으로 누락시킴으로써 이후 사서에서도 반영되지 못했다는 지적이 유의된다(여호규 2007, pp.45-46).

57) 윤명철, 1995, 「高句麗 前期의 海洋活動과 古代國家의 成長」, 『한국상고사학보』 18, p.273.

58) 『三國志』 卷30, 「魏書」30, 東夷傳 濊, "正始六年, 樂浪太守劉茂帶方太守弓遵以領東濊屬句麗, 興師伐之, 不耐侯等擧邑降. 其八年, 詣闕朝貢, 詔更拜不耐濊王."

59) 『三國志』 卷30, 「魏書」30, 東夷傳 夫餘, "正始中, 幽州刺史毌丘儉討句麗, 遣玄菟太守王頎詣夫餘, 位居遣大加郊迎, 供軍糧."

60) 『三國史記』 卷15, 高句麗本紀3, 太祖大王 4年, "四年秋七月, 伐東沃沮, 取其土地爲城邑, 拓境東至滄海, 南至薩水."

지역까지 그 세력을 침투시키고 있었는데, 樂浪太守 劉茂와 帶方太守 弓遵의 공격은 이처럼 고구려 세력권 아래에 예속되어 있었던 옥저와 동예 지역에 대한 공격이었다. 또한 C-②에서는 관구검의 군대가 고구려를 1차 침공하던 당시 부여에게서 군량을 공급받는 정황도 확인되고 있다. 이러한 曹魏와 부여의 동맹 관계는 관구검의 2차 침공 당시까지도 유지되었을 것이다. 즉 관구검은 북으로는 부여와 연합하고 서쪽으로는 현토대수 왕기의 군대를 진군시켰으며 서남으로부터는 낙랑태수 유무와 대방태수 궁준의 군대를 보내어 고구려를 사방으로 포위하면서 침공하는 전략을 취하였던 것이다. 다시 말하면 고구려를 2차 침공했을 당시 曹魏의 군사 작전은 왕기의 단독 작전이 아니라 유주자사 관구검 휘하의 낙랑태수, 대방태수, 현도태수 등이 함께 전방위적으로 고구려를 압박해 들어갔던 것이다. 이는 고구려 본토뿐만이 아니라 고구려에 예속되어 있었던 주변의 예맥 세력 전체를 겨냥했던 것으로 곧 고구려 세력권의 붕괴를 도모하기 위한 관구검의 전방위 포위 작전이라 할 수 있겠다.

그렇다면 환도성으로 직공하였던 왕기군의 공격(魏軍의 2차 침공)은 언제 진행된 것일까. 관구검 본대의 1차 침공이 정시 6년(245) 5월에 마무리되었으므로 왕기가 이끄는 魏軍의 침입은 당연 그 이후가 될 것이다. 한 차례 전쟁 이후 군비를 재정비하는 기간을 염두에 둘 때 2차 침공은 일러도 245년 하반기, 즉 겨울이 다가올 무렵이 아니었을까 추정된다. 그렇다면 이와 관련하여 사료 B-③『三國史記』고구려본기 동천왕 20년(246) 조에서 그해 가을 8월에 관구검군의 공격이 시작되어 그해 겨울 10월에 환도성이 함락되었다는 시간 인식이 주목된다. 즉 이는 정시 6년(245) 2차 침공 시점과 관련된 사료적 부회일 가능성이 높다고 생각한다.[61] 이를 통해 245년 5월 환도성에서 회군한 위군의 2차 침공은 그해 가을 8월에 개시되어 겨울 10월에 환도성을 재차 함락한 것이 아닐까 추측해 볼 수 있겠다. 또한 왕기가 이끄는 위군은 동천왕을 추격하여 북옥저 지역을 지나 숙신의 남계까지 이르는 긴 행군을 하였던 것으로 보아 전쟁은 자연스레 해를 넘겨 正始 7년(246)까지 이어졌을 것으로 보인다.

이러한 이해가 타당하다면 사료 B-①의『삼국지』제왕방기에 전하는 "7년 봄 2월, 幽州刺史 毌丘儉이 高句驪를 토벌했다."는 구절도 큰 무리 없이 이해가 가능하다. 즉 고구려에 대한 2차 침공은 정시 6년인 245년 8월에 시작되어 정시 7년인 246년 2월에 마무리되었던 것이다.[62] 또 이어지는 "여름 5월, 濊貊을

---

61) 范犁, 1993, p.266에서는『삼국사기』동천왕 20년 조의 기사를 바탕으로「기공비」에 보이는 관구검의 침공 과정을 정시 5년(244) 8월에 출병하여 10월에 환도성을 함락하고 환도성에서 겨울을 보낸 다음 정시 6년(245)에 왕기를 파견하여 동천왕을 추격하였고 5월에 개선하였다고 이해하였다. 또한 田中俊明, 2008b, p.12에서도 관구검군이 정시 5년(244)에 출병하여 환도성을 함락하고 그곳에서 머무르다가 정시 6년(245)에 왕기를 파견하여 동천왕을 추격하였고 5월에 개선하였다고 하여 위와 비슷한 이해를 보이고 있다. 그러나 이러한 해석을 따를 경우『三國志』관구검전에서 "儉이 군사를 이끌고 돌아왔다. 6년, 다시 정벌하니 宮은 마침내 買溝로 달아났다."고 하는 부분에 대한 해석이 궁색해진다.『三國志』관구검전은 전쟁을 주도했던 관구검 본인의 열전으로 그 사료적 가치는 매우 높다. 따라서 사건을 전하는 해당 문헌을 부인할 만한 뚜렷한 이유가 없는 한, 기록에 따라 관구검의 군대가 정시 5년(244) 1차 침공 당시 환도성을 함락하고 일단은 회군하였다고 이해하는 것이 타당하다.

62) 이러한 이해는 최연식 선생님의 가르침이 바탕이 되었다. 전쟁 시점을 사료마다 각기 다르게 전하고 있는 부분을 두고 고심하던 차에 '고대의 전쟁은 보통 가을 추수가 끝난 늦가을부터 겨울에 걸쳐 진행된다'는 선생님의 지적은 위군의 2차 침략이 255년 하반기에 시작되어 곧 해를 넘겨 256년까지 이어졌다는 해석의 기초가 되었다.

토벌하여 모두 깨뜨리니, 韓那奚 등 수십 국이 각각 무리를 거느리고 항복하였다."는 구절은 왕기의 침공과 함께 진행된 樂浪太守 劉茂와 帶方太守 弓遵의 영동 지역 침공을 말하는 것으로 이와 같은 공격의 결과 韓那奚 등 수십 국이 각각 무리를 거느리고 항복하였던 것으로 이해된다.[63]

더불어 사료 B-③의 고구려본기 동천왕 20년조 기사에서 두 차례에 걸친 전쟁의 모든 경과를 한꺼번에 기입한 이유도 이와 같은 연유에서 비롯된 것이라 생각된다. 즉 曹魏의 고구려 침공이 결과적으로 246년 2월에 마무리되었기에 3년에 걸친 曹魏와의 전쟁 사실을 해당 기년에 맞추어 후대에 재정리하였던 결과라 짐작된다. 또한 고구려본기에서 위군의 두 차례 침공을 하나의 사건으로 정리하게 된 배경은 245년 5월 회군한 위군이 3개월 만에 다시 재침공하면서 고구려의 입장에서는 전란이 지속되었던 것으로 인식하게 된 것에 기인한 것이 아닌가 한다. 요컨대 魏軍의 2차 침공은 245년 가을 8월에 현도태수 왕기와 낙랑태수 유무, 대방태수 궁준 등이 각각 두 길 혹은 세 길로 고구려를 공격하였던 것으로 당시 고구려가 영향력을 행사하고 있던 주변의 濊貊 세력을 모두 장악하여 이를테면 고구려 세력권의 붕괴를 기도했던 것이라 볼 수 있다.

한편 사료 A 및 B에서 보듯 조위의 2차 침공 당시 동천왕의 피난로에 대해서도 각각의 문헌에 전하는 바가 차이가 있다. 『三國志』 관구검전에서는 피난한 동천왕을 추격하던 왕기의 군대가 買溝(置溝婁), 즉 당시 북옥저 일대로 비정되는 지역을 지나 숙신 남계에까지 이르렀음을 전하는데, 『양서』 고구려전과 『북사』 고구려전 및 『자치통감』에서도 왕기의 군대가 옥저를 지나 숙신 남계에 이르렀다고 하여 동일한 인식을 보여주고 있다. 반면 『삼국사기』 고구려본기에서는 동천왕이 죽령을 넘어 남옥저로 피난한 다음 그곳에서 위군과 전투를 벌였고 끝내 위장을 죽임으로써 침략을 물리쳤다고 전하고 있어 논란이 되고 있다.

이에 고구려본기의 기사를 부정하고 옥저로 피난한 동천왕을 쫓아 왕기의 군대가 숙신 남계에까지 이르렀던 것으로 보는 견해[64]와 반대로 『삼국사기』 기사를 신빙하여 남옥저로 피난한 동천왕이 이곳에서 위군을 패퇴시켰고, 패주한 위군은 낙랑으로 회군하였다는 견해[65]가 양립하고 있는 실정이다. 역시 여기서도 양자의 견해를 살펴보면 어느 한 사료를 취신함으로써 다른 사실을 전하는 기록에 대한 해석을 포기하고 있는데, 앞서 지적하였듯 이와 같은 접근은 타당하지 않다.

---

63) 일찍이 『삼국지』 제왕방기 정시 7년 조의 한나해 등 수십 국 내항 기사와 관련하여서는 韓이 대방군 기리영을 공격하자 "二郡遂滅韓"(『三國志』 卷30 「魏書」 東夷傳 韓)하였던 결과로 이해하는 견해가 있었지만(池內宏 1951, p.247), 이는 역시 정시 6년(247) 낙랑태수 유무와 대방태수 궁준에 의해 이루어진 영동지역 공격의 결과로 보는 것이 타당하다(임기환 2000, p.20).

64) 北路說로 분류되는 견해로서 구체적으로 동옥저 지역(함흥)으로 피난한 동천왕이 왕기군의 추격을 피해 다시 북옥저 지역으로 재차 피난을 하였고 이에 왕기의 군대도 뒤따라 숙신의 남계에까지 이르게 되었다는 견해(池內宏 1951, pp.265-266)가 대표적이다. 물론 연구자에 따라 조금씩 견해를 달리하는 부분도 보이지만 대체로 대부분의 연구가 이와 같은 입장에 서 있다고 볼 수 있다(和田淸, 1950, 「魏の東方經略と扶餘城の問題」, 『東洋學報』 32-3, p.28; 李龍範, 1966, 「高句麗의 成長과 鐵」, 『白山學報』 1, p.50; 임기환, 2000, p.17; 서영수, 2002, 「高句麗와 三國의 관계」, 『고구려연구』 14, p.267; 김미경, 2007, pp.129-130). 그런데 여기서도 다시 왕기군의 회군로와 관련하여서는 추격해 들어가는 진군로를 따라 그대로 회군하였다는 입장(和田淸)과 동부 만주지역을 우회하여 夫餘를 거쳐 遼東으로 돌아갔다는 주장(池內宏)으로 의견이 갈리고 있다.

65) 南路說로 분류되는 견해로 李丙燾, 1985, 「臨屯郡考」, 『韓國古代史硏究』, 박영사, pp.202-206; 박노석, 2003, pp.161-164; 김효진, 2015, p.45 등의 연구자들이 이와 같은 입장에 서있다.

사료 D

① 景初 연간(237~239)에 크게 군대(師旅)를 일으켜 (公孫)淵을 죽이고, 또 은밀히 군대를 바다로 띄어 보내 樂浪郡과 帶方郡을 거두었다. 그 후로 海表가 고요해지고 東夷가 굴복하였다. 그 뒤 高句麗가 배반하므로 또 일군(偏師)을 파견하여 토벌하면서 지극히 먼 지방으로 끝까지 추격하니, 烏丸과 骨都를 넘고 沃沮를 지나 肅愼의 庭을 밟고 동쪽으로 大海에 이르렀다.[66] (『삼국지』「위서」 동이전 서문)

② 毌丘儉이 句麗를 토벌하니 句麗王 宮이 沃沮로 달아났는데, 마침내 군대를 진군시켜 이를 공격하니 沃沮의 邑落을 모두 파괴하고, 斬하고 獲한 수급과 포로가 3천여 급이니 宮은 北沃沮로 달아났다. 北沃沮는 일명 置溝婁로 南沃沮에서 8백여 리를 간다. 그 습속은 남북이 모두 같으며, 挹婁와 더불어 접해 있다.[67] (『삼국지』「위서」 동이전 옥저)

일단 사료 D-① 동이전 서문에서도 보듯이 왕기의 군대가 북옥저를 지나 숙신 지역까지 진입한 것은 분명 의심의 여지가 없다. 따라서 『삼국사기』의 기사를 바탕으로 이와 같은 사실을 불신하기는 어렵다. 하지만 밀우와 유유의 활약을 바탕으로 남옥저 지역에서 위군을 물리쳤다는 고구려 고유 전승을 무턱대고 조작된 공설로만 치부하기도 어렵다고 생각한다. 또한 사료 D-②에 의거하여 남옥저로 피난하였던 동천왕이 다시 왕기군의 공격을 받고 북옥저 지역으로 피난하였다는 절충적인 입장을 취하기도 어려운 것이 남옥저에서 위군을 물리쳤다는 고구려본기 동천왕 20년 조의 전투 정황이 매우 자세하고 극적으로 서술되어 있기 때문이다. 분명 이는 고구려 자체 전승에 의거한 기록으로 그 나름의 사료적 가치를 지니고 있다.

그렇다면 각기 다른 사실을 전하는 이들 사료를 종합적으로 이해할 수는 없는 것일까. 일단 남옥저에서 유유의 칼에 숨을 거둔 魏將이 왕기나 유무, 궁준이 아님은 분명해 보인다. 유무와 궁준은 이후 正始 7년(246) 초에 진행되었을 것으로 추정[68]되는 기리영 전투를 계기로 촉발된 韓과의 전쟁에 참전[69]하였고 왕기는 이 전투에서 전사한 궁준의 뒤를 이어 대방태수로 부임[70]하고 있기 때문이다. 따라서 이 사실만으로 남옥저 지역에서 동천왕의 군대와 전투를 벌인 위군의 정체를 파악하기는 어렵다. 그런데 앞서 제시한 사료 B-③의 말미를 보면 남옥저 지역에서 동천왕에게 패퇴한 위군이 낙랑군으로 철군하였다는 사실

66) 『三國志』 卷30, 「魏書」30, 東夷傳 序, "景初中, 大興師旅, 誅淵, 又潛軍浮海, 收樂浪帶方之郡, 而後海表謐然, 東夷屈服. 其後高句麗背叛, 又遣偏師致討, 窮追極遠, 踰烏丸骨都, 過沃沮, 踐肅愼之庭, 東臨大海."

67) 『三國志』 卷30, 「魏書」30, 東夷傳 沃沮, "毌丘儉討句麗, 句麗王宮奔沃沮, 遂進師擊之. 沃沮邑落皆破之, 斬獲首虜三千餘級, 宮奔北沃沮. 北沃沮一名置溝婁, 去南沃沮八百餘里. 其俗南北皆同, 與挹婁接."

68) 윤선태, 2001, p.15.

69) 『三國志』 卷30 「魏書」 東夷傳 韓, "部從事吳林以樂浪本統韓國, 分割辰韓八國以與樂浪, 吏譯轉有異同, 臣智激韓(校勘: 臣濆沽韓)忿, 攻帶方郡崎離營. 時太守弓遵樂浪太守劉茂興兵伐之, 遵戰死, 二郡遂滅韓."

70) 『三國志』 卷30 「魏書」 東夷傳 倭, "其八年(247), (帶方)太守王頎到官. 倭女王卑彌呼與狗奴國男王卑彌弓呼素不和, 遣倭載斯烏越等詣郡說相攻擊狀."

이 눈에 띈다. 그러고 보면 숙신 지역까지 진군한 현도태수 왕기의 군대는 침입한 경로를 그대로 따라 혹은 부여 지역을 경유하여 현도군으로 회군하였을 것으로 추정되고 있다.[71] 그렇다면 남옥저에서 패퇴한 후 낙랑군으로 회군한 위군은 낙랑태수 유무가 지휘하던 부대로 보는 것이 자연스럽지 않을까 한다.

영동 지역으로 나아가 濊 지역에서 군사작전을 벌인 위군을 낙랑태수 유무와 대방태수 궁준이 지휘하였다는 사실을 상기할 때 이 지역에서 동천왕과 맞닥뜨린 것은 바로 이들이 이끌던 부대였을 가능성이 높다 하겠다. 즉 조위의 군대는 두 방향 혹은 세 방향에서 고구려를 압박해 들어갔는데, 현도태수 왕기의 부대는 환도성을 함락하고 그대로 진군하여 북옥저(買溝, 置溝婁) 지역을 공략하였다면 낙랑태수 유무와 대방태수 궁준은 동천왕이 피난한 영동 濊 지역을 공략하였던 것이라 이해된다. 더불어 지리적 조건을 고려하자면 낙랑군에서 출병한 유무의 병력은 劍山嶺을 넘어 옥저 지역 일대를 공략하였을 것이고 대방태수 궁준의 병력은 추가령 구조곡 방면으로 방향을 잡고 진군하여 동예 지역으로 들어갔던 것이 아닐까 한다. 그리고 이때 유유에게 살해된 魏將은 아마도 낙랑태수 유무 휘하의 副將 정도의 인물로 억측해볼 수 있겠다.

정리하면『삼국사기』고구려본기에서 동천왕의 군대에 패하고 낙랑군으로 물러났던 위군은 왕기의 군대가 아닌 유무와 궁준의 군대, 그중에서도 유무가 이끌던 낙랑군의 병력일 가능성이 높다고 판단된다. 한편 왕기의 군대는 동천왕을 추격하였다고 하지만 동천왕은 남옥저에서 유무의 군대와 전투를 벌였던 것이고 왕기의 군대는 그대로 동북으로 진군하여 북옥저를 지나 숙신 남계에 이르렀던 것이라 할 수 있다. 즉 왕기의 공격이 고구려에게 예속되어 있던 북옥저 일대에 대한 군사 작전이었다면 낙랑태수 유무와 대방태수 궁준은 동천왕이 달아난 영동의 濊, 구체적으로 동옥저 및 동예 지역에 대한 군사작전이었던 것으로 이해된다. 이를 통해서도 궁극적으로 한반도 동북부 일대에 포진한 고구려 세력권의 붕괴를 기도했던 관구검의 전략적 의도를 엿볼 수 있다.

이상에서 살펴본 바 관구검 열전이나 여타 문헌에 보이는 245년의 2차 침공은 245년 8월에 시작되어 246년 2월 즈음 마무리되었던 것이며, 길게 보면 위군은 246년 5월까지 영동 지역에서 군사 활동을 벌였던 것으로 이해된다. 그리고 그 결과 고구려에 예속되어 있던 영동의 濊貊뿐만 아니라 그 이남의 韓那奚 등 韓의 소국[72]들이 다시 중국 군현의 영향력 아래에 귀속되었던 것이다. 결국 244년 관구검군의 고구려 침공으로 시작된 高句麗와 曹魏의 전쟁은 246년 2월까지 3년간 지속되면서 유주자사 관구검의 지휘 아래 曹魏의 군대가 고구려를 전방위적으로 압박해 들어갔던 사건이었다.[73]

그렇다면 여기서 曹魏의 2차 침공의 목적에 대해 다시 생각해볼 필요가 있겠다. 즉 고구려를 1차로 침

71) 앞의 각주 64번 참조.

72)『三國志』齊王芳紀에 보이는 韓那奚 등 수십 국의 위치에 대해서는 동예 남쪽의 내륙지방이나 동해안 지역의 세력으로 추정하여 낙랑과 진한을 연결하는 내륙 교역로 상에 위치한 소국들로 보는 견해(임기환 2000, pp.20-21)와 이를 韓의 那奚로 풀이하여 곧 辰韓의 여러 소국(辰韓 8국)으로 이해하는 견해가 있다(윤선태 2001, pp.15-16).

73) 한편 이 당시 魏軍의 영동 지역 공격 목적이 궁극적으로 영서 濊 지역을 장악하여 辰韓 지역에 영향력을 행사하려 했던 것이라는 견해도 있다(윤선태 2001, pp.15-16).

공한 관구검군은 고구려의 세력이 남만주와 한반도 동북부 일대에 걸쳐 광범위하고 견고하게 형성되어 있음을 인식하게 되었고 이에 전략을 수정할 필요성을 느꼈던 것이 아닌가 한다. 때문에 관구검은 1차 침공을 통해 고구려 왕도를 타격하여 그 지휘체계를 무력화시킨 뒤 재차 견실한 준비를 거쳐 245년 하반기에 다시 고구려에 대한 전방위적 공격을 시도하였던 것이다. 그리고 이를 통해 한반도 동북부 일대에 넓게 형성된 고구려 세력권의 철저한 붕괴를 도모하려 했던 것으로 이해된다. 이는 곧 한반도 동북부 일대에서 고구려의 영향력을 분쇄시켜야만 낙랑군과 대방군을 안전히 확보할 수 있다는 유주자사의 전략적 판단에서 비롯되었음은 물론이다.

Ⅳ. 맺음말

「毌丘儉紀功碑」는 正始年間(240~248)에 벌어진 高句麗와 曹魏의 전쟁 상황을 전하고 있다. 특히 正始 5년(244) 및 6년(245)의 戰況을 서술한 것으로 보이는 2행과 3행의 구절이 주목된다. 현전하는 관련 문헌에서는 당시 高句麗와 曹魏의 전쟁 시점을 正始 5~6년(244~245) 또는 正始 7년(246)의 일로 각기 다르게 전하고 있는데, 이 비석은 이러한 사료 상의 혼란을 해결해 줄 수 있는 자료로 믿어져 왔다. 이에 현재 학계에서는 「毌丘儉紀功碑」의 내용을 바탕으로 전쟁이 正始 5~6년(244~245)에 일어났던 것으로 보는 견해가 대세를 점하고 있다.

그러나 보다 신뢰가 가는 記事를 취함으로써 그와 다른 사실을 전하는 記事는 불신하고 해석을 포기하는 태도는 그다지 옳은 접근이라 하기 어렵다. 오히려 하나의 사서에서 같은 사실에 대해 그 시점을 서로 다르게 전하는 이상 사료 상에 그처럼 차이가 나타나게 된 원인은 무엇인지 해명할 필요가 있다. 본 논문에서는 「毌丘儉紀功碑」와 현전하는 관련 문헌사료를 종합적으로 재검토하여 3세기 중엽 진행된 高句麗와 曹魏 간에 벌어진 전쟁의 경과를 복원해보고자 하였다.

먼저 근래 답사를 통해 확보한 실물 사진자료를 분석하여 「毌丘儉紀功碑」에 대한 재판독과 비석의 원형에 대한 복원을 시도하였다. 그 결과 비석의 원형은 대략 높이 85cm, 넓이 30cm 크기의 규수비였으며, 여기에 총 7행의 명문이 새겨져 있었던 것으로 추정해 볼 수 있었다. 또한 새롭게 파악된 비문 내용을 통해 이 비가 곧 正始 6년 5월에 魏軍이 작성한 戰功碑였으며, 곧 244년 개시된 전쟁이 245년 5월 마무리되었음을 전하고 있음을 확인하였다. 구체적으로 비문의 2행과 3행의 내용은 曹魏의 1차 침공 당시 관구검의 군대가 환도성을 함락한 다음 다시 회군하는 정황을 전하는 것으로 이해하였다.

다음으로 현도태수 왕기의 공격으로 알려져 있는 曹魏의 2차 고구려 침공의 시점과 그 배경을 다시 검토함으로써 여러 관련 사료에서 서로 다르게 전하는 전쟁 과정과 기간에 대한 혼란을 바로잡고 사건을 보다 명확히 이해하고자 하였다. 검토한 바 『삼국지』 관구검 열전이나 여타 문헌에 보이는 245년의 2차 침공은 245년 8월에 시작되어 246년 2월 무렵 종결되었던 것으로 결론 내릴 수 있었다. 이를 통해 전쟁이 정시 7년(256)에 일어난 것으로 전하는 사료들은 전쟁의 종결 시점에 맞추어 기사가 기입된 것일 뿐 오류로 볼 수 없다는 점도 확인하였다. 또한 그간 신빙하기 어려운 자료로 인식되어 왔던 『삼국사기』 고구려 본기 동천왕 20년 조의 전쟁 기사를 새롭게 파악할 수 있었는데, 당시 남옥저 지역에서 벌어진 고구려군과 위군의 전투는 동천왕의 군대와 낙랑태수 유무가 이끄는 낙랑군 병력이 충돌한 것으로 판단된다.

결국 244년 관구검군의 고구려 침공으로 시작된 高句麗와 曹魏의 전쟁은 길게 보아 246년 5월까지 3년간 지속되면서 유주자사 관구검의 지휘 아래 曹魏의 군대가 고구려를 전방위적으로 압박해 들어갔던 사건이라 볼 수 있다. 즉 현도태수 왕기의 군대는 환도성을 거쳐 북옥저 일대로, 낙랑태수 유무와 대방태수 궁준의 군대는 영동의 예 지역으로 동시에 각기 길을 달리하여 고구려를 침공한 것이라 판단된다. 이로써 당시 曹魏는 한반도 동북부 일대에 넓게 형성된 고구려 세력권의 철저한 붕괴를 도모하려 했던 것으로 이해된다. 이는 곧 한반도 동북부 일대에서 고구려의 영향력을 분쇄시켜야만 낙랑군과 대방군을 안전히 확보할 수 있다는 曹魏와 유주자사 관구검의 전략적 판단에서 비롯되었던 것이라 할 수 있다.

투고일: 2015. 10. 31. 심사개시일: 2015. 11. 9. 심사완료일: 2015. 11. 23.

참/고/문/헌

김미경, 2007,「高句麗 前期의 對外關係 硏究」, 연세대학교 박사학위논문.

김육불, 저·동북아역사재단, 역 2007,『김육불의 東北通史』(上), 동북아역사재단.

김효진, 2015,「高句麗 東川王代의 對中國 外交와 西安平」, 한국학중앙연구원 석사학위논문.

노중국, 2003,「馬韓과 樂浪, 帶方郡과의 군사 충돌과 目支國의 쇠퇴」,『대구사학』71.

박노석, 2003,「고구려 동천왕대 관구검의 침입」,『한국사상과 문화』30.

서영수, 2002,「高句麗와 三國의 관계」,『고구려연구』14.

여호규, 2007,「3세기 전반 동아시아 국제정세와 고구려의 대외정책」,『역사학보』194.

여호규, 2007,「고구려 초기 對中戰爭의 전개과정과 그 성격」,『동북아역사논총』15.

윤명철, 1995,「高句麗 前期의 海洋活動과 古代國家의 成長」,『한국상고사학보』18.

윤선태, 2001,「馬韓의 辰王과 臣濆沽國」,『백제연구』34.

윤용구, 1999,「三韓의 對中교섭과 그 성격」,『국사관논총』85.

李龍範, 1966,「高句麗의 成長과 鐵」,『白山學報』1.

李丙燾, 1985,「臨屯郡考」,『(수정판)韓國古代史硏究』, 박영사.

임기환, 1992,「魏 毌丘儉紀功碑」,『역주 한국고대금석문』1권, 가락국사적개발연구원.

임기환, 2000,「3세기~4세기 초 위(魏)·진(晉)의 동방정책」,『역사와 현실』36.

장창은, 2006,「3~5世紀 高句麗·新羅關係의 戰爭史的 推移」,『고구려연구』24.

田中俊明, 2008a,「유주자사 이름은 '관구검'이 아닌 '무구검'이다」,『한국의 고고학』9.

하일식, 2014,「관구검기공비는 규형비(圭形碑)인 듯」,『한국역사연구회 웹진』(인터넷자료, 검색일자: 2015년 8월 14일, http://www.koreanhistory.org/webzine/read.php?pid=11&id=739).

池內宏, 1928,「曹魏東方經略」,『滿鮮地理歷史硏究報告』; 1951,「曹魏の東方經略」,『滿鮮史硏究』上世篇 第1册, 吉川弘文館.

和田清, 1950,「魏の東方經略と扶餘城の問題」,『東洋學報』32-3.

東潮·田中俊明, 1995,『高句麗の歷史と遺跡』, 中央公論社.

田中俊明, 2008b,「魏の東方經略をめぐる問題點」,『古代武器硏究』9.

王國維, 1975,「魏毌邱儉丸都紀功石刻跋」,『觀堂集林』卷20, (臺北)河洛圖書出版社.

范犁, 1993,「毋丘俭征高句丽的几个问题」,『集安博物馆高句丽研究文集』.

李殿福 저·車勇杰·金仁經 역, 1994,『中國內의 高句麗遺蹟』, 學研文化社.

赵红梅, 2010,「毌丘俭纪功碑文补遗」,『北方论丛』224(2010-6).

朝鮮總督府, 1919,『朝鮮金石總覽』上.

葛城末治, 1935,『朝鮮金石攷』.

梅原末治, 1966,『朝鮮古文化綜鑑』卷4, 養德社.

吉林省文物志編委會, 1984,『集安縣文物志』.

「『毌丘儉紀功碑』拓片」, 社會科學戰線, 2010-9.

日中民族科學研究所 編, 1979,『中國姓氏辭典』國書刊行會.

三國時代の出土文字資料班 編, 2005,『魏晉石刻資料選注』, 京都大學人文科學研究所.

〈日文要約〉

「毌丘倹紀功碑」の解釈と高句麗·魏戦争の復元

李丞鎬

いわゆる「毌丘倹紀功碑」には正始5~6年(244~245)にわたる高句麗と曹魏との戦況を伝えている。かつ同じ事件を伝えるそれぞれの史書には当時の両国の戦争時点について正始5~6年(244~245)あるいは正始7年(246)のこととして異なって伝えられている。これより学界には碑文をもとに戦争は正始5~6年(244~245)にわたって起きたことであるとの見方が主流になっている。しかしそれぞれの史書に同じ事件についてその時点が異なって伝えられている以上、これについては考え直す必要がある。ここでは、「毌丘倹紀功碑」と史書を総合的に検討し、3世紀中頃に行われた高句麗と曹魏との戦争の経過を再び復元したいと考える。

まず近来に踏査を通じて確保する「毌丘倹紀功碑」の写真の分析と中国の圭首碑の形制に対する検討をもとに「毌丘倹紀功碑」の大きさは高さ約85センチ、幅約30センチほどだったと推測した。同じく新たに解釈された碑文の構成と内容を通じて、「毌丘倹紀功碑」は正始六年(245)五月に作られた戦功碑で、すなわち244年に始まった一次侵攻が245年5月に終わったという戦況を物語っている。さらに碑文の二行と三行には具体的に曹魏の一次侵攻で毌丘倹の兵隊が丸都城を陥落して、撤兵する状況が伝えられていると考えることができる。

次に玄菟太守王頎の攻撃で有名な曹魏の二次侵攻の時点とその背景を改めて検討することによってそれぞれの史書に伝えられている戦争の過程とその期間に対する混乱を正し、事件をより明らかに知ろうとした。検討した結果、『三国志』毌丘倹伝などに見える正始六年の二次侵攻は245年八月から始まり、246年二月ごろに終結したものと考えられる。したがって戦争が正始七年(246)のこととして伝えられいる文献の場合は事件の終結時点に当たって記録したものだと考えても問題がない。また『三国史記』東川王20年條に見える南沃沮に行われた高句麗と魏軍との戦闘は東川王の軍隊と楽浪太守の兵力との衝突として見られる。

すなわち244年に毌丘倹軍の侵攻から始まった高句麗と曹魏との戦争は246年二月まで三年間続く中、幽州刺史な毌丘倹の指揮の下に曹魏の軍隊が高句麗に向けて全方位に攻め込まれた事件であったと考えられる。それに玄菟太守王頎の兵力は丸都城を経て北沃沮の付近一帯と、楽浪太守(劉茂)·帯方太守(弓遵)の兵力は領東濊の地域とそれぞれ方向を異にして一時に高句麗を侵攻したものと考えられる。これで曹魏は韓半島の北東部に広く幅を利かせる高句麗の勢力に対する全面的崩壊を目標としたということで十分に理解できる。つまり、曹魏が楽浪郡·帯方郡を安定的に確保するためには韓半島の北東部に高句麗の影響力を無力化させるのが不可欠の条件という曹魏と毌丘倹の戦略的判断から始まったことであろう。

▶ キーワード: 毌丘倹, 毌丘倹紀功碑, 毋丘倹, 毋丘倹紀功碑, 東川王

논 문

부여 구아리 319 유적 출토 편지목간의 이해

심상욱* · 김영문**

〈국문초록〉

백제 후기 사비도성지인 부여의 시가지 유적(부여 구아리 319 유적)에서 2010년에 수점의 목간이 출토되었다. 그중 422번 목간은 지금까지 발견된 백제시대 목간 중 최초로 확인된 서간문이며, 그 내용은 "보내주신 편지를 받자오니, 삼가 과분하옵니다. 이 곳에 있는 이 몸은 빈궁하여 하나도 가진 게 없어서 벼슬도 얻지 못하고 있나이다. 좋고 나쁨에 대해서 화는 내지 말아 주옵소서, 음덕을 입은 후 영원히 잊지 않겠나이다"이다. 즉, 가난한 선비로 추정되는 자가 벼슬을 청탁하기 위해 신분이 높은 고관에게 보낸 편지로 이해된다. 이를 통하여 당시 관리 추천 제도의 이면을 확인할 수 있다.

본 글의 구성은 목간이 출토된 유적과 함께 출토된 목간을 간략하게 소개한 후 422번 목간의 글자 판독과 표점, 번역을 하였다. 그리고 이를 통하여 목간이 '인사말-자신의 처지와 청탁 목적에 대한 축약된 표현-양해의 말과 마무리 인사'로 이루어진 서간문임을 밝히고 목간의 필자와 당시 관리 추천제도의 이면을 살펴보았다.

▶ **핵심어: 백제, 사비도성, 부여 구아리 319 유적, 목간, 서간문, 청탁, 관리 추천**

* 백제고도문화재단 책임연구원
** 중문학자, 인문학 연구서재 靑靑齋 대표

I. 들어가며

"所遣信來, 以敬辱之. 於此貧薄, 一無所有, 不得仕也. 莫睛好邪, 荷陰之後, 永日不忘."

2010년 부여 구아리 319 유적에서 출토된 목간 판독문이다. 정제된 사언구(四言句)로 이루어져 있다. 아마도 목간 중 편지 내용으로는 백제 최초일 것이다.

이 글은 이 목간의 내용에 담겨있는 사실에 접근하기 위한 일차적 시도로 보아주었으면 한다.

II. 목간 출토 부여 구아리 319 유적[1)]

백제 후기 도성지인 부여읍 일원은 백마강에 에워싸인 곳으로 자연제방과 배후습지로 이루어진 해발 10m 이하의 저평지와 100여m의 저구릉성 산지로 이루어져 있다. 따라서 백제 당시의 주요 시설물들은 구릉의 남사면 끝자락 혹은 미고지(微高地)인 해발 15~30m 지점에 위치하고 있다. 또한 최근의 지속적인 발굴조사 결과, 해발 10m 이하, 아니 6m 부근에서도 주거의 흔적인 우물과 벽주건물 등이 확인되어 현재 저습지 혹은 수전 경작지로 변한 곳도 주거공간이었음이 밝혀졌다.

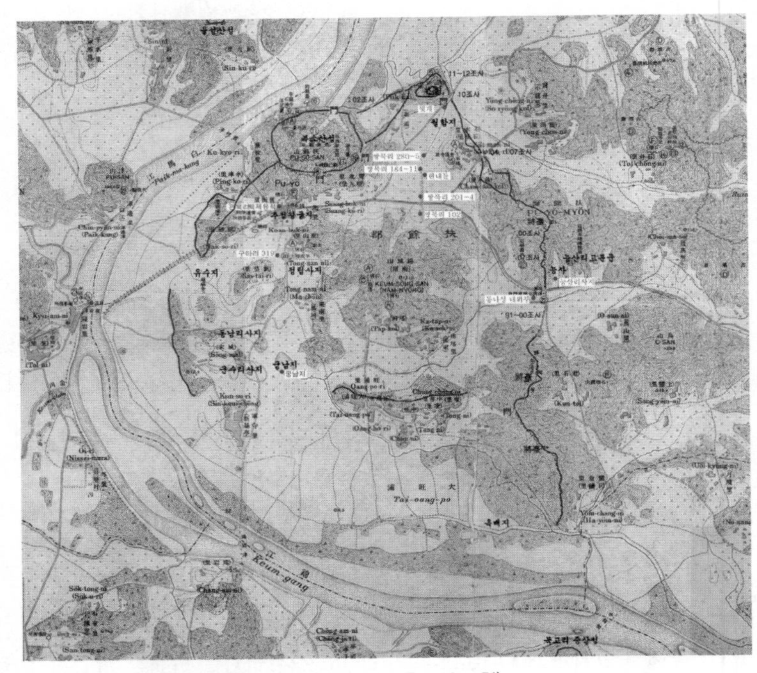

도면 1. 부여 구아리 319 유적의 위치(기타 목간 출토지 포함)

목간이 출토된 부여 구아리 319 유적의 입지도 북동남편의 구릉으로 둘러싸인 저평지에 위치하고 있어 집중호우 시 구릉지의 물이 백마강으로 흘러들어가는 길목이며, 하천 범람 시 침수지역이다.

1) 심상육·이미현·이명호, 2012, 『부여 구아리 319 부여중앙성결교회유적 발굴조사 보고서』.

이러한 입지적 특징에 의해 유적은 누층의 구지표면을 형성하였던 것으로 여겨진다. 즉, 유적은 대체로 유구의 차이에 의해 두 단계로 나누어지며, 하층은 3면의 구지표면이, 상층의 경우 1면의 구지표가 확인되었다. 이러한 누층의 형성요인은 자연퇴적과 인위적 성토에 의한 지면 상승이며, 이는 유적이 입지한 지형적인 요인이 상당한 영향을 주었을 것으로 판단된다. 특히, 1단계면 이후 성격이 판이한 2단계면이 형성될 당시에는 상당한 지형변화의 요인이 작용했던 것으로 보이는데, 그 요인은 홍수였던 것으로 여겨진다. 홍수였던 것을 어느 정도 짐작할 수 있는 것은 1단계의 마지막면 위에 형성된 두터운 유기물층 때문이다.

1단계의 유구는 장방형에 가까운 웅덩이와 도랑, 관목[2] 등으로 이루어진 시설물로 1-1단계에 잘 정비되어 사용하다가 1-2단계까지는 일부 개변이 있지만 대체로 전 단계와 그다지 차이 없이 이용하였으며, 1-3단계에 이르러 서서히 폐기된 것으로 판단된다. 1단계 유구의 성격은 유구의 입지 여건과 수로, 웅덩이 등을 고려하면 제일 먼저 치수와 관련된 시설물로 생각할 수 있다. 즉 유적의 북동남편에서 들어오는 물을 서편의 백마강으로 빼내기 위한 수리시설의 한 부분으로 상정할 수 있는 것이다. 한 가지 더 생각할

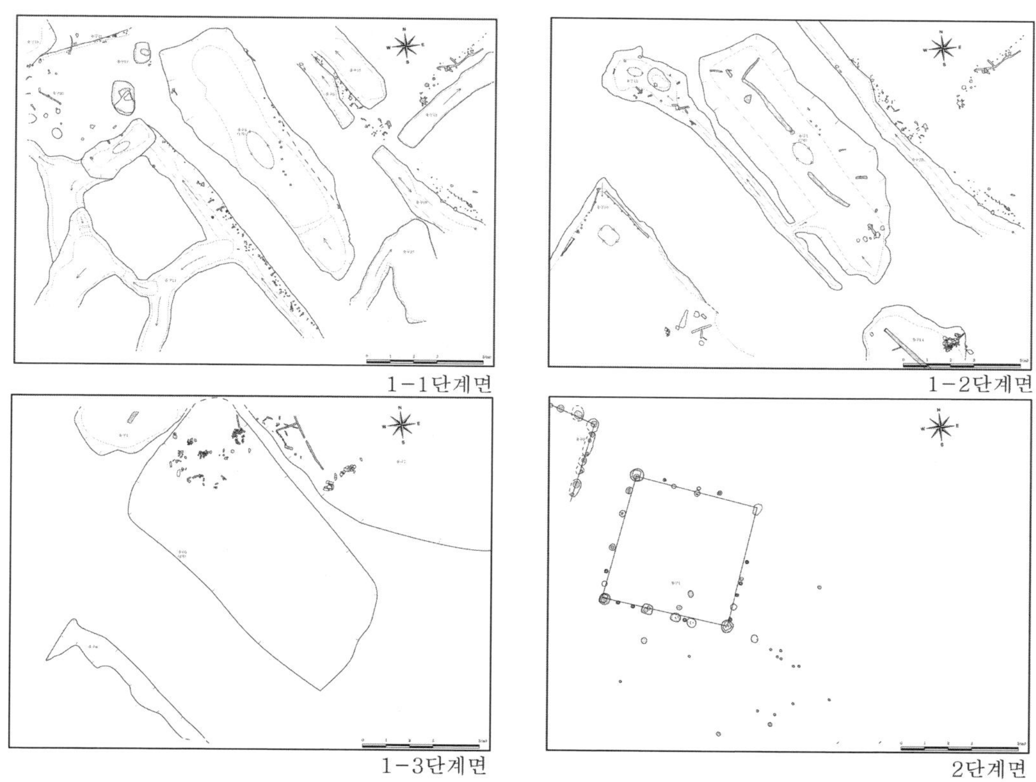

도면 2. 발굴조사 현황도(단계별)

2) 인위적으로 식재한 조경수일 가능성이 높다.

수 있는 것은 대저택의 한쪽부분일 가능성, 즉 대저택의 화장실이 있던 부분일 가능성이다. 이것은 화장실 관련 시설물[3]과 조경수로 보이는 관목, 잔가지를 박은 일렬의 시설물을 통해 생각해 볼 수 있다. 마지막으로, 일부 개배 등에서 의도적 파기행위를 한 유물이 확인되며, 다량의 동물뼈가 이 층에서 출토된 것으로 보아 1–3단계면 즉, 웅덩이 등이 쓰레기장화 된 시점에는 수변에서 행해지는 제의행위가 이루어졌을 가능성도 열어 두어야 할 것으로 판단된다.

2단계의 경우 1단계면이 사라지고 자연퇴적 혹은 인위적 성토 등에 의해 지면이 상승되고 평탄화 된 곳에 1단계면의 유구와는 성격이 상이한 건물지가 확인되었다. 건물의 내부에는 별다른 시설 없이 외곽의 목주만으로 벽을 만들어 지붕을 받치는 벽주건물로 2동이 확인되었다.

유적에서는 백제 사비기 당시의 일상생활 용기인 옻칠그릇과 질그릇, 목공구, 도자 등 금속제품, 중국 수당대의 청자벼루[4] 등이 출토되었다. 그리고 인간의 기생충란과 다량의 동물유존체[5]가 출토되었다.

445

도면 3. 447과 445 목간

이와 같이 부여 구아리 319 유적의 성격은 조사면적이 협소하여 명확하게 밝히기는 어려우나, 백제 사비기 1단계에 이 일대 치수 혹은 사가원림의 한 부분과 관련된 시설이 들어서 이용되다가, 2단계에 성토 및 퇴적으로 일대가 평탄화되고 인간의 주거와 관련된 건물이 들어선 것으로 판단된다. 다시 말해 치수의 역할만 하던 곳이 인간의 필요에 의해 선택되어 주거 공간으로 변화되었다는 것이다. 곧 인구변화 및 사회변화를 수반한 선택이었던 것으로 보이며 이와 관련하여 6세기 말~7세기 초의 백제에

3) 사람의 기생충란이 확인되었기 때문에 상정된 것이다.
4) 山本孝文, 2005, 『韓國 古代 律令의 考古學的 硏究』, 부산대학교 대학원 문학박사 학위논문, pp.187–248 참조.
5) 소, 사슴, 개, 돼지, 말의 포유동물 5종과 패류 4종, 어류 1종, 조류 1종이 확인.

서 새로운 토기양식의 출현[6]과 왕궁의 재정비 및 확장과 관련된 부소산 남록의 성토 흔적[7]이 주목된다.

III. 목간 출토 현황

목간 혹은 목간형 목제품은 총 13점이 출토되었다. 그중 묵서흔적이 확인된 것은 모두 10점이며, 판독된 목간은 8점이다.

출토된 목간의 제작 시기는 1-3단계면에서 확인된 수·당대의 청자벼루와 2단계면의 기반토가 홍수와 관련된 것이어서, 무왕 13년 대수(大水)[8]와 관련지어 보면 612년 이전으로 추측된다.

목간은 1단계 유구인 웅덩이와 도랑에서 출토되었다. 이 유구는 치수와 관련된 것이기 때문에 출토된 목간은 사비도성 내 여타 지역에서 출토된 목간과 비슷하게 인접지역 어딘가에서 쓸려 들어온 것이다. 따라서 부여 능산리사지 출토 목간처럼 출토유적과 상관성이 명확치 않다.

백제 목간은 형태상 홀형·꼬리표·사면·제첨목간 등으로, 내용상 문서·하찰·습서목간 등으로 구분되며, 구아리 319 유적에서는 형태상 홀형과 꼬리표목간이, 내용상 문서목간 등이 확인되었다. 즉, 여러 가지 목간이 섞여있는 상태이다.

구체적으로 447번 목간은 대표적인 꼬리표 목간으로 결손 된 부분 없이 잔존상태가 양호하다. 묵서의 경우 한 면에서만 확인되며 주목되는 것은 행정구역명인 "전부(前部)"이다. "전부(前部)" 위의 글자는 정확하게 판독되지 않으며, 아래 글자의 경우 "적미이석(赤米二石)"으로 읽히는데 이는 곡물의 수량에 관한 것으로 해석될 수 있다. 따라서 447번의 경우 몇 글자는 판독에 혼동이 있으나 부명과 곡물의 종류 그리고 수량이 적혀 있는 전형적인 꼬리표 목간으로 볼 수 있다. 다음으로 445번의 경우 상단부가 결손 된 상태로 출토되었으며, 양면에서 모두 묵서가 확인된다. 이 목간에서 주목되는 것은 447번과 마찬가지로 행정구역명인 "중부(中部)"와 "하부(下部)"가 확인되는 것이다. 또한 백제시대 관등명인 "나솔(奈率)"이 확인된다는 점이 특징적이다. 상단의 결손으로 정확하게 내용을 파악하기는 어려우나 확연하게 읽히는 "중부나솔득진(中部奈率得進)"으로 보아 행정구역명-관등명-인명 순으로 백제시대 일반적인 인명기술과 일치하고 있어 문헌기록을 통해서만 알 수 있었던 것을 실물로 확인할 수 있게 되었다. 따라서 이 목간은 문서의 성격을 띤 문서목간으로 보인다.

---

6) 山本孝文, 2005, 위의 글.

7) 국립부여문화재연구소, 2009, 『扶餘 官北里 百濟遺蹟 發掘調査報告 Ⅲ』.

8) 『三國史記』「百濟本紀」 武王13年5月 大水 漂沒人家.

IV. 442번 목간 분석

1. 형태

1-2 단계면의 유구 5(웅덩이)에서 출토되었다. 홀형(笏形) 목간으로 하단의 측부가 일부 떨어져나갔으나 거의 완형에 가깝고, 크기는 길이 25.2cm, 폭 3.5cm, 두께 0.3cm이다. 목간은 납작한 막대기 모양이지만 완전한 장방형은 아니고 긴 변이 밖으로 약간 배부른 형태이다.

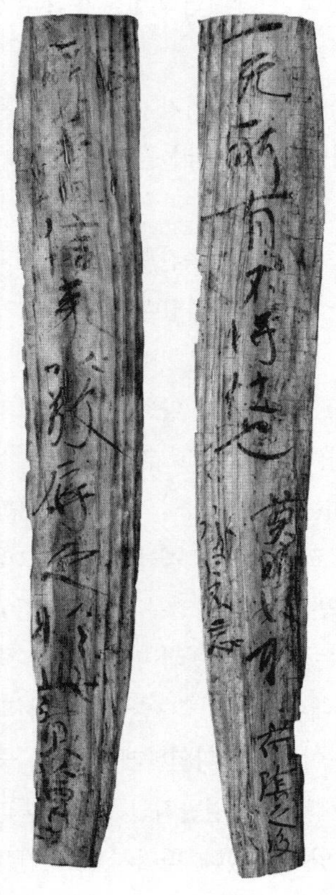

一无所有 不得仕也
莫瞋好邪 荷陰之後
永日不忘
所遣信來 以敬辱之 於此貧薄

도면 4. 442 목간 판독문

2. 목간의 글자 판독과 검토[9)]

목간의 전면에 "所遣信來以敬辱之於此貧薄"이라는 열두 글자가 한 줄 묵서(墨書)로 씌어 있고, 후면에 "一無所有不得仕也"가 역시 한 줄 묵서로 씌어 있으며, 그 아랫부분에 "莫瞋好邪荷陰之後永日不忘"이 마치 고대 한문 전적의 보주(補注)처럼 두 줄 작은 글씨로 씌어져 있다. 전체 글씨는 "소견(所遣)" 부분과 "빈박(貧薄)" 부분, 그리고 "진(瞋)"과 "사(邪)" 부분이 약간 흐릿한 것을 제외하고는 모두 선명하게 알아볼 수 있는 행서(行書)로 씌어져 있다. 그러나 앞에서 지적한 흐린 부분도 적외선 촬영과 전체 문맥으로 살펴보면 모든 글자를 판독할 수 있는 양호한 수준이다. 우리나라 고대 목간 전체를 놓고 보더라도 문맥이 통하는 완전한 문장이 이처럼 양호하게 출토되어, 모든 글자가 판독되고 번역·해석된 것은 이 목간이 최초의 사례일 것으로 보인다.

1) 글자 판독[10)]

전체 글자는 미려(美麗)하지는 않지만 숙달된 솜씨의 행서로 씌어졌다. 또 "斦(所)", "来(來)", "无(無)" 등의 이체자를 자유롭게 쓴 것으로 봐서 이 목간의 필자는 한문을 익숙하고 능통하게 구사할 수 있는 당시의 식자층인 것으로 보인다. 판독 과정에서 검토된 의견을 글자 순서대로 제시하면 다음과 같다.

(1) 소(斦) : "소(所)"의 이체자이다. 「위비구도보기(魏比丘道瑱記)」, 「진찬보자비(晉爨寶子碑)」, 「한정동비(漢鄭同碑)」 등에서도 벌써 동일한 모양의 이체자가 쓰였다. 검토 과정에서 "단(斷)"으로 보아야 한다는 의견도 제시되었으나, 뒷면 세 번째 글자와 비교해보면 두 글자가 동일한 글자임이 분명하므로 "소(所)"로 보는 것이 정확하다고 할 수 있다.

(2) 견(遣) : 글자가 희미하여 여러 견해가 제시되었다. 육안으로 볼 때 "견(遣)", "유(遺)", "통(通)", "송(送)"으로 읽어야 한다는 의견도 있었다. 그러나 적외선 촬영 결과 "견(遣)"에 가장 가까운 것으로 판독되었다. "유(遺)", "통(通)", "송(送)"도 각각 "남겨주다.", "통신하다.", "보내다."로 번역되므로 전체 문맥에 큰 영향을 끼치는 것은 아니다.

(3) 신(信) : 거의 만장일치로 "신(信)"으로 판독되었다.

(4) 래(来) : "래(來)"의 이체자이다. 「수궁인강씨묘지(隋宮人姜氏墓誌)」, 「형방비(衡方碑)」 등에서 같은

9) 부여 구아리 319번지 유적 출토 442번 목간의 글자 판독(목간의 1차 판독은 한국목간학회에서 이루어졌음을 밝혀둔다. 심상육·이미현·이효중, 2011, 「부여 '중앙성결교회유적' 및 '뒷개유적' 출토 목간 보고」, 『木簡과 文字』 第7號, 한국목간학회)과 번역은 '문헌과 문물'을 학문적으로 연구하는 SNS 학술 전문가 모임 '문문(文文)'에서 행한 것이다. 최초의 자료 제시는 심상육에 의해 이루어졌고, 일차 표점과 번역은 김영문이 주도했으며, 그 후 기호철, 권경열, 김종태, 김태식, 김창겸, 강희정, 박헌순, 김풍기, 안상현 등 전문 학자들의 난상토론과 검토를 거쳤다. 아래 글자 판독과 해석을 둘러싼 다양한 의견은 이러한 과정에서 제시된 것이다.

10) 글자 판독은 다음과 같은 원칙 하에서 이루어졌다. 첫째, 목간 자체의 글자 형태를 중시한다. 여기에는 육안 확인과 적외선 촬영 확인이 모두 포함된다. 둘째, 형태가 비슷한 여러 글자가 제시될 경우는 전체 문맥과 이전 용례를 중시한다. 셋째, 한자를 필사할 때의 필의(筆意)와 필세(筆勢)를 중시한다. 넷째, 한문의 기본 문장 구조와 문법을 중시한다.

형태의 글자가 확인된다. 지금 중국에서는 "래(來)"의 간체자(簡體字)로 이 "래(来)"자를 채택하고 있다.

(5) 이(以) : 행서나 초서에서 흔히 볼 수 있는 "이(以)"자이다.

(6) 경(敬) : "교(教)"라는 의견도 제시되었으나, 육안이나 적외선 촬영으로 본 글자 형태는 "경(敬)"임이 분명하다.

(7) 지(之) : 거의 만장일치로 "지(之)"로 판독되었다.

(8) 어(於) : "장(將)"이란 의견도 제시되었으나, 전체 문맥의 의미와 글자의 운필 의도로 판단해볼 때 "어(於)"로 보는 것이 타당하다고 의견이 모아졌다.

(9) 차(此) : 거의 만장일치로 "차(此)"로 판독되었다.

(10) 빈(貧) : 이 글자가 있는 바로 옆 부분에 약간의 손상이 있고, 오른쪽 획이 희미하여 다양한 의견이 제시되었다. "빈(貧)", "질(質)", "공(貢)", "상(賞)", "비(費)" 등 여러 글자가 검토되었다. 이 과정에서 글자 형태상 "공(貢)", "상(賞)", "비(費)"가 일차적으로 제외되었고, "빈(貧)"과 "질(質)"이 최종적으로 검토되었다. "빈박(貧薄)"과 "질박(質薄)"이 모두 비슷한 뜻의 한자 어휘로 쓰인 용례가 확인되지만, "질박(質薄)"의 경우는 오히려 "질박(質朴)"이나 "질박(質樸)"으로 쓰는 경우가 더 보편적이고, 전체 문맥이 가난함을 강조한다는 측면에서 볼 때 "질박(質薄)"보다는 "빈박(貧薄)"이 더 타당한 것으로 의견이 모아졌다.

(11) 박(薄) : "부(簿)"란 의견도 제시되었으나, 육안이나 적외선 촬영으로 볼 때 글자의 윗부분은 "대죽머리(竹)"가 아니라 "초두(艹)"임이 분명하다. 또한 앞의 글자 "빈(貧)"과 하나의 어휘를 이루고 있으므로 "박(薄)"으로 판독하는 것이 타당할 것으로 보인다. "빈박(貧薄)"은 중국 한(漢) 나라 양웅(揚雄)의 「원후뢰(元后誄)」에서 "돌아와 이곳에서 받들어 모시며 가난하게 살았다.(還奉於此, 以處貧薄.)"로 쓰이고 있으며, 돈황변문(敦煌變文)인 「추호변문(秋胡變文)」에서도 "집안은 가난하지만 차라리 굶어죽을지언정 어찌 황금을 귀중하게 생각하며 기뻐하겠소.(家中貧薄, 寧可守餓而死, 豈樂黃金爲重.)"로 쓰이고 있다. 모두 이 목간과 동일한 의미로 쓰인 용례들이다.

(12) 일(一) : 거의 만장일치로 "일(一)"로 판독되었다.

(13) 무(无) : "무(無)"의 이체자이다. 이 글자는 이미 중국 마왕퇴(馬王堆) 백서(帛書)에 쓰인 글자이며, 후한(後漢) 허신(許愼)의 『설문해자(說文解字)』에도 등재되어 있다. 지금 중국에서도 "무(無)"의 간체자로 이 "무(无)" 자를 채택하고 있다.

(14) 소(斫) : "소(所)"의 이체자이다. (1)의 판독과 같다.

(15) 유(有) : 거의 만장일치로 "유(有)"로 판독되었다. "일무소유(一無所有)"는 돈황변문(敦煌變文) 「여산원공화(廬山遠公話)」에도 "물 속의 달이나 허공 속 바람처럼 만법이 무상하여 한 가지도 있다고 할 수 없다.(如水中之月, 空裏之風, 萬法皆無, 一無所有.)"의 용례가 확인된다. 지금까지도 "신무장물(身無長物)", "일빈여세(一貧如洗)" 등의 성어와 동일한 의미로 쓰이는 상용어이다.

(16) 불(不) : 거의 만장일치로 "불(不)"로 판독되었다.

(17) 득(得) : 거의 만장일치로 "득(得)"으로 판독되었다.

(18) 사(仕) : 글자의 형태상 여러 가지 의견이 제시되었다. "사(仕)", "부(付)", "장(仗)", "왕(往)" 등 여

러 글자가 검토 대상이었으나 글자의 형태와 문맥을 중시하여 "사(仕)"로 읽은 것이 타당하다고 의견이 모아졌다. 그러나 "부(付)"로 읽더라도 "아무 것도 가진 게 없어서 부쳐줄 것이 없다."가 되고, "장(仗)"으로 읽더라도 "아무 것도 가진 게 없어서 의지할 데가 없다."가 되고, "왕(往)"으로 읽더라도 "아무 것도 가진 게 없어서 갈 수가 없다."가 되므로 문장의 전체 의미를 벗어나는 것은 아니다.

(19) 야(也) : 거의 만장일치로 "야(也)"로 판독되었다. 일부에서 "견(見)"의 초서란 의견도 제시되었으나, 글자 형태가 "야(也)"가 분명하고, 전체 문맥도 일차적으로 "야(也)"에서 끝나므로 "견(見)"으로 보기는 어렵지 않을까 한다.

(20) 막(莫) : 거의 만장일치로 "막(莫)"으로 판독되었다.

(21) 진(瞋) : 글자의 아랫부분이 희미하여 다양한 의견의 제시되었다. 일차적으로 글자의 형태상 "초(睄)", "귀(瞶)", "目+賁"(성낼 분) 등의 글자가 검토되었으나 글자가 너무 벽자(僻字)이고 문맥이 통하지 않아서 제외되었다. "目+賁"(성낼 분)의 경우는 의미는 통하지만 앞의 두 글자와 마찬가지로 서간문에 이러한 벽자(僻字)가 쓰인 예가 없어서 채택하기가 어려웠다. "진(瞋)"의 경우는 글자 형태가 유사할 뿐만 아니라, 우선 고대 한문에서 용례를 확인할 수 있다. 불경 『십송률(十誦律)』에 보면 "너희 장로들아! 화내지 말고, 싸우지 말고, 말다툼하지 말고, 서로 견주어 말하지 말라.(汝長老, 莫瞋, 莫鬪, 莫諍, 莫相言.)"는[11] 구절이 보이고, 『법구경(法句經)』에도 "바라문이여 싸우지 말라! 바라문이여! 화내지 말라.(莫打婆羅門! 婆羅門莫瞋!)"는[12] 구절이 있으며, 당(唐) 나라 전기소설(傳奇小說) 『유선굴(游仙窟)』에도 "낭자! 술잔을 잡고 화내지 마시오.(娘子把酒莫瞋.)"란[13] 구절이 보인다. 또한 전체 문맥과 당시 불교가 성행했던 삼국시대의 사회 상황을 미루어보더라도 "막진(莫瞋)"으로 판독하는 것이 가장 타당할 것으로 생각된다.

(22) 호(好) : 거의 만장일치로 "호(好)"로 판독되었다.

(23) 사(邪) : 글자의 오른쪽 부분이 거의 지워져서 판독하기가 어려웠다. 그러나 적외선 촬영과 문맥, 그리고 필세(筆勢) 에 의거하여 "사(邪)"로 의견이 모아졌다. 한문에서 "사(邪)"와 "야(耶)"가 통용되기 때문에 "야(耶)"로 읽을 수도 있지 않겠느냐는 의견도 제시되었지만, "야(耶)"로 읽으면 의문문이 되어야 하므로, 문맥상 타당하지 않은 것으로 결론이 났다.

(24) 하(荷) : 거의 만장일치로 "하(荷)"로 판독되었다.

(25) 음(陰) : 거의 만장일치로 "음(陰)"으로 판독되었다. "음덕(陰德)"은 숨은 덕행이고, "음덕(蔭德)"은 조상의 덕이므로 "음(蔭)"이 아니라 "음(陰)"으로 쓴 것이다.

(26) 지(之) : 거의 만장일치로 "지(之)"로 판독되었다.

(27) 후(後) : 거의 만장일치로 "후(後)"로 판독되었다. "치(侈)"로 읽어야 한다는 의견도 제시되었으나

---

11) 이 구절은 『십송률(十誦律)』 卷第二十三, 第四誦之三에 보인다.

12) 이 구절은 『법구경(法句經)』 第三八九에 보인다.

13) 『유선굴(游仙窟)』은 당(唐) 고종(高宗)과 무후(武后) 때의 문인 장작(張鷟: 660~740)이 쓴 전기소설(傳奇小說)이다. 따라서 이 목간이 쓰인 시대를 전후하여 "막진(莫瞋)"이란 어휘가 광범위하게 쓰였음을 알 수 있다.

글자의 형태와 문맥의 흐름으로 볼 때 "후(後)"가 훨씬 자연스러워서 "후(後)"로 의견이 모아졌다. 그러나 "치(侈)"로 읽더라도 "음덕을 입은 것이 매우 많다."는 뜻이 되기 때문에 전체 문맥에서 어긋나는 것은 아니다.

(29) 영(永) : 거의 만장일치로 "영(永)"으로 판독되었다.

(30) 일(日) : 거의 만장일치로 "일(日)"로 판독되었다.

(31) 불(不) : 거의 만장일치로 "불(不)"로 판독되었다.

(32) 망(忘) : 거의 만장일치로 "망(忘)"으로 판독되었다.

2) 표점과 번역

(1) 표점

이 목간을 위의 글자 판독과 문맥의 의미 맥락에 의거하여 표점을 찍어보면 놀랍게도 모두 4자구로 분구(分句)가 된다.

"所遣信來, 以敬辱之. 於此貧薄, 一無所有, 不得仕也. 莫瞋好邪, 荷陰之後, 永日不忘."

비록 4자로 표점을 찍을 수는 있지만, 4자 짝수구로 평측의 조화와 대구를 강구하는 변문(駢文)은 아니다. 그러나 흔히 자유로운 산문체로 씌어지는 일반 서간문과 비교해보면 이 목간의 필자는 매우 정제된 구법을 구사하고 있음을 알 수 있다. 이에 대해서는 몇 가지 분석이 가능하다. 첫째, 중국 남북조 시대와 당(唐) 나라 때까지 유행한 사륙변문(四六駢文)의 영향을 들 수 있다. 사륙변문(四六駢文)은 한부(漢賦)를 계승한 한문 문체로 전체 문장을 네 자와 여섯 자로 쓰면서 각 구절마다 평측(平仄)과 운율을 강구하고, 치밀한 대구(對句)를 추구한다. 또한 다양한 수식과 전고(典故)를 사용하여 문장을 매우 화려하게 장식한다. 백제의 전성 시기에서 멸망 시기까지는 바로 중국의 사륙변문(四六駢文) 극성기에 해당한다. 또한 백제는 황해를 사이에 두고 중국 남북조 시대의 남조(南朝) 왕조 및 그 이후 당(唐) 나라와 빈번한 문물 교류를 하고 있었다. 이 목간은 물론 변문(駢文)이라고는 할 수 없다. 대구와 평측, 구법과 전고의 사용에 있어서 어느 구절도 변문의 수사 기법과는 일치하지 않는다. 그러나 자유로운 산문으로 써도 무방한 서간문을 정제된 4자구로 썼다는 것만으로도 사륙변문이 유행하던 당시 식자층의 글쓰기 분위기를 짐작할 수 있다. 둘째, 전체 문맥으로 볼 때, 이 목간은 벼슬 청탁과 관련이 있으므로, 이 목간의 필자가 청탁 대상에게 자신의 문장 실력과 학식을 은연 중 드러내보여야 했다는 점을 들 수 있다. 그러므로 들쭉날쭉한 장단구로 이루어진 문체는 청탁대상에게 혼란스럽고 산만한 인상을 줄 수 있다. 특히 당시 외교와 왕명 출납을 담당하던 벼슬아치들에게는 뛰어난 한문 문장 실력이 요구되었고, 비록 고위 관리가 아니더라도 그것은 우리나라 고대 관리들이 갖추어야 할 필수적인 소양이었다고 할 수 있다. 왜냐하면 고대 우리나라의 공문서와 전적(典籍)은 대부분 한문을 빌어 기록했기 때문이다. 그것은 과거 시험이 시행된 이후에도 마찬가지였다. 따라서 이 목간의 필자는 벼슬 청탁을 위해 일정한 예물이나 뇌물을 건네는 것 외에도 정성을 들인 정제된 구법으로 자신의 문장 실력을 드러내어 청탁 대상에게 자신의 실력과 자질을 보여주려 했던 것으로 보인다. 셋째, 어떤 연유인지는 모르지만 한 조각 목간에 자신의 의중을 남김없이 표현해야 했으므로 4자 위주의 정제된 구법으로 내용을 축약하려 한 것으로 보인다. 특히 은밀한 청탁이 오고가는 상황에서는 두 사람만이 알 수 있는 내용을 짧고 함축적으로 표현할 수밖에 없다. 따라서 문장의 품격을 잃지 않으면서도 비밀스럽고 축약된 내용을 담기 위해 4언 위주의 구법을 선택한 것으로 추측해볼 수 있다.

(2) 번역과 분석

> "所遣信來, 以敬辱之. 於此貧薄, 一無所有, 不得仕也. 莫瞋好邪, 荷陰之後, 永日不忘."
> 보내주신 편지를 받자오니, 삼가 과분하옵니다. 이곳에 있는 이 몸은 빈궁하여 하나도 가진 게 없어서 벼슬도 얻지 못하고 있나이다. 좋고 나쁨에 대해서 화는 내지 말아 주옵소서. 음덕(陰德)을 입은 후 영원히 잊지 않겠나이다.

이 목간은 내용 전개에 따라 대체로 세 부분으로 나눠볼 수 있다.

① 인사말

> "所遣信來, 以敬辱之. : 보내주신 편지를 받자오니, 삼가 과분하옵니다."

"견(遣)"은 상대편에서 내게 보낸다는 뜻이고, "신(信)"은 편지다. "래(來)"는 그 편지가 내게 당도했다는 뜻이다. 이 구절의 전체 의미는 상대가 내게 보내준 편지를 받았다는 뜻이다. "경(敬)"은 "공경스럽게", "삼가"란 뜻으로 상대방을 매우 높여주는 용어이다. "욕(辱)"은 서간문에서 상투적으로 보이는 인사말로 상대의 고귀한 편지가 누추한 이곳(필자가 있는 곳)에 도달하여, 결국 그 상대방과 편지가 치욕을 당했다는 의미이다. 그러나 누구에게나 쓸 수 있는 어휘는 아니고 상대방의 신분이 높거나 존경할 만한 대상이었을 때 쓸 수 있다. 고귀한 신분의 사람이 먼저 내게 서간을 보냈거나 또 내가 보낸 서간에 답장을 보냈을 때 쓰는 의례적인 인사말이다. 중국 한(漢) 나라 사마천(司馬遷)도 「보임소경서(報任少卿書)」의 서두에서 "지난번에 과분하게 보내주신 편지를 받자옵고(曩者辱賜書)"라고 했다. 이 구절에도 익주자사(益州刺史)까지 역임한 고귀한 신분의 임안(任安)이 궁형을 당한 비천한 신분의 사마천에게 편지를 보냈다는 의미가 배경에 깔려 있다. 따라서 "이경욕지(以敬辱之)"는 이중으로 극존칭을 쓴 구절이라고 할 수 있으며, 이 구절에서 상대방이 아주 영향력이 큰 고관임을 짐작할 수 있다. 또한 이 두 구절을 보면 어떤 가난한 선비가 먼저 당시 고관에게 편지를 보냈고, 그에 대한 답장을 받고 나서 이 목간을 썼다는 것을 알 수 있다. 뿐만 아니라 한 조각 목간에 이 두 구절로 상대에 대한 존경심을 극진하게 표현하고 있고 아울러 자신의 미천한 지위도 간접적으로 암시하고 있다.

② 자신의 처지와 청탁 목적에 대한 축약된 표현

> 於此貧薄, 一無所有, 不得仕也. : 이곳에 있는 이 몸은 빈궁하여 하나도 가진 게 없어서 벼슬도 얻지 못하고 있나이다.

"어차(於此)"는 우선 이 목간 필자가 있는 곳을 나타내는 장소로 번역할 수 있다. 청탁 대상인 고위 관리의 귀하고 화려한 장소와 대비되는 비천하고 누추한 장소를 가리킨다고 볼 수 있다. 다른 한편으로는 "어차(於此)"를 "지차(至此)" 또는 "지금(至今)"으로 보아 "지금까지도"로 번역하여 시간을 나타내는 말로 볼 수 있다는 의견도 제시되었다. 이렇게 보면 이 목간의 필자는 옛날부터 지금까지, 또는 어떤 구체적인 사건으로부터 지금까지 매우 가난하게 살고 있다는 의미가 된다. 이 행간에 숨은 의미는 당시 편지를 주고받은 두 사람이 분명하게 알고 있었겠지만, 지금 이 목간을 판독하는 입장에서는 유추하기가 매우 어렵다. 하나의 가능성으로 남겨두고자 한다. "빈박(貧薄)"은 앞의 "글자 판독"에서도 제시한 것처럼 자신의 처지가 빈궁하다는 것을 나타내는 상용 어휘이다.

"일무소유(一無所有)"도 "아무 것도 가진 게 없다."는 매우 처절한 표현이다. "마치 물로 씻은 것처럼 가난하다.(一貧如洗)"는 성어와 통용해서 쓰인다. 앞의 "빈박(貧薄)"이란 어휘 뒤에 그것을 더욱 강조하는 "일무소유(一無所有)"란 말을 쓴 것을 보면, 어쩌면 청탁 대상인 고위 관리가 이 가난한 선비에게 답장을 보내 어떤 무리한 요구를 했다고 볼 수도 있다. 가난한 선비가 고관에게 첫 편지를 보내 자신을 추천해달라고 부탁하자 이 고관은 가난한 선비가 들어줄 수 없는 요구를 했고, 이 목간의 필자인 가난한 선비는 자신의 가난한 처지를 강조함으로써 완곡하게 그런 요구를 거절하고 있는 셈이다. 물론 그 무리한 요구는 가난한 선비가 자신의 가난을 강조하는 어투에서도 짐작할 수 있는 바와 같이 물질적인 뇌물 요구임이 분명하다. 따라서 전체 문맥의 행간을 들여다보면 "빈박(貧薄)"이나 "일무소유(一無所有)"가 이 목간 필자의 겸양어가 아니라 실제로 자신의 가난한 처지를 묘사하는 어휘임을 알 수 있다. 이 초라한 목간 토막이 바로 그것을 증명해주는 증거라고 볼 수 있다. 종이조차 구할 수 없는 가난한 처지에서 처자식을 먹여 살리기 위해 부득이 이 작은 목간 토막에다 자신의 미래를 걸고 있는 것이다.

"부득사(不得仕)"의 "부득(不得)"은 "얻을 수 없다." 또는 불가능을 나타내는 조동사로 볼 수 있다. "사(仕)"는 벼슬이다. 이 목간의 필자가 "자신은 가난하여 벼슬을 할 수 없다."고 말하는 것은 "제게 벼슬 한 자리 마련해주십시오."라는 표현에 다름 아니다. "이 목간을 보내는 목적이라고 할 수 있다. 어쩌면 "자신은 가난하여 벼슬을 할 수 없으므로 부디 능력으로 판단해주시옵소서."라고 말하고 싶었는지도 모른다. 땅바닥으로 떨어지는 체면과 자존심을 끝까지 버릴 수 없었던 셈이다.

③ 양해의 말과 마무리 인사

> 莫瞋好邪, 荷陰之後, 永日不忘. : 좋고 나쁨에 대해서 화는 내지 말아 주옵소서. 음덕(陰德)을 입은 후 영원히 잊지 않겠나이다.

"막진(莫瞋)"은 앞의 "글자 판독"에서도 용례를 제시한 바와 같이, 상대방에게 화를 내지 말아달라고 부탁하는 말이다. 주로 불경에 등장하는 용어지만 당(唐) 나라 전기소설(傳奇小說) 「유선굴(游仙窟)」에도 쓰인 것을 보면 꽤 광범위하게 사용되던 어휘임을 알 수 있다. "호사(好邪)"는 보낸 물건의 "좋고 나쁨"으로 보았다. 따라서 "막진호사(莫瞋好邪)"는 "내가 보낸 어떤 예물 또는 뇌물의 좋고 나쁨에 대해서 화는 내지 말아주소서."라는 의미로 번역된다. 즉 고관이 답장을 보내 가난한 선비가 감당할 수 없을 정도로 무리한 물질적인 요구를 하자, 이 가난한 선비는 고관의 그 무리한 요구를 들어줄 만한 경제력은 없지만 그래도 인사치레는 하지 않을 수 없으므로 이 목간과 함께 어떤 물건을 보낸 것으로 보인다. 그러나 그 물건은 가난한 선비의 입장에서는 최선을 다한 예물이지만 고관의 눈으로 보면 보잘 것 없는 물품에 불과할지도 모르는 일이다. 물론 이 구절을 가난한 선비의 통상적인 겸양어로 볼 수도 있지만, 앞뒤 문맥으로 판단해보면 단순한 겸양어는 아닌 것으로 보인다. "뇌물"이란 엄청난 고가이거나 희소성이 띄어나야 상대방의 마음을 움직일 수 있다. 그러나 가난한 선비가 보낸 물건은 상대방이 화를 낼지도 모르는 작은 물건이다. 그러므로 그것은 "뇌물"이란 말을 붙이기도 무색한 "작은 예물"에 지나지 않을지도 모른다.

"막진호사(莫瞋好邪)"에 대한 또 하나의 견해가 있다. 그것은 "호사(好邪)"가 "좋고 나쁨"의 뜻으로 쓰인 용례를 찾아볼 수 없기 때문에, "호사(好邪)"를 "서술어+목적어" 구조로 보자는 의견이다. 이렇게 보면 "호사(好邪)"는 "내가 삿된 짓(옳지 않은 행동)을 좋아하다."가 된다. 그러므로 "막진호사(莫瞋好邪)"는 "제가 삿된 짓 하기를 좋아한다고 화는 내지 말아주소서."로 번역된다. 벼슬을 청탁하는 자신의 행위에 대한 자격지심이 묻어 있는 서술이며, 그럼에도 불구하고 이런 청탁을 할 수밖에 없는 자신의 처지를 잘 보살펴달라는 간절함이 묻어 있는 언급이다. "호사(好邪)"가 "좋고 나쁨"의 뜻으로 쓰인 용례를 찾을 수 없다면, 이 입장도 매우 유력한 견해의 하나로 제시될 수 있다.

"그러나 "막진호사(莫瞋好邪)"를 "고관이 내게 좋은 벼슬을 주든지 나쁜 벼슬을 주든지 내가 화를 내지 않겠다."고 번역하는 견해는 받아들이기 어렵다. 그 이유를 몇 가지 들 수 있다. 첫째, "막(莫)"의 용법과 관련된 것이다. 한문 문법에서 "막(莫)"은 대체로 두 가지 용법으로 대별된다. 그 하나는 "막(莫)"이 금지사로 쓰이는 경우로 상대방에게 "~하지 말라!"고 부탁이나 당부하는 경우이다. 이 용법은 중국 현대어로 흔히 "不要(búyào)", "别(bié)", "甭(béng)"으로 번역된다. "막(莫)"이 자신에 대한 금지사로 쓰이는 경우는 사례가 매우 드문 특수한 용례이다. 그러므로 "막진(莫瞋)"을 "내가 화를 내지 않겠다."로 번역하기는 어렵다. 이 대목은 막(莫)의 특수 용법이 아니라 보편적이고 일반적인 용법으로 번역해야 의미가 통할 뿐만 아니라, 훨씬 문맥이 순조롭다. "막(莫)"의 또 다른 용법은 어떤 대명사를 포함한 부정부사로 쓰이는 경우이다. 즉 "막강(莫强)"은 "아무도 막아낼 수 없을 정도로 강하다."는 의미이며, "막대(莫大)"는 "어떤 것도 이보다 더 클 수 없다.” 즉 “엄청나게 크다.”는 의미이다. 이 용법에서 파생된 “막(莫)”의 용법에 “할 수 없다(不能)”는 뜻을 포함하는 경우가 있다. 가령 “변화막측(變化莫測)”이 그것이다. 이 경우의 “막(莫)”을 “불능(不能)”으로 번역하면 “변화를 예측할 수 없다.”가 된다. 그러나 이것도 사실은 “변화를 아무도 예측하지 못한다.”에서 파생된 의미임을 금방 알아 차릴 수 있다. 하지만 이 경우의 의미가 “불능(不能)”이라고 해도 “자신이 ~하지 않겠다.”로 전용되기는 힘들다. 둘째, 앞의 “글자 판독”에서 제시한 “막진(莫瞋)”의 용례가 모두 상대방에게 “화내지 말라”로 쓰이고 있다. 한자는 다의성이 특징이므로 역대로 쓰인 용례를 확인하여 그 의미의 정확성을 확보할 수밖에 없다. 그러므로 역대 용례로 보더라도 “막진(莫瞋)”을 “내가 화를 내지 않겠다.”로 번역할 근거는 거의 없는 셈이다.

“하음지후(荷陰之後)”의 “하(荷)”는 “은덕(혜택)을 입다.”는 뜻이다. “음(陰)”은 “음덕(陰德)”으로 “숨은 덕행”이다. 조상의 덕을 의미하는 “음덕(蔭德)”은 초두(艹)가 붙어 있으므로 서로 다른 어휘로 쓰인다. 지금 살아 있는 고관의 덕을 봐야 하므로 “음(蔭)” 아니라 “음(陰)”으로 쓰는 것이 정확하다. 이 목간을 쓴 필자가 한자의 용법이나 용례를 정확하게 구사하고 있음을 엿볼 수 있다.

“영일불망(永日不忘)”은 “영원히 잊지 않겠다.”는 뜻이다. 따로 역대 용례를 확인할 필요가 없을 만큼 빈번하게 쓰이는 구절이다.

“莫瞋好邪, 荷陰之後, 永日不忘.” 세 구절은 이 목간 뒷면 마지막 부분에 보주(補注)처럼 두 줄 작은 글씨로 씌어져 있다. 이에 대해 두 가지 설명이 가능하다. 첫째, 큰 글씨와 작은 글씨를 이 목간의 필자가 의도적으로 배치한 것으로 볼 수 있다. 즉 자신의 가난한 처지와 청탁 목적은 큰 글씨로 적은 후, 맨 뒷부분에 자신의 예물이 보잘 것 없다는 양해의 말과 앞으로 영원히 잊지 않고 은혜를 갚겠다는 보은의 말을 작은 글씨로 적어, 스스로에 대한 겸양과 청탁의 은밀함을 드러내고자 했다는 것이다. 둘째, 이 목간의 필자가 편지를 쓰다가 결국 공간이 모자라서 맨 마지막 세 구절을 작은 글씨로 썼다고 보는 경우이다. 이러한 형식은 후대의 서간문에서도 쉽게 찾아볼 수 있다. 조선시대 간찰의 경우에도 마지막 부분에서 공간이 모자라면 윗부분 공간에다 계속 써나가는 경우도 매우 흔했으며, 심지어는 이미 써놓은 글자의 행간에 작은 글씨로 내용을 계속 서술하는 경우도 흔했다. 지금 이 목간이 어느 경우에 해당하는지는 쉽게 판단할 수 없다. 그러나 어떤 경우든 전체 문맥이 흔들리는 것은 아니다.

3) 이 목간의 서간문 형식

이 목간의 서간문을 후세의 완전한 서간문 형식과 비교해보면 많은 부분이 생략되거나 축소된 형태임이 분명하다. 예컨대 발신인이나 수신인에 대한 정보가 없고, 날짜도 없으며 심지어 호칭도 확인할 수 없다. 그러나 그렇다고 하더라도 이 서간문이 서간문 특유의 형식에서 동떨어진 것은 아니다. 가령 인사말 부분의 “所遣信來, 以敬辱之.” 대목을 보면 이 목간이 정중하게 예의를 갖춘 서간문임이 분명하게 드러난다. 또한 서간문의 본론 부분에 해당하는 “於此貧薄, 一無所有, 不得仕也.”에서도 자신의 가난한 처지와 벼슬 청탁의 목적을 은근하고도 함축적이면서 매우 절실하게 표현하고 있다. 그리고 마무리 부분인 “莫瞋好邪, 荷陰之後, 永日不忘.” 대목에서도 자신에 대한 겸양과 상대방의 배려에 대한 보은을 다짐함으로써 청탁 서간문의 대미를 예의바르게 장식하고 있다. 그러므로 이 목간 서간문의 전체 형식과 문맥을 살펴보면 많은 부분이 생략된 함축적인 모습을 보이고 있지만 일반적인 서간문의 형식을 모두 갖추고 있음을 부정할 수 없다.

3. 목간 필자에 대하여

위의 분석에 근거하여 이 목간 필자에 관한 윤곽을 어렴풋하게나마 그려볼 수 있을 듯하다. 우선 그는 매우 가난한 선비였다. 그의 가난이 세습된 것인지, 아니면 어떤 사건을 계기로 가문이 몰락하여 강제적으로 주어진 것인지는 명확하지 않다. 다만 앞에서도 분석한 것처럼 "於此"를 "至此"나 "至今"으로 볼 경우 후자로 해석될 여지도 충분하다고 할 수 있다. 그는 또 한문을 매우 능숙하게 구사하고 한문 어휘의 의미를 정밀하게 분별할 줄 아는 식자층이었다. 전체 서간문을 축약된 4언으로 써서 자존심을 지키며 비교적 품격 있게 자신의 의도를 전달할 줄 아는 학자였던 것으로 판단된다. 한문에서 4언이란『시경(詩經)』이래 그 맥락을 이어온 매우 정제된 고급 문체에 속한다. "명(銘)", "송(頌)", "사찬(史贊)" 등 함축적인 내용을 담는 문장은 대부분 4언으로 지어진다. 특히 이 서간문이 지어지던 당시는 사륙변문(四六騈文)이 극성하던 시기였기 때문에 이 서간문의 필자도 전체적으로 그런 시대적 배경 하에서 한문 문장을 익힌 것으로 추정된다. 또 그가 이 서간문에서 구사하고 있는 어휘, 즉 "경욕(敬辱)", "빈박(貧薄)", "일무소유(一無所有)", "막진(莫瞋)", "하음(荷陰)", "영일불망(永日不忘)" 등도 모두 이전이나 동시대 또는 조금 뒷시대의 한문 문장에서 용례를 확인할 수 있는 고급 어휘들이다. 이중에서도 "막진(莫瞋)"은 불경에 자주 등장하는 어휘인데, 이 어휘에서 우리는 이 서간문의 필자가 유가경전이나 제자백가 등 일반적인 한문 문장 이외에도 불경에 대한 소양도 갖추고 있었음을 확인할 수 있다. 또한 "하음(荷陰)"의 "음(陰)"을 "음(蔭)"으로 쓰지 않고 정확하게 "음(陰)"으로 쓴 것을 보면, 한문 어휘의 구사에도 매우 세밀한 변별력을 갖추고 있었음을 짐작할 수 있다.

종합해보면 이 서간문의 필자는 단순히 출세에 대한 욕망 때문에 매관매직에 참여한 것은 아닌 것으로 판단된다. 위의 분석에서도 짐작할 수 있는 바와 같이 그는 당시 상당한 학식을 갖춘 식자층에 속했으나 세습된 가난 또는 가문의 몰락으로 인해 매우 곤궁한 처지에 빠져 있었음이 확실하다. "빈박(貧薄)", "일무소유(一無所有)", "막진호사(莫瞋好邪)" 등의 어휘가 이러한 상황을 증명해주고 있다. 어쩌면 생계유지도 곤란한 상황에서 어쩔 수 없이 호구지책으로 벼슬길에 나가려 했던 것으로 추정된다. 그러나 그는 직설적인 어휘가 아니라, 매우 함축적이면서도 내밀한 어휘로 자신의 곤궁한 처지를 강조하면서 간접적으로 자신의 의중을 전달하고 있다. 흔히 한문 서간문의 어휘가 일반적으로 이와 같은 간접적인 의미 전달 방식을 쓰고 있지만, 이 목간의 필자가 이러한 한문 고급 서간문의 서술 방식을 능숙하게 구사하고 있다는 자체만으로도 그의 지적 수준이 매우 높았음을 짐작할 수 있다.

4. 추천과 청탁

동아시아에서 과거제도가 국가의 공식 인재 선발 방식으로 정착되기 이전에 지식인들이 벼슬길에 나갈 수 있는 길은 가문의 세습이나 추천을 통하는 길뿐이었다. 중국에서 수당(隋唐) 이전의 관리 등용 방식은 바로 추천이 가장 중요한 통로였다. 중국 춘추전국시대 유세가들은 자신이 평소에 닦은 학식을 바탕으로 열국(列國)을 주유하며 권세가나 군주의 추천을 받기 위해 노력했다. 중국 한(漢) 무제(武帝)는 현량방정(賢良方正)이란 관리 추천 방식을 제도적으로 정해놓고, 각 주(州)와 현(縣)의 수령에게 훌륭한 인재를 추천하라고 「현량조(賢良詔)」를 내리기도 했다. 우리에게 잘 알려져 있는 바와 같이 중국 삼국시대 유비(劉備)가 제갈량(諸葛亮)을 등용하기 위해 삼고초려(三顧草廬)의 수고도 마다하지 않은 것도 바로 추천을 통한 인재 선발 방식의 가장 극적인 광경이라고 해도 과언이 아니다. 우리나라도 마찬가지였다. 고려(高麗) 광종(光宗) 때 공식적으로 과거제도가 정착되기 이전, 삼국시대 대부분의 관리들은 가문의 세습이나 권세가의 추천으로 등용되었다. 추천자들은 추천 대상의 객관적 능력을 확보하기 위해 이미 많은 사람들에게 인정받는 인재를 추천해야 했지만, 때로는 자신의 세력 확대나 권력 야욕을 위해 사사로운 관계망을 이용하기도 했다. 특히 신분제도가 매우 고착화된 삼국시대의 경우에는 문벌, 동문, 교우 관계가 추천의 중요한 요소가 되었던 것으로 보인다. 물론 이런 경향은 이후 과거제도가 정착된 고려시대, 조선시대에도 일정 정도 지속되었다. 문제는 추천대상의 재능, 학식, 관계 이외에도 재물과 금품이 오고가는 매관매직의 경우도 적지 않았다는 사실이다. 이와 관련된 사례는 중국이나 우리나라의 역사책에서 쉽게 찾아볼 수 있으므로 여기에서 별도로 인용하지는 않겠다. 뇌물로 벼슬을 팔고 사는 관행이 일반화되면 추천 제도는 객관성을 담보하기 어렵게 된다. 학식이나 재능보다 관계나 뇌물이 관직 임용의 가장 중요한 조건이 되는 이상, 학식이나 재능이 뛰어난 인재는 설 자리를 잃게 된다.

이 목간 서간문의 필자도 뛰어난 학문의 소유자였음에도 불구하고 당시 매우 가난하고 불우한 처지에서 벼슬을 구하고 있었던 것으로 짐작된다. 추천 제도가 가장 중요한 관리 등용 방식으로 작동하는 사회에서 자신이 추천 받기 위해 서찰을 보내고 예물을 보내는 행위는 그 자체로 비난의 대상이 될 수는 없다. 문제는 추천자가 그 사람의 학식이나 재능을 우선적으로 고려하지 않고 그 사람이 감당할 수 없는 뇌물을 요구하는 경우이다. 이 서간문의 청탁 대상자도 이 서간문 필자에게 막대한 뇌물을 요구한 것으로 보인다. 그러나 이 서간문 필자는 자신의 곤궁한 처지를 들어 그 뇌물을 감당할 수 없음을 알리고, 자신의 처지에서 정성을 다한 예물을 바치면서 부디 자신을 잘 보살펴 줄 것을 간곡하게 바라고 있다. 당시 관리 추천 제도의 이면(裏面)을 매우 생생하게 보여주는 자료라고 할 수 있다.

V. 나오며

이번에 부여 구아리 319 유적에서 출토된 442번 목간은 지금까지 발견된 백제시대 목간 중에서 최초로 확인된 서간문일 것이다. 게다가 약간의 논란은 있지만 전체 32 글자 전부를 명확하게 판독한 최초의 목간이기도 하다. 더 나아가 이 목간은 발굴을 통해 우리나라 고대 한문 문장의 일차자료를 확인했다는 점에서도 매우 큰 의미를 지니고 있다. 뿐만 아니라 이 자료는 지금까지 전해진 역사책에서는 확인하기 어려운 당시 관리 추천 제도의 이면을 생생하게 증언해주고 있다.

따라서 앞으로 이 목간은 우리나라 목간학의 다양성을 확보하는데 매우 중요한 자료가 될 것이며, 우리나라 고대 한문 문장 발달사나 한문 수사학 서술에도 생생한 일차 자료로 제시될 수 있을 것이다. 또 우리나라 고대 한문 서법을 연구하는 분야에도 훌륭한 물적 증거로 제공될 수 있을 것이며, 아울러 과거 제도 이전 우리나라 관리 추천 제도의 양상을 이해하는데도 필수불가결한 자료로 기능할 수 있을 것으로 믿어진다. 이밖에 일일이 예를 들지 않은 다양한 분야에서도 이 목간을 근거로 새로운 연구 성과가 많이 생산되기를 기대한다.

투고일: 2015. 10. 23. 심사개시일: 2015. 10. 26. 심사완료일: 2015. 11. 18.

참/고/문/헌

『三國史記』, 『十誦律』, 『法句經』, 『游仙窟』

山本孝文, 2005, 『韓國 古代 律令의 考古學的 研究』, 부산대학교 대학원 문학박사 학위논문.

국립부여문화재연구소, 2009, 『扶餘 官北里 百濟遺蹟 發掘調查報告Ⅲ』.

심상육·이미현·이효중, 2011, 「부여 '중앙성결교회유적' 및 '뒷개유적' 출토 목간 보고」, 『木簡과 文字』 第7號, 한국목간학회.

심상육·이미현·이명호, 2012, 『부여 구아리 319 부여중앙성결교회유적 발굴조사 보고서』, 부여군문화재보존센터.

〈Abstract〉

Understanding the wooden tablet letters excavated from Gua-ri 319 Site, Buyeo

Shim, Sang-yuk, Kim, Young-moon

In 2010 numerous wooden tablets were excavated from an inner-city site (Gua-ri 319 Site, Buyeo) of the ancient capital city Sabi of the Baekje Kingdom. Amongst these wooden tablet No. 422 is the first wooden tablet letter to be confirmed from the Baekje period. The letter reads "It is an undeserved honor to behold the letter that you have sent. As I stay here in this place I am destitute without any means to obtain an official post. Please do not trouble yourself with good or bad, I will never forget your virtuous help." It appears to be a letter of request sent by a poor scholar to a high level official asking for an official post. The tablet vividly portrays the realities of recommendation system for official posts during the times of Baekje. This article briefly introduces both the site and the wooden tablet from where it was excavated, and deciphers and translates the characters written on wooden tablet No. 422. Through the translation it proves that the tablet was a letter filled with contents forming 'greeting – stating the writer's situation and objective of writing – apologies and farewell'. It also studies the realities of the recommendation system for official posts and possible conjectures on the author of the tablet.

▶ Key words: Baekje, Sabi Capital City, Gua-ri 319 site in Buyeo, wooden tablet, letter, request, recommendation of official posts

논 문

포항 중성리신라비 판독과 인명표기

이성호*

〈국문초록〉

본고는 중성리비에 관한 기존의 판독에 필자의 견해를 보완하여 판독안을 제시하고 그 판독안 상의 인명을 분석하여 당시 시대상황을 검토해보고자 하였다. 필자의 판독안에서는 기존의 판독안에서 岳으로 읽었던 글자를 乎로 읽었으며, 牟나 本으로 읽어온 글자를 卒로 읽어 표로 제시하였다. 그리고 그 판독안을 바탕으로 비에 새겨진 기록에서 부와 인명을 추출하고자 하였다. 부나 지역명의 경우 喙이라는 글자가 사용되는 부에 관련 자료를 바탕으로 喙과 沙喙을 제외한 다른 부나 지역명은 牟旦伐喙, 本波, 金評으로 분류하였고 논란이 되는 牟旦伐喙作民沙干支의 경우 牟旦伐喙 / 作民沙 / 干支로 구분하여 인명과 부를 분류해냈다. 그리고 주목한 것이 존칭어미인 智의 접미 여부였다. 중성리비의 내용을 검토한 결과 존칭어미 智를 접미한 인명은 喙과 沙喙의 奈麻 이상의 관등을 소유하거나 도사의 직을 소유한 인물로 한정되었으며, 다른 부나 지역에서 보이는 인명에서는 智를 접미하고 있지 않았다. 이와 관련하여 냉수리비에서 남산신성비에 이르는 시기의 금석문들을 분석해본 결과 존칭어미 智를 접미한 대상은 喙과 沙喙의 奈麻 이상의 관등소유자와 4부의 간군 이상의 관등소유자로 고위지배층이었으며 시기가 갈수록 점차 6부의 관등소유자로 확산되어 갔던 점이 확인되었다. 또한 지방의 간군외위소유자에게도 점차 상위에서 하위로 확산 사용되고 있음을 확인할 수 있었다. 이러한 점을 염두에 두고 보면 중성리비에서 智의 용례

* 불교문화재연구소

를 통해 볼 때 이 시기의 각 부 지배층은 喙·沙喙>4부·지방의 형태로 위상의 차이가 나타나고 있었다.

▶ **핵심어: 中城里新羅碑, 人名表記, 尊稱語尾, 奈麻, 智, 干支, 六部**

I. 머리말

한국고대사에서 금석문은 부족한 사료를 보충해주고 당시 실상을 확인할 수 있게 해주는 소중한 자료이다. 따라서 금석문이 발견될 때마다 금석문의 내용에 따라 문헌사료에 기록되어있지 않아 몰랐던 사실들을 새롭게 알 수 있게 되었다. 이러한 상황에서 2009년 5월 포항 중성리신라비(이하 중성리비)의 발견은 신라사연구의 새로운 획기를 가져왔다고 할 수 있다.

먼저 중성리비 보고서[1)]가 공개되고 몇 차례에 걸친 심포지엄[2)]을 통해 기초적인 분석이 이루어졌다. 비문의 상태가 양호하여 대부분의 글자 판독에 대해서는 일치된 견해를 보이고 있으나, 결락된 부분이나 표기가 모호한 부분은 이견이 많다. 이와 함께 문제가 되는 것은 비문의 해석이다. 비문 안에서 논란이 있는 글자의 판독 방향에 따라 비문의 작성시기, 내용의 해석, 문장과 단락의 구분과 어구의 해석 등 많은 부분에 이견이 있어 소위 백가쟁명이라 할 만큼 난항을 겪고 있다고 할 수 있다.

이러한 상황 속에서도 연구자들은 중성리비의 내용을 바탕으로 6부의 문제[3)], 관등[4)], 지방통치[5)], 교[6)],

1) 국립경주문화재연구소, 「포항 중성리신라비」, 2009.8.

2) 국립경주문화재연구소, 2009.9.3, 『포항 중성리신라비 발견기념 학술심포지엄』; 포항 정신문화연구원·한국고대사학회, 2009.10.7.~8, 『신발견 포항중성리신라비에 대한 역사학적 고찰』; 한국고대사학회, 2009.12, 『한국고대사연구』 56, 한국고대사학회, 2010.4.10, 『제113회 한국고대사학회 정기발표회 발표문』(한국고대사학회 홈페이지 자료실); 한국고대사학회, 2010.9, 『한국고대사연구』 59.

3) 전덕재, 2009, 「포항중성리신라비의 내용과 신라 6부에 대한 새로운 이해」, 『한국고대사연구』 56; 노중국, 2010, 「포항중성리신라비를 통해 본 마립간시기 신라의 분쟁처리 절차와 육부체제의 운영」, 『한국고대사연구』 59; 윤진석, 2012, 「〈포항중성리신라비〉의 새로운 해석과 신라부체제」, 『신라최고의 금석문 포항중성리신라비와 냉수리신라비』, 주류성; 이부오, 2013, 「지증마립간대 신라 6부의 정치적 성격과 '干支'」, 『신라사학보』 28; 김희만, 2014, 「浦項 中城里新羅碑에 보이는 '喙部'와 6部의 性格」, 『한국고대사탐구』 16; 윤선태, 2014, 「新羅 中古期 六部의 構造와 그 起源」, 『신라문화』 44; 홍승우, 2014, 「포항중성리신라비를 통해 본 신라의 부와 지방지배」, 『한국문화』 66.

4) 김희만, 2009.12, 「포항 중성리신라비와 신라의 관등제」, 『동국사학』 47, pp.5-6; 하일식, 2009, 「포항중성리비와 신라관등제」, 『한국고대사연구』 56; 노태돈, 2010, 「포항중성리신라비와 外位」, 『한국고대사연구』 59; 박남수, 2010b, 「'浦項 中城里新羅碑'에 나타난 新羅 六部와 官等制」, 『史學硏究』 100[2013, 『신라 화백제도와 화랑도』, 주류성]; 선석열, 2011, 「6세기초반 신라금석문을 통해 본 『梁書』 新羅傳의 관등사료비판」, 『지역과 역사』 28; 홍승우, 2011, 『한국고대율령의 성격』, 서울대학교 박사학위논문; 이성호, 2012, 「6세기 신라 외위제의 성립과정」, 동국대학교 석사학위논문.

5) 김수태, 2011, 「포항중성리 신라비에 보이는 신라의 지방통치」, 『목간과 문자』 8.

법제적 성격[7] 등을 연구하였다. 하지만 이러한 연구에서도 판독과 해석에 따라 각기 논하는 바와 파악하는 내용이 달랐다. 대부분의 연구자들이 쟁송에 관한 비라는 내용에는 동의하고 있으나 관련된 자들의 소속이나 인명, 신분에 대한 것도 통일된 바가 없다. 이는 앞서 언급한 바와 같이 결락된 부분이나 표기가 모호한 부분, 그리고 금석문의 작성방식이 기존에 발견된 비들과 약간의 차이가 있기에 나타나는 것이라고 생각된다.

이러한 한계를 극복하기 위해서는 기초적인 부분을 다시 한번 점검해볼 필요가 있을 것이라고 생각된다. 최근 기존의 연구현황을 정리하고 그 한계를 지적한 연구[8]가 있었기에 모든 쟁점에 대한 연구사를 정리하는 것은 특별한 의미를 갖지 못한다고 여겨진다. 그래서 본고에서는 금석문의 자형 파악에 사진자료와 3D스캔자료를 다시 한번 확인하여 판독문을 재검토하여서 새로이 판독문을 작성해보고자 한다. 그리고 이를 바탕으로 6세기 금석문에 보이는 소속과 인명표기방식을 검토하여 중성리비에 나타나는 소속(지명)과 인명을 구분해보고자 한다. 금석문에 보이는 부나 인명표기의 방식은 동 시대의 다른 금석문들을 통해서 파악할 수 있는 객관적인 자료라고 생각되기 때문이다. 나아가 분석한 자료를 바탕으로 중성리비가 작성된 시기의 신라의 모습을 부와 인명을 중심으로 살펴보고자 한다. 선학제현들의 많은 질정을 바란다.

II. 판독과 해석문제

중성리비의 판독에서 논란이 되는 부분은 글자가 결락이 되었거나 기존의 자료에서 찾아볼 수 없는 형태의 자형을 가진 글자들이 문제가 된다. 이러한 부분을 제외하면 대부분의 글자의 판독은 통일적인 이해를 가지고 있어서 필자의 판독안을 〈표 1〉로 제시하되 논란이 있는 부분은 음영을 주어 표시해두었다. 그리고 〈표 2〉에는 중성리비 판독문제자의 사진자료와 3D스캔자료를 함께 제시함과 동시에 비문 내에 비교할 수 있는 자형이 있는 경우는 사진자료를 함께 제시하였다. 그리고 각 판독안을 제시하고 지지하는 연구자를 기입하였다.

6) 윤선태, 2012, 「〈중성리신라비〉가 보여주는 '소리'」, 『신라최고의 금석문 포항중성리신라비와 냉수리신라비』, 주류성.

7) 박성현, 2011, 「포항 중성리 신라비 비문의 형식과 분쟁의 성격」, 『한국문화』 55; 홍승우, 2012, 「〈포항중성리신라비〉의 분쟁과 판결」, 『신라최고의 금석문 포항중성리신라비와 냉수리신라비』, 주류성; 김수태, 「포항 중성리비와 영일 냉수리비에 보이는 소송」, 앞의 책; 김창석, 2009, 「포항 중성리 신라비에 관한 몇 가지 고찰」, 『한국사연구』 147; 박남수, 2010a, 「포항 중성리신라비의 신역과 지증왕대 정치 개혁」, 『한국고대사연구』 60[2013, 『신라 화백제도와 화랑도』, 주류성]; 홍승우, 2011, 앞의 책, pp.149-224.

8) 이부오, 2014, 「포항 중성리신라비에 대한 연구의 현황과 시사점」, 『한국고대사탐구』 16.

〈표 1〉 중성리비 판독안

Ⅻ	Ⅺ	Ⅹ	Ⅸ	Ⅷ	Ⅶ	Ⅵ	Ⅴ	Ⅳ	Ⅲ	Ⅱ	Ⅰ	
						□	伐	喙				1
					喙	□	喙	沙				2
		牟(?)	珎	干	鄒	干	斯	利	教			3
	導	旦	休	支	須	支	利	夷	沙			4
	人	伐(代)	壹	沸	智	祭	壹	斯	喙			5
	者	喙	昔?	竹	世	智	伐	利	尒	喙		6
沙	与	作	云	休	令	壹	皮	白	抽	部	辛	7
喙	重	民	豆	壹	干	伐	朱	爭	智	習	巳	8
心	罪	沙	智	金	居	使	智	人	奈	智	△	9
刀	典	干	沙	知	伐	人	本	喙	麻	阿	△	10
哩	書	支	干	那	壹	奈	波	評	喙	干	中?	11
?	与	使	支	音	斯	蘇	喙	公	部	支	折	12
	牟	人	宮	支	利	毒	柴	斯	卒	沙	盧	13
	豆	卑	日	村	蘇	只	干	弥	智	喙	䒑	14
	故	西	夫	卜	豆	道	支	沙	奈	斯		15
	記	牟	智	乎	古	使	弗	喙	麻	德		16
		利	宮	干	利	喙	乃	夷	本	智		17
		白	奪	支	村	念	壹	須	牟	阿		18
		口	尒	乞	仇	牟	伐	牟	子	干		19
		若	今	介	鄒	智	金	旦(昆?)		支		20
		後	更	壹	列	沙	評					21
		世	還	金	支							22
		更		知								23

이제 〈표 2〉에서 제시한 논란자들을 순서대로 검토해고자 한다. 먼저 Ⅰ-11의 경우 일부 마멸되어 전체 형태는 알 수 없다. 다만 남겨진 자형을 보면 이전에 지적된 것처럼 'ㅁ'의 아래에 직선이 내려 그어진 점은[9] 中에 가까운 형태로 보여진다. 하지만 세로획이 'ㅁ'을 관통하지 않고 그어져 있다는 점에서 只와도 가까운 것으로 볼 수 있다는 의견[10]도 제시되었다. 그러나 비문 내에 只가 기록되어 있어 자형을 비교

9) 노중국, 2010, 앞의 논문, pp.61-62.

10) 전덕재, 2009, 앞의 논문, p.89.

〈표 2〉 중성리비 논란자 석독표

	사진	3D스캔	비문내 비교자	판독안	지지연구자
Ⅰ-11				中	강종훈, 고광의, 권인한, 김창석, 노중국, 박남수, 선석열, 윤선태, 윤진석, 이문기, 이우태, 홍승우
				只	橋本繁, 김희만, 이부오, 이성시, 이영호, 이용현, 전덕재
				宁	이수훈
Ⅰ-14				葛	橋本繁, 이성시, 이영호, 전덕재
				䒑	강종훈, 고광의, 김희만, 노중국, 박남수, 박성현, 선석열, 윤선태, 윤진석, 이문기, 이부오, 이수훈, 이용현, 주보돈, 하일식, 홍승우
Ⅲ-13				卒夲[11]	노태돈, 박남수, 윤선태, 이문기, 홍승우
				牟	고광의, 이용현
				本	권인한, 김창석, 김희만, 노중국, 박성현, 선석열, 윤진석, 이성시, 이수훈, 이영호, 이우태, 전덕재
				보류	강종훈, 橋本繁, 이부오, 주보돈, 하일식
Ⅵ-2				沙	김희만, 선석열, 이우태, 하일식
				丿	윤선태
				보류	강종훈, 고광의, 橋本繁, 권인한, 김창석, 노중국, 노태돈, 박남수, 박성현
Ⅶ-8				干	강종훈, 고광의, 橋本繁, 김창석, 노태돈, 박남수, 박성현, 윤선태, 윤진석, 이부오, 전덕재, 하일식
				于	권인한, 김희만, 노중국, 선석열, 이문기, 이성시, 이수훈, 이영호, 이용현, 이우태, 주보돈, 홍승우
Ⅷ-16				岳	강종훈, 고광의, 권인한, 김창석, 김희만, 노중국, 노태돈, 박성현, 선석열, 윤선태, 윤진석, 이문기, 이부오, 이성시, 이수훈, 이영호, 이용현, 이우태, 하일식, 홍승우
				平乎[12]	
				步	전덕재, 주보돈
				平	박남수
				보류	橋本繁

	사진	3D스캔	비문내 비교자	판독안	지지연구자
Ⅷ-19				走	강종훈, 고광의, 김창석, 김희만, 노중국, 노태돈, 박성현, 선석열, 윤진석, 이문기, 이부오, 이성시, 이수훈, 이영호, 이우태, 전덕재, 주보돈, 하일식
				乞乇[13]	橋本繁, 권인한, 박남수, 윤선태, 이용현, 홍승우
Ⅷ-20	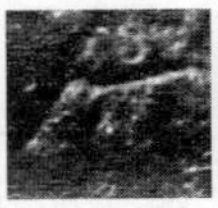	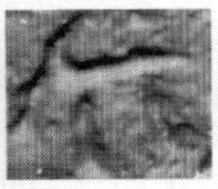		斤	강종훈, 고광의, 橋本繁, 권인한, 김창석, 노중국, 박성현, 선석열, 윤선태, 윤진석, 이성시, 이수훈, 이영호, 이용현, 이우태, 전덕재, 주보돈, 하일식, 홍승우
				介	김희만, 노태돈, 박남수, 이문기, 이부오
Ⅸ-6				昔	강종훈, 권인한, 김창석, 김희만, 노중국, 노태돈, 박성현, 선석열, 윤진석, 이영호, 이우태, 하일식, 홍승우
				普	윤선태, 이문기, 전덕재
				晋	박남수, 이성시
				書	고광의
				보류	橋本繁, 이부오, 이수훈, 이용현, 주보돈
Ⅸ-18				奪	일반적
				等	박남수
Ⅹ-3			 (Ⅳ-19)	牟	일반적
				至全[14]	박남수
Ⅹ-4			 (Ⅳ-20)	旦	일반적
				且旦[15]	박남수
Ⅹ-5	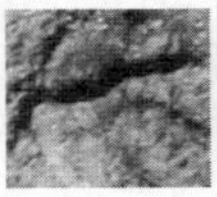	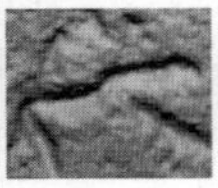	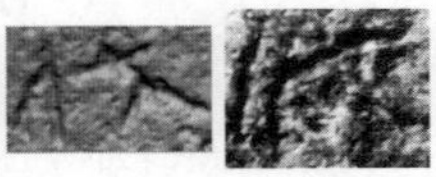	伐	일반적
				代	박남수, 선석열

해보면 같은 글자로 보기에는 어려울 것으로 생각된다. 이 글자의 경우 中으로 판독되면 辛巳년 모월중으로 해석되어 작성연월일을 쓴 것으로 볼 수 있고, 只로 읽는 경우 이어지는 글자와 함께 只折盧로 읽혀져 작성시기를 501년으로 비정하는 중요한 근거가 되어 판독에 신중을 기해야 할 것이다. 자형을 보아 中으로 판독한다.

Ⅰ-14의 경우도 Ⅰ-11처럼 마멸이 심하여 남은 글자를 알아볼 수 없다. 이 자형에서 볼 수 있는 것은 풀초변이 존재했다는 것뿐이다. Ⅰ-11을 只로 판독하는 견해에서는 지절로갈문왕의 葛자로 판독[16]하고 있으나, 전체 자형이 보이지 않는 상황에서 이루어진 추정이기 때문에 윗변만 인정[17]하거나 미상자로 보고 있다. 본고에서는 윗변艹만을 인정한다.

Ⅲ-13은 本으로 판독하는 경우가 많았으나, 자형을 보았을 때 이체자 卆와 유사하여 卒로 보는 것이 옳을 것이라고 생각된다. Ⅵ-2는 마멸이 심하여 하부에 丿획만이 남아있어 일반적으로 판독을 보류하고 있다. 그런데 沙로 판독하는 견해[18]로 인하여 판독이나 단락 구분에 따라 沙干支로 읽게 되어 관등제와 관련한 문제가 될 수 있다. 하지만 자형의 마멸이 심하여 沙로 보기에는 오독의 우려가 있기에 신중하게 보아야 할 것이다. 따라서 판독을 보류한다. Ⅶ-8은 干과 于로 판독이 되고 있는데 자형을 볼 때 干일 가능성이 높을 것이다.

Ⅷ-16은 일반적으로 岳으로 판독되어왔으나, 步로 보는 견해[19]와 平으로 보는 견해[20]도 나왔다. 그런데 〈표 2〉에서 보이듯이 3D스캔 사진을 보게되면 이체자인 乎와 매우 유사한 자형을 보이고 있어 乎로 판독하고자 한다. Ⅷ-19 또한 대체로 走로 판독해왔으나 3D스캔 사진을 통해 이체자 乞와 같은 자형을 보이고 있어 乞로 판독한다. Ⅷ-20은 斤으로 판독되었으나 자형이 斤으로 보기 어렵고 介와 가까운 것으로 생각된다.

Ⅸ-6은 자형을 찾을 수 없는 글자로 주로 외형상의 이유로 昔으로 판독되었으나, 이체자로 유사한 書[21]나 曹[22], 晉 등으로도 판독[23]하지만 확정적이지는 않다. 普[24]로 읽는 견해도 나왔으나 어떤 글자인지

---

11) 《偏類碑別字. 十部. 卒字》引〈魏孝文帝弔比干文〉.

12) 《漢隸字源. 平聲. 模韻. 乎字》引〈周憬功勳銘〉.

13) 《漢隸字源. 入聲. 迄韻. 乞字》引〈巴郡太守樊敏碑〉.

14) 《廣碑別字. 六畫. 至字》引〈唐汝陰郡汝陰縣令裴珵墓誌銘〉.

15) 《碑別字新編. 五畫. 且字》引〈隋張岡妻蘇恒墓誌〉.「旦」之異體.

16) 전덕재, 2009, 앞의 논문, p.93; 이영호, 2009,「흥해지역과 포항중성리신라비」,『한국고대사연구』 56, p.230; 이성시, 2011,「浦項中城里新羅碑の基礎的研究」,『上代文學』 106, p.4.

17) 강종훈, 2009,「포항중성리신라비의 내용과 성격」,『한국고대사연구』 56, p.144; 주보돈, 2010,「포항중성리신라비에 대한 연구 전망」,『한국고대사연구』 59, pp.13-15.

18) 이우태, 2009,「포항중성리신라비의 건립연대와 성격」,『포항중성리신라비 발견기념 심포지엄』; 김희만, 2009, 앞의 논문; 선석열, 2011, 앞의 논문; 하일식, 2009, 앞의 논문.

19) 전덕재, 2009, 앞의 논문, p.92; 주보돈, 2012,「포항중성리신라비의 구조와 내용」,『한국고대사연구』 65, p.125.

20) 박남수, 2010a, 앞의 논문, p.124.

21) 하일식, 2009, 앞의 논문, p.176.

는 알 수 없다. 자형을 중시하여 임시로 昔으로 해둔다. Ⅸ-18은 일반적으로 奪로 판독되어 왔는데 等으로 판독하는 견해[25]가 있다. 이것은 봉평비의 等자와의 유사성을 중시한 것이어서 주목된다. 하지만 자형을 보면 奪로 보는 것도 크게 문제될 것이 없다고 생각되어 奪로 판독해둔다.

Ⅹ-3, 4, 5의 경우 일반적으로 앞서 나온 牟旦伐과 동일한 글자로 파악하여 판독해왔으나 자형에 차이가 있다. 특히 Ⅳ-20은 昆으로 Ⅹ-3, 4, 5는 至且代로 파악하는 견해[26]가 있어 주목된다. 그런데 旦은 旦과 且의 이체자로 함께 쓰일 수 있어 같은 것으로 볼 수 있으나, Ⅳ-20의 昆의 아래 가로획의 양 삐침은 확실히 확인이 되고 있어 Ⅹ-4와는 자형의 차이가 있다. 이것과 별개로 Ⅹ-5의 자형은 代와 동일하며 伐의 대각선 획 하나가 없는 것이 확인된다. 이것이 단순한 오기인지 아니면 의도된 것인지는 알 수 없지만 이러한 점들을 중시한다면 Ⅳ~Ⅴ열에 걸쳐서 보이는 모단벌과 Ⅹ-3, 4, 5는 완연히 다른 글자가 된다. 이 Ⅹ-3, 5에 대하여 해당 자들의 필획변이가 다른 글자와 겹칠 정도로 크기 때문에 牟와 伐일 가능성이 높다는 견해[27]가 제시된 바 있다. 이러한 점들을 염두에 두고 다른 해석의 여지를 배제하지 않은 상태에서 일단은 Ⅹ-3, 4, 5를 牟旦伐로 판독하고 Ⅳ-20은 旦으로 판독한다.

Ⅲ. 인명표기에서의 소속과 이름 구분

앞 장에서 진행한 판독문을 구분하는 해석의 기초작업을 진행하고자 한다. 중성리비의 해석에 문제가 되는 부분은 여러 곳에 있겠지만 본고에서 관건으로 삼는 것은 소속과 인명을 구분해내는 것이다. 이전의 6세기 신라 금석문에서 소속-인명-관등의 순으로 기록되고 있는 양상을 참고한다면 중성리비에서의 소속과 인명의 구분을 통해 중앙 6부인과 지방인의 구분, 그리고 그들이 소유한 관등, 소속된 지역(부)에 대하여 당대의 신라인이 인식하고 있었던 상태, 당대의 행정 구조 등을 파악할 수 있을 것이다. 이 장에서는 판독문을 분류하는데 문제가 되는 인명구분을 중심으로 검토해 볼 것이다.

이 작업을 진행하기 이전에 선행되어야 할 것은 여타 금석문 및 사료에서 부명을 어떠한 방식으로 기재하고 있었는 가를 살펴보는 것이 필요할 것이다. 이전의 사료를 통해 6부명이 어떻게 변천되었는가를 검토해보면 다음 〈표 3〉과 같다.

22) 박남수, 2010a, 앞의 논문, p.125.
23) 고광의, 2009, 「포항중성리신라비 서체와 고신라 문자생활」, 『포항중성리신라비 발견기념 심포지엄』, p.101.
24) 윤선태, 2012, 앞의 논문, p.160.
25) 박남수, 2010a, 앞의 논문, p.128.
26) 박남수, 2010a, 앞의 논문, p.127.
27) 이부오, 2014, 앞의 논문, p.20.

〈표 3〉 6세기 금석문 部 표기 현황

구분	연도	梁部	沙梁部	漸梁部	本彼部	漢祇部	習比部
냉수리비	503	喙	沙喙		本波		斯彼
봉평비	524	喙部	沙喙部	岑喙部	本波部		
천전리서석 원명	525		沙喙部				
영천청제비 병진명	536	喙					
천전리서석 추명	539	喙部	沙喙部				
적성비	551 이전	喙部	沙喙部		本彼部		
명활산성비	551				本波部		
창녕비	561	喙	沙喙		本波	漢只??	
북한산비	568	喙	沙喙				
황초령비	568	喙部	沙喙部				
마운령비	568	喙部	沙喙部		本波部		
남산신성비	591		沙喙				
제2비			沙喙	牟喙			
安鴨池 出土 調露二年銘塼	681					漢只伐部	
『三國史記』		梁部	沙梁部	漸梁部 (牟梁)	本彼部	漢祇部	習比部
『三國遺事』		及梁部	沙梁部	漸梁部 (牟梁部)	本彼部	漢岐部	習比部

6부의 명칭이 정립된『三國史記』와『三國遺事』를 보면 전반부의 3부에 공통적으로 梁이 붙어 있고 후반 3부에는 없음을 확인할 수 있다. 여기서 주목해야 할 것은 봉평비와 남산신성비제2비에 기록된 岑喙部와 牟喙인데 梁과 喙이 서로 통하며 호환되어 사용되었다는 기록[28]을 감안한다면『三國史記』에 漸梁部와 이칭인 牟梁으로 볼 수 있을 것이다. 중성리비에 보이는 牟旦伐喙를 이것에 대입하면 牟와 漸의 뒤에 梁=喙이 붙은 것이라 할 수 있다.[29] 그렇다면 伐자는 어떻게 해석해야 할 것인가. 그것은 안압지 출토 調露 2년명전에 보이는 漢只伐部에서 그 힌트를 찾아볼 수 있다. 한기부로 명칭이 확정되기 이전에 이 부는 漢只伐이라는 지역명[30]을 가지고 있었으며 伐이라는 글자가 탈락하고 漢祇部 혹은 漢岐部로 확정되었다고

28) 『三國遺事』 기이편 1, 신라시조혁거세왕, "梁讀云道或作涿亦音道(양(梁)을 탁으로도 쓴다)"

29) 喙라는 지명어미를 가진 6부의 명칭으로 牟喙部에 비정한 견해가 참고된다(이문기, 2009, 앞의 논문).

30) 모단벌이 한지벌처럼 그 자체로도 완전한 지명이라고 보는 것이 가능하다는 전덕재의 의견을 참고할 필요가 있다(전덕재,

할 수 있을 것이다. 이와 마찬가지로 牟旦伐喙[31]의 경우도 伐이라는 글자가 탈락되면서 牟와 旦[32]자가 병행하여 喙과 함께 사용되어 牟旦喙 혹은 牟喙으로 되지 않았을까 생각된다.[33] 이러한 가정이 맞다면 당대 신라인들은 이 부에 대하여 두 명칭을 병행하여 사용하고 있었고 이를 인식하고 있었기에 『三國史記』와 『三國遺事』에 漸梁部와 더불어 이칭으로 牟梁部가 함께 기록되어 있는 것이 아닐까 생각된다.

그렇다면 이어지는 本波의 경우를 살펴보겠다. 이에 대하여 本波喙으로 읽는 견해[34]와 本波로 읽는 견해[35]가 있는데 많은 연구자들이 本波喙으로 읽고 있다. 本波喙으로 읽는 경우 喙이나 沙喙외에도 喙을 칭한 부가 복수로 존재한다는 것이 된다. 이 경우 喙이 6부 중 최고 지배집단의 배타적 근거지이기보다 각 부의 근거지를 일반적으로 가리키는 명칭이 될 수 있으며 牟旦伐喙만을 또는 本波喙만을 부로 인정하는 경우 喙이 상징하는 권위의 배타성과 일반성을 모두 제한적으로 이해할 수 있다는 연구 검토가 있었다.[36]

그런데 앞서 검토한 〈표 3〉을 보면 本波의 뒤에 喙을 붙인 사례는 중성리비가 최초이자 유일한 사례이기 때문에 이 사례만을 가지고 本波喙을 정식명칭이었을 것이라고 단정짓는 것은 위험하다고 생각한다. 더욱이 『三國史記』 등 문헌사료에 梁部, 沙梁部, 漸梁部에만 梁이라는 것이 사용되었고 本彼部, 漢祇部, 習比部에는 사용되지 않았다는 것을 참고한다면 本波에 喙이 초기에 붙어서 사용되었다가 탈락되었고 더 나아가 모든 부에 喙이 표기되었다가 생략되었다는 해석[37]은 무리가 있지 않을까 생각된다.[38] 이러한 점을 염두에 두고 本波喙柴干支는 本波에서 구분을 하는 것이 이후에 나오는 사료와의 연결선상에서도 합리적인 해석이 아닐까 생각된다.

다음으로 같은 단락 내에 나열되어 있는 金評의 경우 대개 인명으로 파악하여 앞서 언급된 本波 소속의 두 명의 干支로 보는 견해가 제시되어 있다. 이와 달리 부로 판독하는 견해는 斯彼로 해석하는 견해[39]와 漢岐部로 보는 견해[40]가 있으며, 이와 달리 6부가 아닌 지역명으로 보는 견해[41]가 존재한다. 그런데

2009, 앞의 글).

31) 牟旦伐을 인명으로 파악하여 끊어 읽는 견해가 제시된 바 있지만 이 견해에 대해서는 이미 합당한 지적이 나온 바 있다고 생각되어 언급하지 않는다(윤선태, 2014, 앞의 논문, p.311, 각주36).

32) 旦자의 경우 牟와 伐을 연결하는 자음처럼 사용되었다고 보는 지적(이부오, 2014, 앞의 논문)이 있어 주의된다. 또한 牟旦과의 어학적 관련성을 생각하면 昆으로 판독이 가능하다고 한 지적(박남수, 2010a, 앞의 논문)도 참고할 필요가 있을 것이다.

33) 漢只伐部의 예를 통하여 牟喙部의 이표기로 보는 견해도 있다(橋本繁, 2011, 「浦項中城里新羅碑の研究」, 『朝鮮學報』 220).

34) 이문기, 2009, 앞의 논문, p.18; 이영호, 2009, 앞의 논문, p.243; 김창석, 2009, 앞의 논문; 전덕재, 2009, 앞의 논문, pp.102-109.

35) 하일식, 2009, 앞의 논문, p.183; 주보돈, 2010, 앞의 논문, pp.22-24; 2012, 앞의 논문, p.143; 橋本繁, 2011, 앞의 논문, pp.44-45, p.53.

36) 이부오, 2014, 앞의 논문, pp.22-23.

37) 전덕재, 2009, 앞의 논문, pp.102-105.

38) 이러한 위험성은 이미 지적된 바 있다(주보돈, 2010, 앞의 논문).

39) 橋本繁, 2011, 앞의 논문; 박성현, 2011, 앞의 논문; 이부오, 2013, 앞의 논문; 이성시, 2011, 앞의 논문; 이용현, 2011, 「중성리비의 기초적 검토 -냉수리비·봉평비와의 비교적 시점-」, 『고고학지』 17; 주보돈, 2010, 앞의 논문.

40) 박남수, 2010a, 앞의 논문.

金評을 6부의 하나로 보기에는 기존에 알려진 6부의 명칭과는 너무 다른 형태의 명칭으로 되어 있어서 훈차 혹은 음차 등으로 해석하여 6부의 하나로 비정하는 것은 오역의 여지가 있지 않을까 하는 우려가 있다. 그렇다고 해서 인명으로 보기에는 한 부 내의 간지-일벌 이후 다시 간지-일벌이 등장하는 것은 이전에 나타나지 않았던 사례이기 때문에 수긍하기 어렵다고 여겨진다. 또한 金評이후 □□ 干支로 읽혀져 소속이나 지명으로 읽게 되면 金評-□□/干支로 되어 작성양식도 다른 비에서 보이는 일반적 형태와 같아지기 때문에 金評은 지명으로 읽어야 할 가능성이 높다고 생각된다.

후반부에 보이는 牟旦伐喙作民沙干支의 경우 앞서 살펴본 바에 따라 牟旦伐喙이 맞다면 作民沙干支가 牟旦伐喙에 소속된 것으로 보아야 할 것이다. 이것에 대하여 牟旦伐喙에 沙干支라는 관등이 있을 수 없다는 해석으로 作民에서 문장을 구분하여 다음 구절을 沙干支로 시작하는 견해나 作民을 한자식으로 해석하여 인명으로 보지않는 견해[42]가 나온 바 있다. 하지만 인명을 생략하고 관등만을 제시한 사례가 있었는가라는 문제로 인하여 수긍하기에 주저되는 바가 있다. 또한 6세기 후반 이전 신라인 이름이 발음의 일치에 관심을 둔 音差로 되어 있었다는 점[43]에서 오히려 作民이 한자식으로 해석이 된다 하더라도 음차된 作民沙라는 인명으로 보아야 할 것이라 생각한다. 이러한 구분이 인명없이 沙干支로 문장이 시작되었다는 해석보다는 더 자연스러울 것이다. 더욱이 沙干支가 牟旦伐喙에 있었을 가능성을 제기[44]하기도 하였으나, 그럴 경우 봉평비의 岑喙部에서 沙干支가 아닌 干支가 등장하고 있다는 점을 설명하기엔 부족함이 있다고 생각된다. 따라서 이 부분은 牟旦伐喙 作民沙/干支로 보는 것이 옳을 것이라 생각한다.

喙의 경우 대개 부분적으로 喙部, 喙平 등의 여러 이표기가 존재한다고 보는 견해가 많지만, 비내의 동일성이나 작성 원칙을 감안했을 때 喙으로 통일하여 작성했을 것이라는 견해[45]가 판결문 혹은 공고문으로써의 입비의 목적에 부합한다고 생각되어 喙으로 일괄 기록한 것으로 파악했다.

지금까지 살펴본 바를 토대로 판독문을 구분하여 제시하면 다음과 같다.

A. 辛巳□□中 折盧亠　　喙-部習智/阿干支 沙喙-斯德智/阿干支 教

B. 沙喙-尒抽智/奈麻 喙-部卒智/奈麻 本牟子 喙沙利, 夷斯利 白

C. 爭人 喙-評公, 斯弥 沙喙-夷須 牟旦(昆)伐喙-斯利/壹伐, 皮朱智 本波-喙柴/干支, 弗乃/壹伐 金評-□□/干支, 祭智/壹伐

41) 주보돈은 6부의 하나로 보거나 그 외의 비슷한 성격의 존재로 볼 가능성에 찬동하고 있다(주보돈, 2012, 앞의 논문). 윤선태는 지명일 가능성은 있지만 자료상으로 지명여부에 대한 확정은 보류하고 있다(윤선태, 2012, 앞의 논문).

42) 구체적인 내용은 홍승우, 2012, 앞의 논문, pp.226-227 참조.

43) 신라인의 이름이 6세기 후반에 이르러 음차에서 점차 訓借로 바뀌고 한자의 의미를 살린 인명으로 변화해 간다는 연구가 있어 참고된다(주보돈, 2009, 「職名·官等·地名·人名을 통해 본 신라의 漢文字 정착」, 『한국고대사연구의 현단계』(石門 李基東敎授 停年記念論叢), 주류성출판사).

44) 김창석, 앞의 논문, 2009, pp.388-389; 이용현, 앞의 논문, 2011, p.441; 橋本繁, 앞의 논문, 2011, p.53.

45) 강종훈, 2009, 앞의 논문, pp.145-146.

D. 使人 奈蘇毒只/道使 喙-念牟智 沙喙-鄒須智

E. 世令 干居伐[46]-壹斯利 蘇豆古利村-仇鄒列支/干支, 沸竹休/壹金知 那音支村-卜乎/干支, 乞介/壹金知 珎伐[47]-壹昔

F. (云)豆智/沙干支-宮 日夫智-宮 奪尒 今更還 牟旦伐喙-作民沙/干支

G. 使人 卑西牟利 白口 若後世更噵人者与重罪

H. 典書 与牟豆 故記 沙喙-心刀哩?

Ⅳ. 존칭어미 智의 사용과 부의 위상

앞서 소속(지역)을 다른 금석문 자료와 문헌에 기록된 명칭과 비교하여 인명과 구분해보았다. 이전의 연구에서는 주로 부의 명칭과 관등에 주목하여 당시 지배층의 구조나 부의 구조 등을 검토하였는데 본고에서는 소속된 부에 있는 인명에 주목하고자 한다. 앞서 작성한 석독문을 바탕으로 각 소속 인물들이 관칭한 관등과 인명의 특징을 통해 중성리비가 작성되는 시기의 부와 시대상을 살펴보고자 한다. 그리고 중성리비에 나타난 인명과 비교하기 위해 냉수리비와 봉평비에 등장하는 인명을 〈표 5〉로 제시하였다.

〈표 4〉 중성리비 인명표

직명	소속	인명	관등
	喙	部習智	阿干支
	沙喙	斯德智	阿干支
	沙喙	尒抽智	奈麻
	喙	部卒智	奈麻
	喙	本牟子	
	喙	喙沙利	
	喙	夷斯利	
	喙	評公	
	喙	斯弥	
	沙喙	夷須	
	牟旦(昆)伐喙	斯利	壹伐

46) 干居伐의 경우 伐이 지명을 의미하는 접미어로 자주 사용되었고 작성위치상 소속을 기록해야 할 부분이어서 지명으로 파악한다.

47) 珎伐의 경우 伐이 지명을 의미하는 접미어로 자주 사용되었던 바가 있어 지명으로 파악해둔다.

직명	소속	인명	관등
	牟旦(昆)伐喙	皮朱智	
	本波	喙柴	干支
	本波	弗乃	壹伐
	金評	□□	干支
	金評	祭智	壹伐
奈蘇毒只/道使	喙	念牟智	
奈蘇毒只/道使	沙喙	鄒須智	
	干居伐	壹斯利	
	蘇豆古利村	仇鄒列支	干支
	蘇豆古利村	沸竹休	壹金知
	那音支村	卜乎	干支
	那音支村	乞介	壹金知
	珎伐	壹昔	
	미상(喙·沙喙?)	(云)豆智	沙干支
	미상(喙·沙喙?)	日夫智	
	牟旦伐喙	作民沙	干支
		卑西牟利	
		与牟豆	
	沙喙	心刀哩	

이 장에서 주목하고자 하는 것은 존칭어미인 智자[48]의 용례[49]이다. 智라고 하는 접미사는 이전 연구에서 신라 금석문에서 존칭접미사로서 매우 빈번하게 사용되었으며 사용된 대상은 六部 출신의 관등을 가진 남성이 대체로 智라는 접미사를 사용하였던 것으로 보아왔다.[50] 이러한 점을 감안한다면 중성리비에 등장하는 인명 중 智가 접미된 대상을 구분하여 智의 접미여부에 따른 상대적 위상을 비교해보는 것이 가능할 것으로 생각된다. 먼저 〈표 4〉의 중성리비에 등장하는 인물 중에서 喙이나 沙喙을 관칭함과 동시

48) 金澤庄三郎은 「日鮮同祖論」에서 『日本書紀』 등의 고대 사료를 바탕으로 知의 용례를 파악하여 고대의 일본과 삼한의 貴人들의 인명에 知가 접미되고 있었다고 파악하였고, 최학근 또한 같은 연구를 인용하면서 삼한시대에 貴人들이 知를 접미하고 있었다고 보았다(최학근, 1988, 『韓國語 系統論에 關한 硏究』, 명문당).

49) 이문기도 智의 용례에 주목한 바 있으나 作民沙干支의 作民이 인명인지 아닌지의 여부만을 확인하는데에 그친 바 있다(이문기, 2009, 앞의 논문, pp.28-29).

50) 이장희, 2003, 「6세기 신라 금석문의 인명접사연구」, 『언어과학연구』 26, 참조.

에 奈麻 이상의 관등을 가진 인물과 道使의 직을 가진 인물들은 공통적으로 존칭어미인 智가 접미되고 있다. 이외에 智를 어미로서 사용한 인명이 (云)豆智 沙干支와 日夫智가 나타나는데 이들은 沙干支라는 관등과 宮이라는 명칭, 그리고 智가 접미된 인명 등을 미루어볼 때 喙·沙喙 같은 유력 부의 인물로 볼 가능성이 높을 것이다.

그러나 대부분 연구자들이 6부의 하나로 인정하고 있는 本波喙柴干支의 경우 분절점을 本波로 하여 인명을 喙柴로 가정하거나 本波喙 柴 干支로 가정하더라도 智를 접미하고 있지 않다. 또한 해석에 따라 다르겠지만 金評□□干支도 干支의 앞 자의 잔존 획이 丿로 되어 있어 智를 접미한 형태는 보이지 않는다. 더욱이 본고에서 牟旦伐喙 소속의 인물로 파악하고 있는 作民沙 干支도 智를 접미하고 있지 않다. 결국 중성리비 단계에서는 존칭어미인 智를 접미할 수 있는 인물들은 喙·沙喙의 奈麻 이상의 관등소유자와 道使의 직을 가진 인물들이었고, 喙·沙喙소속이면서도 관등이 없는 인물들과 다른 지역의 인물들은 智를 접미하지 않은 것이 확인된다.

이 智를 중심으로 검토하기 위해서 다른 금석문에서 사용된 智의 용례, 즉 존칭접미사로서 어떤 대상자들에게 사용되었는지, 그리고 사용된 경향은 어떠한지 면밀히 검토할 필요가 있다. 앞서 언급한 바와 같이 기존의 연구에서 신라의 금석문을 통찰하여 智라고 하는 접미사를 검토한 결과 신라 금석문에서 존칭접미사로서 매우 빈번하게 사용되었으며 사용된 대상은 六部 출신의 관등을 가진 남성이 대체로 智라는 접미사를 사용하였던 것으로 보인다라는 결론이 내려진 바[51] 있다. 하지만 모든 시기의 금석문에서 이와 같은 방식으로 사용되지는 않았을 것이라 생각되며, 시기별 금석문에 등장하는 사례를 분석하여 검토할 필요가 있다고 생각된다.

〈표 5〉는 냉수리비부터 무술오작비에 이르는 기간 동안의 금석문에 나타난 인명들을 소속과 관등을 중심으로 분류하고, 智를 접미한 경우와 접미하지 않은 경우를 기재한 것[52]이다. 표에서 보이듯이 냉수리비와 봉평비 등 초기에 智를 접미한 인명들은 喙·沙喙에서는 나마 이상의 간군 경위를 소지한 인물들이었으며, 나마 아래의 관등을 소지하거나 관등을 갖지 못한 자들은 智를 접미할 수 없었다. 喙·沙喙 외에 4부에서도 智를 접미하고 있었는데 그들 역시 간군 이상의 관등을 가지고 있는 인물들에 한정되었다. 다만 나마 아래의 관등을 가진 인물 중에도 봉평비 이후부터 점진적으로 智를 접미한 인물들이 몇몇 발견되는데 이들은 특별 사례이거나 혹은 나마이상의 관등을 소지할 예정인 자들일 가능성이 높을 것이라 생각된다.

이와 함께 살펴볼 수 있는 것이 지방민이다. 냉수리비와 봉평비 등에는 智를 사용하는 예가 거의 없었지만 560년대 이후의 금석문에서는 지방의 지배층 중 智를 접미한 사례가 몇몇 보인다. 하지만 대체로 智를 접미하고 있지 않으며 비간군 외위 소지자가 智를 접미한 경우는 존칭어미라기보다는 단순 인명어미로서 사용되었던 사례로 보는 것이 가능하다. 이러한 6세기 금석문 자료를 통해 보았을 때 존칭어미인 智

51) 이장희, 2003, 앞의 논문, 참조.

52) 신라 금석문 중 시기가 확정되는 금석문을 중심으로 검토하였다.

〈표 5〉 智의 접미 인명 분석

소속	구분		냉수리비 503	봉평비 524	천전리서석 원명 525	천전리서석 추명 539	적성비 550	명활산성비 551
喙·沙喙	왕	智사용	2	1		1(知사용1)		
		智비사용	1					
	나마 이상 간군	智사용	5	14	3	6(知사용6)	9	
		智비사용				1		
	나마 미만 비간군	智사용		1	2			
		智비사용	6	7				
4부	간군	智사용	2	2				
		智비사용						
	비간군	智사용						
		智비사용					1	1
지방	간군	智사용						
		智비사용	1	1			2	2
	비간군	智사용		1			1	
		智비사용	1	7			1	4

소속	구분		창녕비 561	북한산비 568	황초령비 568	마운령비 568	무술오작비 578
喙·沙喙	왕	智사용	1				
		智비사용					
	나마 이상 간군	智사용	33	4	6	8	
		智비사용	2(公, 兄)				2(법명)
	나마 미만 비간군	智사용			2(知사용2)	4(知사용4)	
		智비사용			4	5	
4부	간군	智사용	2				
		智비사용					
	비간군	智사용				2(知사용2)	
		智비사용					
지방	간군	智사용	2				
		智비사용					2
	비간군	智사용					
		智비사용					11

소속	구분		남산신성 제1비 591	남산신성 제2비 591	남산신성 제3비 591	남산신성 제4비 591
喙·沙喙	왕	智사용				
		智비사용				
	나마 이상 간군	智사용				
		智비사용				
	나마 미만 비간군	智사용	1(知사용1)	1(知사용1)	1(知사용1)	
		智비사용	2	1	8	1
4부	나마 이상 간군	智사용				
		智비사용				
	나마 미만 비간군	智사용		1(知사용1)		
		智비사용				
지방	간군	智사용	2(知사용2)	4(之사용4)		
		智비사용	4			1
	비간군	智사용		7(之사용7)		
		智비사용	1			2

를 사용하는 것은 6부의 지배층 중 나마이상의 관등을 가진 인물들의 인명을 중심으로 智를 접미하고 있었던 것을 알 수 있다. 즉 중앙 6부인의 관등소지자 중에서도 상위계층에 속한 인물들만이 智라고 하는 존칭어미를 접미하고 있었음을 확인할 수 있다. 또한 그 하부지배층도 경우에 따라 智를 접미하였거나 점차 접미가 가능해지는 양상이 보여진다. 이러한 智의 사용양상을 통해 앞서 검토한 중성리비의 인명을 살펴보겠다.

〈표 6〉은 중성리비와 직접적인 비교를 위해서 시기적으로 가까운 금석문인 냉수리비와 봉평비의 인명을 제시한 것이다. 살펴보았듯이 智를 접미한 것은 喙·沙喙에서는 나마 이상의 관등을 가진 인물들의 인명이며, 관등이 없거나 아래 관등을 가진 인물들은 대체로 智를 접미하지 않는다는 점이 확인된다. 또 智를 접미한 인명은 냉수리비에 보이는 本波와 斯彼의 간지인데 이들은 존칭어미인 智가 접미되어 있고, 봉평비에 나타나는 本波部와 岑喙部의 간지도 智가 접미되고 있다. 이를 보아 냉수리비와 봉평비 단계에서의 喙·沙喙의 나마 이상의 관등소지자와 4부의 干支계층은 智라고 하는 존칭어미가 접미되고 있었다는 것을 알려준다. 이것은 喙·沙喙의 지배층과 함께 4부의 干支계층의 위상이 반영된 것으로 생각된다.

이러한 차이를 통해 중성리비 단계에서 智를 접미할 수 없었던 4부의 干支가 智를 접미할 수 있었던 냉수리비, 봉평비 단계의 4부의 干支와는 그 위상의 차이가 있었다는 것을 확인할 수 있다. 또한 이러한 존칭어미 智의 사용여부는 대개 비를 세우도록 명하는 계층에 의해 반영되었을 것으로 생각된다. 결국 이러한 차이는 중성리비를 입비하는 시기의 喙·沙喙과 여타 부의 간지계층의 위상에 대한 당대 신라인

〈표 6〉 냉수리비, 봉평비 6부 소속 인명표

구분	소속	인명	관등	구분	소속	인명	관등
냉수리비	喙	尒夫智	일간지	봉평비	喙部	勿力智	일길간지
	喙	只心智	거벌간지		喙部	愼宍智	거벌간지
	沙喙	斯德智	아간지		喙部	一夫智	태나마
	沙喙	子宿智	거벌간지		喙部	一尒智	태나마
	本波	頭腹智	간지		喙部	牟心智	나마
	斯彼	暮斯智	간지		沙喙部	未斯智	나마
	沙喙	壹夫智	나마		沙喙部	悉尒智	나마
	喙	心訾公			喙部	內沙智	나마
	喙	沙夫			沙喙部	一登智	나마
	喙	那斯利			喙部	个夫智	나마
	沙喙	到盧弗			沙喙部	□次	사족지
	沙喙	須仇你			喙部	比須婁	사족지
	沙喙	蘇那支			喙部	卒次	소사제지
봉평비	本波部	□夫智	오(?)간지		喙部	烏婁次	소사제지
	岑喙部	美昕智	간지		(喙部)	牟□斯利公	길지지
	沙喙部	而□智	태아간지		沙喙部	善文	길지지
	沙喙部	吉先智	아간지		喙部	述刀	소오제지
	沙喙部	一毒夫智	일길간지		沙喙部	牟利智	소오제지

들이 갖는 인식을 반영하는 것이 아닐까 생각된다.

이와 함께 참고되는 것이 喙·沙喙과 4부, 지방에서 사용된 관등명이다. 중성리비에서 나타나는 것은 喙·沙喙에서 阿干支, 奈麻 등 경위로 보여지는 관등이며 4부는 干支-壹伐, 지방은 干支-壹金知라고 하는 관등명이 나오고 있다. 이에 대하여 봉평비까지 부의 대표가 干支였다는 점을 중시하여 중성리비 건립 당시의 간군경위가 喙·沙喙에 한정되었다고 본 견해[53]가 있었다. 또한 6세기 초까지는 喙·沙喙 중심의 京位와 달리 4부에서 干支 이하의 독자적 관등체계가 운영되는 것[54]으로 보기도 했다. 이와 달리 金平을 인물로 해석하여 本波에 복수의 干支가 존재한다고 보는 경우 一伐의 관등을 부체제의 부내부 형태로 파악하는 견해[55]도 있었다.

53) 노중국, 2010, 앞의 논문, pp.74-77.

54) 박남수, 2010b, 앞의 논문; 노중국, 2010, 앞의 논문; 선석열, 2011, 앞의 논문.

하지만 앞서 살펴본 喙·沙喙과 4부 지배층에 대한 존칭어미 智의 사용여부와 喙·沙喙과 4부, 지방에서 각기 사용되었던 관등을 종합하여 생각해볼 필요[56]가 있을 것이다. 喙·沙喙에서 경위가 사용되었고 4부에서는 간지-일벌형태의 관등, 지방에서는 간지-일금지의 관등을 칭하고 있었다는 것과 함께 喙·沙喙의 나마 이상 관등소유자만이 智라고 하는 존칭어미가 접미되었다는 것은 喙·沙喙의 지배층이 다른 지역의 지배층에 대한 상대적인 우위의 위상을 가지고 있었다는 것을 나타내는 것이라고 생각된다. 따라서 관등이라는 측면에서 보았을 때 喙·沙喙>4부>지방의 단계로 상대적 우위가 나타나고 있으며, 이와 함께 智라는 존칭어미의 측면에서 보면 喙·沙喙>4부·지방의 형태로써 喙·沙喙의 지배층이 다른 부나 지방에 비하여 상대적 우위의 위상을 나타내고 있었음을 중성리비를 통해 확인할 수 있었다.

V. 맺음말

지금까지 중성리비의 판독을 재검토하고 그 판독안을 부의 명칭과 인명을 중심으로 구분, 분절하여 새 판독안을 제시해보았다. 그리고 중성리비에 보이는 인명과 냉수리비, 봉평비의 인명을 비교 검토하여 중성리비 단계에서 智의 사용이 喙·沙喙의 지배층에서만 제한적으로 사용되고 있었음을 살펴볼 수 있었

---

55) 전덕재, 2009, 앞의 논문; 노태돈, 2010, 앞의 논문; 홍승우, 2011, 앞의 책.

56) 필자는 이전에 졸고에서 중성리비와 냉수리비, 봉평비에 보이는 관등명의 변천을 바탕으로 외위제의 성립과정을 아래와 같이 파악한 바 있다(이성호, 2012, 앞의 논문, p.45).

〈신라 외위제의 성립과정〉

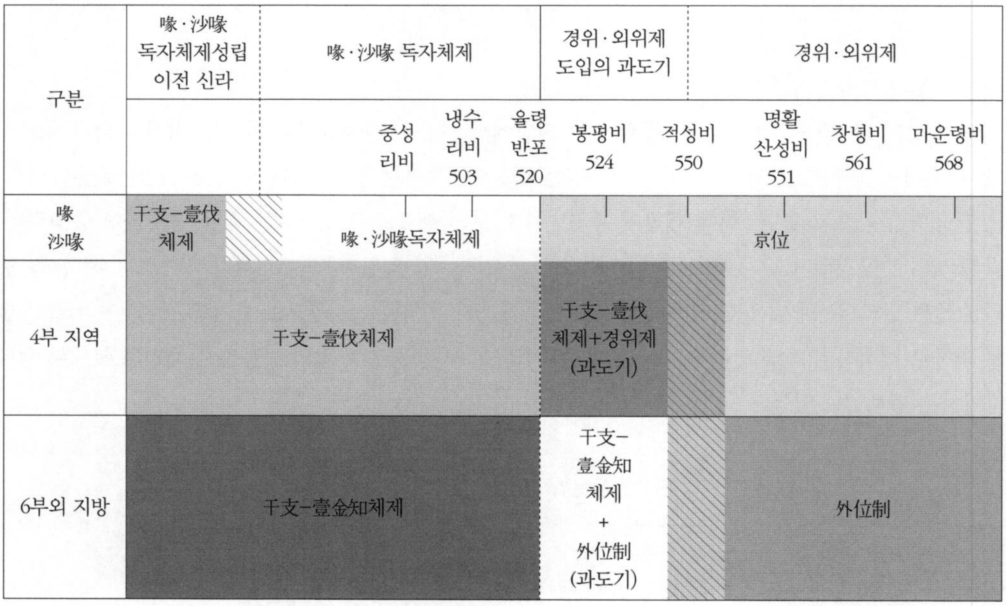

구분	喙·沙喙 독자체제성립 이전 신라	喙·沙喙 독자체제			경위·외위제 도입의 과도기		경위·외위제		
		중성리비	냉수리비 503	율령반포 520	봉평비 524	적성비 550	명활산성비 551	창녕비 561	마운령비 568
喙 沙喙	干支-壹伐체제	喙·沙喙독자체제			京位				
4부 지역	干支-壹伐체제				干支-壹伐체제+경위제(과도기)				
6부외 지방	干支-壹金知체제				干支-壹金知체제+外位制(과도기)		外位制		

다. 이러한 경향은 중성리비에서 喙·沙喙과 4부, 지방에서 사용되는 관등명을 통한 위상의 차이, 즉 경위 / 간지-일벌 / 간지-일금지라고 하는 구조에서 喙·沙喙의 나마 이상의 관등 소유 지배층 / 4부, 지방이라고 하는 또 다른 계층성인 智의 사용여부가 포함되어 지역적, 신분적인 계층차이가 이루어진 상태라고 볼 수 있다. 이러한 해석이 가능하다면 중성리비 단계에 喙·沙喙의 지배층 특히 그중 나마 이상의 계층이 다른 지역, 부의 지배층에 비하여 상대적으로 우월한 모습을 보이고 있는 것이라 할 수 있는 것이라 생각된다.

이와 함께 생각해보아야 할 것이 중성리비의 입비연대이다. 비를 건립한 시기에 대한 논란이 있는데, 辛巳를 501년으로 보는 견해는 Ⅰ-7의 中을 只로 판독하여 지절로로 파악하고 중성리비의 沙喙 斯德智 阿干支를 냉수리비의 沙喙 斯德智 阿干支와 동일인물로 간주하고 있다.[57] 하지만 기존의 신라비에서는 연월일을 빠짐없이 기록하고 있었다는 지적과 동명이인의 사례가 발견된다는 지적[58], 그리고 교 등의 형식이나 문장작성방식, 어휘사용방식이 냉수리비보다 이전에 작성되었을 가능성이 크다는 지적[59]은 충분히 납득할 만하다. 이러한 지적과 함께 신사년을 441년으로 올려보는 견해가 제기된 바[60] 있다. 여기에 본고에서 검토하였던 중성리비에서의 존칭어미 智의 사용양상을 통해 볼 때 이 비가 501년에 작성된 것이라면 2년여 만에 지배층의 위상이나 각 부의 명칭, 인명 작성방식 등이 바뀔 수 있었는가에 대한 가능성 여부도 동일한 견지에서 검토할 만한 가치가 있지 않을까 생각된다. 그리고 필자 또한 중성리비의 작성연대가 441년일 가능성이 높을 것이라 생각한다.

투고일: 2015. 10. 29.　　심사개시일: 2015. 11. 2.　　심사완료일: 2015. 11. 23.

57) 전덕재, 2009, 앞의 논문; 이문기, 2009, 앞의 논문.

58) 이문기, 2009, 앞의 논문.

59) 윤선태, 2012, 앞의 논문.

60) 이문기, 2009, 앞의 논문; 노중국, 2010, 앞의 논문; 윤선태, 2012, 앞의 논문.

참/고/문/헌

1. 학술대회 자료집

국립경주문화재연구소, 2009.8, 「포항 중성리신라비」.

국립경주문화재연구소, 2009.9.3, 『포항 중성리신라비 발견기념 학술심포지엄』.

포항 정신문화연구원·한국고대사학회, 2009.10.7~8, 『신발견 포항중성리신라비에 대한 역사학적 고찰』.

한국고대사학회, 2009, 『한국고대사연구』 56.

한국고대사학회, 2010.4.10, 『제113회 한국고대사학회 정기발표회 발표문』(한국고대사학회 홈페이지 자료실).

한국고대사학회, 2010, 『한국고대사연구』 59.

2. 단행본

최학근, 1988, 『韓國語 系統論에 關한 硏究』, 명문당

※학술논문

강종훈, 2009, 「포항중성리신라비의 내용과 성격」, 『한국고대사연구』 56.

고광의, 2009, 「포항중성리신라비 서체와 고신라 문자생활」, 『포항중성리신라비 발견기념 심포지엄』.

橋本繁, 2011, 「浦項中城里新羅碑の硏究」, 『朝鮮學報』 220.

권인한, 2009, 「포항중성리신라비의 어문학적 검토」, 『포항중성리신라비 발견기념 심포지엄』.

김수태, 2011, 「포항중성리 신라비에 보이는 신라의 지방통치」, 『목간과 문자』 8.

김수태, 2012, 「포항 중성리비와 영일 냉수리비에 보이는 소송」, 『신라 최고의 금석문 포항중성리신라비와 냉수리신라비』, 주류성.

김창석, 2009, 「포항 중성리 신라비에 관한 몇 가지 고찰」, 『한국사연구』 147.

김희만, 2009.12, 「포항 중성리신라비와 신라의 관등제」, 『동국사학』 47, pp.5-6.

김희만, 2014, 「浦項 中城里新羅碑에 보이는 '喙部'와 6部의 性格」, 『한국고대사탐구』 16.

노중국, 2010, 「포항중성리 신라비를 통해 본 마립간시기 신라의 분쟁처리 절차와 육부체제의 운영」, 『한국고대사연구』 59.

노태돈, 2010, 「포항중성리신라비와 外位」, 『한국고대사연구』 59.

박남수, 2010a, 「포항 중성리신라비의 신역과 지증왕대 정치 개혁」, 『한국고대사연구』 60[2013, 『신라 화백제도와 화랑도』, 주류성].

박남수, 2010b, 「'浦項 中城里新羅碑'에 나타난 新羅 六部와 官等制」, 『史學硏究』 100[2013, 『신라 화백제도와 화랑도』, 주류성].

박성현, 2011, 「포항 중성리 신라비 비문의 형식과 분쟁의 성격」, 『한국문화』 55.

선석열, 2009, 「인명표기방식을 통해 본 포항중성리신라비」, 『인문학논총』 14.

선석열, 2011, 「6세기초반 신라금석문을 통해 본 『梁書』 新羅傳의 관등사료비판」, 『지역과 역사』 28.

윤선태, 2012, 「〈중성리신라비〉가 보여주는 '소리'」, 『신라 최고의 금석문 포항중성리신라비와 냉수리신라비』, 주류성.

윤선태, 2014, 「新羅 中古期 六部의 構造와 그 起源」, 『신라문화』 44.

윤진석, 2012, 「〈포항중성리신라비〉의 새로운 해석과 신라부체제」, 『신라 최고의 금석문 포항중성리신라비와 냉수리신라비』, 주류성.

이부오, 2013, 「지증마립간대 신라 6부의 정치적 성격과 '干支'」, 『신라사학보』 28

이부오, 2014, 「포항 중성리신라비에 대한 연구의 현황과 시사점」, 『한국고대사탐구』 16.

이성시, 2011, 「浦項中城里新羅碑の基礎的研究」, 『上代文學』 106.

이성호, 2012, 「6세기 신라 외위제의 성립과정」, 동국대학교 석사학위논문.

이영호, 2009, 「흥해지역과 포항중성리신라비」, 『한국고대사연구』 56.

이용현, 2011, 「중성리비의 기초적 검토 -냉수리비·봉평비와의 비교적 시점-」, 『고고학지』 17.

이우태, 2009, 「포항중성리신라비의 건립연대와 성격」, 『포항중성리신라비 발견기념 심포지엄』.

이장희, 2003, 「6세기 신라 금석문의 인명접사연구」, 『언어과학연구』 26.

전덕재, 2009, 「포항중성리신라비의 내용과 신라 6부에 대한 새로운 이해」, 『한국고대사연구』 56.

주보돈, 2009, 「職名·官等·地名·人名을 통해 본 신라의 漢文字 정착」, 『한국고대사연구의 현단계』(石門 李基東教授 停年記念論叢), 주류성.

주보돈, 2010, 「포항중성리신라비에 대한 연구 전망」, 『한국고대사연구』 59.

주보돈, 2012, 「포항중성리신라비의 구조와 내용」, 『한국고대사연구』 65.

하일식, 2009, 「포항중성리비와 신라관등제」, 『한국고대사연구』 56.

홍승우, 2011, 『한국고대율령의 성격』, 서울대학교 박사학위논문.

홍승우, 2012, 「〈포항중성리신라비〉의 분쟁과 판결」, 『신라 최고의 금석문 포항중성리신라비와 냉수리신라비』, 주류성.

홍승우, 2014, 「포항중성리신라비를 통해 본 신라의 부와 지방지배」, 『한국문화』 66.

〈日本要約〉

浦項中城里新羅碑判讀と人名表記

李晟豪

本稿は中城里碑について既存の判讀に筆者の見解を補完し判讀案を提示するとその判讀案なかの人名を分析し當時の時代狀況を檢討して見ようとする。筆者の判讀案にては既存の 判讀案に岳だけによんだ文字を乎でよみ、牟や本でよんできた文字を卒でよんで表として提示した。そしてその判讀案を基に碑に刻まれた記録から部と人名を抽出しようとした。部や地域名の場合、喙という文字が使用される部については關聯資料をもとに喙と沙喙を除いた他の部、地域名は牟旦伐喙、夲波、金評から分類し議論となっている牟旦伐喙作民沙干支の場合牟旦伐喙 / 作民沙 / 干支と区分して人名と部を分類した。そして注目するのが尊稱語尾な智の接尾與否だった。中城里碑の內容を檢討するの結果、尊稱語尾智を接尾した人名は喙と沙喙の奈麻以上の官等を所有したり道使の職を所有した人物と限定されており、ほかの部や地域から見える人名では智を接尾していなかった。これと關聯して冷水里碑から南山新城碑に至る時期の金石文を分析してみた結果尊稱語尾智を接尾した對象は喙を沙喙の奈麻以上の官等所有者と4部の干群以上の官等所有者と高位支配層であり時期がますます漸次6部の官等所有者と擴散されていったのが確認された。また地方の干群外位所有者にてもますます上位から下位まで擴散し使用されていることを確認することができる。こうしたことを念頭に置いてみると中城里碑から智の用例を通してみるときこの時期の各部の支配層は喙·沙喙＞4部·地方の形態と位相の差異が分かっていた。

▶ キーワード: 中城里新羅碑, 人名表記, 尊稱語尾, 奈麻, 智, 干支, 六部

논 문

律令 제정 전후의 新羅 官等

-중고 초기 문자자료를 통해-

이용현*

〈국문초록〉

中古初 즉 6세기 초 新羅碑文의 官等 자료를 검토하여 520년 律令 制定 直前과 直後 官等의 樣相과 形成過政에 대해 다음과 같은 結論을 낼 수 있다.

律令 制定 이전에 이미 王京의 干支와 地方의 干支 아래 각각 다른 官等 혹 官等類가 존재했다. 王京 主流 2部 즉 탁부와 사탁부를 중심으로 형성된 官等制가 점차 進化하면서 王京 非主流 4部에 까지 擴散되어 貫徹되게 되었다. 이어 連動的으로 종래 非主流 4부의 官等은 地方사회의 官等 즉 外位에 轉用되어 適用되었으며, 그와 함께 종래 지방사회에서 존재하던 나름의 官等類는 말단으로 밀리다가 消滅하게 되었다. 503년 단계까지 京位의 맹아로서 干支群이 分化해가고 있었으며, 京位 下部는 奈麻 외에 설치되지 않은 상태였다. 524년 단계는 京位 전체 그리고 外位의 下部는 거의 완성되어 있었다. 다만 外位 上部는 형성과정에 있었다. 後代와 같은 定型的인 骨品制의 形迹은 찾기 어렵다. 다만, 524년 단계에서 적어도 두 계층의 身分的 區分의 端緖를 찾아볼 수는 있는 듯하다.

▶ **핵심어: 新羅中古初, 官等形成, 碑文, 律令, 骨品, 身分, 主流2部, 非主流4部, 王京, 中央, 地方**

* 국립대구박물관

I. 머리말

애초 신라 관등 연구는 삼국사기 本紀 및 志의 職官조 및 6세기 후반에서 신라 말에 걸치는 石碑와 鐘銘 등 다수의 금석문을 통해 진행되었다. 당초 가장 이른 자료였던 순수비(568년 건립 등)와 척경비(561년 건립) 등 진흥왕대 비석과 양서 신라전이 주목되었다. 그러다가, 1970년 이후 6세기 전반의 비석과 석각 자료가 새로 발견되면서[1] 다시 활기를 띠게 되었다. 특히 신라 관등의 성립시기는 종래 6세기 후반에서 6세기 초까지 상향조정되게 되었으며, 520년 법흥왕대 "律令" 제정이 주목되고, 이 무렵에 관등이 성립되었다는 인식이 정착하게 되었다. 일련의 연구는 단양 적성비(545+a년), 울진 봉평비(524년), 포항 냉수리비(503년)에 이어 2009년 포항 중성리비(501년)의 발견으로 정점에 다가가고 있는 느낌이다. 기존 연구에 의해 신라의 관등은 대체로 520년 율령제정을 계기로 성립되었다고 정리되고 있다. 경위는 하향적으로 분화해가고, 외위는 아래로부터 상향적으로 분화하였다고 정리되었다.[2]

근년 필자 역시 신발견 포항 중성리비로 간취되는 신라의 관등에 대한 사견을 공표하였다.[3] 그 가운데 일부를 들면 官等에 대해서도 다음과 같이 견해를 표명한 바 있다.

> 왕경 주류 2부에서 시작된 관등제가 점차 진화하면서 왕경 비주류 4부에 까지 확산되어 관철되게고, 이에 연동적으로 비주류 4부의 관등은 지방사회의 외위에 전용 적용되었으며, 이어 종래 지방사회에서 존재하던 관등은 소멸하게 되었다. 즉 왕경 [주류]2부에서 [비주류]4부로, 또 4부에서 지방으로 관등 호칭의 轉移의 흐름을 읽을 수 있다.[4]
> ([ ]는 보완)

그런데 앞서의 논고는 비 전체에 관한 全論이면서 비문 구성과 해석에 관한 것을 위주로 한 것이었다. 본고에서는 그 各論으로서 관등에 초점을 맞춰 논하고자 한다. 관등 관련 주요 업적들을 되짚어 검토하면서, 이전 개진한 논지를 敷衍하고자 한다.

이를 위해 520년 율령 제정 이전의 자료인 중성리비와 냉수리비, 이후의 자료인 봉평비 등을 중심으로 상호 비교 분석하는 방법을 취한다.[5] 율령 전후를 주목하는 이유는, 이 시기가 관등 형성의 중요한 획기

1) 1970년 울주 천전리 서석(525년, 539년 등), 1978년 단양 적성비(6세기 중반)가 발견되고, 이어 1988년과 1989년에 각각 울진 봉평비(524년)와 포항 냉수리비(503년)가 잇달아 발견됨으로써, 관등 연구는 눈부신 성과를 이루게 되었다.

2) 주보돈, 1990, 「6세기초 신라왕권의 위상과 관등제의 성립」, 『역사교육논집』 13·14, 역사교육학회.
하일식, 2006, 「외위제 정비 전개 과정」, 『신라 집권관료제 연구』, 혜안.

3) 이용현, 2011, 「포항 중성리비의 기초적 연구 -냉수리비와 봉평비와의 비교적 시점-」, 『고고학지』 17, 국립중앙박물관. pp.437-438. 이 논고는 2010.4.10. 한국고대사학회 월례발표회 발표 이래 학회 홈페이지에 실려 있다. 논고는 각주를 좀더 추가한 것 외에는 발표문을 수정없이 그대로 실은 것이다. 이후 연구에 본고의 주장과 유사 혹 동일한 주장이 있으므로, 필자 논고의 첫 발표 및 공개 시점을 기억해주기 바란다.

4) 이용현, 2011, 앞 논문, pp.437-438.

중 하나로 여겨지기 때문이다.

II. 律令 제정 직후 官等 현황

–524년 봉평비와 521년 양서 신라전의 국면–

520년 율령 제정 이후의 문자자료로는 봉평비(524년)와 梁書 新羅傳이 주목되고 있다. 관등 연구 초기부터 주목되어온 양서 新羅傳의 관등 기사는 521년 遣梁 新羅使가 전한 것으로 보는 게 통설이다. 이 두 자료의 분석을 통해 520년 율령 제정 직후 신라의 관등 현황을 살펴볼 수 있다.

【봉평비(524년)에 등장하는 인물과 官等】

※는 비 찬자가 누락한 글자, ❺는 경위,
六는 외위, 연번은 인물의 기재순서

연번	직역 / 부명/ 이름/ 관등 // 형벌
	봉A. : "所教事"의 주체.
1	喙部/ 牟即智/ 寐錦王
2	沙喙部/徙夫智/ 葛文王
3	本波部/巫夫智/ 干支[6]
4	岑喙部/美斯智/ 干支
5	沙喙部/而粘智/ 太阿干支❺
6	吉先智/ 阿干支❻
7	一毒夫智/一吉干支❼
8	喙※/ 勿力智/ 一吉干支❼

5) 관련 연구 성과에 대해서는 모두에서 정리하지 않으며, 기존 연구사 정리에 돌린다. 이 방면 연구 성과를 정리한 것으로 다음 세 가지를 들 수 있다.
박남수, 2010, 「포항 중성리신라비에 나타난 신라 6부와 관등제」, 『사학연구』 100, 한국사학회, pp.472–473(후에 『신라 화백제도와 화랑도』, 주류성, p.92에 다시 게재).
武田幸男, 1979, 「新羅官位制の成立」, 『朝鮮歷史論集(上)』, 先生古稀記念會編, 龍溪書店.
井上秀雄, 1974, 「新羅官位制の成立」, 『新羅史基礎研究』(原載 『大阪工業大学中央研究所報』 別册第五号, 1972).

6) 干支는 울진봉평비전시관의 심현용 선생이 「五干支」로 읽어낸 이래(조영훈·이찬희·심현용, 2013, 「울진 봉평리 신라비의 재판독과 보존과학적 진단」, 『문화재』 46–3(통권61), 국립문화재연구소, p.54. 울진군청·중원문화재보존·공주대학교 문화재진단보존기술연구실, 2013, 『울진 봉평리 신라비의 과학적 조사 및 보존처리 보고서』, p.137), 적지 않은 이들의 동조를 받고 있다.

9 慎宍智/ 居伐干支㊈

10 一夫智/ 太 奈 麻㊉

11 一尔智/ 太 奈 麻㊉

12 牟心智/ 奈 麻(十一)

13 沙喙部/十斯智/ 奈 麻(十一)

14 悉介智/ 奈 麻(十一)

봉B.

15 □事大人. 喙 部/內沙智/奈麻㊉

16 沙喙部/一登智/奈麻㊉

17 莫次/邪足智(十七)

18 喙 部/比須婁/邪足智(十七)

19 居伐牟羅道使/※ ※/卒 次/小舍帝智(十三)

20 悉支道使/ ※ ※/烏婁次/小舍帝智(十三)

21 居伐牟羅/尾牟利/一伐[八]

22 伱宜智/波旦[十]

23 紿只斯利/<u>一金智</u>[?]

봉C. 형벌(杖)의 대상자

24 阿尺兮村使人/※ ※/奈尔利, //杖六十

25 葛戸条村使人/※ ※/奈术利/居尺[7)][?]//※※※

26 男彌只村使人/※ ※/翼□. //杖百

27 /於即斤利. //杖百

봉D.

28 悉支軍主. /喙部 /个夫智/奈麻㊉

29 節書人. /牟珍/斯利公/吉之智(十四)

30 沙喙部/善文/吉之智(十四)

31 新人. /喙部/述刀/小烏帝智(十六))

32 /沙喙部/牟利智/小烏帝智(十六).

33 立石碑人. /喙部/博士/※ ※.

---

7) 이 대목은 종래 阿尺, 居尺, 居□尺, 居伐尺으로 읽혀오고 있었다. 2015년 10월 12일 한국목간학회 발표에서 윤선태에 의해 居伐尺의 판독이 주장되었다. 종래 필자는 居伐尺의 伐부분을 크랙으로 인지하였으나, 2015년 12월 27일 재확인 결과, 伐일 가능성이 높은 것으로 확인했다. 이에 윤선태의 견해에 동조한다. 이에 일찍이 居伐尺일 가능성을 살짝 내비치면서, 이것이 외위 관등의 최하위에 존재했을 가능성을 제시한 강종훈의 논고가 재평가될 필요가 있다(2009, 「울진 봉평신라비의 재검토」, 『동방학지』 148, p.15의 주44). 여하튼 윤선태의 착안은 높이 평가해두고 싶다.

봉E.

34 ※ ※ /居伐牟羅/異知巴/下干支㉆

35 辛日智/一尺㊈

위와 같이 등장 인물을 정리해보면, 모두 35명이다. 인명은 이미 알려진 바와 같이 [직역+지명+인명+관등]의 순으로 기재되었다. 35명 가운데 王은 2명(1, 2), 완성기의 경위나 외위를 가진 이는 25명이다. 완성기 관등은 아니나 관등류로 보이는 居伐尺[?](25)도 있어 주목된다. 5~20의 16명과 29~33의 5명, 총 21명은 경위를 갖고 있다. 경위로는 干支[?]와 太阿干支❺, 阿干支❻, 一吉干支❼, 居伐干支❾, 太奈麻❿, 奈麻⓫, 小舍帝智⓬, 吉之智⓮, 小烏帝智⓰, 邪足智⓱가 확인된다. 21~22의 2명과 35~36의 2명은 외위를 갖고 있다. 외위로는 下干支㉆, 一伐㈧, 一尺㈨, 波旦㈩이 있다. 형벌의 대상자 중 한사람인 25는 居伐尺[?]이라는 외위류를 갖고 있다. 완성기 경위에서 居伐干支❾가 干支群의 제일 末端에 위치하고 있는 것으로 보아 지방인이 갖고 있는 居伐尺 역시 외위류로 보아야 할 것 같다. 형벌의 대상자인 24, 26, 27의 3명, 그리고 立石碑人인 33의 1명의 합 4명은 관등이 없다.

단 6部 소속 3, 4의 干支는 部의 長이다. 이것은 이제는 상식으로 자리잡았다. 비주류 부의 최고위자는 아직 경위제에 편입되지 않았다. 편입되지는 않았지만, 주류 2부의 최고위자인 매금왕, 갈문왕과 함께 敎를 내리는 주체집단에 들어 있다. 23의 一金智는 완성된 관등제의 外位에 보이지 않는다. 중성리비와 냉수리비에서 같은 호칭이 확인됨으로써 古관등 혹 관등적 칭호였던 것으로 추정된다. 이 일금지는 居伐牟羅에서 一伐㈧과 波旦㈩에 이어 위치되어 있어 그 위상을 짐작할 수 있다. 봉평비의 一金智는 중성리비에서는 壹金知, 냉수비에서는 壹今智로 표기되었다. 壹에서 一로의 변화가 보인다.

봉평비의 下干支는 3, 4에 보이는 본파부와 잠탁부(모탁부)의 長인 干支에 대응되는 의미로 사용되었다는 견해가 있다.[8] 이는 중앙에도 지방에도 干支가 존재하기 때문에 중앙의 干支를 그대로 두고 지방의 干支에 下를 붙인 것이라고 정리할 수 있다. 그런데 냉수리비(503년)에는 중앙과 지방에 각각 干支가 있어 干支란 칭호가 중앙(냉수리비 인명번호 6, 7)과 지방(냉수리비 인명 번호 15)에 함께 병존하고 있어 정합성에 문제가 있다. 503년 단계에 중앙과 지방의 干支 양자 간의 구별은 없었다고 해석되야 하는데, 칭호만 같은 뿐이지 위상의 격차는 이미 엄연하다.

따라서 524년에 중앙이나 지방이나 干支라는 칭호여서 혼동을 피하기 위해 지방의 干支를 下干支로 고쳐 부른 것이라는 주장은 설득력이 낮다. 또 524년 무렵 지방의 수장인 干支가 분화되지 않았다는 것이 전제가 되는 점 역시 재고의 여지가 있다.

下干支는 적성비(545+a년)·명활산성비(551년) 단계에서 확인되고 上干支는 함안 성산산성 목간(561년)에서 확인된다. 따라서 6세기 중엽에 上干支-下干支든, 干支-下干支든, 上干支-干支든[9] 그 분화가

8) 주보돈, 1990, 앞의 논문, pp.265-266.
하일식, 2006, 앞의 책.

상정된다. 요컨대 下干支가 있다는 것은 그 위에 上干支나 干支가 있었던 것이 된다. 남산신성비1, 2, 4비(591년)에서는 上干㊅이 보이고, 무술오작비(578년), 남산신성비1비(591년)에서는 干㊆이 확인된다. 즉 561년까지는 上干支㊅-下干支㊆의 표기이던 것이 늦어도 578년부터는 上干㊅-干㊆으로 변화되었던 것이 아닐까. 따라서, 봉평비의 下干支(연번 34) 존재 역시 上干支를 전제로 하는 것이라고 보아 좋을 듯하다. 물론 영천 청제비 병신명(538년)에도 지방 외위에 干支가 보인다. 이를 분화된 干支 즉 上下 가운데 어떤 하나로 인식할 수 있고, 그렇지 않은 경우는 지방의 전역에 외위 분화가 관철된 것이 아니라고 해석할 수 있다. 이렇게 생각한다면, 봉평비 단계에서 비주류부의 장은 干支, 외위로서 上干支-下干支가 있었던 셈이다. 환언하면 봉평비의 下干支는 지방 수장의 호칭인 干支의 분화를 알려주는 신호탄이다.

外位 성립 시점에 대해서는 경위와 비슷한 시기에 성립되었을 것으로 보는 견해가 있는 반면,[10] 외위 중 干群의 분화는 보다 늦었을 것이라는 견해가 제시되어 있다.[11] 중성리비나 냉수리비에 보이는 지방수장 干支는 이 봉평비 단계에 와서는 적어도 上干支와 下干支의 2등 이상으로 분화되기 시작하고 있었다. 종래 중성리비와 냉수리비 단계의 지방 수장 "干支"호는 봉평비 단계에서는 변화를 보이기 시작하여 이들이 분화되어 "上干支", "下干支"의 호칭이 생겨났을 것이다. 즉 봉평비 단계에서는 외위 상부 구조를 이루는 干군은 적어도 2등 이상의 분화를 확인할 수 있다. 단 그 이상 분화되어 있었는지, 환언하여 완성기에서의 모습을 이루고 있었는지는 확언하기 어렵다.

현재로서 上干支㊅를 넘는 그 위의 외위가 관찰되기 시작하는 것은 적성비 단계 즉 6세기 중엽부터다. 대담하지만, 外位 干群은 먼저 上干支와 下干支가 먼저 형성되고, 그 다음 단계에 다른 이름의 干支들이 설정되었다고 예측해둔다. 그리고 그 분화 개시의 시기는 524년에서 6세기 중엽 사이, 대체로 6세기 2사분기였다. 한편 봉평비 단계에서 干群은 村主 즉 村을 필두로 한 재지사회 수장을 대상으로 한 것이었다.

봉평비에서는 다수의 外位者가 보인다. 두 곳에 나뉘어 외위자가 등장하는데, 下干支㊆-一尺㊈의 그룹이 보이고, 또 一伐㊇-波旦㊉-一金智[?]의 그룹이 보인다. 이들은 모두 居伐牟羅의 사람들이므로, 이들을 외위 순으로 배열하면 위와 같이 下干支㊆-一伐㊇-一尺㊈-波旦㊉-一金智[?]다. 최고위자는 下干支㊆, 차위자는 一伐㊇이다. 중성리비와 냉수리비 단계에서 村의 차위자였던 일금지는 봉평비 단계에서는 등장하는 외위자 가운데는 최말단에 자리하였다. 동시에 주목되는 것은 중성리비와 냉수리비 단계에서 일금지 바로 위에 셋트 관계로 등장했던 "干支"가 사라지고, 대신 여러 外位들이 그 자리를 대신하고 있다. 이와 같은 현상은, 지방에서 外位가 자리잡기 시작했음을, 환언하면, 지방도 관등제 外位制에 편입되기 시작하였음을 말해주는 것이다. 즉 종래 지방의 재지수장이었던 干支 및 그 手下는 外位制에 의해 서열화,재편되었다. 그 과정에서 관등화되기 이전 단계에서 재지사회를 대표하던 고위자요 지역사회의

9) 上干支-干支-下干支도 있지만, 완성기 외위 중 관련 칭호가 上干-干의 2등으로 구성되어 있는 것으로 볼 때 가능성이 매우 낮아 보인다.

10) 武田幸男, 1997, 「新羅官位制の成立にかんする覚書」, 『朝鮮社会の史的展開と東アジア』, 山川出版社, p.124.

11) 주보돈, 앞의 논문, p.262.

차석자였던 일금지는 높아도 波旦⊞ 아래로 밀려나게 되었다. 완성기 외위 총 11등 안에 일금지가 보이지 않는 것을 보면, '일금지' 즉 재지사회 자체의 官位 혹 官位的 호칭은 외위제 안에 채택 내지 편입되지 않았다.

요컨대, 냉수리비 단계에서 지방사회의 차석자였던 일금지는 봉평비 단계에서는 완성기 外位制의 바깥으로 밀려나 있었다. 적어도 波旦⊞보다 하위였으니 지위가 격하되고 있었다. 일금지가 봉평비 단계에서 외위제의 하부 말단의 일각으로서 존재하는 것인지, 혹은 외위제가 아닌 등외의 존재로서 존재하였거나, 아니면 완성기 외위제가 아직 정착된 단계가 아니었던 것이 된다. 다만, 봉평비 이후 적성비부터는 일금지가 종적을 감추고 있는 점, 외위의 최말단인 阿尺⊞이 적성비에서 처음 보이기 시작하는 점으로 보아, 일금지라는 관등류 혹은 古관등은 소멸되고 일금지라 일컬어지던 부류는 외위의 밖으로 밀려났거나 혹은 외위의 최말단인 阿尺으로 수렴되었을 것이다.

한편 25의 居伐尺은 이와 짝을 이루는 경위의 거벌간지가 경위 간군 가운데 최하위에 있는 것과 마찬가지로, 외위의 말단 하부에 위치했을 가능성이 짙다.[12] 24-27의 지방인으로 보이는 4명의 使人 가운데 이러한 관등을 가진 이는 1인뿐이어서 지방사회에 관등류가 철저히 관철된 상태가 아니었음을 알 수 있다. 거벌간지와 거벌척의 관계로 볼 때, 중앙의 관등 달리말하면 주류 2부의 관등 칭호와 서열이 지방에도 응용되어 적용되었다고 보여진다. 한편, 이는 또 관등체계에 공인된 외위 11개의 아래에도, 몇 등급의 서열이 존재하고 있었음을 의미한다. 즉 이는 520년 율령 제정 이후에도 여전히 관등 내에 포섭되지 않은 관등류가 존재했던 것이 된다. 아니면, 알려진 완성기의 관등제는 이 시점보다는 더 이후로 보아야 할 것이다.

관등을 논하면서 중시되는 문헌자료 가운데 하나가 양서 신라전이다. 여기에는 귀중한 신라 경위에 관한 기사가 실려 있다.

> 其俗呼城曰健牟羅, 其邑在內曰啄評, 在外曰邑勒, 亦中國之言郡縣也. 國有六啄評, 五十二邑勒. 土地肥美, 宜植五穀. 多桑麻, 作縑布. 服牛乘馬. 男女有別. 其官名, 有子賁旱支, 齊旱支, 謁旱支, 壹告支, 奇貝旱支. 其冠曰遺子禮, 襦曰尉解, 袴曰柯半, 靴曰 洗. 其拜及行與高驪相類. 無文字, 刻木為信. 語言待百濟而後通焉.
>
> -梁書/列傳 50卷/卷54 列傳第48/諸夷/東夷/新羅

여기서는 "子賁旱支, 齊旱支, 謁旱支, 壹告支, 奇貝旱支."라는 관등이 검출되는데, 이것은 각각 伊伐飡❶, 匝飡❸, 阿飡❻, 一吉飡❼, 級伐飡❾에 비정되며, 또 521년의 신라 상황을 나타낸다[13]는 데 이견이 없다. 여기서는 524년 봉평비에서 확인되지 않던 太阿干支❺보다 높은 관등이 확인된다. 伊伐飡❶, 匝飡

12) 강종훈은 이것이 외의의 최말단에 위치했을 것으로 추정하였다(2009, 위의 논문).

13) 末松保和, 1959,「梁書新羅傳考」,『新羅史の諸問題』, 東洋文庫.

❸이 그것이다.

모두 합하여 봉평비(524년)와 양서 신라전(521년)에서 확인되지 않는 관등은, 伊尺飡❷, 波珍飡❹, 沙飡❽, 級伐飡❾, 大舍⓬, 大烏⓯(이상 京位)와 嶽干[一], 述干[二], 高干[三], 貴干[四], 選干[五], 上干[六]과 阿尺[十一](이상 外位)이다. 단 大舍⓬, 大烏⓯와 上干[六]은 각각 小舍⓭(舍知), 小烏⓰와 下干(干)[七]의 존재를 전제로 하기 때문에 봉평비에 확인되지 않았다 하더라도 관등이 존재했다고 할 수 있다. 壹干支❷ 즉 伊尺飡❷과 奈麻⓫, 波珍飡❹, 沙飡❽, 級伐飡❾은 이미 중성리비(501년)와 냉수리비(503년)에서 확인되었다. 大舍帝智⓬는 울주 천전리 서석 원명(525년)에서 확인된다. 따라서 경위 가운데 확인되지 않는 것은 伊尺飡❷만이 남는 셈이다. 그렇게 되면 524년 시점에서 京位 17등은 이미 전부 확인되었다고 해서 크게 문제없다.

한편 신라사가 梁에 가서 京位만을 전하고 外位는 전혀 언급하지 않았던 것에 대해서인데, 그것은 탁부와 사탁부를 중심으로 하는 왕경신라인들의 京位와 外位에 대한 인식을 보여준다. 521년 시점에서 신라인 즉 왕경인에게 있어서 대외적으로 관등하면 京位制를 의미하는 것이었다. 한편 이처럼 중국과의 외교를 통할 때, 그 취재 대상 중 하나가 관등제였고, 외교 의례와 관련하여 官等制와 衣冠制는 중요한 비중을 차지함을 신라가 인식하게 되었을 것이다. 이 점에서 신라 관등제 정비의 계기 중 하나로서 국제적 계기 즉 502년과 508년 신라의 北魏 遣使 및 521년 梁 遣使에 착안한 견해[14)]는 중시될 만하다.

III. 律令 반포 직전 官等 운영 현황
−503년 냉수리비와 501년 중성리비의 국면−

【냉수리비(503년)에 등장하는 인물과 관등】

냉1 共論教한 此七王等

1 沙喙/至都盧/葛文王

2 斯德智/阿干支❻

3 子宿智/居伐干支❾

4 喙/ 尒夫智/壹干支❷

5 只心智/居伐干支❾

6 本彼/頭腹智/干支

7 斯彼/暮斯智/干支

냉2

8 典事人. 沙喙/壹夫智/奈麻⓫

14) 武田幸男, 1979, 앞의 논문, pp.180−184.

9 /到盧(혹은 到盧弗)

10 /弗須(혹은 /須仇你)

11 /仇你

12 喙/〈耽須道使〉心訾公 〈耽須道使〉는 직명

13 喙/沙夫那斯利 (혹은 沙夫)
(혹은 那斯利)

14 沙喙//蘇那支

냉3

15 村主. ※※/臾支/干支[?]

16 /須支/壹今智[?]

기타

17 節居利

18 斯奴 (혹은 兒斯奴)

19 末鄒

20 斯申支

503년 건립 냉수리비에서는 모두 20명이 등장한다. 왕경인으로서 관등을 가진 이는 1~8의 9인이 있다. 이 가운데 1은 王호, 6, 7은 干支를 칭하고 있어서 이들 3인은 관등 체계를 벗어난 이들이다. 王을 제외하고 왕경인 13명 가운데 경위 체계에 들어 있던 이들은 5명에 불과하며 이들은 모두 喙과 沙喙 소속자들이다. 즉 왕경인 가운데 경위 체계에 편입된 이들은 반이 되지 않는다. 관등을 갖지 않은 사람으로는, 왕경인으로는 9~14의 6인이 있다. 관등을 갖지 않은 사람과 갖은 사람은 거의 반반이었다. 즉 503년 단계 냉수리비 국면에서 경위는 壹干支❷, 阿干支❻, 居伐干支❾와 奈麻⓫가 확인된다. 즉 干群 중에서는 壹干支❷, 阿干支❻, 居伐干支❾의 3개가 보이고, 非干群 가운데는 奈麻⓫ 1개가 보일 뿐이다. 즉 후대 성립기에 구비된 경위는 아직 다 형성되지 못하였다. 干群은 干이 적어도 3개 이상으로 분화한 상태였다. 하부구조는 奈麻가 있을 뿐이어서 아직 非干群이라고 일컫을 수 있는 단계가 아니었다. 관등을 갖지 않은 사람으로는 지방인으로는 17~20의 4인이 있다. 지방인으로 관등 혹 관등같은 칭호를 가진 이는 15~16의 2인이 보인다. 후대 완성기의 외위는 확인되지 않으며, 외위와 유사한 관등 같은 것으로 촌주가 갖고 있던 干支와 壹今智가 보인다. 일금지는 간지와 함께 "此二人"으로 특정되는 중요한 위상을 갖는다. 干支는 후에 완성기 외위의 범주가 아니고, 신라 古來의 수장 칭호의 범주에 속한다.

냉수리비 단계에서 관등은 완성 이전에 속한다고 일컬어지고 있다.[15] 좀 더 자세하게 이야기하자면, 이 단계의 경위는 형성과정에 있었으며, 외위는 성립되지 않았다고 볼 수 있다.

15) 武田幸男, 1997, 앞의 논문, p.194.

【중성리비(501년)에 등장하는 인물과 관등】

연번 직역 / 부명/ 이름/ 관등

중1 敎한 주체

1.]折盧[
2. 喙 部/習 智/阿干支(六)
3. 沙 喙/斯德智/阿干支(六)

중2 白한 집단

4. 沙 喙/尒抽智/奈麻(十一)
5. 喙 部/牟智/奈麻(十一)
6. /本牟子
7. 喙 /沙利
8. /夷斯利

중3. 爭人

9. 爭人. 喙 評/公斯弥
10. 沙 喙/夷須
11. 牟旦伐喙/斯利/壹伐[?]
12. /皮朱智
13. 本 波 喙/柴 /干支[?]
14. /弗乃/壹伐[?]
15. 金 評/××/干支[?]
16. /祭智/壹伐[?]

중4. 使人

17. 使人. 奈蘇毒只道使/ 喙 /念牟智
18. /沙 喙 /鄒須智

중5. 世令 관련자

19. 于 居 伐/壹斯利
20. /蘇豆
21. 古 利 村/仇鄒列支/干支(?)
22. /沸竹休/壹金知(?),
23. 那音支村/卜岳/干支(?)
24. /乞斤/壹金知(?)
25. 珍 伐/壹□
26. ※ ※/豆智/沙干支(八)

27. ※ ※/日夫智

28. 牟旦伐喙/作民/沙干支❽

29. 使人. /※ ※/果西牟利

중6. 典書 및 입비 관련자

30. 典書 ※ ※/与牟豆

31. 沙 喙/心刀里

1의]折盧[이 사람이라면, 王 혹은 阿干支❻ 이상의 고위 관등 소지자일 가능성이 크다. 6부인이며 관등을 갖고 있었다고 생각하고 있다. 그러나 통계치에서는 이를 제외한다. 그렇게 보아 중성리비에는 모두 30명이 등장한다. 이 가운데 왕경인은 2~19와 27~31의 23명으로 추정된다. 19, 27, 28, 30은 6부명이 관칭되지는 않았거나, 이를 확인할 수는 없지만, 기재순서나 전후 정황을 통해 왕경인으로 추정해서 좋다고 판단된다. 왕경인 가운데 탁부와 사탁부 소속자에게서는 阿干支❻, 奈麻⓫가 확인된다. 本波喙과 金評(=斯彼) 소속자에게서는 干支[?]와 壹伐[?]이 확인되고, 牟旦伐喙(牟喙, 岑喙) 소속자에게는 沙干支❽와 壹伐이 확인된다.

阿干支❻, 沙干支❽와 奈麻⓫는 경위에 있는 관등이지만, 干支[?]와 壹伐[?]은 경위에 보이지 않는다. 壹伐을 壹伐干支 즉 완성기 경위 1위인 一伐干, ❶伊伐飡과 동일시하기는 어렵다. 그렇다고 이것을 완성기 외위 8위인 八一伐로 보기도 애매하다. 왜냐하면 壹伐을 가진 이는 本波喙과 金評(=斯彼), 牟旦伐喙(牟喙, 岑喙)으로 모두 왕경인이기 때문이다.

지방인은 20~26의 7명이 있다. 古利村과 那音支村에서 干支-壹金知가 확인된다. 일금지는 냉수리비와 봉평비에서 확인된다.

壹(一)+金(今)+智(知)

智 혹 知는 존칭이다. 선행하는 三韓시대 지역의 유력자의 칭호 중에 臣智가 있어[16] 존칭어로서 智의 역사적 전통은 적어도 삼백년 전으로 소급된다. 金은 今으로도 대치되고 있어 音差字였다고 판단해서 무리없다. "금"에서 연상되는 것은 "큰, 큼(大)"이다. 壹(一)은 訓借라면 '첫째, 하나'란 뜻이다. 그렇다면 "일금지"란 "첫째가는 크신 분" 혹은 "하나뿐인 크신 분" 정도의 의미가 될 수 있다. 후대 제도로서 완비된 신라 관등에서는 一(壹)자가 필두에 들어가는 관등이 유독 많다. 경위에서 壹伐干支①, 壹干支②, 壹吉干支

16) [韓] 各有長帥, 大者自名為臣智, 其次為邑借.
[弁辰] 各有渠帥, 大者名臣智, 其次有險側, 次有樊濊, 次有殺奚, 次有邑借.
[韓] 臣智 或加優呼臣雲遣支報安邪踧支濆臣離兒不例拘邪秦支廉之號.
[韓] 諸韓國臣智 加賜邑君印綬, 其次 與邑長.
-『三國志』魏書 凡30卷/卷30 魏書30 烏丸鮮卑東夷傳 第30, 東夷, 韓

⑦, 외위에 一伐(8), 一尺(9)이 그것들이다. 한편 壹(一)은 音借일 가능성도 배제할 수 없다. 壹(一)이 伊로도 환치되고 있어서, "이"와 "일"은 대체로 통하는데, "일금", "이금(이끔)"의 발음에서 떠오르는 것은 "잇금" 즉 "이사금尼師今"이다. 尼師今은 유리왕에서 흘해왕 혹은 실성왕까지 사용되었다는 신라 왕호였다. '-금'으로 끝나는 호칭 가운데는 "매금寐錦"(414년 광개토왕비, 5세기 중원고구려비)도 있는데, 이사금의 이칭이라는 설도 있다.[17] 여하튼 音借에서 壹(一)金(今)은 尼師今과 통한다. 일금지의 "일"이 음차인지 훈차인지 결단내리기 어려운데, 어느 쪽으로 가더라도 위와 같이 해당 사회의 최고위층을 의미했던 것으로 보인다.

중성리비와 냉수리비 단계에서 일금지는 재지사회인 村에서 최고위자였을 간지와 함께 나온다. 냉수리비의 서법에서는 일금지는 간지와 함께 村主라는 직역을 갖고 있었던 것으로 해석될 소지가 크다.[18] 촌주가 2명 복수로 병기되는 전통은 창녕비(561년)에서도 보인다.[19]

40 村主　　奀聡智/述干㊂
41　　　　麻叱智/述干㊂　(40, 41은 창녕비에서 등장인물 연번)

일보 물러나 냉수리비에서 촌주는 간지에만 해당되고 일금지에는 적용되는 것이라고 하더라도, 일금지는 촌주에 이어 기록되고 있어 촌 최고위 수장인 干支에 이은 次位者였다. 즉 村에서 干支와 壹今智는 모두 村主였으며, 적어도 村의 대표격 2인이었다. 외위 等外 혹은 외위 末端으로 밀려나는 봉평비 단계와 비교하면, 중성리비 단계에서의 일금지의 지위는 대단히 높은 것이었다. 이같은 지방사회 수장층의 二元的 구성은 왕경에서 매금왕(탁부)-갈문왕(사탁부)의 그것을 방불케 한다. 물론 이러한 이원적 구성은 6세기 후반 무렵에는 일원화의 길을 걷게 되었는데, 왕경이나 지방이나 이러한 이원적 체계 혹은 二人구성은 중고초기 신라 전역의 정치·사회적 특성이었을 가능성이 있다.

중성리비(501년)의 일금지
　중5. 世令 관련자
21.　　　　古 利 村/仇鄒列支/干支(?)
22.　　　　　　/沸竹休/壹金知(?)

17) 매금에 대해서는 이사금설과 마립간설이 병존한다. 매금에 대한 기존 제설에 대한 정리는 김병곤(2012, 「신라 왕호 '매금'의 유래와 성격」, 『사학연구』 82)의 정리가 참고가 된다. 한편, 김병곤은 매금의 뜻을 중시하여 "비단에서 잠자는 (비단옷을 두른 사람)"라고 해석했다.

18) 일금지가 관등이이었음은 중성리비가 발견되기 이전에 일찍이 지방사회 유력자의 칭호라고 선구적으로 지적된 바 있다. 하일식, 2006, 앞의 책, pp.223-224.

19) 2인의 구성은 하일식도 지적한 바 있는데, 촌주라는 직책이 중앙정부가 선발하여 임명한 것이라고 해석하였다. 하일식, 2006, 앞의 책, pp.222-223.

23.　　　　　　　　　　那音支村/卜岳/干支(?)

24.　　　　　　　　　　　　　/乞斤/壹金知(?)

냉수리비(503년)의 일금지

냉3

15 村主. ※※/臾支/干支[?]

16　　　　　　　　　/須支/壹今智[?]

봉평비(524년)의 일금지

35　※　※　/居伐牟羅/異知巴/下干支七

21　　　　　居伐牟羅/尾牟利/一伐八

36　　　　　　　　　辛日智/一尺九

22　　　　　　　　　佽宜智/波旦十

23　　　　　　　　　絹只斯利/一金智[?]

중성리비에 보이는 壹伐이 京位인가 外位인가에 대해서는 의견이 갈리고 있다. 이를 外位로 간주하고, "部名을 띤 인물이 京位가 아닌 外位를 소지하고 있"다고 인식하고, 이에 중성리비 단계의 "外位가 간지-일벌-일금지의 상하 위계를 가졌"다고 복원되었다.[20] 나아가 이 일벌은 "왕경인과 파트너를 이"루어 "지방 사회에서 실무역할을 하고 있었"다고 해석되기도 했다.[21] 또 京位로 보는 견해도 공존한다. "일벌은 애초에 6部人이 수여받았는데, 501년에서 524년 사이에 지방민에게도 수여되게 되었다.",[22] "애초에 왕경의 6부인들이 지닌 하위 관등이었다.",[23] "부명을 관칭한 자가 갖고 있으므로 경위인데, 17등 경위 중에는 그와 유사한 것을 찾을 수 없으므로, 그간 몰랐던 경위의 하나로서 사용되다가 중고기에 소멸된 것",[24] "部명을 관칭하고 있으므로 외위로 간주하기는 어렵다.",[25] "간지를 보좌하는 일급 신료로, 이 일벌은 중앙 정부가 일괄 부여한 것"[26] 등이 그것이다.

필자는 이미 이 일벌이 관등제 정착 이전의 경위 특히 왕경 비주류부의 관등 혹 관등적 칭호라고 의견을 개진한 바 있다.[27] 먼저 일벌을 소지한 이들은 왕경의 部를 관칭하고 있으며, 이 중성리비 단계에 지

20) 이문기, 2009,「포항중성리비의 발견과 그 의의」,『한국고대사연구』56, 한국고대사학회. p.43, p.49.

21) 하일식, 2009,「포항중성리비와 신라 관등제」,『한국고대사연구』56, 한국고대사학회. p.209.

22) 전덕재, 2009,「포항중성리비의 내용과 신라 6부에 대한 새로운 이해」,『한국고대사연구』56, 한국고대사학회. pp.109-111.

23) 강종훈, 2009,「포항중성리비의 내용과 성격」,『한국고대사연구』56, 한국고대사학회. p.163.

24) 김창석, 2009,「포항중성리신라비에 관한 몇 가지 고찰」,『한국사연구』147, 한국사연구회.p.395.

25) 노태돈, 2010,「포항중성리신라비와 外位」,『한국고대사연구』59, 한국고대사학회. p.46.

26) 박남수, 2010, 앞의 논문, pp.472-473(앞의 책, p.92에 다시 게재).

방인 가운데 일벌을 소지한 사람이 보이지 않기 때문에 중성리비 단계에서 일벌을 外位로 간주하는 것은 곤란하다. 나아가 이러한 주장을 발판으로 중성리비 단계에 외위로서 "간지-일벌-일금지"의 관등 서열을 설정하는 것은 근거가 희박하다.

지금까지 의견을 표명한 학자의 다수가 이를 京位로 판단하고 있고, 일부는 외위로 판단하고 있는 듯하다. 일벌이 王京人에게만 주어진 것인지, 地方民에게도 주어진 것인지 알 수 없고, 뒷날처럼 京位와 外位가 뚜렷이 구분되지 않은 상태였다고도 해석되었다.[28] 일벌은 外位와 같은 것으로 이는 경위와 외위가 명확히 구분되지 않았다고도 해석되었다.[29]

어쩌면 이 단계에서 후에 完成期의 京位와 外位라는 기준으로 논하기 어려운 면도 있는데, 그런 관점에서는, 표기서식으로 볼 때, 중성리비에서 일벌 소지자는 어디까지나 왕경인 특히 본파탁과 금평(=사피부)의 일원임은 부동의 사실이다. 왕경인이 소지한 관등이 경위라고 정의한다면, 이 시점에서 일벌은 京位에 해당한다.

그리고 이 본파탁과 금평에서는 간지-일벌의 셋트 관계가 인정되고, 干支는 재지사회 수장이므로, 해당 단위체의 일인자와 차석자라고 간주해서 무방할 것이다. 다만, 모단벌탁에서는 간지-일벌의 조합이 아니고, 일벌-無官等者의 조합을 이루고 있다. 이것은 모단벌탁에 간지 不在 상태임을 암시하는데, 有故나 不參席에 의한 것을 들 수 있다. 모단벌탁에도 당연 部의 최고위자인 干支의 자리는 이 당시에도 있었다고 봐야할 것이다.

이와 관련하여 참고되는 것이 일본서기에 보이는 가야 수장에 관한 기사다. 541년과 544년 에 열린 회의에 참석한 가야제국 수장의 명부를 정리하면 아래와 같다. 이들은 신라의 남부가야 침략에 대한 대책을 세우기 위해, 백제조정에서 열린 회의에 참석하였다.

흠명 2년(541년) 4월조	흠명 5년(544년) 11월조
1. 安羅/次旱岐/夷呑奚. 大不孫. 久取柔利. 2. 加羅/上首位/古殿奚. 3. 卒麻/旱岐. 4. 散半奚/旱岐兒. 5. 多羅/下旱岐/夷他. 6. 斯二岐/旱岐兒. 7. 子他/旱岐.	1. 安羅/下旱岐/大不孫, 久取柔利. 2. 加羅/上首位/古殿奚. 3. 卒麻/君. 5. 散半奚/君兒. 6. 多羅/二首位/訖乾智. 4. 斯二岐/君. 7. 子他/旱岐. 8. 久嵯/旱岐. 숫자는 기재순

27) 이용현, 2011, 앞의 논문.

28) 주보돈, 2010, 「포항 중성리신라비에 대한 전망」, 『한국고대사연구』 56, 한국고대사학회, pp.19-20.

29) 이영호, 2009, 「흥해지역과 포항중성리신라비」, 『한국고대사연구』 56, 한국고대사학회, p.236.

次旱岐=下旱岐의 등식이 성립하는데, 下旱岐는 上旱岐 혹 旱岐를 전제로 하는 용법이다. 마치 신라 외위에서 上干支와 下干支의 관계와 흡사하다. 그 점에서 次旱岐란 수석旱岐 즉 旱岐에 이은 次席이라는 뜻에서 통한다. 旱岐=君의 등식이 성립하고, 旱岐의 아들인 旱岐兒가 岐兒를 대신하기도 하였다. 가라 즉 대가야는 다른 나라에 비해 걸출한 정치적 위상을 갖고 있는데, 이는 官等 혹 官等類의 칭호 上首位와 二首位에서도 볼 수 있다.[30] 旱岐는 干支의 백제적 표기다. 당시 제국 가운데 양 대국이었던 가라와 안라만은 최고위자가 아니라 차석자 혹 고위관료를 파견하고 있다. 주목하고자 하는 것은 次(下)간지가 干支를 대신할 수 있었다는 점이다. 신라 왕경 비주류 部에서 간지-일벌, 신라 지방에서 간지-일금지의 관계는 가야제국에서 旱岐-次(下)旱岐에 대응시킬 수 있다.

다만 주목할 것은 다른 비주류부에는 간지-일벌 외에 官等類가 보이지 않는데 비해,

28. 牟旦伐喙/作民/沙干支❽

와 같이 모단벌탁에는 沙干支 즉 沙飡❽이 보인다는 점이다.[31] 즉 모단벌탁에서는

(간지)-일벌, 사간지

의 관등이 확인되는 셈이다.[32] 이 사간지는 본파탁이나 금평(사피)에서는 확인되지 않는다.

결국 이 시기 왕경 6부와 지방에서는 중성리비 단계에는 다음 네 종류가 보이는 셈이다.

喙, 沙喙(왕경 주류부): 阿干支❻, 奈麻⑪
牟旦伐喙(왕경 비주류부): (干支-)壹伐, 沙干支❽
本波喙, 金評(왕경 비주류부): 干支-壹伐
古利村, 那音支村(지방): 干支-壹金知

탁과 사탁부 즉 왕경 주류부에는 후에 완성기의 경위의 일부가 보인다. 본파탁과 금평, 즉 왕경 비주류부의 일부에서는 완성기 경위가 전혀 보이지 않고, 간지-일벌만 보인다. 이것은 이 시기 주류 2부와는 분명 다른 관등체계다. 모단벌탁의 경우에는 일벌과 사간지가 함께 보인다. 이것은 왕경 주류 2부와 비주류 4부의 관등이 중성리비 단계에서는 서로 달랐는데, 모단벌탁의 경우는 주류 2부의 관등 체계에 포섭

30) 이용현, 2015, 「고령 지산동 3,75호분의 주인공과 대가야 -문헌자료를 중심으로-」, 『(특별전)고령 지산동 대가야 고분군』, 국립대구박물관, pp.219-224.

31) 이를 달리 끊어 읽어 몇 가지 견해가 제시되고 있다. 첫째, 牟旦伐. 喙/作民/沙干支, 둘째, 牟旦伐喙/作民沙/干支, 셋째, 牟旦伐喙. 作民/沙干支 등이 그것인데, 따르지 않는다. 이유는 전에 언급한 바 있다. : 이용현, 2012, 앞의 논문.

32) 橋本 繁, 2013, 「浦項中城里碑の研究」(『朝鮮学報』 220輯, 2011年)도 필자의 의견을 따르고 있다.

되어 가고 있었던 단계라고 해석 가능하다.[33)]

501년 중성리비 단계에서는 왕경 비주류 部의 관등이었던 '일벌'이 늦어도 524년 봉평비 단계 이전에 경위가 아닌 외위로서 낙착되게 된다. 여기서 완성기 관등제의 구조를 다시 한번 검토할 필요가 있다. 그것을 표로 정리하면 다음과 같다.

外位(이름대응)	京位	外位(高下대응)
[八]**一伐** [九]**一尺** [十]彼日(**波旦**)	(一)伊伐飡(**一伐**干) (二)伊尺飡(**一尺**干) (三)匝飡 (四)波珍飡(**波珍**干)	
[十一]**阿尺**	(五)大阿飡 (六)阿飡(**阿尺**干)	
[?]居伐尺	(七)一吉飡 (八)沙飡 (九)級伐飡(居伐干支)	[一]嶽干 [二]述干 [三]高干
	(十)大奈麻 (十一)奈麻	[四]貴干 [五]選干
	(十二)大舍 (十三)舍知(小舍)	[六]上干 [七]干(下干)
	(十四)吉士	[八]一伐
	(十五)大烏 (十六)小烏 (十七)造位(先沮知)	[九]一尺 [十]彼日 [十一]阿尺

壹伐과 一伐은 같은 이름이다. 완성기 경위의 상부 관등과 외의의 하부 관등의 이름은 표와 같이 상호 대응된다.(굵은 글자 참조) 이와 같은 대응 관계는 일찍이 지적되고, 논증된 바 있다.[34)] 경위는 대응하는 외위에 干(干支)가 더 부가되었을 뿐이다. 경위와 외위의 同類 관등은 각각의 경위와 외위 체계 내에서 그 서열순도 완전 일치한다. 외위에서 干群이 지역사회의 수장층이었던 데 비해, 이들 非干群은 본래 지배계층이었다.[35)]

33) 이 점은 이미 필자가 개진한 바 있다. 이용현, 2012, 앞의 논문.

34) 三池賢一, 1970, 「三国史記職官志外位条の解釈 –外位の復原–」, 『北海道駒沢大学研究所紀要』 5, p.104.
武田幸男, 1997, 앞의 논문, pp.111–121.

35) 선석열, 1992, 「신라관등체계의 성립」, 『경주사학』 9, 경주사학회, p.56.

일벌 역시 마찬가지다. 외위 8위 一伐, 京位 1위 一伐干支는 상호 대응한다. 일벌이란 武田幸男에 의하면 '제일의 村邑'이란 뜻이며 '첫째가는 정치적 근거지'란 의미로, 국가적 차원에서 말하자면 王京에 해당한다고 한다.[36] 그것이 관등 혹 직책이름으로 보인다는 것은 아마도 '伐'=村邑을 다스리는 '壹'인자, 즉 촌읍장의 의미가 아닐까 싶다. 실재 -伐이란 지명은, 于去伐(중성리비, 501년), 居伐牟羅(봉평비, 524년), 仇利伐(함안 성산산성 목간, 561년),勿思伐城(적성비, 545+a년) 등 지방은 물론, 赤居伐, [ ]北伐(월성해자 목간 9호, 5세기 후반~7세기 후반)과 같이 왕경에도 보인다. 즉 일벌 역시 해당 재지사회의 최고위자다.

"壹伐" 즉 一伐이 늦어도 봉평비 단계(524년)에 가서는 지방의 외위의 하부구조로서 나타난다. "一伐干支"가 나타나는 것 또한 그 무렵일 것이다. 역시 520년 율령제정을 계기로 할 것이다. 즉 왕경 비주류부의 고 관등 "壹伐"이 아마도 율령제정을 즈음하여 왕경 전체에서는 干群의 필두로, 외위에서는 非干群의 필두로 자리잡게 된 것이다.

한편, 고리촌과 나음지촌에서는 간지-일금지가 셋트로 등장한다. 지방에서는 이러한 관등이 기능하고 있었던 것이다. 물론 지방 가운데는 관등이 없는 곳도 있었다. 아뭏튼, 이 단계에는 크게 왕경 주류 2부, 왕경 비주류 4부, 지방이 각각 다른 관등을 갖고 있었던 것이 된다. 완성기에 가면, 왕경 비주류 4부의 관등이었던 일벌이 지방인을 대상으로 한 외위에 정책되게 되고, 일금지는 완전히 형적을 감추게 된다. 다만 비주류부에 보이는 일벌이란 관등이 중성리비 단계 이전에는 주류 2부에서도 설치되어 있었는지 어떤지 알 수 없다.

이러한 점으로 봐서, 主流 2部에서 시작된 신라의 관등제는 점차 非主流 4部도 포섭하여 그에 편제하게 되고, 地方에서의 관등제는 즉 後의 외위제는, 비주류 4부의 관등으로 대체되고, 이전 활용되던 지방의 관등은 아래로 밀려나 시간이 지나면서 위상이 격하되어 결국 소멸되고 말았던 것으로 추정된다.

즉, 王京 主流 2부에서 시작된 관등은 위에서 아래로 흘러, 王京 전체를 점차 물들이게 된 것이고, 그것이 연쇄적으로 地方에도 영향을 끼치게 된 것같다. 7세기 삼국통일을 즈음하여 外位가 소멸하고 지방인에게도 京位가 적용되게 되면서 外位는 완전히 사라지게 되는 것도, 긴 타임스팬에서 보면, 결국 6세기 초에 보이는 이러한 경향, 즉 경위에서 외외로 혹은 중심의 제도가 주변, 지방으로 침투, 확산해나가는 흐름의 종착점이라고 할 수 있다.

Ⅳ. 맺음말을 대신하여

-6세기 초 官等의 모습-

앞서 중고 초기 자료의 검토를 통해 다음과 같은 사실을 검출해낼 수 있다.

36) 武田幸男, 1997, 앞의 논문.

王京의 干支와 地方의 干支 아래 각각 다른 官等 혹 官等類가 존재했다. 律令 制定 以前에 이미 관등 혹 관등적 호칭을 통해 王京과 地方이 구별되어 있었다. 결국 王京 主流 2部에서 시작된 官等制가 점차 진화하면서 왕경 비주류 4部에 까지 확산되어 관철되게 되고,[37] 이에 연동적으로 비주류 4부의 관등은 지방사회의 외위에 전용 적용되었으며, 이어 종래 지방사회에서 존재하던 관등은 소멸하게 되었다. 즉 왕경 [주류]2부에서 [비주류]4부로, 또 4부에서 지방으로 관등 호칭의 轉移 흐름을 읽을 수 있다.[38]

중성리비에서 보는 바와 같이, 모단벌탁과 같이 부분적으로 2部의 관등체계에 편입되어 가기 시작한 비주류 부도 있었지만 모단벌탁 전체가 체계에 편입된 것은 아니었다. 일벌이란 관등은 주류 2부에는 없고 비주류 부에만 있었던 것으로 관등 면에서도 주류와 비주류 부 간의 차가 존재한 시기였다. 지방도 村을 중심으로 간지-일금지의 2층이 존재한 시기였다. 중앙의 비주류 部나 지방의 재지사회나 관등 혹 관등적 요소가 크게 분화한 단계는 아니었다.

中古 初期 碑文에서는 명령을 내리는 집단과 이것을 실행하는 집단의 두 부류로 크게 나뉜다. 중성리비에서는 전자는 중성리비에서는 (아마도 갈문왕과) 탁부 사탁부의 아간지 1인의 도합 3인 정도가 이에 해당하고, 후자는 탁부와 사탁부 7인이 해당된다. 모두 阿干支다(京位 제6위). 실무자 중에 관등은 奈麻가 보일 뿐이다. 냉수리비에서는 사탁부 소속의 갈문왕, 사탁부의 京位 6위, 9위 + 탁부의 京位 2위, 9위 + 본파부와 사피부의 部長인 간지 즉 왕(갈문왕) + 탁부와 사탁부 각각 2인 + 본파부와 사피부 각 1인 (혹 사탁부 3인 + 탁부 2인)의 도합 7인이 내리고 있다. 이들은 일간지(2위), 아간지(6위), 거벌간지(9) 등으로 구성되어 있다.

실무진은 奈麻(경위 제10위) 소지자 1인을 비롯하여 無官等者 6인으로 구성되어 있다. 모두 탁부와 사탁부 소속자다. 봉평비에서는 봉평비에서는 매금왕과 갈문왕 + 사탁부의 京位 5위,6위,7위 각 1인, 11위 25인) +탁부의 京位 7위, 9위 각 1인, 10위 2인, 11위 1인 (5인) +본파부의 2위(1인) +잠탁부의 부장인 간지(1인), 도합 14명이 전자에 해당한다. 관등은 태아간지(이하 모두 京位 5위), 일길간지(7위), 거벌간지(7위), 태나마(10위), 나마(11위)가 보인다. 실무진의 관등으로는 나마(10위), 사족지(17위), 소사제지(13위), 일벌(外位 8위),파단(外位 10위), 일금지(等外 外位)가 보인다.

즉 중성리비 단계에서는 명령자-실무자는 아간지-나마로 2분된다. 냉수리비 단계에서는 이는 간지군-나마로 2분된다. 요컨대 봉평비 단계에서는 아간지뿐만 아니라 그 위 아래의 관등이 포함되었는데 모두 奈麻를 포함한 그 위 즉 奈麻 以上이다. 동시에 실무진 역시 여전히 나마를 포함한 그 아래 즉 奈麻 以下다. 즉 냉수리비 단계에서 奈麻는 위와 아래 집단 양쪽에 모두 걸쳐 있다.

---

37) 일찍이 武田幸男는 "신라의 관위제는 한번에 성립한 것이 아니라 우선 경위체계가 탁부와 사탁부 2부에 한정되어 먼저 성립하고 이윽고 다른 4부에 미치고 그래서 명실 상부하게 경위제가 완성되었다. 그와 함께 그 때까지 다른 4부에서 칭하던 "干支"란 칭호 만이 배제되고 外方城村에서도 재편성되어 외위제가 성립하였다. 신라 관위제의 성립은 520년으로, 독특한 2원적 편성에 의한 2층적 구조가 제도적으로 완성되었다."고 지적하였다.

38) 이용현, 2011, 「포항 중성리비의 기초적 연구 -냉수리비와 봉평비와의 비교저 시점-」, 『고고학지』 17, 국립중앙박물관. pp.437-438(논고발표 및 공개는 2010.4.10: 한국고대사학회 홈페이지).

한편 봉평비 단계에서는 干支群과 奈麻-奈麻 以下로 구성된다. 즉 중성리비와 냉수리비에서는 간지군과 非간지군으로 나뉘었는데 반해, 봉평리비에서는 奈麻를 경계로 또 그것이 양쪽에 모두 속하는 모습을 보인다. 앞 두 비에서는 奈麻가 확실히 실무진의 중심이었는데 반해, 봉평비에서는 여전히 실무진 역할을 하는 奈麻가 있는가 하면, 명령자의 末端에도 奈麻가 있다.

여기서 완성기 官等과 骨品과의 관련성을 다시 확인해볼 필요가 있는데, 표로 정리하면 다음과 같다.

〈표 3〉 京位와 骨品의 관계 (武田幸男, 新羅骨品制の再檢討, p.176과 p.178의 표를 종합하여 재작성)

<table>
<tr><th>骨品</th><th>牙笏</th><th>冠</th><th>衣</th><th>官等(京位)</th><th>(古官)職</th></tr>
<tr><td rowspan="2">聖骨</td><td rowspan="3">牙笏</td><td rowspan="2">錦冠</td><td rowspan="2">紫衣</td><td>❶伊伐湌
❷伊尺湌
❸匝湌</td><td></td></tr>
<tr><td>❹波珍湌
❺大阿湌</td><td>衿荷</td></tr>
<tr><td>眞骨</td><td>緋冠</td><td>緋衣</td><td>❻阿湌
❼一吉湌
❽沙湌
❾級伐湌</td><td>上堂</td></tr>
<tr><td>六頭品</td><td rowspan="3">없</td><td rowspan="3">組纓</td><td>靑衣</td><td>❿大奈麻
⓫奈麻</td><td>大奈麻</td></tr>
<tr><td>五頭品</td><td>黃衣</td><td>⓬大舍
⓭舍知(小舍)</td><td>赤位大舍</td></tr>
<tr><td>四頭品</td><td>알 수</td><td>⓮吉士</td><td></td></tr>
<tr><td></td><td>음</td><td></td><td>없음</td><td>⓯大烏
⓰小烏
⓱造位(先沮知)</td><td></td></tr>
</table>

앞서 세 비에서 명령집단과 실무집단의 경계 혹 공통 부분에 위치한 6두품의 최고 승진 계선인 대나마, 진골의 최고 승진 계선인 아찬, 즉 아간지❻인데, 중성리비에서 아간지❻ 등이 명령을 내리는 집단의 주축에, 대나마와 유관한 나마⓫가 실무집단의 중핵을 이루고 있는 점이 눈에 띤다. 非주류 部의 首長이 干支를 여전히 稱하고 있는 것과 無官等者의 비율이 적지 않은 점에서, 중성리비 단계에서는 관등제 성립 이전이라고 봐야 할 것이다.

거기서 신분적 계선을 찾기는 어렵고 계층의 계선은 인지할 수 있다. 아간지❻를 중심으로 한 干군의 맹아와 奈麻를 중심으로 한 非干군의 맹아로 구성된 上下 두 계층이다. 냉수리비에서도 같은 경향을 볼 수 있다. 奈麻가 실무진의 상한선인 경향은 봉평비에서도 변함없다. 다만 같은 奈麻가 干군과 함께 敎를 내리고 있는 점은, 동일한 奈麻 관등 소지자라 하더라도 身分의 差가 존재했음을 시사한다. 奈麻가 특정 신분의 승진 상한선으로 기능했을 가능성이 잠재되어 있다. 여기서 떠오르는 이미지의 骨品은 後代 완성기의 6頭品이다. 아울러 아찬에서 급벌찬 사이가 古官職에서는 上堂으로 일컬어지고 있다. 上堂이란 高堂에 올라 정사를 논의하는 堂上官을 연상시키는데, 앞서 설명한 냉수리비나 봉평비의 관련 상황 이미지와 겹친다.

신라 官等制 특히 京位制는 520년 律令 制定을 계기로 정립되었을 것이라는 通說을 지지한다. 503년 단계까지 京位의 맹아로서 干支群이 分化해가고 있었으며, 京位 下部는 奈麻 외에 설치되지 않은 상태였다. 524년 단계는 관등제가 거의 완성되어 가고 있었다. 京位 전체 그리고 外位의 下部는 거의 완성되었다. 다만 外位 上部는 형성과정이었던 것으로 판단된다.

骨品制와 관련해서는 후대와 같은 정형적인 골품제가 정립된 형적은 찾기 어렵다. 다만, 524년 단계에서 적어도 두 계층의 신분적 구분을 찾아낼 수는 있을 듯하다. 즉 신분에 따른 승진제한을 가진 신분제적 맹아가 524년에 확인된다. 아울러 그러한 커다란 두 계층의 구분은 501년과 503년 단계에 아주 희미한 조짐을 추단할 수 있다. 관등면에서는 주류 2부와 비주류 4부의 간에 현격한 격차가 존재했다. 관등제 형성에 이러한 部 간의 격차가 작용했고, 이것은 골품제 형성에도 영향을 주었을 잠재성을 타진해 둔다.

투고일: 2015. 10. 24.　　심사개시일: 2015. 10. 27.　　심사완료일: 2015. 11. 12.

참/고/문/헌

강종훈, 2009, 「울진 봉평신라비의 재검토」, 『동방학지』 148, 연세대동방학연구소.

강종훈, 2009, 「포항중성리비의 내용과 성격」, 『한국고대사연구』 56, 한국고대사학회 : 橋本 繁, 2013,「浦項中城里碑の研究」, 『朝鮮学報』 220.

김병곤, 2012, 「신라 왕호 '매금'의 유래와 성격」, 『사학연구』 82, 사학연구회

김창석, 2009, 「포항중성리신라비에 관한 몇가지 고찰」, 『한국사연구』 147, 한국사연구회.

노태돈, 2010, 「포항중성리신라비와 外位」, 『한국고대사연구』 59, 한국고대사학회.

末松保和, 1959, 「梁書新羅傳考」, 『新羅史の諸問題』, 東洋文庫.

武田幸男, 1979, 「新羅官位制の成立」, 『朝鮮歷史論集(上)』, 先生古稀記念會編, 龍溪書店,

武田幸男, 1997, 「新羅官位制の成立にかんする覚書」, 『朝鮮社会の史的展開と東アジア』, 山川出版社.

박남수, 2010, 「포항 중성리신라비에 나타난 신라 6부와 관등제」, 『사학연구』 100, 한국사학회(2013, 『신라 화백제도와 화랑도』, 주류성).

三池賢一, 1970, 「三國史記職官志外位条の解釈 –外位の復原–」, 『北海道駒込大学研究所紀要』 5.

선석열,1992, 「신라관등체계의 성립」, 『경주사학』 9, 경주사학회.

울진군청·중원문화재보존·공주대학교 문화재진단보존기술연구실, 2013, 『울진 봉평리 신라비의 과학적 조사 및 보존처리 보고서』)

이문기, 2009, 「포항중성리비의 발견과 그 의의」, 『한국고대사연구』 56, 한국고대사학회.

이영호, 2009, 「흥해지역과 포항중성리신라비」, 『한국고대사연구』 56, 한국고대사학회.

이용현, 2011, 「포항 중성리비의 기초적 연구 –냉수리비와 봉평비와의 비교저 시점–」, 『고고학지』 17, 국립중앙박물관(논고발표 및 공개는 2010.4.10. : 한국고대사학회 홈페이지).

이용현, 2015, 「고령 지산동 3,75호분의 주인공과 대가야 –문헌자료를 중심으로–」, 『(특별전)고령 지산동 대가야 고분군』, 국립대구박물관.

전덕재, 2009, 「포항중성리비의 내용과 신라 6부에 대한 새로운 이해」, 『한국고대사연구』 56, 한국고대사학회.

井上秀雄, 1974, 「新羅官位制の成立」, 『新羅史基礎研究』(原載 『大阪工業大学中央研究所報』 別册第五号, 1972)

조영훈·이찬희·심현용, 2013, 「울진 봉평리 신라비의 재판독과 보존과학적 진단」, 『문화재』 46–3(통권 61), 국립문화재연구소.

주보돈, 1990, 「6세기초 신라왕권의 위상과 관등제의 성립」, 『역사교육논집』 13·14, 역사교육학회.

주보돈, 2010, 「포항 중성리신라비에 대한 전망」, 『한국고대사연구』 56, 한국고대사학회.

하일식, 2006, 「외위제 정비 전개 과정」, 『신라 집권관료제 연구』, 혜안.

하일식, 2009, 「포항중성리비와 신라 관등제」, 『한국고대사연구』 56, 한국고대사학회.

〈日文要約〉

律令制定前後の新羅官等

李鎔賢

中古初即ち六世紀初の新羅の碑文の官等資料の検討を通じ五二〇年の律令制定の直前と直後の官等の様相及び形成過政に関して次のような結論を提出する.

律令制定直前にすでに王京の干支と地方の干支のもとにそれぞれ異なる官等あるいは官等類が存在した. 王京の主流二部つまり喙部と沙喙部を中心に醸成された官等制は漸次進化し王京の非主流四部にまで広がり貫徹される. 連動的に従来非主流四部の官等類は地方社会の官等つまり外位へ轉用されそこに適用された. 同時に従来地方社会に存在した土着の官等類は新しく組み込まれた官位の下部末端に退けられやがて消滅した. 五〇三年段まで京位は芽生え干支群は 分化されつつおり, 京位の下部は奈麻以外には設置されなかった状態であった. 五二四年は京位全体と外位の下部はほぼ完成された. 外位の上部は形成途中であった. 後代のような定型的な骨品制の形迹は見つけにくい. ただ, 五二四年には少なくとも二つの階層の身分的区分の端緒が見えるようである.

▶ キーワード: 新羅中古初, 官等形成, 碑文, 律令, 骨品, 身分, 主流二部, 非主流四部, 王京, 中央, 地方

공주 舟尾寺址와 '阿尼' 명문석편에 관한 고찰*

金昌錫**

〈국문초록〉

현재 충남 공주시의 舟尾寺址에 있던 절은 통일신라기의 사찰로 보인다. 초창 시의 이름은 알 수 없으나 이 사찰이 『신증 동국여지승람』에 실린 舟尾寺로서 17세기까지 남아 있었다. 여기서 명문이 있는 암막새기와와 고려 때의 소형 불상이 출토되었다.

이와 함께 발견된 납석제 銘文石片에는 통일신라의 인물 5명이 기재되어 있다. 이들은 부부와 두 아들, 그리고 며느리로 이뤄진 친족이었다고 보인다. 남자는 父-兄-弟의 서열에 맞춰 순서가 정해졌고 이는 관등의 고하와 일치한다.

여자는 媤母-婦의 순서이다. 여자 2인은 모두 출가하여 女僧이 된 상태였으나 一家가 참여한 불사인 만큼 속세의 인연에 따라 俗名을 기록했다고 생각된다. 이 두 명이 阿尼로 표현되었다. 신라에서 '아니'는 불교 및 여성과 관련된 일반명사로 쓰였으며, 그 의미 가운데 比丘尼를 포함하고 있었다.

▶ **핵심어: 舟尾寺, 통일신라, 銘文石, 阿尼, 불교, 여성, 친족**

---

* 이 논문은 2015년도 강원대학교 대학회계 학술연구조성비로 연구하였음(관리번호-520150212).

** 강원대학교 역사교육과 교수

I. 머리말

1997년에 공주대학교 박물관에 의해 충남 공주시의 舟尾寺址가 발굴되었다. 발굴보고서에[1] 따르면, 조사 전에 지표상에서 다량의 기와와 자기편이 수습되었고 石燈의 臺石과 여러 석탑 부재가 흩어져 있는 것이 확인되었다. 유적은 크게 동편 및 서북편의 통일신라기 건물지와 서편의 조선시기 건물지로 나눌 수 있다. 석등 대석은 통일신라 유구군의 남단부에 있는데 자연 화강암석의 상면을 평탄하게 다듬고 8엽의 복판연화문을 정교하게 조각하였다.

주미사지에서는 기와, 자기류, 토기류, 塼類, 불상과 함께 銘文이 새겨진 蠟石 재질의 석편이[2] 발견되었다. 이 유물 외에도 명문 자료가 확인되었는데, 암막새기와 중에 각각 '□谷□'과 '□月 □'의 명문을 가

그림 1. 공주 주미사지의 유구 현황 (李南奭·李勳, 1999, 앞의 보고서, p.27)

1) 李南奭·李勳, 1999, 『舟尾寺址』, 公州大學校 博物館.

2) 발굴보고서는 이를 碑石의 일부로 파악했다. 그 가능성을 배제할 수 없으나 현재 유물의 상부만이 남아 있어 원형을 알 수 없고 따라서 설치 방식도 미상이다. 이 글에서는 이 유물을 '주미사지 출토 명문석'이라고 지칭한다.

그림 2. 주미사지의 석등 대석 (필자 촬영)

진 것이 있으나 제작 시기는 분명하지 않다. 석고에 조각한 소형 불상의 뒷면에는 '佛'자가 새겨져 있으며 고려 때 유행한 僧伽大師像으로 보인다고[3] 한다.

이 논문에서는 명문석 단편의 내용을 집중적으로 검토하고자 한다. 그간 이 자료는 학계에 잘 알려지지 않았고 따라서 본격적인 연구도 이뤄지지 못했다.[4] 이 유물에는 깨져서 일부만 보이는 글자까지 포함하면 28자 정도의 명문이 남아 있다. 보고서에는 발견 지점에 대한 언급이 없지만,[5] 후술하듯이 이 석편은 통일신라시기의 유물이라고 생각된다. 통일신라의 지방사회에서 사용된 금석문으로서 5명의 인명과 관등명이 등장한다. 그 가운데 여성 2명이 들어 있어 나머지 3명의 남성과의 관계와 그 身元을 표기하는 방식이 주목된다. 무엇보다 이 여성들의 실체를 파악하는 것이 명문석의 내용을 파악하기 위해서 중요하리라 본다.

명문이 소략하기 때문에 불가피하게 관련 문헌사료를 동원해야 하지만, 이 과정에서 무리한 논리 전개가 생기지 않을까 우려된다. 선학제현의 질정을 바랄 뿐이다.

II. 舟尾寺址와 주변 사찰의 관계

주미사에 관한 기록은 16세기 초에 편찬된『新增 東國輿地勝覽』에 처음 보인다.

> …… 水原寺가 월성산에 있다. 東穴寺가 동혈산에 있다. 西穴寺가 망월산에 있다. 舟尾寺가 주미산에 있다. 艇止寺가 정지산에 있다.[6]

공주시의 남쪽에 구절산이 있고 그 줄기가 남쪽으로 이어져 남단에 높이 185m의 봉우리를 이룬 것이

3) 앞의 보고서, 1999, p.184.

4) 필자는 이 유물의 존재를 공주대 서정석 교수를 통해 알게 되었다. 관련 자료를 제공하고 주미사지 답사를 안내해 준 서교수께 이 자리를 빌어 감사한다.

5) 발굴에 참여한 공주대 이훈 선생에 따르면 명문석은 통일신라기 기타 건물지1과 조선시기 제1건물지 사이에 있는 축대 부근에서, 불상은 조선시기 제1건물지 상부의 퇴적토에서 출토되었다고 한다. 귀중한 정보를 주신 이선생님께 감사를 드린다.

6)『新增 東國輿地勝覽』卷17, 忠淸道 公州牧 佛宇.

주미산이다.[7] 지금도 주미산으로 불리며 발굴이 이뤄진 사지 주변의 계곡은 전부터 '절터골'이라고 알려졌다고[8] 한다. 현재의 주미산은 늦어도 16세기 초에 주미산으로 불리고 있었으며 그 기슭 어딘가에 주미사가 있었던 것이다.

발굴조사 지점은 주미산의 남단에 있는 세 개의 지맥 중 남쪽으로 흐르는 구릉의 선상부 지역에 있다. 이곳에서 '주미사'와 직결된 명문 자료는 발견되지 않았다. 그러나 사찰 관련 유구와 유물이 조사 지점에 집중되어 있으므로 『신증 동국여지승람』에 기록된 공주 지역의 주미사가 바로 이곳이라고 보아도 무방하지 않을까 한다.

이 절은 언제까지 존속했을까? 조선 후기의 문집에 주미사의 寺名을 소재로 한 시구가 전한다.

> 舟尾寺(주미산에 있다.)
> 절이 산의 이름을 딴 이유를 물으니
> 사람들이 말하길, 이 땅의 생김새가 배(舟) 모양이라.
> 참으로 알맞은 곳을 얻었구나 탄복하노니
> 일생이 본래 떠다니는 빈 배이거늘.[9]

위 시의 작자인 신유가 1665년에 작고했으니 17세기 중엽까지는 공주 지역에 주미사가 있었던 셈이다. 그러나 그 뒤에 작성된 문헌 및 금석문 자료에 주미사에 관한 언급이 발견되지 않으므로 17세기 말 이후 어느 시기엔가 폐사되었다고 보인다.

문제는 주미사의 창건 시기이다. 이와 관련하여 『삼국유사』의 기록이 주목받아 왔다.

> 진지왕 때 흥륜사에 眞慈(혹은 貞慈라고 한다)라는 승려가 있었다. 항상 금당의 주존인 미륵상 앞에 나아가 발원하여 이르기를, "원컨대 우리 大聖께서 화랑으로 세상에 출현하여 제가 항상 거룩한 모습을 가까이 뵙고 받들 수 있도록 하시옵소서."라고 하였다. …… 어느 날 꿈에 한 승려가 그에게 말하기를, "熊川(지금의 공주)의 水源寺로 가면 彌勒仙花를 볼 수 있을 것이다"고 하였다. 진자는 깨어나자 놀라고 기뻐하며, 그 절을 찾아 열흘 동안 한 걸음마다 예를 올리며 갔다. 그 절에 이르자 문 밖에 어여쁘고 작은 소년이 있었다. …… 소년이 말하기를, "저 또한 서울 사람입니다. 스님께서 먼 곳에서 오신 것을 보고 위로를 드렸을 뿐입니다."고 하였다. 잠시 후 그는 문 밖으로 나갔는데 간 곳을 알 수 없었다.

---

7) 李南奭·李勳, 1999, 앞의 보고서, pp.11-14.

8) 추만호, 1995, 「공주의 절터와 절」, 『공주의 역사와 문화』, 공주대학교 박물관, pp.224-225.

9) 『竹堂先生集』(申濡, 1689), 卷4, 錦江錄 公山十詠 "舟尾寺(在舟尾山) 寺從山號問何由 人道舟名象此州 自笑使君眞得所 一生元是泛虛舟".

> …… (수원사의) 승려들은 진자의 생각이 터무니없다고 의심하면서도 그의 은근하고 정성스러운 태도를 보고서 말하기를, "여기서 남쪽으로 가면 千山이 있는데, 예로부터 현인과 철인이 머물렀고[寓止] 그윽한 감응이 많다고 합니다. 그곳[彼居]에 가보지 않으시겠습니까?" 하였다. 진자가 그 말을 좇아 산 아래에 이르니, 山靈이 노인으로 변하여 나와서 맞으면서 말하기를, "여기에는 무슨 일로 왔소?"라고 했다. 대답하기를, "미륵선화를 뵙고자 합니다."고 하였다. 노인이 말하기를, "지난 번 수원사 문 밖에서 이미 미륵선화를 뵈었는데, 다시 와서 무엇을 구하는가?" 하였다. 진자는 그 말을 듣고 곧 놀라 달려서 (경주의) 本寺로 돌아왔다.[10)]

진지왕대인 570년대에 신라 興輪寺의 승려 眞慈가 미륵선화를 만나기 위해 백제의 웅진에 들어가 水源寺와 千山을 방문하고 돌아왔다는 것이다. 이는 신라에서 화랑과 미륵의 관계를 설명하던 일종의 緣起說話로서 그 배경에는 공주 지역이 미륵신앙의 중심이었던 현실이 자리 잡고 있었다.[11)] 당시 慧思로부터 불교를 배운 백제 승려 玄光이 귀국하여 이를 유포함으로써 웅진에 彌勒下生 신앙이 번성하였고 신라의 미륵신앙에 까지 영향을 끼쳤다고 생각된다.[12)]

수원사의 위치는 현재 공주시 옥룡동의 수원골에 비정된다. 절터의 뒤편에 月城山이 있어 앞서 인용한 『신증 동국여지승람』의 기록과 부합한다. 그러나 이 수원사지가 『삼국유사』에 전하는 그 수원사는 아닌 듯하다. 이곳에서는 건물지, 탑지와 더불어 석조 비로자나불좌상편, 소형 梵鐘, 석탑재, 기와, 그리고 생활용 자기류가 출토되었다. 범종과 막새기와는 양식으로 보아 통일신라~고려시기로 편년되며, 특히 불교 신앙조직을 뜻하는 "香徒" 명문이 있는 평기와가 여러 점 있었다. 반면 백제 유물로 추정되는 유물은 전혀 발견되지 않았다. 이를 통해 볼 때 현재 수원사로 전해지는 사찰의 초창은 나말여초기에 이뤄졌다고 생각된다.[13)]

진자가 수원사 승려의 말을 듣고 찾아갔다는 千山에 대해서는 이를 '즈믄산'이라고 읽을 수 있으므로 주미산(=즈믄산)이 곧 천산이고, 따라서 주미사지가 바로 진자가 산령을 만난 곳이라는 견해가 있었다.[14)] 그러나 音相似에 기초하여 주미산을 천산으로 보는 것은 무리하다는 지적이 제기되었고, 현재로서는 백제 시기 수원사의 위치를 확인할 수 없으므로 그 남쪽에 있었다는 천산의 위치[15)] 역시 미상이라고

---

10) 『三國遺事』 卷3, 塔像 弥勒仙花·未尸郎·真慈師.

11) 金杜珍, 1994, 「백제의 미륵신앙과 계율」, 『百濟史의 比較研究』, pp.47-48.

12) 최연식, 2011, 「백제 후기 미륵신앙의 전개과정과 특징」, 『韓國思想史學』 37, pp.4-9.

13) 李南奭·李勳, 1999, 『水源寺址』, 公州大學校 博物館.

14) 朴容塡, 1969, 「公州 舟尾寺址에 關한 研究」, 『百濟文化』 3, pp.14-16.

15) 이밖에 천산의 위치에 대해서 계룡산(추만호, 1995, 앞의 논문; 길기태, 2007, 「水源寺 彌勒信仰의 性格」, 『百濟文化』 36) 혹은 남혈사지가 있는 남산으로(김수태, 2014, 「웅진시대 백제 사원과 도성의 관계 -수원사를 중심으로-」, 『百濟文化』 50) 비정한 견해가 있다.

할 수밖에 없다.[16)]

주미사지에서 백제 유물로 추정되는 것은 서쪽 건물지의 북단에서 출토된 8엽연화문 와당 1점이다. 그런데 그 층위가 불안정하고 주변에서 확인된 기와편은 모두 통일신라 후기의 것이었다.[17)] 막새기와, 석등의 대석, 그리고 석탑 부재 역시 통일신라기의 것으로 보인다.[18)] 따라서 문헌과 고고학 자료에 비춰볼 때 주미사지에 원래 백제의 사찰이 있었다고 보기 어렵고, 현존하는 주미사지는 통일신라 시기에 초창되었을 가능성이 높으며 당시의 사찰명은 알 수 없다. 그 사찰이 『신증 동국여지승람』에 실린 舟尾寺로서 17세기까지 남아 있었다고 생각된다.

III. 銘文 자료의 판독과 해석

주미사지에서 출토된 명문 자료는 납석제 석편과 불상 각 1점, 그리고 와당 3점이다. 먼저 와당을 보면, 鬼目文암막새(李南奭·李勳, 1999, 앞의 보고서의 도면 49-4)에는 중앙에 梵字가 들어가 있을 뿐이다. 보고서 도면 49-6의 암막새(그림 3)는 우반부가 떨어져 나갔는데, 잔존 부분에 3개 이상의 글자가 있었다고 보인다. 자형이 어느 정도 확인되는 것만 판독해보면 "水(小?)", "谷", "土(大?)"이다. 谷자는 형태가 분명하므로 이 문구는 어떤 장소를 표시하거나 묘사한 것이라고 추정된다. 도면 49-7의 암막새(그림 4) 역시 좌우로 파손이 심하다. "月" 다음은 陽刻의 흔적이 있지만 원래 글자를 찍으려 한 것인지조차 알기 어렵고, 다음은 "十(土?)"으로 판독할 수 있다. 가장 위의 글자는 "六"으로 보이지만 아래의 두 점이 자획이 아니라 月자 이하를 둘러싸는 윤곽 표시라고 생각된다.

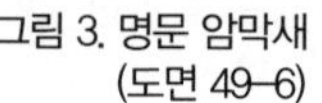

그림 3. 명문 암막새 (도면 49-6)

그림 4. 명문 암막새 (도면 49-7)

불상은 대좌와 지붕을 갖춘 감실이 있고, 그 안에 두건을 쓴 인물이 합장을 하고 있는 모습을 조각했다. 전체 높이는 7.6cm, 감실의 높이는 4cm, 대좌는 4×1.8~2.5×

16) 원문의 '寓止'와 '彼居'를 석굴로 해석하여 주미사지에서 석굴로 전해지는 장소를 이와 연결시켜 보기도 했다. 그러나 이는 巖山이 풍화작용을 거쳐 형성된 공간으로서 수행처로 사용되었을 가능성은 희박하다고 한다(趙源昌, 1999, 「公州地域 寺址研究 -傳 百濟寺址를 中心으로-」, 『百濟文化』 28, p.128). 필자의 현장 답사로도 석굴이라기보다는 바위 틈새 정도로 매우 협소하여 사람이 머물기 어려워 보였다.

17) 李南奭·李勳, 1999, 앞의 보고서, p.23.
조원창, 2010, 「공주 주미사지 출토 연화문 와당의 형식과 특수문 와당의 계통」, 『지방사와 지방문화』 13-1.

18) 위의 보고서, p.17.

2cm의 크기이다. 석고에 조각되었으며 고려시기에 유행한 僧伽大師像으로 추정된다.[19] 흥미롭게도 이 인물상의 뒤쪽 면에는 다른 조각을 하려다가 중단한 흔적이 있다. 양면 중 어느 쪽이 먼저인지는 알 수 없다. 그리고 좌측면에 "佛"자가 음각되어 있어 앞면의 조각상을 불상으로 인식했음을 보여준다. 아래쪽 바닥에는 원뿔형의 홈을 파서 이 불상을 어딘가에 세워 고정할 수 있도록 했다.

이제 명문석편을 살펴보자. 납석을 整面하여 글자를 새겨 넣었으며 중간이 떨어져나가 原形과 원래 크기를 알 수 없다. 잔존 부분은 너비 12.6cm, 길이 14.5 cm, 두께 3.4cm이다. 윗면은 완만하게 호형으로 다듬었으며 좌우 측면도 현존 부분에는 파손의 흔적이 없다. 윗면과 측면에는 명문이 없다. 뒷면은 파인 부분이 있으나 앞면처럼 정면이 되어 있고 細線으로 직선과 곡선이 어지럽게 섞여 있다. 이 가운데는 글씨로 보이는 것도 있어서 앞으로 정밀한 재조사와 탁본 제작이 필요하다.

그림 5. 주미사지 출토 불상의 앞면(좌), 뒷면(중), 왼쪽 면(우), 아래 면(좌하) – 필자 촬영

앞면의 명문은 5행으로 이뤄졌으며 다음과 같이 판독된다.[20]

金良武奈 …
阿尼仁[召]娘[生] …
[金]奉昌大舍 …
阿尼正[拏]娘[生] …
[金]永昌大舍生□ …

---

19) 같은 보고서, p.184.
20) [ ] 안의 글자는 추정자임.

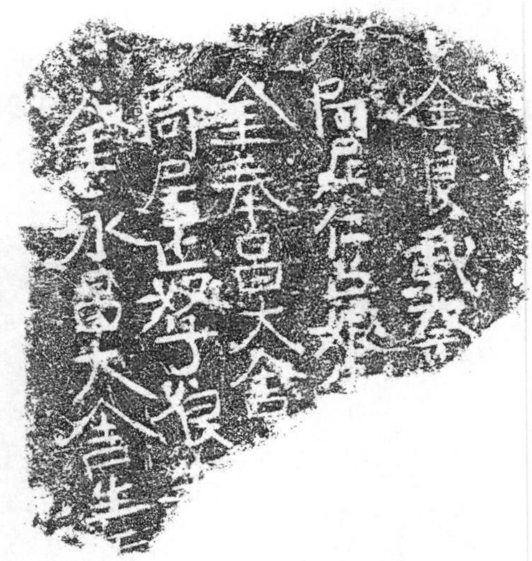

그림 6. 주미사지 출토 명문석편(필자 촬영)과 탁본(李南奭 · 李勳, 1999, 『舟尾寺址』, 公州大學校 博物館, p.183)

1행의 첫 글자(이하 1-1이라고 표기), 3-1, 5-1은 모두 '金'으로 판독된다. 3-1, 5-1은 全으로 보이기도 하는데, 全자는 가로 획이 3개이고 이 글자들은 가로 획이 4개가 분명하다. 金을 이와 같이 쓰는 예가 唐代 금석문에서[21] 확인된다.

唐 太宗 晋祠銘

唐 高宗 李勣碑

2-4를 발굴보고서는 누락했고 뒤에 나온 자료집은[22] 불명자로 처리했으나 'ᄀᆷ'로 판독된다. 안압지 목간,[23] 唐의 李靖碑[24], 그리고 平城宮 출토 목간에서[25] 확인된다. 2-6과 4-6은 글자의 우하부가 깨져 나갔으나 자형으로 보아 '生'으로 추정된다. 각행의 문장이 동일한 구조를 갖고 있다고 판단되므로 5-6이 生인 것도 참고가 된다.

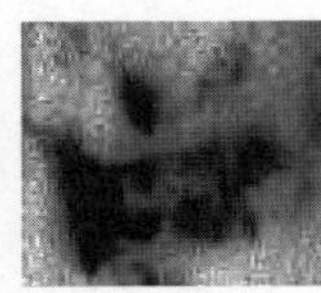

안압지 목간의 'ᄀᆷ'

唐 王知敬 李靖碑

4-4는 '拏' 혹은 두 글자로 보아 '奴子'가 모두 가능하다. 그런데 女의 우측 획이 아래로 길게 늘어진 것에 비해 좌측 획은 짧게 끊어진다. 아래 글자 '子'를 의식한 처리라고 생각된다. 따라서 拏일 가능성이 크다고 판단된다. 그러할 경우 글자가 커지는 문제가 있으나 전체적으로 보면 다른 글자 역시 크기가 균일하지 않으므로 불가할 정도는 아니다. 刻者의 미숙성이 엿보인다. 4-5는 女 변이 작게 써졌지만 '娘'으로

21) 『大書源』(2007), 二玄社, p.433.

22) 노명호 외, 2004, 『韓國古代中世 地方制度의 諸問題』, 집문당, p.309.

23) 손환일 편저, 2011, 『韓國 木簡字典』, 국립가야문화재연구소, p.61.

24) 『大書源』(2007), 二玄社, p.433.

25) 奈良文化財研究所 제공 木簡画像データベース(http://jiten.nabunken.go.jp/easyflash/index.php)

그림 7. 주미사지 출토 명문석편 뒷면(필자 촬영)

판독된다. 5-7은 머리 부분만 남아 있어 추정이 어렵지만 잔존부를 놓고 보면 '壬'자로 볼 수 있지 않을까 한다.

이를 해석해보면 다음과 같다.

> 김양무 나마는 …
> 阿尼 인소랑은 …에 태어나 …
> 김봉창 대사는 …
> 阿尼 정노랑은 …에 태어나 …
> 김영창 대사는 …에 태어나 …

奈…는 3·5행에 大舍 관등이 나오므로 奈麻로 복원할 수 있다. 5-7이 壬이라면 뒷 글자와 年干支를 이뤄 '壬某'년에 태어났다고 새길 수 있으나 壬자가 불분명하므로 추측에 불과하다. 여하튼 남아 있는 내용은 인물 5명의 이름과 그중 3명의 관등, 2명에 붙은 阿尼, 그리고 출생에 관한 事實로 구성되어 있다.

IV. '阿尼'의 의미와 5인의 관계

奈麻는 신라의 11등 관등이고 大舍는 12등이므로 김양무, 김봉창, 김영창은 신라인임을 알 수 있다. 앞서 지적했듯이 현존하는 주미사지가 통일신라시기에 초창되었으므로 이 3인을 포함한 다섯 명의 인물은 통일신라 때의 사람이다.

관등 소지자부터 살펴보자. 세 명은 나마에서 대사의 순서로 관등의 고하에 따라 기록되었다. 같은 대사인 金奉昌과 金永昌의 순서는 어떻게 정했을까? 두 사람의 이름 끝 글자가 같아서 형제일 가능성이 있다. 한국 고대사회에서 형제의 이름이 전하여 서로 비교할 수 있는 자료는 많지 않다. 더욱이 계보가 분명하지 않고 동일인의 이름이 여럿 전하는 경우가 있어 추적이 어렵다.

형제로서 돌림자를 쓴 사례는 연개소문의 아들인 男生·男建·男産과 남생의 아들 獻忠·獻誠,[26] 원성왕의 아들 義英·禮英, 예영의 아들 憲貞·均貞, 소성왕의 아들 淸明·體明,[27] 경문왕 6년(866)에 모반을 한 允興·叔興·季興 형제를[28] 찾을 수 있다. 숙흥, 계흥의 경우는 둘째, 막내의 의미인 叔과 季를 써서 실

26) 『三國史記』 卷49 列傳9 蓋蘇文.

27) 각기 위의 책, 卷10 新羅本紀10의 元聖王·昭聖王·哀莊王·憲德王紀를 참조.

제 이름과 다를 가능성이 있으나 興을 돌림자로 쓴 것은 인정할 수 있을 것이다.[29] 김봉창과 김영창 역시 昌을 돌림자로 쓴 형제 간이고 김봉창이 형이라서 먼저 기록되었다고 생각된다.

다음 '阿尼'에 대해 검토해보자.

> 僧曰福田 尼曰阿尼[30]

12세기 초에 고려를 다녀간 孫穆이 고려에서 스님을 '복전', 비구니를 '아니'라고 쓴다고 했으므로 고려시기에 阿尼는 女僧을 가리켰다.

> 청도군의 司籍을 살펴보면, "天福 8년 계유년(태조 즉위 26년이다.) 정월에 청도군의 里審使인 順英 大乃末과 水文 등(이 작성한) 柱貼公文에 '雲門山 禪院의 長生이 남쪽은 阿尼岾, 동쪽은 가서현 云云' 했고 …… 또 開運 3년 병오의 운문산 선원 長生標塔公文 한 통에 '長生이 11개 있는데 阿尼岾, 嘉西峴, 畝峴, 西北買峴(面知村이라고도 한다), 北猪足門' 등이라고 했다. ……"[31]

『삼국유사』에 인용된 고려 초의 공문서는 阿尼岾이 청도 운문사 寺領의 경계 가운데 하나였음을 전해준다. 아니점의 '아니'가 비구니를 의미하는지 알 수 없으나 사령의 경계인만큼 불교와 관련된 지명일 가능성이 있다. 그 실마리는 緣會의 일화에서 찾아진다.

> (緣會가) 냇가에서 한 노파[媼]를 만났는데, "스님은 어디를 가십니까?" 하니 처음과 같이 답했다. …… 연회가 이를 듣자 놀라고 두려워 곧 노인이 있는 곳으로 돌아왔다. …… (연회가 말하길) "냇가의 노파는 어떤 분입니까?" 하니, 노인이 대답하여 "辯才天女이시다." 하고 곧 몸을 숨겼다. …… 연회가 노인에게 감응 받은 곳을 文殊岾이라 하고 여인을 본 곳을 阿尼岾이라 불렀다.[32]

---

28) 같은 책, 卷11 新羅本紀11 景文王 6年 "冬十月 伊湌允興與弟叔興季興謀逆 事發覺 走岱山郡 王命追捕斬之 夷一族".

29) 연개소문가를 제외하고 삼국시기에 형제간 돌림자를 쓴 예는 찾기 어렵다. 고국천왕(男武)의 아우는 發岐·延優(伊夷模)·罽須이고, 동천왕의 아들은 然弗·預物·奢句, 서천왕(藥盧, 若友)의 아우는 達賈·逸友·素勃, 신라 눌지왕(乃智)의 동생은 未斯欣·卜好, 무열왕의 아들은 法敏·仁問·文王, 금관가야 구형왕의 아들은 奴宗(世宗)·武德·武力이었다. 금석문 상으로도 「냉수리비」의 節居利와 兒斯奴가 형제이고, 「봉평비」에 牟卽智(법흥왕)의 동생이 徙夫智(입종 갈문왕)로 나온다. 따라서 삼국시기 말 이후 漢字式 이름 짓기가 정착되면서 돌림자를 쓰는 예가 증가했다고 생각된다. 이는 친족조직의 변화 또는 이에 대한 관념의 변화를 반영하는 현상일 수 있으므로 後考가 필요한 문제이다.

30) 『鷄林類事』(宋 孫穆 撰).

31) 『三國遺事』 卷5 義解5 寶壤梨木.

32) 위의 책, 卷5 避隱8 緣會逃名文殊岾.

연회가 원래 머물던 靈鷲는 울산광역시 청량면의 영축산이라고 한다.[33] 영축산은 위 寶壤梨木 조에 나오는 운문사와 30km 정도 떨어져 있다. 연회가 이곳으로부터 운문사가 있는 가지산 방면으로 가다가 '아니점'을 통과했을 가능성이 있다. 그렇다면 운문사 주변의 阿尼岾이 바로 연회가 노파를 만났다는 그곳이 된다.

緣會의 일화를 통해서 아니점이라는 지명의 유래를 알 수 있다. 신라 하대의 승려인 緣會가 노파를 만난 곳이 아니점이었는데, 여기서 '아니'는 단순히 늙은 여성이 아니라 辯才天女가 여인의 모습을 띠고 나타난 것이다. 변재천녀는 원래 힌두교의 신격인 Sarasvati로서 江을 관장하는 풍요의 여신이다. 우주를 창조한 최고신 Brahma의 부인이며 淨化를 담당하고 언어를 창조했다고 한다. 이후 불교에 수용되어 護法神衆의 하나로 편입되었으며 妙音天, 辨財天, 辯才天女 등으로 漢譯되었다고 한다.[34] 변재천녀가 비구니는 아니다. 그러나 신라 하대에 사용된 '阿尼'라는 용어에 불교의 요소와 여성이라는 성격이 들어 있었음은 분명하다.[35]

中代 이전 시기에 아니는 무슨 뜻이었을까? 신라에서 인명에 阿尼가 쓰인 경우가 있다. 진덕여왕의 어머니가 阿尼夫人 朴氏였고[36] 탈해니사금의 왕비가 南解의 딸인 阿尼夫人으로 나온다.[37] 그러나 탈해의 왕비는 『삼국유사』 왕력에는 '阿老'夫人이라고 되어 있다. 尼와 老는 자형은 물론 발음이 비슷하여 서로 통용되었고 이로 인해 전승에 혼란도 생겼던 듯하다. 자비마립간의 어머니 역시 阿老夫人인데 어떤 기록에는 次老夫人이었다고 한다.[38] 阿와 次 사이에도 마찬가지 현상이 일어났던 것이다. 따라서 탈해의 왕비와 진덕여왕의 어머니의 이름이 실제 阿尼였다고 하기 어렵다.

설령 이들이 阿尼라는 인명을 썼다고 하더라도 주미사지 출토 명문석과 시기 차이가 있고,[39] 인명은 고유명사인데 명문석의 阿尼는 일반명사로 쓰였기 때문에 그 의미가 같았으리라는 보장이 없다. 阿尼, 阿老, 次老가 인명으로 사용되었을 때 모두 여성에게만 붙여졌다는 점은 확인된다.

다음 기록을 살펴보자.

---

33) 姜仁求 外, 2003, 『譯註 三國遺事 Ⅳ』, 以會文化社, p.323.

34) 양은용, 2007, 「변재천녀(辯才天女) 신앙의 불교적 변용」, 『원불교사상과 종교문화』 37.

35) 이밖에 충남 부여에서 발견된 통일신라기 추정 '阿尼城' '阿尼城造'명 기와편이 있다(韓國古代社會硏究所 編, 1992, 『譯註 韓國古代金石文 Ⅰ』, (財)駕洛國史蹟開發硏究院, pp.133-134). 이를 '안(內)의 성' 즉 內城이라고 본 이해가(田中俊明, 1990, 「王都로서의 泗沘城에 대한 豫備的 考察」, 『百濟硏究』 21, pp.166-168) 있었으나 羅城=外城을 염두에 둔 해석이어서 阿尼城 자체의 의미는 미상인 상태이다.

36) 『三國遺事』 卷1 王曆.

37) 위의 책, 卷1 脫解王.

38) 같은 책, 卷1 王曆 "第二十慈悲麻立干 金氏 父訥祇 母阿老夫人 一作次老夫人 實聖王之女".

39) 마립간기 초까지 왕실 여성의 이름에 'ar'계 인명이 많이 쓰였고 이는 司祭의 직능에서 비롯되었다는 견해가(나희라, 2003, 『신라의 국가제사』, 지식산업사, pp.119-125) 있다.

國統一人(一云寺主) 眞興王十二年 以高句麗惠亮法師爲寺主

都唯那娘一人 阿尼

大都唯那一人 眞興王始以寶良法師爲之 眞德王元年加一人[40)]

신라의 僧官制를 전하는 위 기록에서 阿尼는 국통 휘하에서 도유나를 맡은 것으로 나온다. 도유나직의 설치 시기는 명기가 없지만 국통과 대도유나를 진흥왕 때 始置했다고 하므로 도유나직도 이때 설치되었을 가능성이 높다. 도유나를 맡은 아니에 대해서 두 가지 견해가 있다. 하나는 국통에 처음 혜량이, 대도유나에 보량이 임명되었으므로 이 阿尼 역시 인명으로 본다.[41)] 다른 하나는 이를 비구니의 약칭인 '尼'에 접두어인 '阿'를 붙인 것으로서 女僧을 가리킨다고 하였다.[42)] 어느 쪽이 옳은지 판단하기 어려우나 중국과 일본 고대에 阿尼가 비구니를 가리킨 용례는 확인된다.[43)] 삼국시기 신라에서도 아니가 비구니를 가리켰을 가능성을 배제할 수 없는 것이다. 大都唯那와 비교하여 都唯那에 '娘'을 붙인 것도 이와 관련하여 유의되는데 娘에 대해서는 후술한다.

신라의 왕실기구인 內省의 관하에 阿尼典이 있다.[44)] 이를 왕실의 尼寺를 관리하던 기구로 보기도 하나[45)] 그 소속원인 母 6인을 불교와 직결시켜 비구니로 볼 수 있을지 의문이다. 왕실기구에 소속된 母는 朝霞房, 染宮 등에서 직조·염색 등의 업무를 담당했다. 여성 기술직이라 할 수 있다. 따라서 아니전은 생산기구라고[46)] 보아야 한다. 다만 그 생산품이 불교용품이고 이것이 왕실 소속의 비구니 또는 재가신자에게 공급되었을 수 있다. 東宮에 僧房典을 두고 여기에 大舍 이하의 관원을 배치한 것이[47)] 참고가 된다. 阿尼典의 경우도 분명치는 않으나 아니가 지칭하는 대상 속에 여승이 포함되었을 여지가 있다.[48)]

신라에서 이처럼 阿尼는 불교 및 여성과 관련된 일반명사이며 그 의미 가운데 比丘尼를 포함하고 있었다. 인명이나 관부명에 아니가 쓰인 것은 이로부터 파생된 용법이라고 생각된다.

그렇다면 주미사지에서 출토된 명문석의 阿尼 2명은 어떤 사람일까? 이들은 阿尼 仁[召]娘과 正[拏]娘으로서 모두 娘을 이름 뒤에 붙였다. 이를 통해 아니의 의미를 더듬어보자.

---

40) 『三國史記』 卷40 職官 下.

41) 李基白, 1954, 「三國時代 佛教 受容과 그 社會的 意義」, 『歷史學報』 6; 1986, 『新羅思想史硏究』, 一潮閣, p.30.

42) 李弘稙, 1959, 「新羅僧官制와 佛教政策의 諸問題」, 『白性郁博士頌壽紀念 佛教學論文集』; 1971, 『韓國古代史의 硏究』, 新丘文化社, pp.477-479.

43) 『北齊書』 卷12 列傳4 琅邪王儼 "儼辭曰 士開昔來宴合萬死 謀廢至尊 剃家家頭使作阿尼 故擁兵馬 欲坐着孫鳳珍宅上 ……".
『日本書紀』 卷21 崇峻天皇 卽位前紀 六月 "甲子善信阿尼等謂大臣日 出家之途 以戒爲本 願向百濟學受戒法".

44) 『三國史記』 卷39 雜志8 職官 中 "阿尼典 母六人".

45) 李弘稙, 1959, 앞의 논문, p.478.

46) 三池賢一, 1972, 「新羅內廷官制考(下)」, 『朝鮮學報』 62, p.43.

47) 『三國史記』 卷39 雜志8 職官 中 "東宮官 …… 僧房典 大舍二人 從舍知二人".

48) 김영미, 1995, 「신라불교사에 나타난 여성의 신앙생활과 승려들의 여성관」, 『여성신학논집』 1, p.124.

① 善德王 11년 임인년에 백제가 대량주를 빼앗았을 때 춘추공의 딸[女子] 古陁炤娘이 남편 품석을 따라 죽었다.[49)]

② 봄 2월에 …… 일길찬 金欽運의 딸[少女]을 맞아 夫人으로 삼았다. …… 5월 7일에 이찬 문영과 개원을 그 집에 보내 夫人으로 책봉했다. 그날 卯時에 파진찬 대상과 손문, 아찬 좌야와 길숙 등을 보내 각기 그 처[妻娘]와 급량부·사량부의 노파[嫗] 30명씩을 거느리고 맞아들이도록 했다. 夫人은 수레를 탔고 좌우의 시종과 관인 및 여자들[娘嫗]이 매우 많았다.[50)]

③ 紫草娘宅 紫稱毛一 ……[51)]

④ 景文大王主 文懿皇后主 大娘主 願燈立炷 ……[52)]

當代의 기록인 ③, ④를 먼저 보겠다. ③의 「색전첩포기」는 752년에 사용되었다고[53)] 보이는데 이 색전을 제작한 곳이 紫草娘宅이었다. '자초낭의 댁'이라는 택호이며 신라 金入宅의 용례를 보아 진골귀족의 저택이라 생각된다. 紫草娘이 그 집을 대표하는 인물이고 娘이 붙어 있으므로 여자임이 분명하다. 대외교역품으로 쓸 정도의 고급 毛氈 생산에 관여했다면 혼인한 여성이었을 것이다. 자초낭은 그 집의 부인이었으며, 여기서 '娘'은 혼인한 여성에게 붙인 경우이다. 明朗法師의 어머니 法乘'娘'이 이러한 용례이다.[54)]

④는 868년(경문왕 8)에 전남 담양의 開仙寺 石燈에 기록된 것인데, 석등의 건립을 발원한 인물로 景文大王과 왕비 文懿皇后, 그리고 大娘主가 보인다. '大娘'은 경문왕의 큰 공주로서 나중에 眞聖女王이 되는 金曼으로 추정된다.[55)] 여기서 낭은 혼인 여부와 무관하게 딸을 지칭했다. ①도 마찬가지이다. 고타소낭은 김품석과 결혼한 상태였지만 여기서는 김춘추의 딸이라는 맥락에서 娘이 쓰였다.

②는 부인을 '妻娘'으로 표현한 예이다. 이를 부인과 딸이라고 해석할 수 없는 이유는 앞에서 딸을 '少女'라고 표기했고, 뒤에 나오는 '娘嫗'가 새 왕비를 맞으러 간 부인과 노파를 가리키기 때문이다. 夫人의 칭호는 상고기에 중국으로부터 도입되어 중고기 이후에는 귀족의 처까지 확산되었다.[56)] 왕비를 맞으러 간 귀족의 처를 부인의 의미로 妻娘이라고 부른 듯하다. 여기서 娘은 妻를 높이기 위한 존칭 접미사로 쓰

49) 『三國史記』, 卷41 列傳1 金庾信 上.

50) 위의 책, 卷8 新羅本紀8 神文王 3年.

51) 「色氈貼布記」(日本 正倉院 소장)

52) 「開仙寺 石燈記」

53) 李成市, 1998, 「正倉院所蔵新羅氈貼布記の研究 −新羅·日本間交易の性格をめぐって」, 『古代東アジアの民族と國家』, 岩波書店, p.345.

54) 『三國遺事』 卷5 神呪6 明朗神印 "師諱明朗 字國育 新羅沙干才良之子 母曰南澗夫人 或云法乘娘 蘇判茂林之子金氏 則慈藏之妹也".

55) 韓國古代社會硏究所 編, 1992, 『譯註 韓國古代金石文 Ⅲ』, (財)駕洛國史蹟開發硏究院, p.289.

56) 李炫珠, 2013, 『新羅 王室女性의 稱號變遷 硏究』, 성균관대학교 사학과 박사학위논문, pp.30−51.

였다.[57)]

따라서 '낭'은 신라 사람들이 왕실과 귀족의 여성을 혼인 여부와 상관없이 높여 부를 때 이름 혹은 친족 관계 호칭 뒤에 붙여 사용했다고 정리할 수 있다. 주미사지 출토의 명문석 역시 '某娘'이라고 하여 인명 뒤에 낭을 붙여 존칭을 표현했다. 앞서 검토한 사례에 비춰볼 때 이들이 여성이고 귀족 이상의 신분 출신이라고 추정할 수 있다. 따라서 阿尼를 별도로 이름 앞에 붙인 이유는 娘이 표현하는 성별 혹은 사회신분과 다른 속성을 표시하기 위해서였다.

이 명문석이 주미사지에서 출토되었으므로 불교와의 관련성은 명확하다. 그렇다면 앞서 살펴 본대로 아니는 여승인 比丘尼 혹은 여성 재가신자인 優婆夷를 가리킨다고 상정할 수 있다. 먼저 우바이일 가능성을 살펴보자. 남자 3인은 관등을 갖고 있으므로 승려가 아니다. 하지만 俗人이면서 남자 재가신자인 優婆塞일 수 있다. 만약 아니가 우바이의 뜻이라면 남자 3인에게도 우바새에 해당하는 용어를[58)] 붙이는 것이 정합적이다. 고려 말의 자료이긴 하나 「寧邊 安心寺 指空懶翁舍利石鐘碑」(李穡 撰)는 말미에 불사에 참여한 인원을 王師 등의 비구승-비구니-우바새-우바이의 순서로 나눠 적었으며 우바새 가운데는 李仁任, 曺敏修, 林堅味, 李成桂 등의 이름이 보인다.[59)] 따라서 명단 기록의 형식이라는 측면에서 아니를 재가신도의 의미라고 보기 어렵다. 596년(嬰陽王 7)의 「건흥5년병진명 금동광배」에 여성 재가신도를 "佛弟子 淸信女 上部 兒奄"이라[60)] 표기한 것도 참조된다.

그렇다면 이 명문석에서 아니는 비구니를 가리킨다고 생각된다. 仁[召]娘과 正[拏]娘은 출가한 여승으로서[61)] 나머지 3명의 남성과 어떤 佛事에 동참하였고 그 시주자 혹은 발원자로서 이 기록에 남겨졌다고 보인다. 여성 2인과 남성 3인은 僧俗이 달랐다는 것인데 이를 구분하지 않고 속-승-속-승-속의 순서로 섞어서 쓴 이유는 무엇일까? 여승 두 명이 나머지 셋과 친족관계에 있었기 때문일 것이다. 719년(성덕왕 18)에 조성한 「감산사 미륵보살상 조상기」를 보면, 金志誠은 亡考와 亡妣의 명복을 빌면서 남은 친족들의 평안과 제도를 빌었다. 그 명단은 "弟良誠小舍 玄度師 / 姉古巴里 / 前妻古老里 後妻阿好里 / 兼庶兄 及漢一吉飡 一幢薩飡 聰敬大舍 妹首肹買里"이다. 玄度師는 良誠과 함께 김지성의 남자 아우이다. 발원자와 친족이었으므로 승려이지만 따로 구분하여 적지 않았다. 주미사지 출토 명문석의 阿尼가 다른 구성원과 섞여있는 현상을 이해하는 데 참고로 삼을 수 있다.

그런데 두 비구니의 이름 표기 방식이 문제가 된다. 과문이지만 비구니를 某娘의 형식으로 부른 예는

---

57) 이밖에 『삼국유사』를 보면, 庶女 桃花娘, 호국여신 혹은 관음보살이 현신한 娘子, 南毛娘과 俊貞娘, 金昕의 딸인 金氏娘, 眞表의 아버지 眞乃末과 어머니 吉寶娘, 노비 郁面娘 등이 확인된다. 金昕과 眞表의 경우는 사실성이 인정되지만 나머지는 설화의 성격이 강하거나 전승과 기록의 과정에서 변형되었을 가능성이 높아 사료로서의 신빙성이 약하다. 예를 들어 庶女 桃花娘과 노비 郁面娘은 미모와 돈독한 신심을 칭송하기 위해 후대에 낭이 붙여졌을 것이다.

58) 예컨대 고려 초의 僧塔碑에 기록된 '在家弟子' '俗弟子' 같은 것이다. 여기에는 여성이 들어 있는 경우도 있다.

59) 「寧邊 安心寺 指空懶翁舍利石鐘碑」(李穡 撰, 1384년 건립).

60) 韓國古代社會硏究所 編, 1992, 『譯註 韓國古代金石文 Ⅰ』, (財)駕洛國史蹟開發硏究院, pp.133-134.

61) 진흥왕 5년에 공식적으로 출가를 허용했다(『三國史記』 卷4 新羅本紀4 眞興王 5年 "三月 許人出家爲僧尼奉佛").

없는 듯하다. 진평왕대의 비구니는 智惠라는 법명을 썼다.[62] 그렇다면 仁[召]와 正[拏]가 법명일까? 그 가능성을 배제할 수 없으나 법명에 娘을 붙이는 것은 예가 없을뿐더러 출세간의 종교인 불교의 예법과 맞지 않는다. 따라서 仁[召]와 正[拏]는 출가하기 전의 俗名이라고 생각된다. 이들은 비록 출가했지만 3인의 남성과 친족관계에 있었으므로 그 인연으로 불사에 참여했고 따라서 명단을 쓸 때 속명을 기록했다고 여겨진다. 변칙이지만 출세간의 阿尼와 세간의 俗名을 절충한 방식이라고 이해된다.[63]

한걸음 더 나아가 이들 사이의 혼인 혹은 혈연관계를 추정해보자. 두 아니와 나머지 인물이 같은 친족이었다면 앞서 가정했던 金奉昌과 金永昌의 형제 관계는 보다 설득력이 높아진다. 첫머리에 나오는 金良武가 그들의 아버지라고 보인다. 仁[召]娘이 김양무의 딸인지, 부인인지가 문제인데, 신라의 자료에서 남녀가 대등한 지위에 있을 경우 여성을 먼저 기록한 경우는 찾을 수 없었다.[64] 「감산사 미륵보살상 조상기」와 「감산사 아미타불상 조상기」를 보면, 〈돌아가신 아버지와 어머니-남동생-누나-처-여동생〉의 순서로 적었다. 이를 적용하면 인소랑은 김봉창의 누나가 아니라 그의 어머니, 즉 김양무의 부인일 가능성이 높다. 같은 이유로 正[拏]娘은 김봉창의 배우자로 보아야 한다. 만약 정노낭이 그의 여동생이라면 남동생인 김영창의 뒤에 와야 하기 때문이다.

마지막으로 김영창의 부인이 기록되지 않은 이유는 무엇일까? 그의 모친과 형수가 출가할 정도로 이 집안은 독실한 불교 가문이었다. 김영창의 부인이 있었다면 이 佛事에 참여하지 않았다고 보기 힘들다. 따라서 김영창은 미혼이거나 喪妻한 상태였다고 보인다.

V. 맺음말

충남 공주시의 舟尾寺址에 있던 절은 출토 유물과 관련 문헌기록에 비춰볼 때 통일신라기의 사찰로 보인다. 초창 시의 이름은 알 수 없으나 이 사찰이 『신증 동국여지승람』에 실린 舟尾寺로서 17세기까지 남아 있었다. 여기서 명문이 있는 암막새기와와 고려 때의 소형 불상이 출토되었다.

이와 함께 발견된 납석제 명문석편에는 통일신라의 인물 5명이 기재되어 있다. 이들은 부부와 두 아들, 그리고 며느리로 이뤄진 친족이었다고 보인다. 남자는 父-兄-弟의 서열에 맞춰 순서가 정해졌고 이는 관등의 고하와 일치한다. 여자는 媤母-婦의 순서이다. 여자 2인은 모두 출가하여 女僧이 된 상태였으나 一家가 참여한 불사인 만큼 속세의 인연에 따라 俗名을 기록했다고 생각된다. 이들을 '阿尼'로 표현한

62) 『三國遺事』 卷5 感通7 仙桃聖母 隨喜佛事 "眞平王朝 有比丘尼 名智惠 多賢行 住安興寺".

63) 고려 말의 「寧邊 安心寺 指空懶翁舍利石鐘碑」는 比丘尼 명단에 三韓國大夫人廉氏妙哲, 順城翁主妙玲, 金氏妙安이라 하여 법명과 함께 속세의 출신과 俗姓을 밝혔다.

64) 상주 복룡동에서 출토된 납석제 유물은 나말여초기의 것으로 '沙伐州姬'를 중심으로 여러 인명이 적혀 있다. 이 중 사벌주희와 그녀의 아들로서 바로 아래 나오는 '萬(?)韓公'이 가장 먼저 기록되었고, 나중에 주위에 적힌 '畓里娘' 등은 그녀의 딸로 추정된다고(尹善泰, 2008, 「尙州 伏龍洞 256번지 유적 출토 新羅 蠟石製 銘文遺物」, 『木簡과 文字』 2) 한다.

것은 신라에서 比丘尼를 포함하여 불교 및 여성과 관련된 사람을 가리키던 '아니'의 용법과 어긋나지 않는다.

이미 법흥왕대에 지방관이 가족과 함께 부임하는 것을 허용했으므로[65] 위의 5인이 모두 공주 지역에서 거주했거나 아니면 왕경에 살면서 공주의 사찰과 관련을 맺는 방식 두 가지를 모두 상정할 수 있다. 그러나 이들이 혼인 후에 각기 分家했는지, 김영창만 혼인 후 분가하고 長子인 김봉창은 부모를 봉양하기 위해 동거했는지, 김영창이 미혼이어서 모두 함께 살았는지, 아니면 김영창이 혼인 후에도 부모 및 형의 가족과 함께 살았는지는 별개의 문제이다. 이에 따라 이들 친족의 구체적인 가족 형태를 파악할 수 있으므로 이 자료를 실마리로 삼아 관련 사례를 모으면 통일신라 사회의 친족관계를 분석하는 데로 나아갈 수 있을 것이다.

명문석이 어떤 불사에 관련되어 제작된 것은 분명하다. 명단만 적지 않고 生年까지 기록했다고 생각되므로 어떤 불사에서 布施를 하고 이를 통해 자신의 친족성원에게 현세적 이익이 돌아오도록 기원하기 위한 목적이 있지 않았을까? 통일신라의 유사 자료가 국왕과 高官, 그리고 一切衆生의 구원을 병기한 것과 달리 자기 친족원만 기록한 것은 현저한 차이점이다. 이런 측면에서 이 명문석은 고려 이후에 개인 희사에 의해 이뤄진 불사를[66] 기록한 造成記와 기본 성격이 유사하다. 주변 나라의 유례를 살펴 주미사지 출토 명문석의 용도와 안치 방식을 밝히는 것은 앞으로의 과제이다.[67] 문장 작성의 주체가 누구인지도 중요하다. 김양무인지, 큰 아들인 김봉창인지에 따라 인물을 기록하는 순서가 달라질 수 있기 때문이다. 현재로서는 이들의 시주를 받아 불사를 주관한 사찰 측 인물이 작성했다고 짐작되지만 이 역시 정밀한 후고가 필요하다.

※ 국립공주박물관의 김동우 학예실장, 공주대박물관의 이남석 관장과 이현숙 선생이 유물을 조사하고 사진을 촬영할 수 있도록 도와주셨다. 이 자리를 빌어 깊은 감사를 표한다.

투고일: 2015. 10. 5.	심사개시일: 2015. 10. 9.	심사완료일: 2015. 11. 30.

65) 『三國史記』 卷4 新羅本紀4 法興王 25年 "春正月 敎許外官携家之任".

66) 이용진, 2015, 「고려시대 불교공예품의 조성 방식 –緣化와 喜捨」, 『발원, 불교미술의 후원자들』, 국립중앙박물관.

67) 위패형 塔誌라는 견해가(國立慶州博物館, 2002, 『文字로 본 新羅』, 예맥출판사, p.315) 있으나 현존 부분에 建塔에 관한 내용은 없다. 형태가 위패 모양이어서 5명이 모두 사망한 후 그 추모를 위해 이름과 생년을 새겨 佛殿 안에 모셨을 수는 있다.

참/고/문/헌

姜仁求 外, 2003, 『譯註 三國遺事 Ⅳ』, 以會文化社.

國立慶州博物館, 2002, 『文字로 본 新羅』, 예맥출판사.

나희라, 2003, 『신라의 국가제사』, 지식산업사.

노명호 외, 2004, 『韓國古代中世 地方制度의 諸問題』, 집문당, p.309.

손환일 편저, 2011, 『韓國 木簡字典』, 국립가야문화재연구소.

李南奭·李勳, 1999, 『舟尾寺址』, 公州大學校 博物館.

李南奭·李勳, 1999, 『水源寺址』, 公州大學校 博物館.

韓國古代社會研究所 編, 1992, 『譯註 韓國古代金石文 Ⅰ』, (財)駕洛國史蹟開發研究院.

韓國古代社會研究所 編, 1992, 『譯註 韓國古代金石文 Ⅲ』, (財)駕洛國史蹟開發研究院.

許興植, 1984, 『韓國金石全文 中世下』, 亞細亞文化社.

길기태, 2007, 「水源寺 彌勒信仰의 性格」, 『百濟文化』 36.

金杜珍, 1994, 「백제의 미륵신앙과 계율」, 『百濟史의 比較研究』.

김수태, 2014, 「웅진시대 백제 사원과 도성의 관계 -수원사를 중심으로-」, 『百濟文化』 50.

김영미, 1995, 「신라불교사에 나타난 여성의 신앙생활과 승려들의 여성관」, 『여성신학논집』 1.

朴容塡, 1969, 「公州 舟尾寺址에 關한 研究」, 『百濟文化』 3.

양은용, 2007, 「변재천녀(辯才天女) 신앙의 불교적 변용」, 『원불교사상과 종교문화』 37.

尹善泰, 2008, 「尙州 伏龍洞 256번지 유적 출토 新羅 蠟石製 銘文遺物」, 『木簡과 文字』 2.

李基白, 1954, 「三國時代 佛教 受容과 그 社會的 意義」, 『歷史學報』 6; 1986, 『新羅思想史研究』, 一潮閣.

이용진, 2015, 「고려시대 불교공예품의 조성 방식 -緣化와 喜捨-」, 『발원, 불교미술의 후원자들』, 국립중앙박물관.

李弘稙, 1959, 「新羅僧官制와 佛教政策의 諸問題」, 『白性郁博士頌壽紀念 佛教學論文集』; 1971, 『韓國古代史의 研究』, 新丘文化社.

李炫珠, 2013, 『新羅 王室女性의 稱號變遷 研究』, 성균관대학교 사학과 박사학위논문.

田中俊明, 1990, 「王都로서의 泗沘城에 대한 豫備的 考察」, 『百濟研究』 21.

趙源昌, 1999, 「公州地域 寺址 研究 -傳 百濟寺址를 中心으로-」, 『百濟文化』 28.

조원창, 2010, 「공주 주미사지 출토 연화문 와당의 형식과 특수문 와당의 계통」, 『지방사와 지방문화』 13-1.

최연식, 2011, 「백제 후기 미륵신앙의 전개과정과 특징」, 『韓國思想史學』 37.

추만호, 1995, 「공주의 절터와 절」, 『공주의 역사와 문화』, 공주대학교 박물관.

三池賢一, 1972, 「新羅內廷官制考(下)」, 『朝鮮學報』 62.

李成市, 1998,「正倉院所藏新羅氈貼布記の研究 −新羅·日本間交易の性格をめぐって−」,『古代東アジアの民族と國家』, 岩波書店.

〈Abstract〉

Jumi Temple Ruins and Stone Fragment with Inscription "阿尼" in Gongju, South Korea

Kim Chang-seok

A temple, which was located in current Jumi Temple ruins in Gonju city, seems to have been built in the days of the Unified Silla period. Though its original name is unknown, the temple, which is recorded as "Jumi Temple" in *Sinjeung Dongukyeojiseungram* (*New Enlarged Geographical Book of Chosoen*), still remained intact till the 17th century. There were excavated some roof tiles with inscriptions and a small Buddhist image from Koryeo Dynasty.

In addition, there was found an inscribed pagodite fragment that records five persons from Unified Silla. It appears that they are a family consisting of a husband, a wife, two sons, and a daughter-in-law. Men are placed in order of father - elder brother - younger brother, which corresponds to official rank. Women are placed in order of mother-in-law - daughter-in-law. Indeed, two women had already been Buddhist monks, but they are considered to have been recorded as common names according to family relationship prior to priesthood. They were expressed as "阿尼 (Ani)". In Silla, the word was used as a general noun related to Buddhism and females, and included a meaning of female Buddhist monk.

▶ Key words: Jumi Temple, Unified Silla, Inscribed Stone, 阿尼(Ani), Buddhism, Females, Family

논 문

「성주사 낭혜화상탑비」의 '得難'과 '五品' 재검토

이재환*

〈국문초록〉

최치원이 撰한 「성주사 낭혜화상탑비」의 '得難'條는 신라인이 自國의 신분 구조를 포괄적으로 언급한 유일한 사료이다. 그러나 여기에서 말하는 '國有五品'의 실체에 대해서는 다양한 해석이 대립하고 있다. 가장 널리 받아들여져 온 해석은 '五品'을 '聖而(聖骨)-眞骨-得難(六頭品)-五頭品-四頭品'으로 파악하는 방식이었다. 그런데 '聖而'와 '眞骨' 사이의 '曰'字가 追刻임이 지적되면서, '聖而眞骨'을 하나의 品으로 간주하고, '得難'은 六頭品과 구분되는 별도의 品으로 보는 해석 방식이 제기되었다. 그러나 撰·書者의 의도와 무관하게 해당 위치에 '曰'을 새겨 넣었어야 할 합당한 이유를 찾기 어려운 상황에서, 追刻이라는 사실만으로 해당 글자를 해석에서 배제할 수는 없다. '得難'條가 朗慧和尙의 아버지 範淸이 眞骨로부터 한 등급 '族降'되어 속하게 되었다는 得難이라는 신분을 설명하기 위해 달린 주석이라는 점에서도 六頭品을 得難과 다른 品으로 간주하는 해석 방식은 문맥상 어색하다고 하겠다. 결국 '五品' 중 상위의 세 品은 각각 聖而, 眞骨, 得難=六頭品으로 파악하는 것이 자연스럽다.

단, 여기서의 六頭品은 '여섯 번째 두품'이 아니라 '여섯 개의 두품'으로서, 1두품에서 6두품에 이르는 두품 전체를 가리킨다고 생각된다. '數多爲貴 猶一命至九'라는 설명은 세 번째와 네 번째·다섯 번째 品에 모두 해당하는 것이 아니라, '六頭品' 자체를 대상으로 하고 있기 때문이다. 得難條에서 네 번째와 다섯

* 서울대학교 국사학과 강사

번째 품을 “말하기에 부족하다”고 하여 언급하지 않았음에도, 기존에 이들을 5頭品과 4頭品으로 비정하고 1두품~3두품은 이때 이미 소멸해 있었다고 보았던 것은 興德王 9年에 내려진 色服·車騎·器用·屋舍에 관한 禁令이 ‘眞骨-6頭品-5頭品-4頭品-平人·百姓’의 구조에 기반하고 있기 때문이었다. 그러나 興德王의 禁令은 신분 자체에 대한 규정이 아니라 唐 文宗의 詔勅에 영향을 받아 奢侈를 금지하고자 내려진 것으로서, 신분은 그 등급 기준으로 제시되었을 뿐이다. 여기에 보이지 않는다고 해서 해당 신분 자체가 당시에 소멸하였다고 볼 수는 없으며, 등급 기준의 마지막에 보이는 ‘四頭品至百姓’은 4두품과 백성 사이에 하나 이상의 계층이 존재할 여지를 남기고 있다.

결국 최치원이 인식하고 있었던 신라의 신분 구조는 聖而, 眞骨, 得難과 명칭을 알 수 없는 하위의 두 品으로 구성되어 있었으며, 이 중 得難은 1두품에서 6두품에 이르는 여섯 개의 頭品을 포괄하여 지칭한 것으로 판단된다.

▶ **핵심어: 身分, 朗慧和尙碑, 五品, 骨品, 頭品, 眞骨, 得難, 六頭品, 興德王 禁令**

Ⅰ. 머리말

지금까지 신라의 신분제를 지칭하는 데 ‘骨品制’라는 용어가 널리 사용되어 왔다. 이는 『三國史記』 薛罽頭 열전에 등장하는 ‘骨品’이라는 단어를 骨品과 頭品의 제도적 차별로 간주하여 만들어 낸 용어라 할 수 있다.[1)] 설계두 열전의 ‘骨品’의 ‘骨의 品’을 가리키는지 ‘骨品과 頭品’을 포괄하여 지칭한 것인지에 대해서는 논란의 여지가 있지만,[2)] 어느 쪽의 해석을 따르든 신라 사회의 신분 구조를 ‘骨品’으로 포괄할 수 있을지에 대해서는 의문이 남게 된다. 두품층 아래 적어도 良人과 賤人 등의 신분층을 상정할 수 있으며, 신분제는 상위 신분과 하위 신분이 공존해야만 성립 가능한 개념이기 때문이다.

신라인에 의해서 自國의 신분 구조가 포괄적으로 언급된 유일한 사료는 崔致遠이 撰한 〈聖住寺 朗慧和尙 白月葆光塔碑〉이다(이하 〈낭혜화상비〉로 약칭함). 최치원은 여기서 ‘國有五品’이라고 하여 신라에 ‘五品’의 신분 구조가 존재하였음을 명시하였다. 奴婢와 같은 賤人層까지 ‘五品’에 포함되었는지, 그리고 ‘五品’의 구조가 신라 전 시대에 적용될 수 있는 것인지는 그 자체로 알 수 없지만, 적어도 최치원이 인식하고 있었던 신라의 신분 구조가 ‘五品’의 형태였음은 인정할 수 있을 것이다. 따라서 신라 신분제의 실체에 접근하려면 최치원이 말한 ‘五品’의 의미를 구체적으로 파악하는 작업이 선행되어야 한다. 이를 위해

1) 『三國史記』 卷47, 列傳7 薛罽頭, “薛罽頭 亦新羅衣冠子孫也 嘗與親友四人 同會燕飮 各言其志 罽頭曰 新羅用人 論骨品 苟非其族 雖有鴻才傑功 不能踰越 我願西遊中華國 奮不世之略 立非常之功 自致榮路 備簪紳劍佩 出入天子之側 足矣”
2) 朱甫暾, 2009, 「신라 骨品制 연구의 새로운 傾向과 課題」, 『한국고대사연구』 54, pp.10-12 참조.

서 '五品'의 신분 구조를 직접적으로 알려주는 유일한 자료인 〈낭혜화상비〉의 '得難'條를 다시 검토해 보도록 하겠다.

II. 〈낭혜화상비〉 득난조와 '曰'의 追記

'得難'條는 비문에서 朗慧和尙 無染의 家系를 소개하면서 그의 아버지 範淸이 眞骨로부터 한 단계 '族降'되어 속하게 되었다는 '得難'이라는 신분을 설명하기 위해 撰者 崔致遠이 註釋을 붙인 부분을 가리킨다. 논의의 진행을 위해서 먼저 낭혜화상의 家系를 기술한 부분의 원문을 옮겨 두고자 한다.

> A. 俗姓金氏 以武烈大王爲八代祖 大父周川 品眞骨 位韓粲 高曾出入皆將相戶知之 父範淸族降眞骨一等 曰得難 〈國有五品 曰聖而 {曰}眞骨 曰得難 言貴姓之難得 文賦云 或求易而得難 從言六頭品 數多爲貴 猶一命至九 其四五品不足言〉[3]

이 중 득난조에 대해 기본적으로 널리 받아들여져 온 해석은 李基白에 의해 제시된 바로서, 다음과 같다.

> B. 나라에 五品이 있어, 聖而요 眞骨이요 得難이니, (得難은) 貴姓의 얻기 어려움을 말한다. 文賦에 「或 求하기는 쉬우나 얻기는 어렵다」고 하였는데, 따라서 六頭品을 말하는 것이다. 數가 많은 것을 貴히 여기는 것은 마치 一命에서 九命에 이르는 것과 같다. 그 四·五品은 足히 말할 바가 못된다.[4]

내용 가운데 '曰聖而{曰}眞骨'이 먼저 논란이 되었는데, 조선 후기의 주석 이래로 '聖而'를 '聖骨'로 보는 것이 일반적이었다. 그러나 徐毅植이 '聖而'와 '眞骨' 사이의 '曰'字가 追記된 것이라는 점에 큰 의미를 부여하면서 논의는 새로운 차원으로 진입하였다. 추기된 '曰'을 무시하고, '聖而'와 '眞骨'을 합하여 '聖而眞骨'이라는 하나의 品으로 보아야 한다는 것이다.[5]

이후 '성이진골'을 하나의 品으로 보지 않는 논자들 또한 '曰'이 의미없는 추기임을 인정하고 해석에서 제외하게 되었다. 田美姬는 〈낭혜화상비〉 득난조의 '聖而眞骨'과 同 碑 뒷부분의 銘에 등장하는 "本枝根聖骨"라는 구절, 그리고 『崇嚴山聖住寺事蹟』에서 "大朗慧和尙 同祖聖骨"이라고 한 것 등을 근거로 성골과

---

3) 〈 〉 안의 내용은 得難에 대한 細註로, 본문보다 작은 크기에 2行으로 나누어 서사되었다. { }로 표시한 '曰'은 주석 부분 중에서도 약간 더 작은 크기로 두 글자 사이의 공간에 새겨졌다.

4) 李基白, 1971, 「新羅 六頭品 硏究」, 『省谷論叢』 2; 1974, 『新羅政治社會史硏究』, 一潮閣, p.35에 재수록.

5) 徐毅植, 1995, 「9세기 말 新羅의 '得難'과 그 成立過程」, 『韓國古代史硏究』 8; 2010, 『新羅의 政治構造와 身分編制』, 혜안에 재수록.

진골이 서로 통용되었다고 보았다.[6] 한편 金基興은 '聖而眞骨'이 '聖·眞骨'로서, 성골과 진골을 나열하며 문장의 멋을 살린 표현이라고 이해하였다.[7]

聖而와 眞骨 사이의 '日'자는 원래 글자가 들어갈 자리가 아니었던 '而'와 '眞' 사이의 공간에 새겨져 있으므로, 追記된 것임이 분명하다. 아울러 追記된 '日'의 경우 비문의 다른 글자들과 書風을 달리한다는 점에서,[8] 비문 전체의 書者인 崔仁渷이 서사한 것이 아니라 다른 사람에 의한 '追刻'일 가능성이 높다고 하겠다. 그러나 단순히 追刻되었다는 이유만으로 이를 해석에서 제외할 수는 없다. 그것이 撰者 혹은 書者의 의도를 반영한 것인지, 아니면 그 의도와 무관하게 새겨진 것인지를 먼저 확인해야 하기 때문이다.

이것이 撰者나 書者의 의도와 무관하게 追刻되었다고 하려면 누가, 왜 이 글자를 추각하였는지에 대한 설명이 설득력 있게 제기되어야 한다. '日'의 추기 사실을 처음으로 강조했던 견해에서는, 이 글자의 추각이 本碑의 건립과 직접 관련이 없는 후대인에 의해 '임의로' 자행된 것일 개연성이 가장 크다고 보았다.[9] 그러나 해당 글자는 거대한 비문의 하단에 위치해 있으며, 귀부의 뒷편이므로 쉽게 손이 닿는 위치라고 하기 어렵다. 또한 일반 글자들보다 작은 細註의 좁은 字間에 억지로 새겨져 있다. 碑文의 내용을 이해하지 못한 후대인의 낙서라고 보기에는 비의 가장자리나 문장 중간 중간의 공격 부분 등 충분한 여백을 두고 굳이 이곳을 택해 글씨를 새겨야 할 이유를 찾기 어렵다. 더욱이 '日'은 낙서로 새길 만한 의미를 가지는 글자도 아니다. 결국 '日'字는 '임의로' 자행된 추각이 아니라, 반드시 그곳에 새겨야만 한다는 강한 의도성에 입각하여 추각된 것으로 보지 않을 수 없다.

그런데 〈낭혜화상비〉 건립 이후에는 성골·진골이나 '聖而眞骨'과 직접적인 이해 관계를 가지는 이들이 존재하지 않았다. 〈낭혜화상비〉의 건립 시점에 대해서는 고려 태조의 諱 '建', 혜종의 휘 '武', 현종의 휘 '詢'를 결획하고 있다고 보고 고려 현종대로 추정한 견해가 제기된 바 있다.[10] 이와 달리 武烈王의 '武'와 원성왕의 諱 慶膺에 해당하는 '慶', 그리고 '民'字의 결획만이 확인된다고 보아 신라 경명왕 8년(924)으로부터 멀지 않은 시기에 세워졌을 것으로 보는 견해도 나왔다.[11]

〈낭혜화상비〉에 새겨진 '詢'과 '慶'은 결획한 것인지가 확실하지 않으나, '武'와 '民'에서는 명확한 결획

---

6) 田美姬, 1998, 「新羅의 聖骨과 眞骨 -그 實體와 王統의 骨轉換의 의미-」, 『韓國史硏究』 102, pp.131-133.

7) 金基興, 1999, 「新羅의 聖骨」, 『歷史學報』 第164輯, pp.36-37.
朱甫暾, 2009, 앞의 논문, p.33에서도 이를 따랐다.

8) 徐毅植, 1995, 앞의 논문, p.253.
본고의 내용을 발표한 한국목간학회 제8회 학술회의장에서도 열화당책박물관의 정현숙 학예연구실장에 의하여 追記된 '日'은 비문의 다른 글자들과 동일인의 글씨로 볼 수 없음이 지적되었다. 이후 비문의 다른 글자들이 〈寶林寺 普照禪師彰聖塔碑〉의 金彦卿 글씨와 유사한 풍성한 느낌의 저수량풍인 데 반해, 追記된 '日'은 同 碑文의 金薳 글씨와 유사한 구양순풍임을 추가로 알려주셨다. 지면을 빌어 감사드린다.

9) 徐毅植, 1995, 앞의 논문; 2010, 앞의 책, p.566에 재수록.

10) 今西龍, 1922, 「新羅骨品考」 『史林』 第七卷第一號; 1933, 『新羅史研究』, 近澤書店; 이부오·하시모토 시게루 譯, 2008, 『이마니시 류의 신라사 연구』, 서경문화사, p.172에 재수록.
김창호, 2003, 「新羅 無染和尙碑의 得難條 해석과 건비 연대」, 『新羅文化』 第22輯, p.9.

11) 葛城末治, 1935, 『朝鮮金石攷』, pp.284-285.

〈표 1〉〈낭혜화상비〉의 결획자 판별표

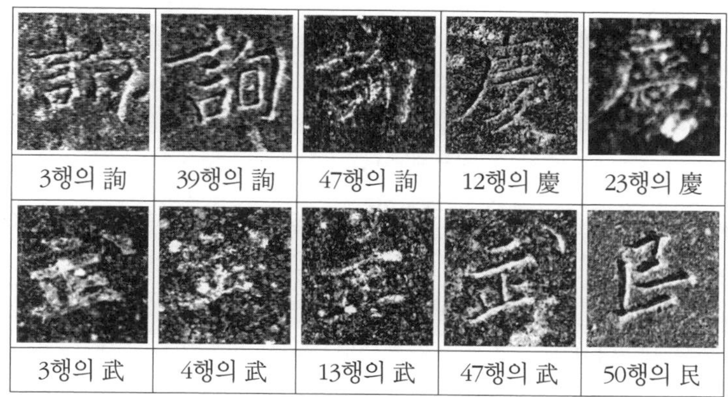

3행의 詢	39행의 詢	47행의 詢	12행의 慶	23행의 慶
3행의 武	4행의 武	13행의 武	47행의 武	50행의 民

이 확인된다. 그런데 '武'의 결획은 신라 당대에 武烈王을 피휘한 것으로 볼 수 없다. 武烈은 王의 諱가 아니라 諡號이므로 피휘할 이유가 없기 때문이다. 현존하는 〈태종무열왕릉비〉의 題額에는 '太宗武烈大王之碑'라고 하여 王의 諡號가 그대로 새겨져 있으며, 〈고선사 서당화상비〉·〈보림사 보조선사탑비〉·〈월광사 원랑선사탑비〉·〈심원사 수철화상탑비〉·〈봉림사 진경대사탑비〉 등 신라 멸망 이전에 건립된 승려 碑文에서 '武'를 결획한 사례는 확인되지 않는다. 따라서 '武'의 결획은 고려 혜종에 대한 避諱라고 하겠다.[12] 碑가 撰해진 것은 신라 말이지만, 刻字를 완료하여 건립한 것은 신라 멸망으로부터 상당한 시일이 지난 후였던 것이다.

따라서 이 시점보다도 뒤에 碑文에 대한 훼손이라고 할 수 있는 追刻을 굳이 감행해야 할 만큼 '聖而'와 '眞骨'의 구분에 집착해야 했던 이유는 상상하기 어렵다. 성골 신분 소지자는 이미 신라 중고기 말 진덕여왕을 끝으로 소멸하였으며, 무열왕 이후 신라 멸망 당시 왕의 신분은 진골이었다.[13] 고려 개창 당시 남아 있던 舊신라의 고위 신분은 진골뿐이었으므로, 〈낭혜화상비〉에서 前代에 '聖而'와 '眞骨'의 신분 구분이 존재한 것으로 묘사되든, '聖而眞骨'이 하나의 신분으로 표기되든 간에 진골은 前代의 왕족임을 표방하는 데 전혀 문제가 없었던 것이다. 그렇다고 해서 '日'의 추각을 통해 본래 다른 신분이던 '得難'과 '六頭品'의 구분을 모호하게 만들려는 의도가 있었다고 할 수도 없다. '성이'와 '진골' 사이에 '日'자를 넣거나 뺀다고

12) 광종의 諱 '昭'가 결획 없이 새겨진 것을 감안하면 〈낭혜화상비〉의 건립 시점은 고려 혜종대에서 정종대까지(943~949년)로 좁혀질 가능성이 있다.

13) 『崇巖山聖住寺事蹟』은 대낭혜화상과 聖骨을 조상으로 함께하였다는 경순왕 김부의 언급을 기록하고 있는데("大朗慧和尙 同祖聖骨"), 이는 조상이 성골이었다는 것이지 본인의 신분이 성골이라고 한 것이 아니다. 자신은 진골이었지만 진지왕, 진흥왕, 법흥왕의 후손이었던 무열왕이나 龍春의 사례처럼, 진골들 또한 先代로 거슬러 올라가면 성골이었던 조상에 닿게 되는 경우가 있었다. 진골보다도 한 등급 더 族降된 신분이었던 분명한 낭혜화상 무염도 〈낭혜화상비〉의 銘 부분에서 "本枝根聖骨"이라고 하여 조상이 성골이었다고 한 것을 보아, 성골 조상을 내세우는 것은 본인의 신분과는 관계가 없었음을 알 수 있다.

해서 득난과 육두품의 구분 논란이 종결되지 않음은 근래의 '골품제' 연구사를 통해서 확인할 수 있는데다가,[14] 〈낭혜화상비〉를 제외하고는 기록에 거의 남아있지 않고, 전근대에 관심을 받지 못했던 '득난'을 '삭제'하려는 시도가 고려 시대에 이루어져야 했던 이유를 상상하기 어렵기 때문이다.

더욱이 전근대의 학인들은 대부분 碑의 細註가 어떻게 남겨지는가에 대해서 큰 관심을 두지 않았다. 細註를 보았음은 분명하지만, 본문의 내용을 파악하기 위해 참고하였을 뿐 원래의 형태대로 細註의 내용을 기록하지 않았던 것이다. 『海東金石苑』 이전까지의 모든 註釋書에서는 聖骨·眞骨·得難에 이어 王族·金骨 등 근거를 알 수 없는 명칭을 활용하여 설명을 시도하였으며, 비문의 原注를 그대로 전달하려는 의도는 찾아볼 수 없다.[15] 아예 細注를 그대로 轉寫하여 남기지도 않은 이들이 굳이 원비를 훼손하면서까지 존재하지 않던 글자를 새겼다고 보는 것은 부자연스럽다. 결국 이 글자는 立碑로부터 멀지 않은 시기에 撰·書者의 의도 하에 補刻되었을 가능성이 높다고 하겠다.[16] 撰·書者의 의도와 무관한 追刻이 이루어져야만 했을 만한 합리적 이유가 찾아질 때까지는 추기된 '日'을 해석에서 배제할 수 없으므로, '聖而眞骨'을 하나의 品으로 볼 근거는 아직 부족하다고 하겠다.

III. '득난'과 여섯 개의 두품

'聖而眞骨'을 하나의 品으로 보는 관점에서는, 다섯 개의 品을 설정하기 위해서 '得難'과 '六頭品'을 별개의 品으로 분리하여 새로운 신분으로 상정하였다.[17] 최근에는 이에 입각하여 신라 하대에 대두하였다는 得難 신분의 실체를 구체적으로 밝히려는 시도도 있었다.[18] '得難'과 '六頭品'을 별개의 品으로 보는 이해 방식은 「文賦」의 "或求易而得難"이라는 구절을 인용한 뒤에 이어지는 "從言六頭品"의 '從言'을 '六頭品'과 분리하여 「文賦」의 인용문에만 연결시키는 해석에 기반하고 있다.

14) 金基興은 '日'字가 최치원의 문장 수준을 이해하지 못한 후대의 문인이나 建碑 주체들의 追記임을 인정하였으나 '성이진골'이 성골과 진골을 합칭한 것으로 이해하여 '五品'을 聖骨·眞骨·得難(6두품)·5두품·4두품으로 간주하였으며(金基興, 1999, 앞의 논문, p.38), 田美姬는 '성이진골'을 하나의 品으로 보면서도 득난과 육두품은 동일한 실체로 간주한 바 있다(田美姬, 2005, 「신라 하대 골품제의 운영과 변화 -흥덕왕대의 규정과 朗慧和尙碑 得難條의 검토를 중심으로-」, 『新羅文化』 第26輯, p.92).

15) 단, 『海東金石苑』도 탁본첩의 한계로 細註의 순서에는 착오가 있었다. 전통적 주해본의 내용에 대해서는 南東信, 2002, 「聖住寺 無染碑의 '得難'條에 대한 考察」, 『한국고대사연구』 28, pp.178-183을 참조.

16) 尹善泰도 『松廣寺嗣院事蹟碑』의 補刻 사례를 들며, 後代人의 임의 삽입이라기보다는 건립 과정에서의 脫漏·誤刻 때문에 補刻되었을 가능성을 제시하였다(尹善泰, 1993, 「新羅 骨品制의 構造와 基盤」, 『韓國史論』 30, 서울大 國史學科, p.15). 김창호 역시 〈蔚州 川前里書石〉 乙卯銘(545년)의 "乙卯年八月四日"의 '日'자가 추기된 것이며, 〈昌寧 眞興王拓境碑〉(561년) 제⑯행에도 '干'자가 추기된 사례가 있음을 들고, 〈낭혜화상비〉 득난조의 해당 부분도 '日 '자가 들어가야 할 자리에 추기되어 있다고 보아 문의에 관계 없는 글자로 보기 어렵다는 견해를 제시한 바 있다(김창호, 2003, 앞의 논문, p.6).

17) 徐毅植, 1995, 앞의 논문 및 南東信, 2002, 앞의 논문.

18) 전덕재, 2013, 「新羅 下代 得難 신분의 擡頭와 骨品制의 變化」, 『新羅文化』 第42輯.

B에서 인용한 것처럼 李基白은 "따라서 육두품을 말한다"라고 하여 '從言'과 '六頭品'을 연결시켜 해석했으며, 이러한 해석은 비교적 널리 받아들여졌다. 崔英成 또한 '從言'을 '六頭品'으로부터 분리할 생각은 하지 않았으나, 李基白과 달리 '六頭品 數多爲貴 猶一命至九' 전체가 從言의 대상이라고 보고, "이는 六頭品의 수가 많아서, 귀하게 되려면 최하위에서 최상위에 오르는 것처럼 어렵다는 뜻이니"라고 해석하였다.[19]

처음으로 '從言'과 '六頭品' 사이에 구두점을 찍은 것은 崔鉛植이었다. '從言'에 걸리는 대상은 崔英成과 마찬가지로 '六頭品'에서 '一命至九'에 이르는 내용으로 파악하였으며, '數多爲貴'에 대한 해석도 崔英成의 설을 받아들여, "『文賦』에서 '혹 구하기는 쉽지만 얻기는 어렵다'고 말한 것을 따서, 6頭品의 수가 많지만 귀성이 되기는 제일 낮은 관등(一命)에서 가장 높은 관등(九命)에 이르는 것과 같음을 이야기한 것이다."라고 해석하였다.[20] 尹善泰 또한 이러한 끊어읽기에 입각하여 從言을 文賦에 연결시켰으며, 한 걸음 더 나아가 '六頭品' 이하 문장을 文賦와 직결시키지 않았다. "文賦에서 말한 '或求易而得難'에서 인용한 것이다."라고 하여 從言까지의 해석을 완료하고, "六頭品은 數가 많아서 貴하게 되기가 一命에서 九命에 이르는 것 같다."고 하여 '六頭品' 이하부터 새로운 문장이 시작되었다고 본 것이다.[21]

이와 같이 從言과 六頭品을 분리하여 해석하는 경향은, 得難과 六頭品을 별도의 品으로 간주하는 견해에 이르러서 從言까지는 得難에 대한 설명의 일부이며, 六頭品부터는 새로운 品에 대한 설명이 시작되는 것으로 해석하는 데 이르게 된다. 단, '數多爲貴'에 대한 해석은 『通典』의 "以班多爲貴", "以班多者爲貴" 용례를 근거로 '수가 클수록 귀하다'는 전통적인 해석으로 돌아갔다.[22]

한편 '從'을 '종래'의 뜻으로 보고 "종래 말하기를 6두품의 (숫자가) 운운"으로 해석하거나,[23] '縱'의 의미를 염두에 두고 "6두품에 임의대로 (붙여) 말한 것이다"라고 해석한 경우도 있었다.[24] 徐毅植은 得難과 六頭品을 별도의 品으로 간주하면서도 '從言'을 '六頭品'에 연결하여, "육두품부터 말하자면 數가 많은 것이 貴하다"라는 의미로 해석해야 한다고 주장하였다.[25] 그 근거로는 '從'은 '따라서'라는 접속부사로는 쓰이지 않는 단어라는 점을 들었다.

그러나 從은 連詞로서 '從而'·'因而'와 같은 의미로 사용되기도 하므로, B와 같은 해석이 불가능하다는 지적은 무리가 있다.[26] 직전에 「文賦」를 인용하여 '得難'의 용례를 제시하고, "從而言六頭品"의 의미로 그

19) 崔英成 註解, 1987, 『註解 四山碑銘』, 亞細亞文化社.

20) 崔鉛植, 1992, 「聖住寺 朗慧和尙塔碑」, 『譯註 韓國古代金石文 제3권(신라·발해편)』, 駕洛國史蹟開發硏究院, p.129.

21) 尹善泰, 1993, 앞의 논문, p.16.

22) 南東信, 2002, 앞의 논문, pp.193-195.

23) 김창호, 2003, 앞의 논문, p.7.

24) 田美姬, 2005, 앞의 논문, p.9.

25) 徐毅植, 1995, 앞의 논문; 2010, 앞의 책, pp.562-563에 재수록.

26) 『漢語大詞典』에는 다음과 같은 용례가 제시되어 있다.

唐 劉言史, 『病僧』 詩之二, "空林衰病臥多時, 白髮**從**成數寸絲."

清 王夫之, 『顯考武夷府君行狀』, "迨及屬纊, 盡力營大事, 一如少峰公. **從**稱代旣廣, 竭力以償, 凡十年未嘗一飽食一煖衣也."

것이 '六頭品'을 지칭하는 데 사용하였음을 밝혔다고 이해하는 것은 충분히 자연스러운 해석 방식이라고 할 수 있다.

唐 李鼎祚의 『周易集解』 卷14에는 『周易』의 "五歲再閏 故再扐而後掛"라는 구절에 대한 虞翻의 주석이 실려 있는데, 이 가운데 "從言再扐而後掛者也"이라고 한 부분이 주목된다.[27] 여기서 '再扐而後掛'는 주석의 대상이 된 구절인데, '從言' 다음에 위치하여 '言'의 목적어로서 기능을 수행하고 있다. 본문에서 '再扐而後掛'이라고 말하게 된 사유를 앞에 제시하고, 그것을 이어받아 "인하여 '再扐而後掛'라고 말한 것이다"라고 하며 주석 내용을 정리해 준 것이다. 〈낭혜화상비〉 득난조 역시 '得難'이라는 단어에 대한 주석이므로, 마찬가지의 구조로 파악할 수 있겠다.

나아가 득난조에서 '從言'을 「文賦」의 인용 구절에만 붙는 것으로 간주할 경우, 그것이 근거한 혹은 인용한(從) 바는 「文賦」의 내용이 분명하지만, '言'의 대상은 특정할 수 없는 어색한 문장이 되어 버린다. 그 대상이 앞에 나와 생략하였다 하더라도 문장 구조상 '之'와 같은 대명사가 그 자리를 대신하는 것이 자연스럽다. 결국 '從言'은 앞서 든 용례와 같이 「文賦」의 내용을 받아, 그것을 因하여 혹은 좇아서 '六頭品'을 말한 것이라고 해석하지 않을 수 없다고 하겠다.[28] 그리고 그 주어는 득난조가 설명하는 대상인 '得難'임이 분명하다.

'從言六頭品'에 이어지는 '數多爲貴 猶一命至九'는 "수가 많을수록(클수록) 貴하니, 一命에서 九(命)에 이르는 것과 같다"는 의미로서, '六頭品'에 대한 설명으로 이해하는 것이 가장 합리적이다.[29] 그런데 得難과 六頭品을 별개의 品으로 볼 경우, '數多爲貴 猶一命至九'는 得難이 아니라, 六頭品에 대해서 혹은 六頭品과 나중에 나올 4·5품을 합하여 포괄적으로 설명하는 내용이 된다. 그렇다면 '得難'에 대한 용어 설명으로 달린 細註에 왜 六頭品 등에 대한 설명이 들어갔는지에 대해서 설명이 이루어져야 한다.

비문의 찬자 최치원은 네 번째와 다섯 번째 品에 대해서 '말하기에 부족하다'고 하면서 언급하지 않을 것임을 명시하였고, 득난보다 상위의 品인 '聖而'와 '眞骨'에 대해서도 명칭만을 언급하고 지나갔을 뿐이다. 진골로부터 한 등급 족강되어 '득난'이 되었다는 구절에 달린 주석에서, '득난'과 아울러 '眞骨'에 대해서 추가로 설명하였다면 모르겠지만, 그보다 하위의 品이며 본문에서 언급되지도 않은 '六頭品'에 대해서만 굳이 설명했어야 할 이유는 상상하기 힘들다. 그렇다면 "從言六頭品"과 '六頭品'에 대한 설명인 "수가 많을수록(클수록) 貴하니, 一命에서 九(命)에 이르는 것과 같다"는 내용은 모두 得難에 대한 설명이라고

27) '再扐而後掛'에 대한 주석 부분을 모두 소개하면 다음과 같다.
"再扐而後掛 此參伍以變 據此爲三扐 不言三閏者 閏歲餘十日 五歲閏六十日盡矣 後扐閏餘分 不得言三扐二閏 故<u>從言</u>再扐而後掛者也"

28) '從言'이 「文賦」의 인용문에만 이어지고, 六頭品과는 연결되지 않는다고 보는 견해에서는 『說文』의 言部와 『十三經注疏』의 '所從言之異'를 들고 있다(南東信, 2002, 앞의 논문, p.194). 그런데, 『說文』의 '從'은 문자의 의미 부분을 지칭하는 것으로서, 여기서의 '從言'은 해당 글자가 '言'을 의미 부분으로 가지고 있다는 것을 말하는 데 불과하다. 후자의 '從' 또한 '所從來'와 같이 '~로부터'의 의미로서 온 것으로 양자 모두 "~을 따라서 말하다"의 용례라고 인정하기 어렵다.

29) 南東信, 2002, 앞의 논문, p.195.

보아야 한다. 결국 '得難'과 '六頭品'이 별도의 品이라고 보는 견해는 성립하기 어렵다고 하겠다.

이처럼 '聖而'와 '眞骨'을 구분하는 '曰'字를 부정하고 '聖而眞骨'이 하나의 品이었을 것으로 보는 견해에는 아직 근거가 부족하고, '得難'과 '六頭品'을 별개의 品으로 볼 수도 없다. 그렇다면 〈낭혜화상비〉 득난조의 '五品' 중 앞의 세 품은 聖而, 眞骨, 得難(六頭品)으로 이해하는 것이 합리적이라고 하겠다. 그런데 앞서 언급한 바와 같이 최치원은 나라에 존재하는 다섯 品 가운데 네 번째 品과 다섯 번째 品은 "말하기에 부족하다"고 하여 말하지 않을 것임을 명시하였다. 이는 역으로 다른 세 品에 대해서는 이미 '말하였음'을 의미하는데, 직접적인 주석 대상인 득난에 대해서는 설명이 붙어 있으나, '聖而'와 '眞骨'은 그 명칭만 언급했을 뿐 어떠한 부가적 설명도 제시하지 않았다. 즉, 여기서 '말한다'고 한 것은 그 명칭을 말한다는 것을 의미하며, 네 번째 品과 다섯 번째 品은 득난조에서 그 명칭조차 언급되지 않았다고 해석해야 한다.

그럼에도 기존의 해석에서는 대부분 자연스럽게 네 번째 品과 다섯 번째 品을 4두품과 5두품에 비정하여 해석해 왔다.[30] 어떻게 최치원이 '말하지 않은' 네 번째 品과 다섯 번째 品을 알 수 있었던 것일까? 이는 6두품 다음에는 당연히 5두품과 4두품이 나올 것이라는 예상 때문이다. 6-5-4로 이어지는 두품의 체계를 인식하고 있었기 때문에 가능했던 해석이라고 하겠다. 그런데 최치원이 주석을 통해 설명하고자 하였던 대상은 이러한 지식을 전혀 가지고 있지 못한 唐人들이었다. 신라에 대한 지식은 많지 않으나, 한문 해독 능력은 갖추고 있어 唐人들과 크게 다르지 않았을 조선시대 학인들이 남긴 주석을 살펴보면, 최치원이 '말한' 성이(성골)-진골-득난의 세 품은 그대로 인용하면서, 최치원이 '말하지 않은' 나머지 두 품에 대해서는 '王族'이나 '金骨' 등 신라에 관한 문헌에서 전혀 확인할 수 없는 나름의 명칭을 붙이고 있음을 확인할 수 있다. 그들은 네 번째 品과 다섯 번째 品에 각각 5두품과 4두품이 해당할 것이라고는 생각하고 있지 못했던 것이다.

한편 "수가 많을수록(클수록) 貴하니, 一命에서 九(命)에 이르는 것과 같다"는 설명의 위치에도 주목할 필요가 있다. 이 설명은 6두품, 5두품, 4두품 다음이 아니라 '六頭品' 다음에 위치해 있다. 따라서 그것이 설명하는 대상은 그 앞에 위치한 '六頭品'에 대한 것이라고 보지 않을 수 없다. 한편, '六頭品' 다음의 品도 '五頭品'·'四頭品'이라고 6-5-4의 순서에 따라 언급된 것이 아니라, '四·五品'이라고 하여 네 번째, 다섯 번째 品이라는 사실만을 알려주었을 뿐이다.[31]

즉, 신라의 頭品 체계에 대해서 알지 못하고 있는 사람이 이 주석만을 보아서는 6두품 다음에 5두품, 4두품이 나올 것이라고는 짐작하기 어려우며, "수가 많을수록(클수록) 貴하니, 一命에서 九(命)에 이르는 것과 같다"가 前後의 세 品들을 한꺼번에 설명하고 있다는 추론을 이끌어내기도 힘들다. 나아가 "수가 많을수록(클수록) 貴하니, 一命에서 九(命)에 이르는 것과 같다"가 '六頭品'에서 네 번째 品과 다섯 번째 品

---

30) 심지어 직접 언급되지 않았지만 5품 중에 평인이 포함된다고 본 견해에서조차도, 4품과 5품은 당연하다는 듯이 4두품과 5두품으로 해석하였다(田美姬, 2005, 앞의 논문, pp.7-11).

31) 네 번째 품과 다섯 번째 품이 곧 四頭品과 五頭品에 해당한다고 보기 어려움은 尹善泰에 의해서도 지적된 바 있다(尹善泰, 1993, 앞의 논문, p.17 각주 17).

모두에게 걸리는 설명이라면, 최치원은 말하기에 부족하다고 명칭까지 언급하지 않았던 4·5번째 품을 이미 설명하고 있는 것이 되어 버린다.[32] 결국 이 설명은 네 번째, 다섯 번째 品과는 무관한, '六頭品'에 대한 설명이라고 보지 않을 수 없다.

기존에 '數多爲貴 猶一命至九'의 위치와 '四·五品'의 언급 순서를 의식하고도 해당 설명이 '六頭品'만을 대상으로 한 것이라고 간주하지 않았던 것은, '六頭品'이 1頭品에서 6頭品에 이르는 頭品 가운데 가장 높은 頭品인 6頭品에 해당한다고 전제하고 있었기 때문이다. 그러나 '六頭品'은 6두품, 즉 여섯 번째 두품뿐 아니라, '여섯 두품', 즉 '여섯 개의 두품'이라는 의미로도 해석할 수 있다. 後者의 해석을 채택할 경우, 최치원은 得難이 곧 여섯 개의 頭品들을 가리키며, 이들은 九命制와 같이 1에서부터 숫자가 높아질수록 등급이 올라간다고 설명한 것이 되므로, 전반적인 해석에 무리가 없게 된다.

'六頭品'과 '四五品'을 각각 6두품과 5·4두품으로 보았던 기존의 견해에서는, 최치원이 '五品'이라고 하면서 4두품까지만을 거론한 이유를 당시에 1~3두품이 소멸하였거나 平人化했기 때문으로 추정하였다. 그런데 최치원은 당시에 하나의 신분 계층으로서는 실존하고 있지 않았던 '聖骨'까지 '五品'에 포함시켰다. 설사 1~3두품이 당시 실질적인 신분으로서의 의미를 갖지 못하게 되었다 하더라도, '一命'에서 '九命'에 이르도록 점차 등급이 올라가는 '九命制'와 유사하다고 설명할 수 있으려면, 관념적으로라도 1~3두품의 존재가 전제되어 있어야 한다. 최치원이 6頭品·5頭品·4頭品만을 제시하면서 '九命制'를 언급하였을 경우, 唐人의 입장에서 왜 1頭品에서 출발하지 않은 것인지 의문을 가지게 될 것임은 충분히 짐작되는 바이다. 그럼에도 최치원은 3·2·1頭品의 不在에 대해서는 전혀 언급하지 않았다. 그와 같은 의문의 제기 가능성을 전혀 의식하지 못하였던 것이다. 그렇다면 최치원이 상정하고 있던 두품은 1에서부터 숫자가 커질수록 등급이 높아지는 여섯 개의 두품이라고 보는 것이 자연스럽다.

결국 득난조는 '得難'이 나라에 존재하던 '五品' 중 하나의 品으로서, '聖而'와 '眞骨' 다음의 세 번째 品이며, 1부터 숫자가 커질수록 등급이 높아지는 여섯 등급의 '頭品'이 곧 이에 해당함을 설명해 준다고 하겠다. 「文賦」의 구절은 중국 문헌에서 찾은 '得難'의 용례로서 제시된 것이고, '五品' 중 나머지 두 品은 "말하기 부족하다"고 언급하지 않았으므로, 득난조의 내용은 모두 자연스레 '得難'이라는 용어의 설명으로 귀결되는 것이다. 나아가 여섯 개의 두품 전체가 하나의 品으로 인식되고 있다는 점에서, 두품과 진골, 그리고 두품과 그 이하 신분층 사이에는 제도적 혹은 사회적 계선이 형성되어 있었으나, 두품 사이에는 그러한 계선이 존재하지 않았음을 유추할 수 있다. 즉, 득난 곧 두품층에 속하기만 하면 6두품이라는 가장 높은 두품까지는 획득하는 것이 가능했던 것으로 보인다.

그런데 이와 더불어 득난이 '貴姓의 얻기 어려움'을 말한다고 명시하고 있음이 주목된다. 여기서의 '貴

---

32) 尹善泰도 '數多爲貴 猶一命至九'가 得難을 설명하는 것이 아니라 6·5·4두품의 전체 두품에 대한 설명이 될 경우, 말하지 않겠다고 한 四五品이 이미 六頭品과 함께 총괄적으로 설명되어 버리는 모순이 발생함을 지적하였다(尹善泰, 1993, 앞의 논문, pp.15-16). 다만, 그는 '從言'과 '六頭品'을 사이를 끊고, '數多爲貴 猶一命至九'를 "(六頭品은) 數가 많아서 貴하게 되기가 一命에서 九命에 이르는 것같다"라고 해석하는 방식으로 그러한 모순을 해결하고자 하였다. 그러나 '數多爲貴 猶一命至九'를 이렇게 해석하는 것이 부자연스러움은 南東信, 2002, 앞의 논문, p.195에서 지적된 바와 같다.

姓'에 대해서는 흔히 6부성으로 지칭되는 李·崔·鄭·孫·裵·薛 등의 성씨로 파악한 견해가 주류를 이루다가,[33] 尹善泰에 의해 득난이 얻기 어려운 상위의 品으로서 곧 진골을 가리킨다는 주장이 제기되었다.[34] 貴姓이 힘들지만 획득 가능한 것이었으므로, 득난으로부터 진골로의 상승이 가능했다고까지 주장하였다.[35] 그러나 '貴姓'을 가지고 있었던 낭혜화상 무염이 아버지대부터 族降되어 得難의 신분이었음을 볼 때, 여기서의 '貴姓'이 곧 진골의 신분이라고 볼 수 없음은 분명하다.

한편, 득난과 육두품의 별개의 品으로 간주한 견해에서는, '貴姓'이 진골의 姓氏, 곧 당시 신라의 王姓으로서, 득난은 진골에서 한 등급 族降되었지만 여전히 진골의 姓을 사용하면서 그에 따르는 제반 특권을 향유한 계층이었다고 보았다.[36] 근래에는 이러한 관점에 입각해서 한걸음 더 나아가 진골 남성과 非眞骨 여성 사이에서 태어나 族降되었지만 여전히 진골의 성씨를 사용할 수 있었던 이들이 곧 득난이었다고 구체적으로 규정하고, 이들이 유력 진골 가문과의 관계에 기반하여 관리의 등용이나 관등·관직의 승진에서 우대받으면서 두품 신분층이 신라 왕조로부터 등을 돌리게 되었다는 주장도 나왔다.[37]

그러나 득난과 두품이 신라인들에 의해 독립된 品으로 간주되었다고 볼 수 없음은 앞서 밝힌 바와 같다. 또한 앞의 견해에서는 진골 성씨를 소유한 득난 신분이 관직 임명에서 우대받았다는 증거로 하대에 중앙 행정관서의 차관급과 大舍 이하 관직 및 중·하위 지방관으로 임명된 사람들의 성씨를 조사하여, 진골 성씨를 가진 사람들이 80%를 차지하였음을 들고 있다. 그런데 〈昌林寺 無垢淨塔誌〉에 따르면 王의 從弟인 金銳와 從叔인 金繼宗·金勳榮이 각각 行熊州祁梁縣令, 行武州長史, 康州泗水縣令이라는 중·하위 지방관의 직함을 가지고 있었고, 〈聖德大王神鍾銘〉을 통해서 뒤에 元聖王으로 즉위하는 金敬信이 執事省의 次官인 執事侍郎에 재임하고 있었음이 확인되므로, 진골들도 중앙 행정관서의 차관과 중·하위 지방관 등의 관직을 거쳐 고위 관직에 이르렀음이 분명하다.

따라서 그러한 관직에 재임했던 인물들 중 진골 성씨를 가지고 있는 인물이 많았던 것은, 진골 성씨를 가진 진골과 진골 성씨를 가지고 족강된 두품층 등이 모두 취임할 수 있는 관직임을 감안하면 매우 자연스러운 현상이라고 하겠다. 해당 관직 취임자 중 대다수가 진골 성씨를 가지고 있었음에도 불구하고 진골은 아니었음을 밝힐 수 없다면, 이를 통해 진골 성씨를 가진 非진골에 대한 특별 대우가 존재했으며, 이를 통해 하나의 신분층을 형성하기까지 하였음을 증명하기는 어렵다.[38]

나아가 득난층이 어렵게 얻었다고 하는 '貴姓'의 실체가 과연 진골의 성씨, 곧 '王姓'인지에 대해서도

---

33) 李基白, 1971, 앞의 논문; 1974, 앞의 책에 재수록.

34) 尹善泰, 1993, 앞의 논문, pp.17-18.

35) 尹善泰, 위의 논문, p.18.

36) 南東信, 2002, 앞의 논문, pp.198-203.

37) 전덕재, 2013, 앞의 논문, p.354.

38) 위 논문에서는 승진과정에서의 특별 대우를 확인하기 위해서 최치원과 김체신이 급찬에서 아찬으로 승진하기까지 걸린 기간을 비교하였지만, 차이를 발견하지 못했다(전덕재, 위의 논문, pp.349-350). 비교가 가능한 유일한 사례임에도 불구하고, 이는 최치원에 대한 특별한 취급이었을 뿐이라 하였으나, 진골 성씨를 가지지 못한 경우에도 능력을 인정받으면 진골 성씨 소지자와 동등한 '특별 대우'를 받을 수 있었던 것임은 분명해진다고 하겠다.

검토가 필요하다. 최치원이 四山碑銘에 注를 달면서까지 이해를 시키고자 했던 대상은 唐人들이었다. 따라서 '貴姓'이 무엇인지 파악하기 위해서는 중국에서 '貴姓'의 용례를 확인해 보아야 한다. 중국 史書의 외국전에서, 해당 국가 왕실의 성씨를 지칭할 때는 '王姓'이라는 표현이 일반적으로 사용되었다. '貴姓'은 '고귀한 성씨'라는 의미로 보다 넓은 범위의 고위 신분층이 지닌 성씨를 지칭하는 데 사용되는데, 匈奴의 '貴姓'이 대표적인 예라고 하겠다.

唐代에도 高宗이 先帝의 후궁이었던 則天武后를 다시 입궁시키려 하자 褚遂良이 이를 반대하면서 굳이 后를 바꾸어 세우려면 '貴姓'을 택해 들일 것을 청한 바 있다.[39] 이에 대해서 唐의 경우 왕실과 통혼할 수 있는 소수 상층 귀족 가문의 성씨가 포함될 수도 있지만, 신라는 王室 내에 근친혼이 다반사로 이루어졌음을 고려해야 한다는 반론이 있다.[40] 그러나 唐에서는 근친혼이 용인되지 않았으므로, 褚遂良이 택하라고 했던 '貴姓'에는 오히려 왕성이 포함되지 않았을 것임이 분명하다.

則天武后代 庾信이 撰한 〈周大將軍襄城公鄭偉墓誌銘〉에서는 鄭偉의 夫人 李氏를 頓丘의 貴姓이라고 하였는데,[41] 李氏라고 해도 頓丘 李氏는 漢代의 李忠을 시조로 하여, 唐 황실과는 계통을 달리한다. 한편 宋代의 宋祁가 撰한 〈代祠部墓誌銘〉에서는 '代氏'를 '鴈門貴姓'이라 표현하였고,[42] 方大琮이 撰한 〈述莆方三派聚族〉에서는 方氏를 莆 지방의 '衣冠大姓' 중에서도 '入閩三百餘年之貴姓'이라고 언급하였다.[43] 이들 성씨를 皇室과의 통혼권을 대대로 보유하고 있었던 특별한 성씨라 볼 수는 없다. 단순히 고귀한 성씨, 혹은 특정 지역의 유력 성씨라는 의미로 '貴姓'이라는 표현이 사용된 것이다.

이와 같은 용례를 고려할 때, 〈낭혜화상비〉 득난조의 '貴姓' 또한 신라의 王姓만을 특정하여 지칭했다기보다 단순히 고귀한 성씨라는 의미로 사용되었을 가능성이 크다. 『新唐書』 新羅傳에서는 신라의 백성에게는 "氏가 없고 이름은 있다"고 하였으며,[44] 일본에 표착·귀화한 신라인의 경우 성씨가 없었음이 지적된 바 있다. 진골이 아니어서 차별대우를 받았다는 것을 보아 두품층에 해당하며, 흔히 6부성으로 지칭되는 성씨 중 하나인 薛氏를 가지고 있었던 설계두도 '衣冠子孫'으로 인식되고 있었음을 감안하면, 당시 성씨가 없었던 백성들에게는 김씨와 박씨뿐 아니라 6부성이나 중국계 성씨를 포함하여 국가로부터 성씨 사용을 승인받는 것 자체가 '고귀한' 일로 여겨졌을 가능성이 크다. '族降'에 의해 김씨나 박씨를 가지면서 신분은 두품층에 해당하는 이들 또한 존재하였기 때문에, 김씨와 박씨가 기타 성씨와 구분되는 진골만의 성씨로서 특별한 의미를 가지고 있었을 것으로는 보이지 않는다. 결국 '진골의 성씨'를 사용하는 두품층이 다른 두품층과 구별되는 특별한 신분을 형성하였다는 증거는 확인할 수 없으므로, '득난'이라는 명칭

39) 『新唐書』 卷105, 列傳30 長孫褚韓來李上官 褚遂良條, "陛下必欲改立后者 請更擇貴姓"

40) 南東信, 2002, 앞의 논문, pp.198-199.

41) (周) 庾信 撰, 『庾開府集』, 周大將軍襄城公鄭偉墓誌銘, "夫人李氏 頓丘貴姓"

42) (宋) 宋祁 撰, 『景文集』 卷59, 代祠部墓誌銘, "君諱淵 字蘊之 代其氏也 本鴈門貴姓"

43) (宋) 方大琮 撰, 『鐵菴集』 卷32, 述莆方三派聚族, "莆衣冠大姓不一 然多與編戶之姓同 而有非所能雜者 獨吾方姓 不甚見于農工商之版 其達且溫者 各以家世爲念 而其寒者 猶極保其爲使人之家 以待其興 此所以爲入閩三百餘年之貴姓而尙有望于來者"

44) 『新唐書』 卷220, 列傳154 東夷 新羅條, "王姓金 貴人姓朴 民無氏有名"

〈표 2〉 '五品'에 대한 이해 방식 대비표

1	聖而	眞骨	得難 = 六頭品	五頭品	四頭品
2	聖而眞骨	得難	六頭品	五頭品	四頭品
3	聖而	眞骨	得難 = 六頭品·五頭品·四頭品·三頭品·二頭品·一頭品	?	?

은 두품층이 그보다 하위 신분은 쉽게 가질 수 없었던 姓氏의 사용을 공인받고 있었음을 강조한 것이라 해석하는 것이 자연스럽다.

이렇게 '五品' 중 세 번째 품이 여섯 개로 세분될 수 있는 두품층 전체를 가리킨다고 볼 경우, 네 번째 品과 다섯 번째 品을 기존처럼 5두품과 4두품으로 비정할 수 없게 된다. 사실 '五品'에 대한 유일한 자료에서 최치원이 네 번째 品과 다섯 번째 品을 알려주지 않았기 때문에, 우리가 두 品의 정체를 알 수 없는 것은 당연한 일이다. 섣불리 이를 비정하려는 시도는 조선 시대 주석서의 王種·金骨과 같이 신라 사회와 동떨어진 이해가 될 가능성이 크다.

다만, 聖而·眞骨로부터의 서술 순서를 감안할 때 마지막 두 品이 앞의 세 品보다 낮은 品임은 분명하다고 생각된다. 興德王代 禁令을 살펴보면 두품보다 낮은 신분으로서 평인·백성이 존재하였음을 확인할 수 있다.[45] 그런데 지금까지 대부분의 연구에서는 이들을 '五品' 가운데 포함시키지 않았다. 〈낭혜화상비〉 득난조보다 앞서는 834년의 흥덕왕 금령 단계에도 騎·器用·屋舍에 대한 禁令은 4두품과 백성이 동일하였다. 일상적인 부분의 규제에서 크게 격절되어 있지 않았던 것이다. 아울러 백성도 최종적으로는 사치품 禁令의 대상에 속해 있었다. 따라서 평인·백성이 '國有五品'에 포함될 가능성이 매우 높다고 하겠다.

'頭品'의 '頭'는 우두머리를 의미한다고 추정하기도 하는데,[46] 이는 두품이 골품에는 미치지 못했더라도 분명히 높은 品이었음을 짐작케 한다. 두품층에 속한 것으로 보이는 설계두가 '의관자손'으로 인식되었음은 앞서 언급한 바와 같다. 결국 두품은 성골·진골보다는 아래이지만 상위 신분에 해당함이 분명하다. 그런데 기존처럼 四·五品을 5두품과 4두품으로 간주할 경우, 최치원이 신라의 5개 신분으로 언급한 것은 모두 상위 신분에 해당하는 것이 된다.[47] 그러나 신분 구조에서 하위 신분의 존재를 상정하지 않으면 그만큼 상위 신분의 고귀함을 강조하기 어려워진다. 당시에 과연 奴婢와 같은 賤人까지를 하나의 신분층으

45) 평인과 백성은 일반적으로 동일한 실체로 보나, 이를 구분하여 평인은 관등을 갖고 있으면서도 골품제에 정식으로 포섭되지 않은 계층 백성은 농민을 포함한 일반 주민으로 본 견해도 있다(木村誠, 1986, 「統一新羅の骨品制－新羅華嚴經寫經跋文の研究－」, 『人文学報(東京都立大)』 185; 2004, 『古代朝鮮の国家と社会』, 吉川弘文館에 재수록).

46) 朱甫暾, 2009, 앞의 논문, pp.10-11.

47) 일찍이 今西龍은 '五品'을 '貴族의 五品'으로 간주한 바 있다(今西龍, 1915·1918, 「新羅史」, 京都帝國大學文學科 講義案; 1933, 「新羅史通說」, 『新羅史研究』, 近澤書店에 재수록).

로 설정할 수 있었는지는 확신하기 어렵지만, 적어도 인구의 대다수를 차지했을 백성층은 '五品' 가운데 하나의 品으로 여겨졌을 가능성이 크다고 하겠다.[48)]

결국 최치원이 말하지 않은 네 번째와 다섯 번째 품을 정확히 비정할 수는 없지만, 平人·百姓 혹은 그보다 더 낮은 신분이 이들 두 품 중에 포함되었으리라는 상정은 가능하다. 이렇게 볼 경우 '五品'은 성골에서 4두품에 이르는 비교적 높은 신분층만을 가리키는 것이 아니라, 가장 높은 신분부터 백성의 신분에 이르기까지 기본적으로 신라의 신분 구조를 포괄하는 용어라 할 수 있게 된다.

이상의 논의를 바탕으로 〈낭혜화상비〉 득난조의 새로운 釋文을 제시하면 다음과 같다.

> C. 나라에 5品이 있으니, (첫째는) 聖而요, [(둘째는)] 眞骨이다. (셋째는) 得難으로, 貴姓의 얻기 어려움을 말한다. 「文賦」에 이르기를, "혹 쉬운 것을 구하려다가 어려운 것을 얻기도 한다"고 하였는데, 이를 따라서 여섯 頭品을 말한 것이니, 수가 많을수록 귀한 것은 一命에서 九命에 이르는 것과 같다. 그 네 번째와 다섯 번째 品은 말하기에 부족하다.

Ⅳ. 興德王代 禁令의 의미

〈낭혜화상비〉 득난조의 해석상 문제에도 불구하고 기존에 四·五品을 쉽게 5두품과 4두품으로 간주해왔던 것은, 興德王 9年(834)에 色服·車騎·器用·屋舍에 관하여 내린 禁令이 기반하고 있는 眞骨-6頭品-5頭品-4頭品-平人·百姓의 구조가 곧 득난조의 '五品'에 대응한다고 여겼기 때문이다. 나아가 이 禁令이 곧 '골품제'에 대한 규정으로서, 신분제 확립을 목적으로 한 것이었다고 보는 경우도 있었다.[49)] 興德王이 禁令을 내린 목적은『三國史記』雜志 色服條에 다음과 같이 언급되어 있다.

> D-1. 사람에게는 위·아래가 있고, 지위에는 높고 낮음이 있어서, 名例가 같지 않고 의복 또한 다르다. 풍속이 점차 경박해지고 백성들이 다투어 사치를 부리니, 단지 異物의 진기함을 숭상할 뿐, 도리어 土産物의 鄙野함을 싫어하여, 禮數가 거의 무시되는 지경에 빠지고, 風俗이 쇠퇴하여 없어지는 데 이르렀다. 감히 舊章에 따라 밝은 명령을 펴니, 혹시 고의로 범하는 자가 있으면 진실로 정해진 형벌이 있을 것이다.[50)]

---

48) 田美姬, 2005, 앞의 논문, p.9에서도 절대 다수를 차지하는 피지배층이 없는 신분제의 상정이 가능하지 않다며, 평인(백성)을 五品에 포함시켰다.

49) 金東洙, 1982, 「新羅 憲德·興德王代의 改革政治 -특히 興德王 9년에 반포된 諸規定의 정치적 배경에 대하여-」, 『韓國史研究』 39, pp.47-50.

50) 『三國史記』 卷33, 雜志2 色服條, "興德王卽位九年 太和八年 下敎曰 人有上下 位有尊卑 名例不同 衣服亦異 俗漸澆薄 民競奢華 只尙異物之珍寄 却嫌土産之鄙野 禮數失於逼僭 風俗至於陵夷 敢率舊章 以申明命 苟或故犯 固有常刑"

이에 따르면 풍속이 경박해지고 백성들이 사치에 빠져들자 舊章에 근거하여 이를 바로잡고자 함이 禁令의 목적임을 알 수 있다. 그런데 당시 사치 금지령은 신라에서만 내려진 것이 아니다. 唐에서도 이보다 조금 앞선 文宗 즉위 직후 太和 연간(827~835)에 유사한 詔勅이 내려지고 있어, 흥덕왕대의 금령은 이를 참고하였을 가능성이 유력하다.[51)] 『舊唐書』 車服志는 그 詔勅이 내려지게 된 계기로 "四方의 車服이 僭奢하였기 때문"임을 들고, 儀制令을 기준으로 하고 品秩·勳勞를 등급으로 삼았다고만 간단히 언급하였는데,[52)] 『唐會要』에는 다음과 같이 좀 더 자세한 사정이 기록되어 있다.

> D-2. 太和 元年(827) 5月에 敕을 내리기를, "衣服·車乘·器用·宮室의 사치스럽고 검소함에 대한 규제가 근래에 자못 어긋나게 되었으니, 儀制令에 기준함이 마땅하다. 品秩과 勳勞는 지금의 마땅함에 맞추어 간략히 하여 등급을 갖추어서, 中書門下에 보내어 參酌하고 奏聞하게 하라."고 하였다.[53)]

D-2를 통해 文宗의 詔勅이 衣服·車乘·器用·宮室에 대한 것이었음을 알 수 있는데, 이는 興德王의 禁令이 色服·車騎·器用·屋舍에 걸쳐 있는 것과 일치한다. 흥덕왕 금령에서 風俗과 禮數라고 표현하고, 文宗 詔勅에서는 '侈儉之制'라고 지칭한, 기존에 존재하던 사치·검소의 기준이 흔들려서 이를 바로잡으려 한다는 목적 또한 같다. 그것을 바로잡는 기준으로 제시한 것이 각각 D-1의 舊章과 D-2의 儀制令이다. 차이가 있다면 D-2에서는 사치·검소의 기준을 적용할 등급이 品秩과 勳勞인데 반해, 흥덕왕 금령에서는 眞骨에서 百姓에 이르는 신분 등급이었다는 점을 들 수 있다. 唐의 品秩에 비할 수 있을 만한 것을 신라의 官制에서 찾는다면 官等이 가장 유사하다고 할 수 있는데, 官等이 禁令의 등급 기준이 되지 못했던 것은 이 당시에 官等의 위계 표시 기능이 거의 유명무실화하였기 때문으로 보인다.[54)]

그런데 唐 文宗 詔勅의 등급 기준이 된 品秩과 勳勞을 곧 신분이라고 할 수 없으며, 해당 詔勅이 '신분제'를 바로잡으려는 목적 하에 내려진 것 또한 아님이 분명하다. 奢侈를 막고 분수에 맞는 衣服·車乘·器用·宮室의 사용을 규제하는 데 品秩과 勳勞이 등급의 기준이 되었을 뿐이다. 마찬가지로 흥덕왕의 금령도 色服·車騎·器用·屋舍에서 사치를 금지하는 것이 목적으로, '신분제' 자체를 규제하는 敎令이라고는 볼 수 없다. 眞骨에서 百姓에 이르는 각 구분 단위는 色服·車騎·器用·屋舍의 규정 사항을 공유하는 등급일 뿐, 각각이 당시에 존재하던 신분 그 자체는 아니라 하겠다. 따라서 흥덕왕대의 금령에 보이지 않는다고 해서 해당 신분 자체가 당시에 존재하지 않았다고 간주해서는 안 된다.

51) 武田幸男, 1975, 「新羅·興德王代の色服·車騎·器用·屋舍制 －とくに唐制の関連を中心にして－」, 『榎博士還曆記念 東洋史論叢』, 山川出版社, pp.318-319.

52) 『舊唐書』 卷24, 志14 車服, "文宗卽位 以四方車服僭奢 下詔準儀制令 品秩勳勞爲等級"

53) 『唐會要』 卷31, 車服上 雜錄, "太和元年五月敕 衣服車乘器用宮室 侈儉之制 近日頗差 宜準儀制令 品秩勳勞 仍約今時所宜 撰等級 送中書門下參酌奏聞"

54) 이재환, 2010, 「新羅 中·下代 官等制의 성격 변화 －人名·官等의 표기 방식을 중심으로－」, 『韓國史論』 56, pp.118-119.

흥덕왕의 服色 규정은 眞骨大等과 眞骨女, 6頭品과 6頭品女, 5頭品과 5頭品女, 4頭品과 4頭品女의 규정이 각각 제시된 후 바로 이어서 平人과 平人女의 규정이 나오고 있어, 많은 연구자들은 이것이 1~3頭品의 소멸을 보여준다고 해석했다. 그러나 『舊唐書』 車服志에 기록된 唐 文宗의 詔勅에서도 당시 존재하던 모든 品秩·勳勞가 열거된 것은 아니었다. 騎의 導從에 대한 규정의 경우 6品까지만 정해져 있고, 7品 이하에 대한 규정은 없다. 乘에 대해서도 6品 이하는 규정이 명시되어 있지 않다. 宮室에 대한 규정 또한 1·2品에 대해서는 언급이 없이 바로 3品의 堂과 門 기준이 제시된 뒤, 4品은 누락되고, 다시 5品의 堂·門 기준과 6·7品의 堂 기준이 나온다. 6·7品 堂 규정 바로 다음에 庶人의 堂 규정이 이어지고, 門 규정은 이들에 모두 적용되는 것으로 함께 제시되었음이 주목된다.[55] 6·7品과 庶人 사이에 있었던 8品과 9品이 언급되지 않은 것이다. 여기에서 언급이 빠졌다고 해서 8品과 9品이 존재하지 않았다거나, 이들이 '庶人化'하였다고 할 수는 없다.

마찬가지로 흥덕왕의 服色 규정이 4두품에서 바로 平人으로 이어진다고 해서 1~3두품이 소멸하거나 平人化하였다고 간주하는 것은 위험하다고 하겠다. 아울러 服色을 제외한 車·騎·器用·屋舍의 규제는 그 등급 기준의 마지막으로 '四頭品至百姓'이라는 표현을 사용하여, 4두품과 백성 사이에 적어도 하나 이상의 계층이 존재할 여지를 남기고 있다. 4두품과 백성 사이의 계층이라면 역시 3·2·1두품을 상정하는 것이 가장 자연스럽다.

이처럼 흥덕왕의 금령은 '骨品'의 신분을 규정한 것이 아니라, 사치품의 사용을 규제하는 데 骨品·頭品이나 平人·百姓 등의 신분이 그 기준이 되었을 뿐이다. 경우에 따라서는 6두품과 5두품, 4두품에서 백성까지가 각각 동일한 규제를 받기도 하였다. 色服·車騎·器用·屋舍 등 일상 생활의 일부에서 동일한 사치품 사용의 허용 한계가 적용되었다고 해서 이들이 애초에 동등한 취급을 받았다고 간주할 수도 없다. 당시 1~3두품이 백성들과 동일한 사치품 규제를 적용받을 만큼 경제적 우위가 인정되지 않는 상태였다고 하더라도, 백성과 동화되어 해당 두품 자체가 소멸해 버렸다고 해석할 근거는 되지 않는다. 결국 흥덕왕대 금령의 등급 기준을 〈낭혜화상비〉 득난조의 '五品'에 투영하여 네 번째 品과 다섯 번째 品을 5두품과 4두품으로 비정하는 견해는 성립하기 어렵다고 하겠다.

V. 맺음말

이처럼 최치원이 인식하고 있었던 신라의 신분 구조인 '五品'은 聖而, 眞骨, 得難과 명칭을 알 수 없는 하위의 두 品으로 구성되어 있었으며, 이 중 得難은 1두품에서 6두품에 이르는 여섯 개의 頭品을 포괄하여 지칭한 것으로 판단된다. 신라 하대 말에 기존의 두품층과 구분되는 '得難'이라는 새로운 신분이 형성

55) 『舊唐書』 卷24, 志14 車服, "王公之居 不施重栱藻井 三品堂五間九架 門三間五架 五品堂五間七架 門三間兩架 六品七品堂三間五架 庶人四架 而門皆一間兩架"

되었거나, 1~3두품이 平人化하여 소멸하였다고 보기에는 아직 근거가 부족하다고 하겠다. 법제적으로나 현실적으로 어떠했는지 정확히 알 방법은 없지만, 적어도 신라인의 관념상으로 신라의 신분 구조는 신라 말까지 '五品'으로 인식되고 있었던 것이다.

투고일: 2015. 10. 23.　　심사개시일: 2015. 10. 30.　　심사완료일: 2015. 11. 23.

참/고/문/헌

徐毅植, 2010, 『新羅의 政治構造와 身分編制』, 혜안.

李基白, 1974, 『新羅政治社會史研究』, 一潮閣.

崔英成 註解, 1987, 『註解 四山碑銘』, 亞細亞文化社.

葛城末治, 1935, 『朝鮮金石攷』.

今西龍, 1933, 『新羅史研究』, 近澤書店; 이부오·하시모토 시게루 譯, 2008, 『이마니시 류의 신라사 연구』, 서경문화사.

木村誠, 2004, 『古代朝鮮の国家と社会』, 吉川弘文館.

金基興, 1999, 「新羅의 聖骨」, 『歷史學報』 第164輯.

金東洙, 1982, 「新羅 憲德·興德王代의 改革政治 -특히 興德王 9년에 반포된 諸規定의 정치적 배경에 대하여-」, 『韓國史研究』 39.

김창호, 2003, 「新羅 無染和尙碑의 得難條 해석과 건비 연대」, 『新羅文化』 第22輯.

南東信, 2002, 「聖住寺 無染碑의 '得難'條에 대한 考察」, 『한국고대사연구』 28.

徐毅植, 1995, 「9세기 말 新羅의 '得難'과 그 成立過程」, 『韓國古代史研究』 8.

尹善泰, 1993, 「新羅 骨品制의 構造와 基盤」, 『韓國史論』 30, 서울大 國史學科.

李基白, 1971, 「新羅 六頭品 研究」, 『省谷論叢』 2.

이재환, 2010, 「新羅 中·下代 官等制의 성격 변화 -人名·官等의 표기 방식을 중심으로-」, 『韓國史論』 56, 서울大 國史學科.

전덕재, 2013, 「新羅 下代 得難 신분의 擡頭와 骨品制의 變化」, 『新羅文化』 第42輯.

田美姬, 1998, 「新羅의 聖骨과 眞骨 -그 實體와 王統의 骨轉換의 의미-」, 『韓國史研究』 102.

田美姬, 2005, 「신라 하대 골품제의 운영과 변화 -흥덕왕대의 규정과 朗慧和尙碑 得難條의 검토를 중심으로-」, 『新羅文化』 第26輯.

朱甫暾, 2009, 「신라 骨品制 연구의 새로운 傾向과 課題」, 『한국고대사연구』 54.

崔鉛植, 1992, 「聖住寺 朗慧和尙塔碑」, 『譯註 韓國古代金石文 제3권(신라·발해편)』, 駕洛國史蹟開發研究院.

今西龍, 1922, 「新羅骨品考」 『史林』 第七卷第一號.

木村誠, 1986, 「統一新羅の骨品制一新羅華嚴經寫經跋文の研究一」, 『人文学報(東京都立大)』 185.

武田幸男, 1975, 「新羅·興德王代の色服·車騎·器用·屋舍制 -とくに唐制の関連を中心にして-」, 『榎博士還曆記念 東洋史論叢』, 山川出版社.

〈日文要約〉

<聖住寺朗慧和尚塔碑>の‘得難’と‘五品’の再検討

李在晥

崔致遠撰<聖住寺朗慧和尚塔碑>の‘得難’條は、新羅人が自國の身分構造を包括的に言及した唯一の史料である。ここでいう‘國有五品’の實體については、多様な解釋があり、見解が對立することもあった。もっともひろく受け入れられてきた解釋は、‘五品’を‘聖而(聖骨)－眞骨－得難(六頭品)－五頭品－四頭品’と理解するものである。一方、‘聖而’と‘眞骨’のあいだにある‘曰’という文字は追刻されたものである点が指摘されており、‘聖而眞骨’を一つの品とみなし、‘得難’を六頭品とは別の品と解釋する見解も提起されている。しかし、撰·書者の意圖とは關係なく、該當部分に‘曰’を刻まなければならない合理的理由は見當らないため、追刻という事實のみで該當する文字を排除することはできない。‘得難’條の性格が、朗慧和尚の父範淸が眞骨から一等級‘族降’して屬した得難という身分を説明するために記した註釋であるという點からも、六頭品を得難と別の品と理解する解釋は、文脈からみて整合的とはいえないであろう。結局‘五品’のうち、上位の三つの品は、それぞれ聖而, 眞骨, 得難＝六頭品と理解するのがもっとも自然である。

ただし、ここでの六頭品とは‘六番目の頭品’という意味ではなく、‘六つの頭品’という意味であり、一頭品から六頭品にいたる頭品全體を示すものと考えられる。‘數多爲貴, 猶一命至九’という説明が、三番目と四番目·五番目の品すべてに該當するのではなく、‘六頭品’自體を對象にしているからである。得難條で四番目と五番目の品を“言うに足らず”とし、言及しなかったにもかかわらず、既存ではこれらを五頭品と四頭品と否定し、一頭品~三頭品はこの時期すでに消滅していたと理解したのは、興德王9年に下された、色服·車騎·器用·屋舍に關する禁令が、‘眞骨－六頭品－五頭品－四頭品－平人·百姓’の構造に基づいていたからであった。しかし、興德王の禁令は身分自體に對する規定ではない。すなわち唐文宗の詔勅に影響を受け、奢侈を禁止しようとしたものであって、身分はその等級を基準に提示されたのみに過ぎない。ここにあらわれないといって、身分自體が當時消滅していたと見ることはできないのであって、等級の基準を示す最後尾にあたる‘四頭品至百姓’は四頭品と百姓のあいだに一つ以上の階層が存在する可能性がある。

結局、崔致遠が認識していた新羅の身分構造とは、聖而, 眞骨, 得難と、名稱が不明な下位の二品で構成されており、このうち、得難は一頭品から六頭品に至る六つの頭品を包括的に示したものと判断しうる。

▶ キーワード: 身分, 朗慧和尚碑, 五品, 骨品, 頭品, 眞骨, 得難, 六頭品, 興德王 禁令

논 문

신라하대 寶林寺 금석문의 서체와 그 서풍

정현숙*

〈국문초록〉

본고는 신라하대에 설립된 九山禪門 가운데 가장 먼저 개창된 迦智山門 寶林寺에 있는 세 금석문의 서체와 그 서풍을 재고찰하기 위한 것이다. 〈鐵造毘盧舍那佛造像記〉(859)와 〈南北塔誌〉(870)는 구양순풍 해서로 쓰였고, 〈普照禪師彰聖塔碑〉(884)는 김원의 구양순풍 해서와 김언경의 왕희지풍 행서 두 서체가 한 비에 쓰였다는 것이 대부분의 기왕의 주장이었다. 그러나 김언경의 글씨가 저수량풍이라는 견해도 있었다.

필자는 본고에서 〈철조비로자나불조상기〉와 〈남북탑지〉는 북위풍과 고신라풍인 고풍의 해서로 쓰였고, 〈보조선사창성탑비〉는 김원의 구양순풍 해서와 김언경의 저수량풍 해서 즉 해서라는 한 서체에 그 서풍이 다를 뿐이라는 것을 증명하고자 한다. 특히 저수량풍인 김언경 해서의 행기는 왕희지풍은 물론 통일신라의 행서 명가인 김생과 석영업의 행서풍도 같이 품고 있다는 것도 밝힐 것이다.

이로써 보림사를 개창한 체징을 기린 〈보조선사창성탑비〉는 그의 제자이자 조상 불사의 후원자인 김언경의 글씨로 인해 신라하대 선사비 가운데 서예사적으로 중요한 자리를 차지하고 있으며, 김원의 서풍과는 차별되는 독창적인 자가풍을 구사한 김언경은 이 한 작품만으로도 신라하대의 명필에 들 만하다는 것을 알게 될 것이다.

▶ **핵심어: 보림사철조비로자나불조상기, 보림사남북탑지, 보림사보조선사창성탑비, 저수량, 김언경, 김생, 석영업**

* 열화당책박물관 학예연구실장

Ⅰ. 머리말

신라하대[1](780-935)에 성립되기 시작한 선종은 지배계층과 경주지역을 중심으로 발달하면서 불교 본연의 원리인 보편성을 드러내지 못한 화엄종 중심인 교종의 사회문화적 모순을 타파하기 위한 대안으로 등장했다. 선종은 변방 지역의 호족들의 후원 아래 성립되었는데 그중 가장 대표적인 것이 九山禪門이다. 구산선문 가운데 가장 먼저 개창된 迦智山門의 보림사는 중국으로부터 南宗禪을 전래한 道義, 도의를 배운 廉居(?-884)를 거쳐, 염거를 배운 體澄(804-880)에 의해 개창되었다. 전라남도 장흥군 유치면 봉덕리에 위치한 보림사의 세 금석문 〈철조비로자나불조상기〉(859), 〈남탑지〉(870), 〈보조선사창성탑비〉(884)는 모두 9세기 후반에 건립된 것으로 상태가 완호하고 기년이 확실하여 신라하대의 역사, 불교사, 서예사 등 다양한 분야의 연구 자료로 활용되고 있다.

그런데 선행 연구는 그 서체와 서풍에 대해 〈철조비로자나불조상기〉와 〈남북탑지〉는 구양순풍 해서이고,[2] 〈보조선사창성탑비〉는 김원의 구양순풍 해서와 김언경의 왕희지풍 행서 두 서체가 혼용되었다고 보았다.[3] 그러나 김언경의 글씨가 저수량풍이라는 견해와 왕희지풍에 가까우면서도 특히 골력을 주로 한 저수량의 개성을 나타내는 서풍이라는 주장도 있었다.[4]

이에 본고는 앞의 두 점은 신라풍과 북위풍이 혼재된 고풍의 해서를 전승한 것이며, 〈보조선사창성탑비〉는 김원의 해서와 김언경의 행해서로 쓰인 전체적으로 해서 한 서체에 각기 서풍만을 달리했다는 것을 증명하려 한다. 특히 김언경의 행해서에서 해서는 저수량풍이며 행기가 많은 글자도 왕희지풍만이 아닌 신라의 김생풍, 석영업풍 등이 혼용된 것임을 밝히고자 한다.

필자는 본고를 통해 신라 글씨가 당풍 일색이 아니라 다양한 모습으로의 변용을 통해 新意의 신라풍을 창조했음을 보여주고, 이로써 기왕의 신라 서예 연구에 대한 전면적인 재검토의 필요성을 일깨우고자 한다.

---

1) 『삼국사기』는 신라의 역사를 상·중·하의 삼대로 나누는데 삼국시기를 상대로, 무열왕 원년(654)년부터 혜공왕 16년(780)에 일어난 정변 이전까지를 중대로, 이후 선덕왕대부터 멸망기까지를 하대로 구분한다. 즉 상대는 700여 년간의 삼국기, 중·하대는 260여 년간의 통일기에 해당되는데 상·중대의 경계는 654년, 중·하대의 경계가 780년이다. 국사편찬위원회, 1996, 『한국사 11』, p.11; 이영호, 2014, 『신라 중대의 정치와 권력구조』, 지식산업사, pp.27-33; 주보돈, 2015, 「신라사의 흐름」, 『신라의 황금문화와 불교미술』, 국립경주박물관, pp.200-201. 본고도 이 시대구분을 따른다.

2) 金南允, 1992b, 「寶林寺 毘盧舍那佛 造像記」, 『譯註 韓國古代金石文』 3, p.312; 金南允, 1992c, 「寶林寺 石塔誌」, 『譯註 韓國古代金石文』 3, p.332.

3) 金南允, 1992a, 「寶林寺 普照禪師塔碑」, 『譯註 韓國古代金石文』 3, p.47; 예술의전당, 1998, 『옛탁본의 아름다움, 그리고 우리의 역사』 한국서예사특별전19; 예술의전당, 2000, 『韓國書藝二千年』 한국서예사특별전19; 국립경주박물관, 2002, 『文字로 본 新羅』, p.270; 국립문화재연구소, 2005, 『한국금석문자료집(상)』, p.273; 단국대학교 석주선기념박물관, 2006, 『搨影名選 上』, p.89; 성균관대학교 박물관, 2008, 『新羅 金石文 拓本展』, p.164.

4) 崔完秀, 2001, 「신라 선종과 비로자나불의 출현」, 『新東亞』(2001.6.); 손환일, 2002, 「新羅 書藝의 特徵」, 『文字로 본 新羅』, p.282.

II. 羅末의 禪宗과 迦智山 寶林寺의 건립배경

보림사 금석문의 서체와 서풍을 살피기 전에, 신라하대에 선종이 성립된 배경과 과정, 그리고 선종 가운데 대표적인 구산선문의 대두, 구산선문 중 가장 먼저 개창된 보림사의 건립배경을 간략하게 살펴보자.

1. 나말의 선종 성립과 九山禪門의 대두

통일 후의 신라 불교는 玄奘의 新譯佛教의 영향으로 성립된 法相宗과 그 전부터 발전해온 華嚴宗이 상호경쟁하면서 발전하고 있었다.[5] 특히 義湘에 의한 화엄종의 성립으로 교종이 크게 발달하였지만 전반적인 불교수준의 측면에서 보면 초기 단계에서 형성된 샤머니즘적 성격을 완전히 벗어나지 못했다. 불교의 지역적 발전에 있어서도 지방에 건립된 화엄십찰을 중심으로 왕경을 벗어나 지방까지 확장되었지만 경상도 지역을 크게 벗어나지 못했다. 그나마 그 사찰들도 지방민이 주체가 된 교화의 장소가 아니라 경주의 중앙귀족사회와만 직결되어 지방사회와는 유대관계가 없었다.

통일신라의 문화는 경주 중심의 골품제도 위주의 정치문화만을 고집하였기 때문에 후기로 내려갈수록 귀족문화와 서민문화, 도시문화와 지방문화의 유리도가 더해지고 진골귀족 세력 안에서도 분열의 조짐이 보이면서 귀족문화 자체가 공허한 분위기에 빠져 들었다. 그 결과 귀족사회에서는 老莊사상이 퍼지면서 자신들이 창조한 문화의 가치를 부인하는 풍조가 생기고 지방에서는 귀족문화에 반발하는, 경주를 벗어난 새로운 문화를 창조하려는 움직임이 생기기 시작했다.

화엄종이 중심이 된 신라중대의 교종은 진골 중심의 골품관념이나 경주 중심의 지역관념만을 강조한 사회적·문화적 모순을 인식하지도 못하고 해결할 능력도 갖추지 못했다. 따라서 지역을 초월하고 지배층과 피지배층 간의 격차를 해소한다는 불교 본연의 보편성을 구현할 수 없게 되었다. 비록 원효가 귀족불교를 민중불교로 끌어내려는 대중화를 위해 노력했지만 신라불교의 사회적·경제적 모순을 극복하게 된 것은 하대에 선종이 성립되면서부터였다. 또한 삼국시대의 불교나 통일 초기의 불교가 경주를 중심으로 경상도 지역을 벗어나지 못했던 지역적 모순도 선종의 성립으로 극복할 수 있는 계기가 되었다.[6] 화엄으로 대변되던 교학불교시대가 종말을 고하게 되었고 교학불교의 기반을 뒤흔들어 놓으면서 등장한 것이 바로 '文字不立 敎外別傳 直指人心 見性成佛'[7]을 주장한 선종이었다. 이러한 선종은 사상적으로는 교학불교에 대한 도전이며, 사회적으로는 전제정권을 부인하는 성격을 띠었다.

신라하대부터 나말여초에 걸쳐 수많은 선승들이 중국에서 유학하면서 心印을 받고 귀국한 후 각각 자신과 인연이 있는 곳이나 피난지를 찾아 전국을 유람하면서 각처에 분산되어 독립적인 禪門을 개창했다.

---

5) 국사편찬위원회, 1981, 『한국사 3』, pp.181-182.

6) 최병헌, 1975, 「羅末麗初 禪宗의 社會的 性格」, 『史學硏究』 25, pp.189-193.

7) 대립과 부정을 상징하는 문자를 뛰어 넘어 초월의 세계를 지향하고, 번쇄한 교리를 일삼은 교종 종파들이 소홀히 다루어 온 부처의 가르침에 감추어진 본래 의미를 따로 전하며, 단도직입적으로 자신의 마음을 꿰뚫어보고, 중생이 본래 지니고 있는 불성에 눈 뜬다.

당시의 선문 가운데 대표적인 구산선문이 경주지역과 나아가 경상도 지역을 벗어나 중대 이전의 교종계에서는 권외지역으로 여겨졌던 변방에 위치하고 있다는 것은 지역적인 모순을 해결한 선문의 역할을 보여준다. 구산선문의 중심지는 전남 장흥의 迦智山, 전북 남원의 實相山, 전남 곡성의 桐裏山, 충남 보령의 聖住山, 강원도 강릉의 闍崛山, 강원도 영월의 獅子山, 경북 문경의 曦陽山, 경남 창원의 鳳林山, 황해도 해주의 須彌山으로 의양산과 봉림산을 제외하고는 모두 오악인 태백산, 계룡산, 지리산, 토함산, 팔공산을 연결하는 선 밖의 변방에 위치하고 있었다.[8)]

이리하여 각 선문은 그 지방의 새로운 교화의 중심지가 되었을 뿐만 아니라 나아가 지방문화의 중심지 역할을 하게 되었다. 통일신라에서 선종의 성립은 화엄종을 비롯한 교종의 기성 사상체계에 대한 단순한 반발이나 대체가 아니라 사상적인 면에서 관념적·미신적 교종의 모순을 극복하는 과정이었고 지역적인 면에서도 도시 중심의 불교를 각 지방에 확장시켰다는 점에서 불교의 발달뿐만 아니라 신라 하대사회의 발달에도 크게 기여하였다.

각 선문의 후원세력과 선승들의 신분에서도 선종의 이러한 성격을 확인할 수 있다. 선종을 도입한 선승들은 대부분 폐쇄적인 진골귀족에 도전하는 六頭品 이하의 하급귀족, 중앙지배층에서 몰락한 낙향귀족 출신, 중앙 진출이 불가능한 지방호족 출신이었다.[9)]

신라의 선종은 821년(헌덕왕 13) 道義大師가 중국 馬祖 道一[10)](709-788)의 수제자 중 한 사람인 西堂智藏(735-814)에게서 南宗禪을 받고 귀국한 때로부터 시작되었다.[11)] 도의가 가져온 남종선은 북종선[12)]과는 달리 당시 신라 불교세계에 대단한 파문을 일으켰다. 재래의 교학불교를 그 기반부터 흔들었던 이 새로운 선풍은 경전의 가르침과 관법을 익혀 정신을 보존하는 법을 숭상하고 있던 당시 사람들에 의해 수용되지 못하고 無爲任運의 宗[13)]에 이르지 못했는데 이는 달마가 양 무제에게 받아들여지지 못한 것과 같았다.[14)] '無爲任運之宗'과 '無念無修'를 표방한 도의의 선사상은 전통적인 교학불교의 권계와 교설을 부정

---

8) 구산선문의 형성과 성립에 관해서는 崔柄憲, 1972,「新羅下代 禪宗九山派의 成立 -최치원의 四山碑銘을 중심으로-」,『韓國史研究』7, pp.33-45; 高翊晋, 1986,「新羅下代의 禪傳來」,『韓國佛教禪門의 形成史研究 -九山禪門形成을 中心으로-』 불교학논집2, pp.104-110 참조. 구산선문 분포도는 국립중앙박물관, 2003,『통일신라』, p.266 참조.

9) 최병헌, 1975, 앞의 글, pp.193-198.

10) 마조의 계보에 관해서는 高翊晋, 1986, 앞의 글, pp.85-86; 이부키 아츠시 지음, 최연식 옮김, 2011,『새롭게 다시 쓰는 중국 선의 역사』, pp.119-122, pp.153-154.

11) 〈보조선사창성탑비〉 "初道義大師者 修心印於西堂 後歸我國 說其禪理." 서당 지장의 남종선은 도의 이외에도 實相山門을 개창한 洪陟과 桐裏山門을 개창한 慧哲(惠徹)에게 전해져서 선종구산파 중 3파가 그에게서 나왔다. 도의의 귀국을 823년으로 보는 견해가 있다. 조범환, 2005,「新羅 下代 體澄 禪師와 迦智山門의 개창」,『정신문화연구』28(3), p.6.

12) 남종선의 대가 되는 북종선은 당시 이미 신라에 들어왔지만 크게 유행하지 못했다. 북종선은 교종불교와 연관이 있어 신라에서도 교종불교와 큰 마찰이 없었으며, 그래서 당시 귀족세력으로부터 외면당하지 않았다. 북종선의 사상과 다양성에 관해서는 이부키 아츠시 지음, 최연식 옮김, 2011, 앞의 책, pp.70-85 참조.

13) 문자나 언어적 思惟를 여의고 누구나 직접적으로 悟道할 수 있으며 미신적이거나 신비적인 면을 일체 부정하고 각 개인의 지성만을 중시하는 의미로서의 선종을 말하는 것이다.『朝鮮金石總覽』上, p.62; 최병헌, 1975, 앞의 글, p.191 재인용.

14) 〈보조선사창성탑비〉 "時人惟尙經教與習觀存神之法 未臻其無爲任運之宗 以爲虛誕 不之崇重 有若達摩不遇梁武也." '時人'을 '그 당시 사람들'이 아닌 당시의 왕이었던 '헌덕왕'으로 보기도 한다. 달마와 양 무제의 관계를 그대로 대입하여 도의와 헌덕

하면서 祖師禪의 우위성을 강조하였기 때문에 교종의 반발을 받아 배척당했다. 특히 헌덕왕대(809-826)에 성행하여 계율을 중시하는 眞表 계통의 法相宗으로부터 심한 반발이 있었다. 비난을 받은 도의는 결국 설악산 陳田寺에 은거하게 되었다 그는 거기서 40여 년을 수행하고 心印을 廉居에게, 염거는 다시 體澄에게 法戒를 전해주었다.[15]

2. 가지산문 보림사의 건립배경

가지산문은 선종구산 중 가장 먼저 개산한 산문이다. 가지산문의 개산조는 서당 지장의 인가를 받아 821년 귀국하면서 신라 하대사회에 남종선을 처음 전한 도의이며, 개창조는 도의의 손제자인 웅진(지금의 공주) 호족출신 체징(804-880)이다. 가지산문의 후원 세력은 헌안왕(재위 857-860)과 왕족인 長沙宅主 김언경, 그리고 두 金入宅[16] 望水宅[17]과 里南宅 宅主였다.

왕성인 김씨 성을 가진 체징은 김헌창과 관련이 있는 낙향 진골귀족이었는데,[18] 822년(헌덕왕 14) 일어난 김헌창의 난이 실패한 후 19세에 花山의 權法寺 밑으로 출가하여 경전을 익혔다. 827년(흥덕왕 2) 普願寺에서 구족계를 받은 후 설악산 億聖寺에 住錫하고 있던 염거선사를 찾아갔다. 염거를 방문한 이후 처음 배운 화엄을 뒤로 하고 선종으로 방향을 바꾸었다. 837년(희강왕 2) 중국으로 건너가 중국 선종계를 돌아보면서 '性相無異'를 깨닫고 3년만인 840년(문성왕 2) 귀국했다. 체징의 선은 도의 이래의 心觀에 입각하였으나 다소 융회적인 禪風이었다. 귀국 후 20여 년간 활동한 고향 웅진의 長谷寺를 떠나 859년 무렵 무주 黃壑寺로 옮겼다. 그는 공허한 이론에 빠졌던 신라하대 교학불교의 모순을 인식하고 극복하기 위해서 무주 일대에서 선풍을 진작하였다. 무주에서 활동한지 얼마 되지 않아 헌안왕의 주목을 받았고, 왕의 요청으로 859년(헌안왕 3) 가지산사(후의 보림사)로 옮겼다.[19] 880년(헌강왕 6) 3월 9일 향년 77세, 승랍 52세로 입적했다.

이로써 달마는 당나라의 제1조가 되었고, 우리나라에서는 도의대사가 제1조, 염거선사가 제2조, 체징이 제3조가 되었다. 883년(헌강왕 6) 門人 義車 등이 행장을 모아 비를 세울 것을 청하니, 왕은 교를 내려 시호를 보조, 탑호를 창성, 절 이름을 보림이라 정하고 예로써 그 선종을 포상하였다. 金穎에게 조를 내려 碑讚을 지어 후세에 전하여 알리라 했으니 그가 명을 받들어 사실대로 기록하여 詞를 지었다.[20] 헌강

왕으로 해석한 것이다. 이영호, 2008,「신라 迦智山門 法統과 位相인식」,『新羅文化』32, pp.280-281.

15) 도의와 염거에 관해서는 이영호, 위의 글, pp.276-282, pp.289-290 참조.

16) 상세한 것은 李基東, 1978,「新羅金入宅考」,『震檀學報』45; 李基東, 1984,『新羅骨品制社會와 花郎徒』, pp.183-208 참조.

17) 〈보조선사창성탑비〉의 望水宅이『三國遺事』의 水望宅의 轉倒인 것은 확실하지만 어느 쪽이 맞는지는 알 수 없다. 이기동, 1984, 위의 책, p.204, 주68.

18) 李啓杓, 1993,「新羅 下代의 迦智山門」,『全南史學』7, p.278.

19) 체징의 생애와 구산선문 개창과정에 대해서는 조범환, 2005, 앞의 글, pp.5-15.

20) 〈보조선사창성탑비〉"是以達摩爲唐第一祖我國則以儀大師爲第一祖居禪師爲第二祖我師第三祖矣中和三年」春三月十五日門人義車等纂輯行狀遠詣王居請建碑銘用光佛道」聖上慕眞宗之理憫嚴師之心敎所司定謚日普照塔號彰聖寺額寶林褒其禪宗禮也翌日又詔微臣修撰碑讚垂裕後人臣兢惶承命直筆爲詞."

왕이 보림사라 사액함으로써 보림사는 동국 선종의 총본산이 되었다. 六祖大師 慧能이 주석하던 韶州 曹溪山 寶林寺가 중국 선종의 총본산이기 때문이다.

전라남도 장흥군 가지산 남쪽 기슭에 자리한 보림사는 신라 헌안왕대(857-861)에 元表大德禪師가 세운 절이다. 〈보조선사창성탑비〉에는 '가지산은 곧 원표대덕이 옛날 거처하던 곳이었다. 원표대덕은 법력으로 정사에 베풀어 그 때문에 건원 2년 특별히 교를 내려 長生標柱를 세우게 하여 지금까지 남아 있다'고 적혀 있다.[21] 또한 조선 전기의 『寶林寺事蹟記』에 의하면 '헌안왕 당시 원표라는 중국인 선사가 가지산에 瑞氣가 있음을 느끼고 지형의 수려함이 가히 선의 도를 펼 만하고 불교를 심을 만하다고 생각하여 중국의 보림사와 같은 형태의 절을 지었다'고 한다.[22] 조선 후기의 『寶林寺重刱記』 후반부에는 원표대덕 이후 가지산문의 법계를 이은 도의, 염거, 체징으로 이어지는 일련의 과정이 요약되어 있다. 이 기록들로 보아 보림사는 체징 이전에 원표가 초암을 짓고 수행했던 것으로 추정된다.

헌안왕은 교지를 내려 보림사의 중창을 도왔다. 또 〈보조선사창성탑비〉에 의하면 '860년(당 선제 14년) 2월 長沙縣의 副守 金彦卿은 일찍이 제자의 예를 갖추고 문하의 빈객이 되어 녹봉을 덜고 사재를 내어 철 2,500근을 사서 노사나불 한 구를 주조하여 체징선사가 거처하는 절을 장엄하였다'[23]고 한다. 870년(경문왕 10)에 삼층쌍탑이 조성되었고, 이후 보림사는 가지산문의 근본도량으로 발전하였다. 880년 체징이 입적하던 당시에는 그의 제자 800여 명이 절에 머물렀으며, 884년 그를 기리기 위해서 〈보조선사창성탑비〉가 세워졌다.

III. 보림사 금석문의 서체와 그 서풍

현재 보림사의 배치는 가지산을 뒤로 한 평지에 남서향을 하고 있는 중층의 대웅보전을 중심으로 좌측 석축 위에 장서각이 있다. 장서각 우측에는 조사전이, 좌측에는 대적광전이 넓은 절 마당 안쪽을 바라보고 있다. 대적광전 앞에 삼층쌍탑이 있고 그 가운데 석등이 있다. 대웅보전 우측에는 요사와 종각이 있고, 좌측에 대적광전과 일직선상에 사천문과 절 입구인 외호문이 있다. 이 절에는 문화재가 많은 편이다. 대적광전 안에 철조비로자나불은 국보 제117호, 삼층쌍탑은 국보 제44호다. 대웅전 동북쪽에는 있는 보조선사창성탑은 보물 제157호, 〈보조선사창성탑비〉는 보물 제158호이며, 사천문과 사천왕상은 각각 전라남도 유형문화재로 지정되어 있다. 이제 세 금석문의 서체와 그 서풍을 차례대로 살펴보자.

---

21) "其山則元表大德之舊居也表德以法力施于有政是以建元二年特教植長生標柱至今存焉."

22) 呂聖九, 1993, 「元表의 生涯와 天冠菩薩信仰硏究」, 『國史館論叢』 48.

23) "宣帝十四年仲春副守金彦卿夙陳弟子之禮嘗爲入室之賓減淸俸出私財市鐵二千五百斤鑄廬舍那佛一軀以莊禪師所居." 그런데 비로자나불조상기에 의하면 정왕 3년 즉 859년에 불상을 조상했다고 하여 두 명문 사이에 1년의 시차가 있다.

표 2. 보림사 금석문 개요

금석문명	연대	발원인	찬자/서자/각자	서체	크기(세로×가로×두께)	소장처
철조비로자나불 조상기	859	金邃宗·헌안왕	미상	해서	273.5cm	보림사
남북탑지	870	金遂宗·경문왕	미상	해서	남탑지: 9.6×9.5×2.6cm 북탑지(육면체): 8.1×9.4cm	국립광주박물관
보조선사창성탑비	884	헌강왕·체징문인	金穎/ 金薳·金彦卿 /賢暢	해서· 행해서	287×122.6cm	보림사

1. 鐵造毘盧舍那佛造像記

보림사의 본존불인 철조비로자나불은 865년(경문왕 5) 조성된 국보 제63호 도피안사 철조비로자나불[24]보다 6년 이른 859년(헌안왕 3)에 만들어졌다.[25] 두 불상 모두 陽文의 명문이 있는데 도피안사불에는 등에, 보림사불에는 왼쪽 어깨 뒷면에 있다. 높이 91cm인 도피안사불보다 3배 큰, 한국 最古의 철불인 보림사 비로자나불은 武州 長沙縣 副官 金邃宗[26]과 헌안왕이 조성했다.

명문은 8행, 행 4-11자로 총 71자이며, 造像 연대를 불멸 후 1808년이라 새겨 한국에서 전통적으로 사용된 북방설의 불멸 기원(기원전 919)이 이때 사용되었음을 말해준다.[27]

24) 정병삼, 1992, 「到彼岸寺 毘盧遮那佛 造像記」, 『譯註 韓國古代金石文』 3, p.314.

25) 선행 연구에서는 조상 시기를 858년으로 보았다. 김남윤, 1992b, 앞의 글, p.312; 崔完秀, 2001, 앞의 글; 국립경주박물관, 2002, 앞의 책, p.205. 이는 명문 후반부에 858년 김수종이 왕에게 주청하였다는 부분에 근거한 것인데, 전반부에 이듬 해인 859년에 조성했다고 기록되어 있다. 체징은 헌안왕의 요청으로 859년 무주 황학사에서 가지산사(후의 보림사)로 옮겼는데, 그 1년 전인 858에 김수종이 조상을 주청하고, 옮긴 해인 859년에 조성한 것이 맞다.

26) 11년 후에 만들어진 삼층쌍탑의 북탑지 명문에 등장하는 金遂宗과 동일인이다. 또한 철 2,500근을 희사하여 노사나불을 조성한 발원인 겸 〈보조선사창성탑비〉의 서자인 김언경과 김수종은 전후하여 장사현령에 부임하여 동 불사에 관여하였거나 아니면 양자 동일인일 가능성이 있다. 이 경우 김수종이 김언경으로 개명한 것으로 볼 수 있다. 崔彦撝가 崔仁滾으로 개명한 실례도 있다. 이기동, 1984, 앞의 책, pp.189-190; 김남윤, 1992b, 앞의 글, p.313.
최완수는 김수종과 김언경은 동일인일 수 없다고 한다. 그는 "후임인 김언경이 자신의 공적을 과시하기 위해서 고의로 전임인 김수종에 대한 기록을 삭제했다. 그 근거는 김언경이 〈보조선사창성탑비〉 7행 이후의 서자라는 것이다. 앞 7행은 곤미현 현령 김원이 구양순체로 썼고, 7행 중반 이후는 김언경이 저수량체로 쓰면서 김영의 찬문을 바꾸었다. 따라서 불상의 조성 연대는 불상 팔뚝의 명문을 따라 858년 김수종이 발원하고 헌안왕의 명으로 조성한 것이다"라고 주장한다. 崔完秀, 2001, 앞의 글, pp.599-600.

27) 김남윤, 1992b, 앞의 글, p.312.

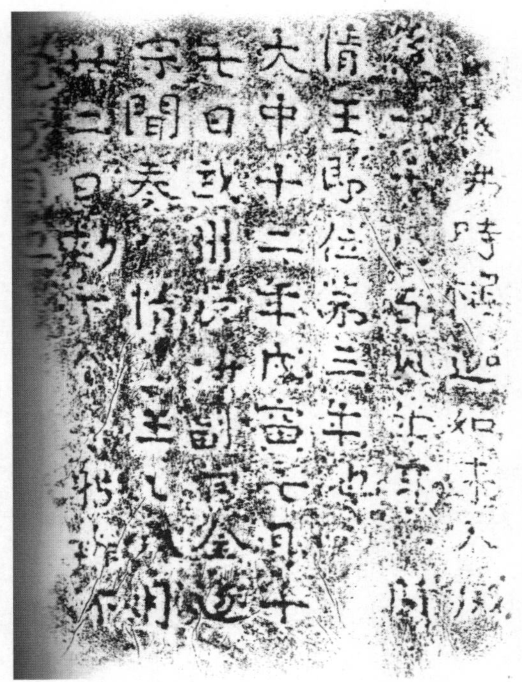

그림 1. 보림사 철조비로자나불조상기, 859, 통일신라, 273.5 cm, 전남 장흥 가지산

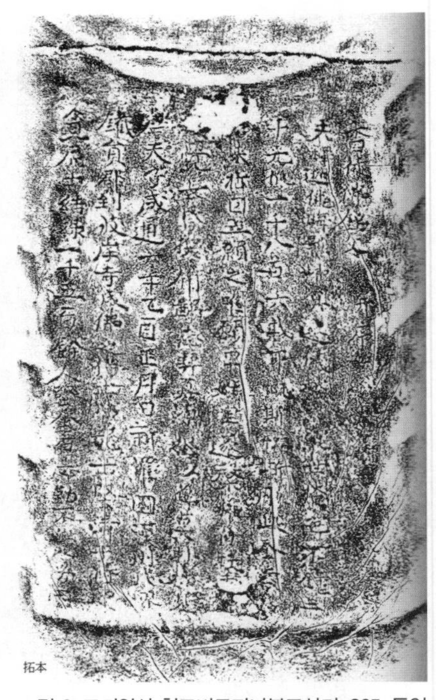

그림 2. 도피안사 철조비로자나불조상기, 865, 통일신라, 91cm, 강원도 철원군 화개산

當成弗時釋迦如來入滅」
後一天八百八年耳此是」
情王卽位第三年也」
大中十二年戊寅 七月十」
七日武州長沙副官金邃」
宗聞奏情王△八月」
廿二日勅下令△躬作不」
覺勞困也」

불상을 조성한 때는 석가여래 입멸 후 1808년이다. 이때는 정왕 즉위 3년(859)이다. 대중 12년(헌안왕 2, 858) 무인 7월 17일 무주 장사현 부관 김수종이 주청했고, 정왕은 8월 22일 칙령을 내렸으며 △ 몸소 만들고도 피곤함을 알지 못했다.

명문에 의하면 858년 7월에 김수종이 헌안왕에게 조상을 청하고 8월에 정왕(헌안왕)이 칙명을 내리고 다음해인 859년(정왕 3)에 불상을 조성했다. 그런데 〈보조선사창성탑비〉에 의하면 김언경은 860년(당 선제 14, 신라 정왕 4)에 사재를 털어 노사나불 조상을 후원했다고 기록하여 같은 불사를 두고 두 명문 간에 1년의 시차가 있다. 이에 대해서는 주물을 뜨기 위해 명문을 새긴 때는 859년이고 실제로 불상이 완성된 때는 1년 후인 860년으로 해석하기도 하는데,[28] 타당한 추론이다.

보림사불조상기(그림 1)는 도피안사불조상기(그림 2)처럼 주조되었기 때문에 圓筆이며 횡획[勒劃]과 종획[努劃]의 굵기가 비슷하다. 그러나 章法과 結構는 도피안사 명문보다 정연한 편이다. 명문의 해서를 구양순풍이라고 했으나[29] 몇 글자가 장방형이라는 점 이외에는 구양순풍의 특징이 거의 없다. 오히려 예서의 유풍이 있는 원필의 해서는 고신라풍과 유사하며 부분적으로 북위풍도 혼재되어 있다.

조상기 글씨의 특징으로 서풍을 좀 더 자세히 살펴보자. 첫째, 대부분의 글자는 정방형이나 편방형이다. '聞(7-2)'자가 대표적인 예이며, 구양순 글씨의 특징인 장방형은 '情', '月'자에서만 보인다. 둘째, 向勢가 주를 이룬다. 구양순풍은 背勢다. 셋째, 횡획이 대부분 右下向이다. 구양순풍은 우상향이다. 넷째, 글자의 굵기에 변화가 적다. 구양순풍은 통상 횡획보다 종획이 약간 더 굵다. 이 명문은 같은 양각이지만 풍후한 안진경풍의 〈성덕대왕신종명〉(771)과 구별된다. 넷째, 기필의 각도가 45도 정도인 구양순풍보다 더 크다. 다섯째, 전절은 원전이 주를 이루어 구양순풍의 방절과 대비된다.

글자를 자세히 살펴보면, '年(4-5)'자의 결구 및 起筆과 收筆의 각도, '大(4-1)', '七(5-1)'자에서 수필보다 기필이 더 강한 점, '位(3-4)'자의 亻에서 첫 획인 삐침이 둘째 획인 종획보다 더 긴 점, '中', '十'자에서 횡획이 종획보다 긴 점, '金'자에서 상부의 삐침과 파책이 아래로 길게 내려온 점, 그리고 '迦'자의 파책은 모두 북위풍이다. 또 반복되는 '時', '年', '王', 也'자의 결구가 조금씩 달라 변화가 많은 북조의 경향을 반영하고 있다. 고신라풍의 특징 중 하나인 예서의 필의로 쓴 부분은 '時(1-4)'자의 寸의 갈고리[鉤劃], '王(3-2)'자의 마지막 횡획, '金(5-9)'자의 첫 획인 삐침[撇劃]이다. 이처럼 보림사 비로자나불조상기의 글씨에는 구양순풍 이전의 고풍인 북위풍과 토속적인 신라풍이 섞여 있다.

2. 南北塔誌

9세기경 왕실의 후원으로 願堂과 願塔의 건립이 성행하였는데, 보림사 대적광전 앞에 남북으로 나란히 세워진 삼층쌍탑(남탑:5.4m, 북탑:5m)도 경문왕이 870년(왕 10)에 아버지 헌안왕을 위해서 세운 것이다. 1933년 석탑을 보수할 때 사리구와 함께 탑지가 발견되었다. 탑지의 재질은 蠟石이며, 육면체인 북탑지의 4면과 사각형 판의 남탑지에 1.3-1.6cm 크기의 글자가 음각되어 있다.(그림 3) 명문에 의하면 당시 西原部 小尹 奈末 金遂宗이 주청했고 왕이 칙명을 내려 造塔했다. 金遂宗은 12년 전인 858년 武州 長沙縣 副官으로 철조비로자나불 조상을 주청했던 金邃宗과 같은 사람이라는 것은 이미 상술했다. 남탑지 표면과 북탑지 4면의 명문과 해석은 다음과 같다.

28) 박성연, 2013, 「보림사 철조비로자나불좌상 연구」, 이화여자대학교 대학원 석사학위논문, pp.24-32.

29) 김남윤, 1992b, 앞의 글, p.312.

咸通十一祀庚寅」
立塔　　大順二」
祀辛亥 十一月日」
沾記 內宮　　舍」
利七枚在白」

함통 11년(870) 경인에 탑을 세웠다. 대순 2년(891) 신해 11월 어느 날에 기록하다. 내궁에 사리 7매가 삼가 계시다.

(一)
造塔時」
咸通十一年」
庚寅五月日」
(二)
　　時」
凝王　卽位」
十年矣」
(三)
　所由者」
憲王　往生」
慶造之塔」
(四)
西原部小尹奈末」
金遂宗聞奏　奉」
勅伯士及干珎鈕」

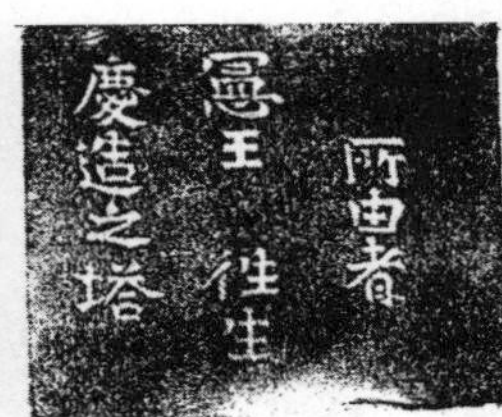

그림 3. 보림사 남북탑지, 북탑지 탁본, 870, 통일신라, 9.5×9.6×2.6cm(남탑지), 9.2×9cm(북탑지), 국립광주박물관

탑을 조성한 때는 함통 11년(870) 경인 5월 어느 날이다. 그때는 경문왕 즉위 10년이었다. 말미암은 바는 헌안왕의 왕생을 위하여 삼가 만든 탑이다. 서원부 소윤 나마 김수종이 아뢰었고 칙명을 받들어 (탑을 조성한) 우두머리는 급간 진뉴이다.

북탑지의 상·하면은 1478년의 중수 사실과 인근 쌍봉사와 무위사의 대회 및 무위사 주존불 조성 사실을 기록해 놓았으며, 남탑지의 후면과 측면에는 1478년과 1684년에 탑을 중수한 사실이 기록되어 있다.[30)]

남북탑지의 글씨는 비로자나불 명문처럼 구양순풍 해서[31)]가 아니라 남북조풍 해서다. 통일신라에서 무명서가들은 탑지 또는 사리호에서 고풍인 남북조풍과 고신라풍 해서를 주로 썼는데, 보림사의 조상기와 탑지도 그렇다. 목각본 〈무구정광대다라니경〉(751), 〈永泰二年銘塔誌〉(766), 〈민애대왕석탑사리호〉(863, 그림 4) 등도 마찬가지다.[32)]

탑지는 자간과 행간이 일정한 장법이지만 행의 글자 수는 불규칙적이다. 자형은 정방형이고, 횡획은 평세고, 기필과 수필은 방필이며, 수필에 예서의 필의가 있어 예서 해서로의 변천 과정을 보여주는데 이런 과도기적 현상도 남북조 글씨의 특징 중 하나다. 이 글씨는 북위 용문석굴에서 방필의 정방형인 〈鄭長猷造像記〉(501, 그림 5) 글씨와 유사하며 후술할 〈보조선사창성탑비〉의 장방형인 초당풍 해서와는 완전히 다르다.

육면체인 북탑지의 글씨는 전체적으로 균일한 반면, 남탑지의 글씨는 위치에 따라 서풍이 조금씩 다르다. 상하와 좌·우측면의 글씨는 전·후면의 것보다 필법에 구애됨 없이 자유분방하다.[33)] 이처럼 보림사 〈남북탑지〉는 초당의 구양순풍이 아닌 남북조풍의 해서로 쓰였다. 따라서 이 서풍은 다양한 서풍의 통일신라 글씨[34)] 가운데 〈철조비로자나불조상기〉와 더불어 무명서자에 의해 고풍이 전승된 것에 속한다.

3. 普照禪師彰聖塔碑

보조선사 체징을 기리기 위해[35)] 884년(헌강왕 10)에 건립한 〈보조선사창성탑비〉(그림 6)는 현전하는

---

30) 명문과 해석문은 김남윤, 1992c, 앞의 글. p.332-334. 국립청주박물관은 『한국 고대의 문자와 기호유물』, 2000, p.155에서 북탑지를 동탑지, 남탑지를 서탑지라 칭했다.

31) 김남윤, 위의 글, p.332; 국립청주박물관, 위의 책, p.155; 국립문화재연구소, 2005, 앞의 책, p.270. 앞 7행을 김원이 구양순풍으로 쓴 〈보조선사비청성탑비〉와 비교해도 그 차이점이 명확하다.

32) 작품은 국립경주박물관, 2002, 앞의 책, pp.222-223, p.161, p.172 참조. 〈무구정광대다라니경〉 서풍은 정현숙, 2008, 「통일신라시대 〈무구정광대다라니경〉의 서체 연구」, 『書誌學硏究』 40; 정현숙, 2009, 「통일신라시대 〈무구정광대다라니경〉 서풍의 연원」, 『한류와 한사상』, 모시는 사람들 참조.

33) 통일신라에서 〈永泰二年銘塔誌〉, 〈昌寧塔金堂治成文記碑〉(〈仁陽寺碑〉, 810)도 측면의 글씨가 전·후면의 것보다 더 자유자재하다. 〈昌寧塔金堂治成文記碑〉의 글씨는 정현숙, 2014, 「창녕지역 신라금석문의 서풍」, 『書藝學硏究』 24, pp.43-49 참조.

34) 필자는 통일신라 서예를 다섯 부분으로 나누어 논한 바 있다. 거기에서 해서를 당풍과 고풍으로 나누고, 고풍은 다시 고신라풍과 남북조풍으로 나누었다. 정현숙, 2013, 「통일신라 서예의 다양성과 서풍의 특징」, 『書藝學硏究』 22.

35) 보조선사 지선의 탑비라고 기록되어 있다. 단국대학교 석주선기념박물관, 2006, 앞의 책, p.89.

그림 4. 민애대왕석탑사리호, 863, 통일신라, 8.5×8.5(底徑)cm, 대구 동화사

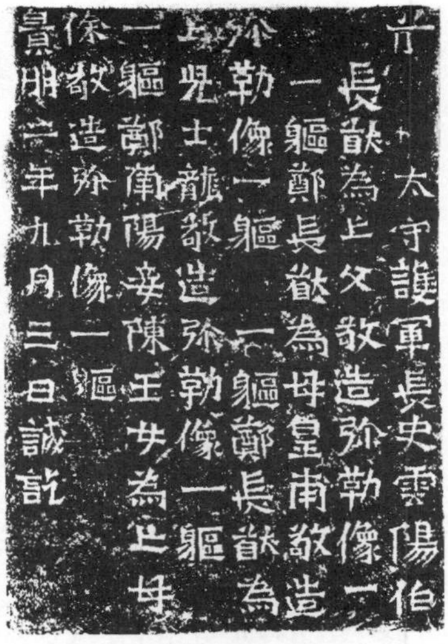

그림 5. 鄭長猷造像記, 501, 북위, 중국 하남성 용문석굴 고양동

완형비 가운데 가장 오래된 것이며 찬자·서자·각자를 기록한 첫 번째 비다. 대리석인 碑身, 화강암인 龜趺와 螭首가 완형이며 이수의 가운데 있는 비액은 전서로 '迦智山普照禪師碑銘' 9자가 3행, 행 3자로 양각되어 있다. 비문은 총 34행이며, 행의 글자 수는 불규칙적이지만 자간은 일정하다. 비면이 결락된 부분이 조금 있으나 자경 약 2.4cm인 글씨는 완호하여 대부분 판독 가능하다.

명문의 내용은 도의의 손제자인 보조선사 체징의 출생, 출가에서 입적, 가지선문의 祖師 계승의식, 개창과 발전, 그것을 위한 헌안왕과 왕실 귀족의 후원 사실을 기록하고 있으며, 도의에 의해 처음 전래된 南宗禪을 배척한 당시의 사회적 분위기를 전하고 있어 신라하대 선종사상의 흐름과 성격을 알 수 있다. 내용을 대략 구분해 보면 1-3행은 제액과 찬자 및 서자, 4-8행은 서문, 8-28행은 본문, 29-32행은 詞, 33행은 건립일, 34행은 7행 '禪'자 이하의 서자 및 각자를 기록하고 있다.[36]

이 비의 가장 큰 특징은 서자가 두 명이라는 사실이다. 2행에 의하면 金穎이 문장을 짓고 武州 昆湄縣[37]令 金薳이 글씨를 썼으며, 마지막 행에 의하면 제7행 '禪'자 이하는 체징의 제자[38]인 전 병부시랑 金彦卿이 글씨를 쓰고[39] 興輪寺 승려 賢暢이 새겼다.

36) 김남윤, 1992a, 앞의 글, p.47. 조선 1457-1464년(세조 3-9) 사이의 寶林寺事蹟 영인본이 한국미술사학회, 1967, 「新羅國武州迦智山寶林寺事蹟」, 『考古美術』 8(4) 附錄에 실려 있다. 본고의 탁본은 『新羅 金石文 拓本』(성균관대학교 박물관, 2008)에 실린 것이다.

37) 지금의 전남 영암군 미암면 일대이다.

38) 단국대학교 석주선기념박물관(2006, p.89)은 김언경이 김원의 제자라고 하지만 비문에 의하면 체징의 제자로 노사나불 조상 불사를 후원했다.

39) 김언경이 찬자라고 한 것은 오류다. 박성연, 2013, 앞의 글, p.35.

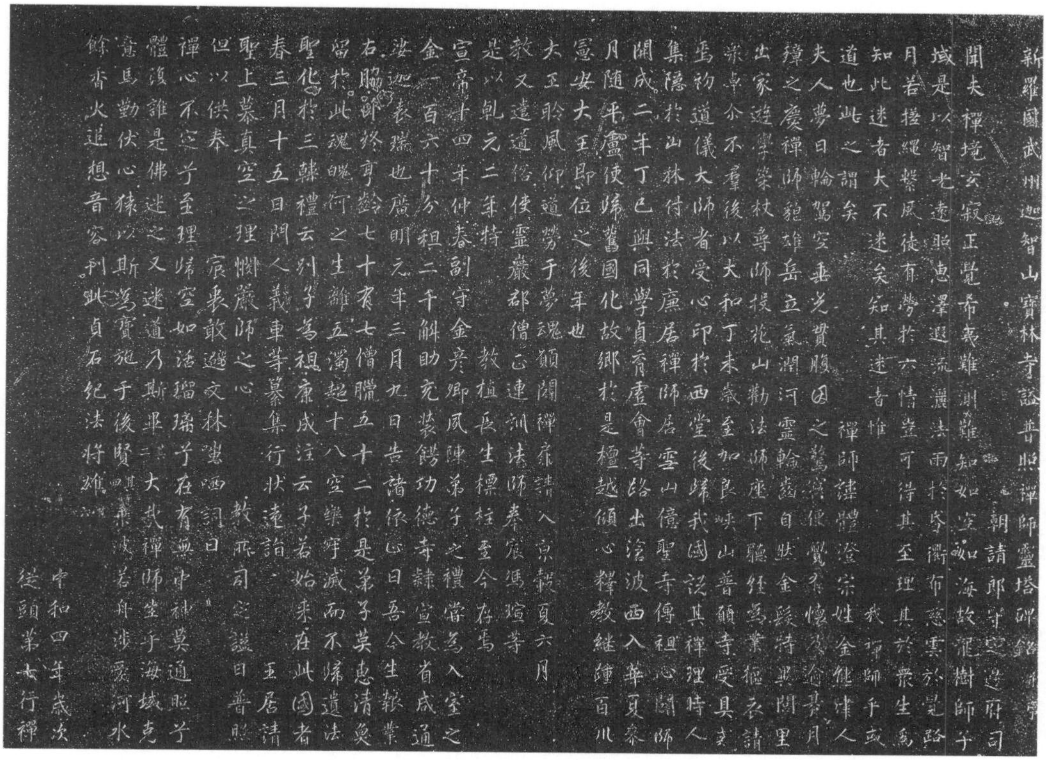

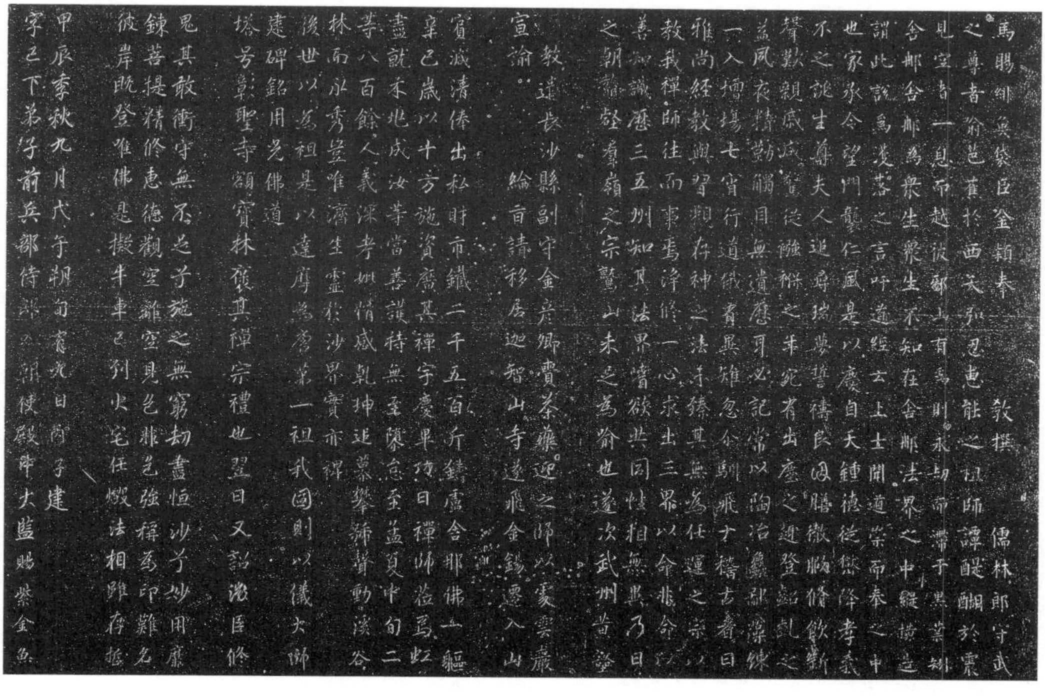

新羅國武州迦智山寶林寺諡普照禪師靈塔碑銘幷序
朝請郎守定邊府司
聞夫禪境玄寂正覺希夷難測難知如空如海故龍樹師子
域是以智光遠照惠澤遐流灑法雨於昏衢布慈雲於覺路
月若挂纓繫風徒有勞於六情豈可得其至理其於衆生為
知此迷者大不迷矣知其迷者惟　我禪師乎或
道也此之謂矣　禪師諱體澄宗姓金熊津人
夫人夢日輪駕空垂光貫腹因之驚寤便覺有懷及逾碁月
譚之慶禪師貌雄岳立氣潤河靈輪菡自然金縷特異閭里
出家遊學策杖尋師投花山勸法師座下聽經為業樞衣請
衆卓尒不羣後以大和丁未歲至加良峽山普願寺受具玄
焉初道儀大師者受心印於西堂後歸我國說其禪理時人
集隱於山林付法於廉居禪師居雪山億聖寺傳祖心闡師
開成二年丁巳與同學貞育虛會等路出滄波西入華夏參
月隨平盧使歸舊國化故鄉於是檀越傾心釋教繼踵百川
憲安大王即位之後年也
大王聆風仰道勞于夢魂願闡禪扉請入京轂夏六月
教又遣道俗使靈巖郡僧正連訓法師奉宸馮瑄等
是以乾元二年特　教植長生標柱至今存焉
宣帝十四年仲春副守金彥卿夙陳弟子之禮常為入室之
金一百六十分租二千斛助充裝餝功德寺隷宣教省咸通
娑迦表瑞也廣明元年三月九日告諸依止曰吾今生報業
右脇卧終享齡七十有七僧臘五十二於是弟子英惠清奐
留於此魂魄行之生離五濁超十八空樂寂滅而不歸遺法
聖化於三韓禮云別子為祖康成注云子若始來在此國者
春三月十五日門人義車等纂集行狀遠詣　王居請
聖上慕真空之理懋嚴師之心　教所司定諡曰普照
但以供奉宸扆敢避文林謹直詞曰
禪心不定兮至理歸空如浯瑠璃兮在有無中神莫通照兮
體復誰是佛迷之又迷道乃斯异二其大哉禪師生于海域克
意馬勤伏心猿以斯為寶施于後賢四其乘彼若舟涉愛河水
餘香火追想音容刊此貞石紀法將雄六其
中和四年歲次
從頭第七行禪

馬賜緋魚袋臣金穎奉　教撰　儒林郎守武
之尊者猗芭蕉於西天弘忍惠能之祖師譚醍醐於震
見空者一息而越彼鄙山有為則永劫而滯于黑業紺
舍那舍那為衆生衆生不知在舍那法界之中縱捷迷
謂此說為淺落之言吁道經云上士聞道崇而奉之中
也家承令望門襲仁風是以慶自天鍾德從懸降孝悉
不之誕生尊夫人近得瑞夢誓禱良因膳徹腴脩飲斷
聲歎親戚減從離襟之年宛者出塵之迹登豁亂之
蓋夙夜精勤觸目無遺歷耳必記常以陶冶蠡部藻練
一入禪場七宵行道俄有異雉忽介馴飛十稽古者曰
雅尚經教興習賴存神之法臻其無為任運之宗以
教我禪師往而事焉淨修一心求出三界以命非命以
善知識歷三五州知其法界嗜欲共同性相無異乃曰
之朝彝登尋嶺之宗鷲山來迷為猶也遂次武州黃壑
教　遣長沙縣副守金彥卿賚茶藥迎之師以雲巖
宣諭　綸旨請移居迦智山寺遂飛金錫遷入山
寶藏清俸出私財市鐵二千五百斤鑄盧舍那佛一軀
辛巳歲以十方施資廣其禪宇慶畢功日禪師落焉虹
盡就未兆成汝等當善護持無至隳怠至盖夏中旬二
等八百餘人義深孝妣情感乾坤追慕攀號聲動溪谷
林而永秀豈唯濟生靈於沙界實亦禪
後世以為祖是以達摩為第一祖我國則以儀大師
建碑銘用光佛道
塔号彰聖寺額寶林襃其禪宗禮也翌日又詔微臣修
鬼其敢衛守無不是兮施之無窮劫盡恒沙兮妙用靡
鍊菩提精修惠德觀空離空見色非色強稱為印難名
彼岸既登唯佛是擬牛車已列火宅任燬法相雖存扼
甲辰季秋九月戊午朔旬有九日丙子建
字已下弟子前兵部侍郎入朝使殿中大監賜紫金魚

그림 6. 金薳·金彦卿, 보조선사창성탑비, 金穎, 賢暢, 884, 통일신라, 287×122.6cm, 전남 장흥군 보림사

여기에서 서자가 둘인 이유가 몹시 궁금하다. 884년 건립된 이 비문에 859년 조성된 〈철조비로자나불조상기〉에 명시된 김수종 주청 기록이 실리지 않았고 김언경이 조상의 실질적인 후원자로 기록되어 있는 것을, 조상의 공을 자신의 것으로 남기기 위한 김언경의 고의적인 행위로 보고 그것이 그가 비문 7행 이후를 쓴 두 번째 서자로 나선 이유라고 보는 견해가 있다.[40] 즉 찬문에서 고의적으로 김수종 기록을 삭제했다고 본 것이다. 그러나 859년의 〈철조비로자나불조상기〉뿐만 아니라 870년의 〈남북탑지〉에도 각각 "金邃宗聞奏", "金遂宗聞奏"라고 기록되어 있어 김수종은 왕에게 조상과 조탑을 주청한 인물로서의 발원자라는 것을 밝혔다. 그리고 884년의 〈보조선사창성탑비〉에 등장하는 실질적인 후원자로 860년 노사나불 한 구를 주조하기 위해 철 2,500근을 산 제자 김언경에 이어 금 160분, 조 2,000곡을 낸 망수택, 이남택 택주가 나오는데 이들의 불사 후원은 모두 왕의 하교로 이루어졌다.[41]

김수종에 관한 〈철조비로자나불조상기〉의 존재를 건비 당시 후임으로 보는 김언경도 알았을 텐데 불사를 자신의 공으로 남기기 위해 찬문을 고치는 서자로 나섰고 그것을 서자가 둘인 이유로 보는 것은 다

40) 최완수, 2001, 앞의 글, pp.599-600.

41) 〈보조선사창성탑비〉 "宣帝十四年仲春副守金彦卿夙陳弟子之禮嘗爲入室之賓減淸俸出私財市鐵二千五百斤鑄盧舍那佛一軀以莊禪師所居梵宇敎下望水里南等宅其出」金一百六十分租二千斛助充裝食芳功德寺隸宣敎省."

소 설득력이 떨어진다. 오히려 체징선사의 선사상과 서풍과의 연관성에서 이유를 찾는 것은 더 타당할 듯하다. 이를 위해서 서체와 서풍에 대한 정밀한 분석이 필요하다.

서체에 대해 대부분의 선행 연구는 김원의 글씨는 구양순체의 해서이며, 김언경의 글씨는 왕희지체의 행서라고 규정했다. 그러나 다음과 같은 이유로 김언경의 글씨는 행서가 아니라 행서의 필의를 지닌 해서, 즉 행해서로 보아야 한다.[42)]

첫째, 행서로 쓴 글자 수가 전체 글자 수에 비해 현저히 적다. 왕희지의 행서 집자비 〈興福寺斷碑〉(721, 그림 7)와 비교해 보면 김언경의 글씨는 행서가 아니며, 더욱이 왕희지풍도 아니라는 것을 알 수 있다. 둘째, 자간과 행간이 정연한 해서의 장법이다. 행서의 보편적인 장법은 〈興福寺斷碑〉나 신라 최초의 선사비인 〈斷俗寺神行禪師碑〉(813, 그림 8)와 같이 행간은 정연하나 자간은 일정하지 않다. 글자의 형태가 길거나 획획이 많은 글자는 길게, 간단한 글자는 짧게 쓰기 때문이다. 셋째, 자주 반복되는 단어의 첫 자는 대부분 해서로 썼다. 이것은 서자 김언경이 이전 비문의 서자 김원이 사용한 해서체를 따르기 위한 의도적인 기법이라는 것을 방증한다. 즉 김언경은 해서를 쓰고자 했고, 다만 김원 해서와 차별을 두고자 자신의 서풍인 행서의 필의가 있는 글자들을 가미한 것이다. 그의 행서 글자는 목표가 아니라 개성을 드러내기 위한 수단이며, 그런 식의 和而不同으로 相生의 길을 모색한 것이다.

지금부터 다양한 방법으로 김언경의 정연한 해서와 행기가 많은 해서, 즉 행해서의 특징을 살펴보자. 그의 글씨의 시작인 7행 '禪'자 이하에서 '諱', '能', '表', '託', 두 번 쓰인 '於'자에만 행기가 있으며, 나머지는 모두 해서다. 이것은 앞의 김원 해서와 조화를 이루기 위한 서자의 선택으로 보이며, 갑작스런 변화보다는 자연스러운 전환 속에서 변화를 추구한 그의 심미의식을 드러낸 것이다.

먼저 왕희지의 〈흥복사단비〉에서 행서의 특징을 살펴보자. 횡획이 많으면 길게 쓰고 적으면 짧게 쓰기 때문에 행간은 일정해도 자간은 정연하지 않다. 특히 '軍'자처럼 마지막 획이 종획이면 그것을 길게 내려 긋는다. 또한 횡획이든 종획이든 '在', '陪', '常', '住', '右', '之', '行'자처럼 마지막 획은 다음 글자의 첫 획 부분을 향한다. 동시에 '住', '右', '行'자처럼 한 글자 안에서도 다음 획을 향한다. 이것은 헌덕왕대(809-825)의 승려 서예가인 釋靈業이 쓴 해서의 필의가 있는 행서비인 〈斷俗寺神行禪師碑〉에서도 확인된다.[43)] 이처럼 전체적인 필의 뿐만 아니라 매 글자의 필의 조차 연결되는 연속성이 있어야 행서라고 할 수 있다.

반면 〈보조선사창성탑비〉 중에서 김언경이 쓴 부분은 김원의 것과 마찬가지로 자간과 행간이 정연한데, 이는 분명 해서의 장법이다. 또 전체적으로 필의의 연결성이 전혀 없다. 행서의 필의로 쓴 글자들의 起筆조차 대부분 해서의 장봉으로 시작하고 마지막 획의 收筆도 해서의 장봉 필법으로 마무리된다. 또한 '禪師'처럼 같은 단어의 둘째 글자를 해서로 쓰기도 하고 행서로 쓰기도 한다.

42) 김언경 서체의 재고찰 필요성에 대해서는 필자가 이미 언급한 바 있다. 정현숙, 2013, 앞의 글, pp.45-46. 김언경의 글씨처럼 행기가 있는 해서 글씨로는 백제 유민 예군(613-678)의 묘지인 당나라 〈禰軍墓誌銘〉(678)이 있다.

43) 신행은 북종선의 선사다. 비에 관해 상세한 것은 최홍조, 2013, 「신라 神行禪師碑의 건립과 그 정치적 배경」, 『木簡과 文字』 11 참조.

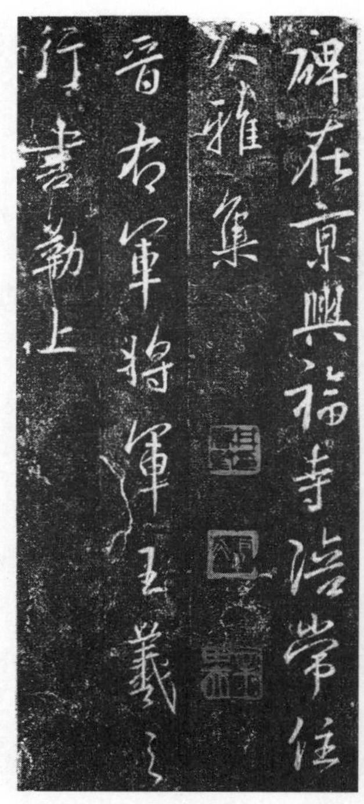

그림 7. 王羲之, 興福寺斷碑, 大雅 집자, 721, 당, 행서

그림 8. 釋靈業, 斷俗寺神行禪師碑, 813, 통일신라, 행서

표 2. 김원·김언경의 해서 비교

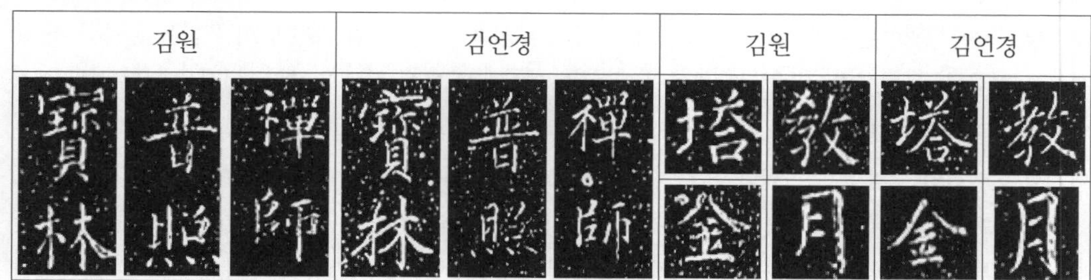

김원	김언경	김원	김언경

〈표 2〉에서 보듯이 김원의 해서는 김언경의 해서와 서풍이 다르다. 전자는 대부분 횡획보다는 종획이 더 굵고 背勢를 취하고 瘦勁하여 구양순풍인 반면, 후자는 횡획과 종획의 굵기가 같고 向勢가 많아 풍성하며 여유로워 구양순풍보다 더 行氣와 율동미가 있는 저수량풍이다. 歐陽詢(557-641) 해서와 楮遂良(596-658) 해서의 이러한 차이점은 자신들의 서풍이 무르익은 말년의 대표작인 〈九成宮醴泉銘〉(632, 그림 9)과 〈雁塔聖敎序〉(653, 그림 10)에서 각각 확인할 수 있다. 비문에서 해서의 향세 필법은 行氣 있는 유려한 글자들과 조화를 이루기 위한 김언경의 선택이며, 그것이 견고한 구양순풍보다 체징이나 제자인

김언경 자신의 선사상과 더 어울리는 서풍이다.

『書鯖』도 두 서풍의 차이를 다음과 같이 서술했다. "보조선사비는 김원이 쓰다가 마치지 못하여 김언경이 보충해 썼다. 하나는 고고하고 질박하며 굳세고 건장하고, 또 하나는 풍도가 수려하게 피어나서 마치 칼이 합하고[劍合] 구슬이 둥근 것[珠圓]과 같다. 이는 진실로 글씨 가운데 제일가는 보배라고 할 수 있으니 禮器碑 陰記에 일곱 명이 쓴 것과 같을 뿐이겠는가."[44]

그림 9. 歐陽詢, 九成宮醴泉銘, 632, 당

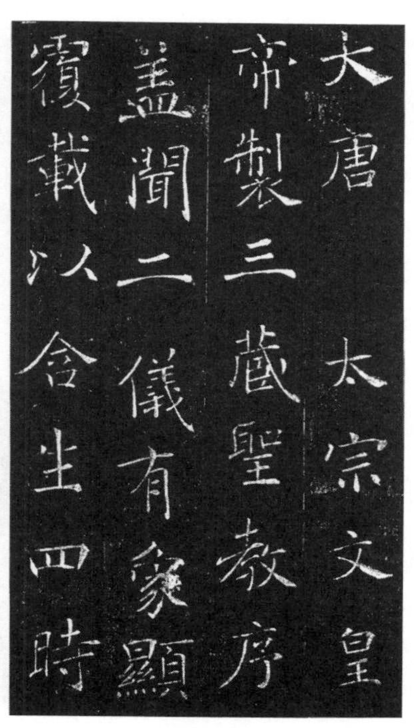

그림 10. 楮遂良, 雁塔聖教序, 653, 당

표 3. 김언경의 해+행 글자

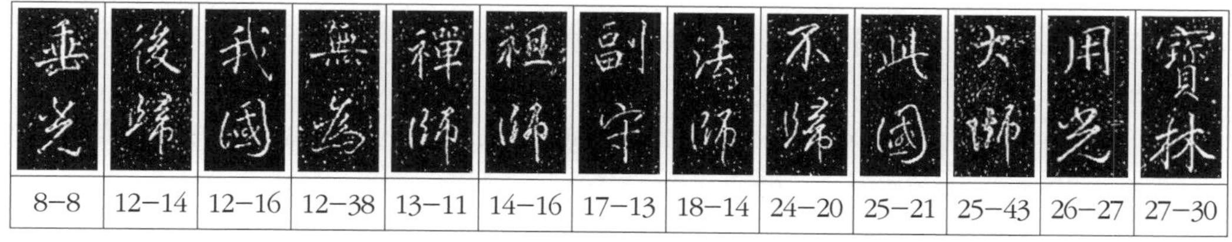

8-8	12-14	12-16	12-38	13-11	14-16	17-13	18-14	24-20	25-21	25-43	26-27	27-30

〈표 3〉에서는 김언경의 해서와 행서 특징을 찾을 수 있다. 김언경의 글씨에서 행기가 있는 글자는 '於, 光, 因, 誕, 師, 然, 有, 懷, 經, 爲, 練, 虛, 靜, 至, 說, 殊, 常, 路, 滄, 波, 歷, 同, 性, 乃, 足, 守, 長, 安,

44) 吳世昌 편저, 東洋古典學會 역, 1998,『국역 근역서화징·상』, 시공사, p.30.

月, 訓, 奉, 言, 終, 歸, 豈, 聖, 國, 唐, 王, 相, 雖, 到, 乃, 紀' 등이다. 그 가운데 가장 행기가 많아 눈에 띠는 글자는 '國, 因, 師, 歸, 爲' 정도이고 이들이 여러 번 사용됨으로써 전체적으로 행서라는 느낌을 주게 되는데, 실제로 글자의 종류나 수는 해서로 쓴 글자에 비하면 월등히 적다.

여기에서 주목할 것은 행서의 필의로 쓴 글자들은 대부분 명사이고, 그 명사의 어두가 아닌 어미에 행서를 사용했다는 것이다. 〈표 3〉의 '垂光, 後歸, 我國, 此國, 舊國, 禪師, 法師, 無爲, 祖師, 大師, 我師, 不歸, 副守, 以爲, 用光, 寶林' 등이 여기에 해당된다.[45] 이것으로 김언경은 김원 해서와의 일관성을 유지하기 위해 해서로 시작하겠다는 의도를 처음부터 가졌고, 동시에 그것과 구별되면서 조화를 이루기 위해 행서의 필의가 있는 글자를 해서 다음에 배치하여 변화를 주었다는 것을 알 수 있다. 따라서 김원의 해서와 김언경의 행해는 서풍이 전혀 달라 자연스럽게 서자가 구분되는 효과가 있다. 동일한 서체를 단순하게 쓴 김원에 비해, 김언경은 사전에 글자의 안배와 포치, 서체의 선택에 있어서 충분히 숙고한 후 서사한 것으로 보인다. 이런 점에서 보림사의 후원자 겸 체징의 제자인 김언경의 작품 구상력과 서사 수준은 전문서가를 뛰어넘는다.

표 4. 김언경·석영업의 '禪師' 비교

〈표 4〉에서 보듯이 어두에 해서를, 어미에 행서를 쓴 예는 석영업의 〈단속사신행선사비〉(813)의 '禪師'에서도 보이므로 이는 영업의 글씨에 근거한 것으로 보인다. 물론 〈단속사신행선사비〉에는 행서로만 쓰인 '禪師'도 있어 영업도 반복되는 '禪師'를 달리 표현해야 한다는 서사 기법을 잘 숙지하고 있다. 그러나 김언경의 결구가 더 안정적이며, '禪'자의 單에서 두 개의 口를 행서의 필의로 부드럽게 표현해 아래 행서 글자인 '師'와 잘 어우러진다. 이것은 두 글자가 별개인 듯 보이는 영업의 '禪師'와 대비되어 김언경은 영업을 배우되 자신만의 유창한 필치로 창의적인 글씨를 구사했음을 알 수 있다.

여기에서 김언경이 '禪師' 두 자를 해서로만 쓴 것이 주목된다. 이는 그의 글씨가 기본적으로 해서이며, 어미에 행기를 가미한 것은 앞에 쓴 김원과의 차별성을 위한 자신만의 독특한 서풍을 표현한 수단에

45) '因'을 행서, '之'를 해서로 쓴 '因之'는 예외다. 김언경은 한두 자를 제외하고 '之'자를 해서로 썼는데 이를 따름과 동시에 '國'자의 口와 같은 느낌을 주기 위해서 '因'자를 행서의 필의로 쓴 것이 아닌가 생각된다.

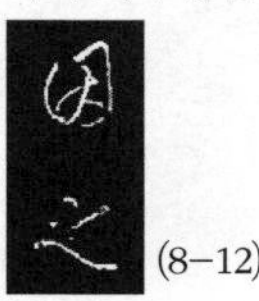
(8–12)

불과하다는 것을 거듭 보여 준다.

표 5. 김언경, 김생, 석영업, 왕희지의 글자 비교

김언경 (해·행)
김생 (행서)
석영업 (행서)
왕희지 (행서)

〈표 5〉에서 김언경의 해서 글자를 행서 글자들과 비교해 보면 그의 글씨는 기본적으로 해서라는 것을 다시 확인할 수 있다. 행서를 쓴 서가 가운데 신라의 김생과 영업의 글씨에는 해서의 필의가 많아 왕희지의 행서에 비하면 더 골기가 있고 힘찬 편이다. 김언경의 '碑, 門, 金, 生, 銘, 何, 之, 撰, 集'자는 모두 해서로 쓰였는데, 이들을 왕희지, 김생, 영업의 행서 글자들과 비교해 보면 해서와 행서의 차이점을 알 수 있다. '碑, 銘, 撰'자는 영업과 가장 유사하고, '門, 生'자는 그들의 행서와 구별되는 해서 결구를 사용했다. '何'자에서 口가 행서의 필의로 쓰였으나, 鉤劃에서 수필의 필의가 멈추어 거두어들인 것은 해서로 마무리하겠다는 서자의 의지를 보여주는데, 이것은 왕희지의 행서 鉤劃에서 필의가 다음 글자를 향하고 있는 것과 구별된다. '之'자는 해서와 행해서의 글자가 혼용되어 있지만 해서가 대부분이다. 행해서의 '之'라도 율동미가 있고 마지막 획이 다음 글자로 연결되는 필의를 지닌 왕희지나 영업의 '之'와 구별된다. 왕희지의 〈흥복사단비〉에 행서 '之'의 온전한 모습이 있다.

이제 김언경의 행서 글자의 근원을 찾아보자. 김언경의 '因'자는 영업의 '因'자처럼 율동감과 역동미를 지니고 있어 김언경의 행서 글자의 연원이 영업에 있다고도 볼 수 있다. 그러나 김언경의 첫 획과 둘째 획에 더 곡선미가 있으며 둘째 획과 셋째 획을 연결해 一筆로 서사하였고 마지막 획이 口 바깥으로 나와 더 안정감이 있다.

'光'자의 첫 획, 이어지는 둘째 획, 셋째 획으로의 연결되는 필의와 율동적인 곡선미도 왕희지보다는 영업과 더 닮았지만 영업보다 더 노련하다. 이처럼 위에서 본 '禪師'와 더불어 '因', '光'자도 김언경의 글자가 더 변화무쌍하여 그는 당대 행서의 명필로 불렸던 석영업을 능가하는 필법을 구사하고 있음을 보여준다.

또 김언경의 '國'자의 부드러우면서 역동적인 향세는 왕희지보다는 김생에 더 가깝다. '師'자는 좌변의 필치는 왕희지, 김생, 영업보다 더 노련하며, 우변의 필의도 그들보다 더 유연하다. 이외에도 몇몇 행서 글자들에서 횡획의 기필이 방필의 해서 필법으로 쓰인 것은 김생과 영업의 필법과 유사한 점이다.

당시 중국 서예를 접한 식자층이 그러하듯 김언경도 당연히 왕희지 행서를 배웠겠지만, 이 비에 나타난 그의 행서는 오히려 왕희지보다 더 활달하고 역동적인 김생과 영업의 행서풍을 구사하고 있다. 이것은 8세기를 풍미한 김생과 9세기 전반의 영업의 행서가 9세기 후반 신라사회에 널리 애호되었다는 것을 보여주며, 이를 통해 중국서예가 수용 후 변용되어 신라화하는 과정을 살펴 볼 수 있다.

이처럼 행서의 필의로 쓰인 김언경의 글자들 가운데 유려한 부분은 왕희지풍을 닮았지만 결구를 세심하게 살펴보면 해서의 필의가 많은 김생이나 영업의 행서풍도 닮고 있다는 것을 알 수 있다. 물론 김언경의 글씨에 김생과 영업의 행서 필의가 있다는 것은 기본적으로 왕희지풍을 근간으로 한다는 것을 의미한다. 주지하다시피 김생과 영업은 왕희지를 배우되 더 골기가 있는 굳센 자가풍 행서로 8세기와 9세기 초반에 각각 일가를 이룬 서가들이다. 그리고 김언경은 행서에서 왕희지는 물론이고 신라의 행서 글씨도 더불어 배웠다는 것을 그의 글씨가 말해준다. 김생과 영업이 왕희지를 배워 창신하였듯이, 김언경도 왕희지, 김생, 영업을 본받았지만 그들과 차별되는 자가풍을 창안한 것이다.

이상에서 살펴보았듯이 김언경의 글씨가 행서라는 선행 연구들과는 달리 행기가 많은 해서 즉 行楷書라는 것을 알 수 있다. 따라서 한 비 안에 김원의 해서와 김언경의 행서 두 서체가 존재하는 것이 아니라, 같은 해서로 쓰되 각각 다른 서풍을 구사한 것이다.

이 비의 글씨를 종합하여 논하면, 瘦勁한 구양순풍의 김원 해서는 경직되고 위축된 반면, 유려한 저수량풍의 김언경 해서는 행서 필의로 쓴 글자들과 어우러져 활달하고 역동적이다. 이는 김언경이 앞에 쓴 김원의 해서와 자신의 글씨를 구분하기 위해서 그것과 다른 독창적인 서풍을 창안한 것이며, 동시에 체징과 제자인 자신의 선사상이 해서에서는 구양순보다 저수량 서풍에 더 잘 어울린다는 것을 인지한 것으로 보인다.

전체 명문의 4/5 이상을 쓴 김언경은 해서와 행서를 자유로이 오가면서 저수량의 해서와 왕희지, 김생, 영업의 행서를 변용할 줄 하는 출중한 미감을 지녀, 이 한 작품만으로도 석영업, 요극일, 최치원, 최인연, 석혜강으로 대표되는 신라하대의 명필 반열에 들 만하다.

Ⅳ. 맺음말

지금까지 논한 신라하대 보림사 금석문의 서체와 그 서풍을 요약하고 그것이 지닌 서예사적 의의를 서술하여 결론으로 삼는다.

첫째, 〈철조비로자나불조상기〉와 〈남북탑지〉의 글씨는 고풍 즉 남북조풍과 고신라풍 해서를 전승한 것이다. 이들은 중대로부터 하대에 이르기까지 당풍과 더불어 고풍도 면면히 계승되었다는 것을 보여준다. 아마도 그들은 당나라 서예문화에 크게 노출되지 않은 지방의 공인 출신 무명 서자였을 것이다.

둘째, 서자가 둘인 〈보조선사창성탑비〉에서 김원의 글씨는 중대에 입수된 당 구양순풍의 해서가 하대까지 지속적으로 쓰였다는 것을 보여준다. 반면 체징의 제자로서 개창 당시부터 보림사 불사의 실질적 후원자였던 김언경의 글씨는 행서의 필의가 가미된 해서다. 그의 해서는 김원의 瘦勁한 구양순풍과는 달리 行氣가 있어 부드러운 저수량풍이며, 그 행기는 왕희지풍과 그것을 바탕으로 골기 있는 자가풍을 창조한

8, 9세기 김생과 영업의 행서에도 근거했다. 한 작품에서 해서를 근간으로 하면서 행서까지 자유로이 넘나드는 김언경의 노련한 솜씨는 자신의 뛰어남을 넘어 선종이 유행한 신라하대의 서예사조를 보여준다. 당나라 구양순풍과 저수량풍 해서를 구사한 이 비의 두 서자는 당나라 서예문화를 접한 식자층이다.

보림사 금석문이 보여주는 신라하대 해서의 특징은 당풍과는 무관한 무명서자들이 자연스럽고 자유분방한 필치로 쓴 고풍의 전승과 당풍을 바탕으로 한 식자층의 자가풍의 창조라는 두 가지 서예사조의 공존이다. 傳統의 계승과 新風의 창조가 만들어낸 보림사 금석문의 글씨는 法古와 創新을 동시에 보여주는데, 이것이 곧 수용과 변용의 과정을 거쳐 창신된 신라 서예의 정체성이다. 이런 점에서 보림사의 세 금석문이 신라를 넘어 한국 서예사에서 차지하는 무게는 결코 가볍다 할 수 없다.

필자는 본고를 통해 통일신라의 서예를 초당의 구양순풍 해서와 당 태종에 의해 유행한 왕희지풍 행서로 규정한 대부분의 선행 연구들이 단면만을 살핀 결과라는 것을 말하고자 했다. 따라서 통일신라 서예에 대한 후속 연구는 항상 전대의 서예를 염두에 두고 다각도로 접근해야 할 것이다.

투고일: 2015. 10. 30.　　심사개시일: 2015. 11. 11.　　심사완료일: 2015. 11. 27.

참/고/문/헌

『寶林寺事蹟記』.

『寶林寺重刱記』.

『三國史記』.

『三國遺事』.

『書鯖』.

『朝鮮金石總覽』.

『韓國金石遺文』.

국립경주박물관, 2002, 『文字로 본 新羅』.

국립경주박물관, 2015, 『신라의 황금문화와 불교미술』.

국립문화재연구소, 2005, 『한국금석문자료집(상)』.

국립중앙박물관, 1991, 『佛舍利莊嚴』.

국립중앙박물관, 2003, 『統一新羅』.

국립청주박물관, 2000, 『한국 고대의 문자와 기호유물』.

국사편찬위원회, 1981, 『한국사 3』 고대 민족의 통일.

국사편찬위원회, 1996, 『한국사 11』 신라의 쇠퇴와 후삼국.

국사편찬위원회, 1995, 『한국고대금석문자료집』 Ⅱ.

金生研究會, 『金生書集成』(Ⅲ).

단국대학교 석주선기념박물관, 2006, 『搨影名選 上』.

동국대학교 박물관 편, 1985, 『普照禪師 寂然國師 玄化寺碑銘』, 동국대학교 출판부.

불교학회 편, 1986, 『韓國佛敎禪門의 形成史硏究 −九山禪門形成을 中心으로−』, 불교학논집2.

上海書畵出版社, 2000, 『褚遂良雁塔聖敎序』 中國碑帖經典.

성균관대학교 박물관, 2008, 『新羅 金石文 拓本展』.

순천향대학교박물관·가지산보림사, 1995, 『迦智山寶林寺 −精密地表調査』.

예술의전당, 1998, 『옛탁본의 아름다움, 그리고 우리의 역사』 한국서예사특별전 18.

예술의전당, 2000, 『韓國書藝二千年』 한국서예사특별전 19.

魏文源 編, 2008, 『集王羲之書金剛經』 中國古代名碑名帖, 黑龍江美術出版社.

李基東, 1984, 『新羅骨品制社會와 花郎徒』, 일조각.

이부키 아츠시 지음, 최연식 옮김, 2001, 『새롭게 다시 쓰는 中國 禪의 歷史』, 씨·아이·알.

이영호, 2014, 『신라 중대의 정치와 권력구조』, 지식산업사.

李智冠, 1993, 『校勘 譯註歷代高僧碑文』 新羅篇, 伽山文庫.

二玄社, 1988, 『東晋 王羲之 興福寺斷碑』, 中國法書選 17.
조동원 편저, 1994, 『한국금석문대계』 1, 원광대학교출판국.
조수현 편, 1998, 『鳳巖寺 智證大師寂照塔碑』 한국금석문법선선집 5, 원광대학교출판국.
조수현 편, 2006, 『丹城 斷俗寺 神行禪師碑』 한국금석문법선선집 8, 이화문화출판사.
崔英成, 1998, 『譯註 崔致遠全集 1 -四山碑銘-』, 아세아문화사.
최인선 외, 2002, 『보림사』, 학연문화사.
한국고대사회연구소 편, 1992, 『譯註 韓國古代金石文』 3, 가락국사적개발연구원.
許興植, 1984, 『韓國金石全文』 古代篇, 아세아문화사.

高翊晋, 1986, 「新羅下代의 禪傳來」, 『韓國佛教禪門의 形成史研究 -九山禪門形成을 中心으로-』, 불교학논집2.
金南允, 1992a, 「寶林寺 普照禪師塔碑」, 『譯註 韓國古代金石文』 3, 한국고대사회연구소.
金南允, 1992b, 「寶林寺 毘盧舍那佛 造像記」, 『譯註 韓國古代金石文』 3, 한국고대사회연구소.
金南允, 1992c, 「寶林寺 石塔誌」, 『譯註 韓國古代金石文』 3, 한국고대사회연구소.
박맹흠, 2010, 「金生의 〈太子寺朗空大師白月栖雲塔碑〉 서풍 연구」, 원광대학교 동양학대학원 석사학위논문.
박성연, 2013, 「보림사 철조비로자나불좌상 연구」, 이화여자대학교 대학원 석사학위논문.
배종도, 1992, 「신라하대의 지방제도 개편에 대한 고찰」, 『學林』 11, 연세사학연구회.
손환일, 2002, 「新羅 書藝의 特徵」, 『文字로 본 新羅』, 국립경주박물관.
呂聖九, 1993, 「元表의 生涯와 天冠菩薩信仰研究」, 『國史館論叢』 48, 국사편찬위원회.
吳世昌 편저, 東洋古典學會 역, 1998, 『국역 근역서화징·상』, 시공사.
李啓杓, 1993, 「新羅 下代의 迦智山門」, 『全南史學』 7, 전남사학회.
李基東, 1978, 「新羅金入宅考」, 『震檀學報』 45, 진단학회.
이수훈, 1990, 「新羅 僧官制의 성립과 기능」, 『釜大史學』 14, 부산대학교 사학회.
이영호, 2008, 「신라 迦智山門 法統과 位相인식」, 『新羅文化』 32, 동국대학교 신라문화연구소.
이종찬, 1985, 「보림사보조선사영탑비명」, 『普照禪師 寂然國師 玄化寺碑銘』, 동국대학교 박물관.
李智冠, 1991, 「長興 寶林寺 普照禪師彰聖塔碑文」, 『伽山學報』 창간호, 가산불교문화연구원.
鄭炳三, 1992, 「到彼岸寺 毘盧遮那佛 造像記」, 『譯註 韓國古代金石文』 3, 한국고대사회연구소.
정현숙, 2008, 「통일신라시대 〈무구정광대다라니경〉의 서체 연구」, 『書誌學研究』 40, 서지학회.
정현숙, 2009, 「통일신라시대 〈무구정광대다라니경〉 서풍의 연원」, 『한류와 한사상』, 모시는 사람들.
정현숙, 2013, 「통일신라 서예의 다양성과 서풍의 특징」, 『書藝學研究』 22, 한국서예학회.
정현숙, 2014, 「창녕지역 신라금석문의 서풍」, 『書藝學研究』 24, 한국서예학회.
정현숙, 2015, 「신라 서예의 다양성과 일관성 고찰」, 『書藝學研究』 27, 한국서예학회.
조범환, 2005, 「新羅 下代 體澄 禪師와 迦智山門의 개창」, 『정신문화연구』 28(3), 한국학중앙연구원.

주보돈, 2015, 「신라사의 흐름」, 『신라의 황금문화와 불교미술』, 국립경주박물관.

崔柄憲, 1972, 「新羅下代 禪宗九山派의 成立 -최치원의 四山碑銘을 중심으로-」, 『韓國史硏究』 7, 한국사연구회; 1986, 『韓國佛教禪門의 形成史硏究 -九山禪門形成을 中心으로-』, 불교학논집2 재수록.

崔柄憲, 1975, 「羅末麗初 禪宗의 社會的 性格」, 『史學硏究』 25, 한국사학회; 1986, 『韓國佛教禪門의 形成史硏究 -九山禪門形成을 中心으로-』, 불교학논집2 재수록.

崔完秀, 2001, 「신라 선종과 비로자나불의 출현」, 『新東亞』(2001.6.).

최홍조, 2013, 「신라 神行禪師碑의 건립과 그 정치적 배경」, 『木簡과 文字』 11, 한국목간학회.

한국미술사학회, 1967, 「新羅國武州迦智山寶林寺事蹟」, 『考古美術』 8(4) 附錄.

許興植, 1986, 「禪宗九山門과 禪門禮懺文의 문제점」, 『韓國佛教禪門의 形成史硏究 -九山禪門 形成을 中心으로-』, 불교학논집2.

洪順錫, 1990, 「韓國 古碑銘 探訪 -寶林寺 普照禪師彰聖塔碑-」, 『東洋史簡報』 10, 단국대학교 동양학연구소.

〈Abstract〉

Calligraphic Script and Its Style of the Stone Inscriptions of Borimsa in the Late Silla

Jung, Hyun-sook

This study is to reexamine the calligraphic script and its style of the three stone inscriptions of Borimsa at Gajisan in the Late Silla. Most of previous studies told us that both the *Inscription of Seated Iron Vairocana Buddha Staue* and *Epitaphs of Southern and Northern Pagodas* were written in regular script of Ou-yang Xun (歐陽詢, 557-641) style and the *Stele of Changseong Pagoda for Bojo Priest* in regular script of Ou-yang Xun style by Gim Won (金薳) and running script of Wang Xizhi (王羲之, 307-365) style by Gim Eon-gyeong (金彦卿), respectively. It means that the stele was written in two different scripts. But two scholars argued that Gim Eon-gyeong's writing was written in Chu Suiliang (褚遂良, 596-658) style.

However, I will find out that the former two were written in old style showing the Southern and Northern Dynasties style and Old Silla style and the third in regular script in different styles, which are Ou-yang Xun style by Gim Won and Chu Suiliang style with some characters in running script by Gim Eon-gyeong. Moreover, some characters in running script by Gim Eon-gyeong were written in not only Wang Xizhi style but Gim Saeng (金生) and Monk Yeong-eop (釋靈業) styles.

At the end of this paper one will recognize that the *Stele of Changseong Pagoda for Bojo Priest* occupies a high position among the priest stelae of the Late Silla, due to the writing of Gim Eon-gyeong who is a disciple of Bojo Priest Chejing and financial patron for building the *Seated Iron Vairocana Buddha Staue*. In addition, one will also notice that Gim Eon-gyeong who created his own style differentiating with the style of Gim Won could be join the ranks of master calligraphers in the Late Silla.

▶ Key words: *Inscription of Seated Iron Vairocana Buddha Staue*, *Epitaphs of Southern and Northern Pagodas*, *Stele of Changseong Pagoda for Bojo Priest*, Chu Suiliang, Gim Eon-gyeong, Gim Saeng, Monk Yeong-eop

신/출/토 문/자/자/료

2013年秦漢魏晉簡牘研究概述

2013年秦漢魏晉簡牘研究概述

魯家亮*

〈국문초록〉

본 논고의 주목적은 2013년 秦漢魏晉간독연구 현황을 간략히 소개하는 것이다. 글의 서술 형식과 분류 기준은 대체로 이전의 개술 논문과 같으나, 몇몇 부분은 구체적인 상황에 따라 더하고 빼고 정리한 부분이 있다. 특별히 설명해 둘 점은 일부 연구 성과는 이미 인터넷상에 발표되어 지난 개술 논문에 이미 수록되었다는 것이다. 뒤에 비록 정식으로 출간되었어도 결론이 실질적으로 바뀌지 않은 것은 중복하여 소개하지 않았다. 이 논고가 秦漢魏晉간독연구에 흥미 있는 학자들에게 약간이나마 편의를 제공할 수 있기를 바란다.

▶ **핵심어: 진, 한, 위, 진, 간독**

Ⅰ. 머리말

본 논고의 주목적은 2013년 秦漢魏晉간독연구 현황을 간략히 소개하는 것이다. 글의 서술 형식과 분류

* 武汉大學簡帛研究中心

기준은 대체로 이전의 개술 논문과 같으나, 몇몇 부분은 구체적인 상황에 따라 더하고 빼고 정리한 부분이 있다. 특별히 설명해 둘 점은 일부 연구 성과는 이미 인터넷상에 발표되어 지난 개술 논문에 이미 수록되었다는 것이다. 뒤에 비록 정식으로 출간되었어도 결론이 실질적으로 바뀌지 않은 것은 중복하여 소개하지 않았다. 필자의 졸고가 秦漢魏晉간독연구에 흥미 있는 학자들에게 약간이나마 편의를 제공할 수 있기를 바라며, 누락된 부분이나 부족한 부분에 대해서도 독자 여러분에게 양해를 구한다.

II. 秦簡牘의 研究

1. 雲夢睡虎地4호秦墓木牘과 11호秦墓竹簡

方勇은 《編年記》30호간 제1란에 "攻□山"의 가운데 미석독된 글자를 "莫"로 隸定하고, 간문의"莫山"은 곧 "冥山"을 가리키는 것이며, 또한 典籍에서의 "冥阨" 혹은 "黽阨"이라고 보았다.[1]

中國政法大學中國法制史基礎史料研讀會는 《語書》의 9-15간,[2] 《秦律十八種》의 《田律》과 《厩苑律》에 대하여 간문, 석문, 集釋과 역문 네 방면을 포함하여 전면적인 集釋을 진행하였다.[3] 何有祖는《秦律十八種·田律》4-5호간에 나오는 "毋敢夜草爲灰"의 "夜"는 응당 "擧"로 읽어야 하며, "夜(擧)草爲灰"는 풀을 불태워 만든 재를 가리킨다고 주장하였다.[4] 陳偉는 《秦律十八種》에 대하여 校讀을 진행하였는데, 예컨대 《厩苑律》16-20호간의 "其小隸臣"은 앞에 붙여서 읽고, "而告官"은 그 앞의 "令其人備之"와 끊어서 읽고, 그 가운데 "縣出" 2글자를 補釋하였다. 또 《倉律》21-27호간에서 "爲户"는 앞 문장과 끊어 읽고, "餘之"는 다음 문장과 끊고 앞의 "輒出"에 붙여 읽어서 남아있음을 뜻한다고 보았다. 《內史雜》195-196호간의 "實官"과 "舍"에 注解를 달고 아울러 句讀을 바꾸었다. 《內史雜》197-198호간 "吏已"의 "吏"를 "事"로 改釋하고 아랫문장과 끊어서 읽었다.[5] 이 밖에 《秦律十八種·倉律》48호간 "吏輒柀事之"의 "柀"에 대한 여러 학설을 검토하여 "柀"는 "罷"로 읽을 수 있을 뿐 아니라, "辟"로도 읽을 수 있으며 그 뜻은"止"라고 하였다.[6] 徐世虹은 《秦律十八種》에 나오는"有罪"라는 표현을 분석하고 "有罪"라는 말은 오직 《秦律十八種》에서만 나타난다고 주장하였다. 그러나 《秦律十八種》의 내용은 縣·都官기구의 직능이 수행하는 규범에 편중되어 있고 본래 베껴 쓰는 과정에서 "摘錄"하는 특징이 있기 때문에, 이러한 필사본에 사용자가 누락시킨

---

1) 方勇, 《談睡虎地秦簡〈編年記〉中的地名"莫(冥)山"》, 簡帛網 (http://www.bsm.org.cn/) 2013年5月15日.

2) 中國政法大學中國法制史基礎史料研讀會, 《睡虎地秦簡法律文書集釋(一): 〈語書〉(下)》, 《中國古代法律文獻研究》 第七輯, 社會科學文獻出版社, 2013年.

3) 中國政法大學中國法制史基礎史料研讀會, 《睡虎地秦簡法律文書集釋(二): 〈秦律十八種〉(〈田律〉, 〈厩苑律〉)》, 《中國古代法律文獻研究》 第七輯, 社會科學文獻出版社, 2013年.

4) 何有祖, 《讀秦簡札記(二則)》, 簡帛網 2013年4月13日.

5) 陳偉, 《雲夢睡虎地秦簡〈秦律十八種〉校讀(五則)》, 《簡帛》 第八輯, 上海古籍出版社, 2013年.

6) 陳偉, 《"柀事"與"彼治"》, 簡帛網 2013年10月14日.

부분이나 혹은 율문이 유포되는 과정에서 바뀐 부분이 있는지 없는지에 대해 보다 면밀하고 신중한 접근이 필요하다. "有罪"라는 용어를 秦律에 罪刑동등의 내용이 있는 율문의 구조와 비교한 결과 현실적으로 운용성을 지니지는 않았다는 점에서 이질성이 나타나고, 설령 기능상 "以律論"과 유사한 부분이 있다고 해도 여전히 입법 의의상 준거용어로서 사용되었다고 판단할 수는 없다.[7)]

林素清은 王家臺秦簡《政事之常》을 이용하여《爲吏之道》제7장의 간독 순서를 조정하고,《爲吏之道》제2란간을 42+43+38+39+40+41+44+45순으로 읽는 것 역시 岳麓秦簡《爲吏治官及黔首》제85간을 통해 증명될 수 있다고 주장하였다.[8)] 任海林은《爲吏之道》44-47호간 제4란에 나오는 "長", "行", "名" 등의 글자가 가지는 함의에 대해 논의하였다.[9)] 그는 이 밖에《爲吏之道》,《法律問答》,《封診式》의 校讀에 대해서도 의견을 제시하였다.[10)]

方勇은 秦漢출토문헌 중《占産子》術을 계통적으로 정리한 것을 바탕으로, 睡虎地秦簡《日書》甲種150-154호간 중 "在外奔亡"의 "外" 및《日書》甲種142호간 중 "武以聖"의 "聖" 등 글자의 함의를 새롭게 해석하였다.[11)]

2. 四川 青川 郝家坪 秦목독

侯娜와 方勇은 青川목독 중 "鮮草"의 "鮮"을 "散"으로 通假하여 초목을 베어 없애다는 뜻이라고 보았고,또는 "鮮"을 "殺"字로 바로 읽을 수 있으며 이것이 典籍에 자주 보이는 "殺草"와 같을 가능성을 제시하였다.[12)]

3. 甘肅 天水 放馬灘 秦간독

孫占宇는 天水 放馬灘 秦간의 集釋을 도판, 석문, 집석 세 부분으로 구성하여 출간하였다. 이 책은 최근 학계의 放馬灘 秦간 연구 성과를 충분히 반영하였으며 보다 의의가 있는 것은 부분간의 적외선 사진을 게재하여 해석하기 어려운 간문의 석독에 일조하였다는 점이다.[13)] 이외, 孫占宇는 放馬灘 秦간 乙종 日書의 編連과 分篇 및 命名에 대해 12가지 의견을 제시하였다.[14)] 方勇은 孫占宇의《天水放馬灘秦簡集釋》에 게재된 보다 선명한 도판에 의거하여 甲種《日書》1곳, 乙種《日書》11곳 등 석문을 수정 및 보충하

---

7) 徐世虹,《〈秦律十八種〉中的"有罪"蠡測》,《中國古代法律文獻研究》第七輯, 社會科學文獻出版社, 2013年.

8) 林素清,《秦簡〈爲吏之道〉與〈爲吏治官及黔首〉研究》,《簡帛》第八輯, 上海古籍出版社, 2013年.

9) 任海林,《睡虎地秦簡〈爲吏之道〉簡44肆-47肆釋文辨析》, 復旦大學出土文獻與古文字研究中心網站(http://www.gwz.fudan.edu.cn/, 以下簡稱復旦網) 2013年9月24日.

10) 任海林,《讀〈睡虎地秦墓竹簡〉札記(十一則)》, 簡帛網 2013年11月3日.

11) 方勇,《讀北大漢簡札記》,《魯東大學學報》(哲學社會科學版) 2013年 第2期.

12) 侯娜·方勇,《〈青川木牘〉補釋一則》,《魯東大學學報》(哲學社會科學版) 2013年 第6期.

13) 孫占宇,《天水放馬灘秦簡集釋》, 甘肅文化出版社, 2013年.

14) 孫占宇,《放馬灘秦簡編連十二例》,《簡帛》第八輯, 上海古籍出版社, 2013年.

였다.[15] 鐘守華는 放馬灘 秦간 乙種《日書》167-178간의 月星의 관계 및 古度와 관련 있는 자료를 정리하고 이 편은《天行度》라 해야 한다고 주장하였다. 또 이를 바탕으로 28宿古度와 顓頊歷 및 같은 간 하단의《律書》와의 관계에 대해 분석하였다.[16] 程少軒는 放馬灘 秦簡 乙種《日書》제179-191간에 기록된 일련의 時稱이 式占과 관련이 있고 특정한 五行, 五音, 숫자, 방향과 대응할 수 있다고 여겼다. 放馬灘 秦의 式占이 星宿과 밀접한 관계가 있으므로 周家臺 秦簡의 式圖에 의거하여 이러한 時稱을 복원할 수 있으며, 복원한 時稱은 "餔食", "夜未中", "毚旦"이 보충된 28개가 된다.[17]

孫慰祖는 秦의 봉니자료를 결합하여,《墓主記》의 "邸丞"은 縣道의 "丞"이 아니라 "郡邸之丞"으로 이해하여야 한다는 주장을 재차 논술하였다.[18] 晏昌貴는 "邸"을 縣名으로 보는 주장에 동의하지만 이 縣은 趙地에 속한다고 보았다. 논문에서 그는 趙의 북쪽 경계인 지금의 河北 元氏, 臨城, 隆堯 사이에 "邸"땅이 있었고 그 연원은 西周 軝國으로 거슬러 올라가며, 戰國 중후기 趙나라에 邸縣이 설치되었고 柏丘는 곧 邸縣의 경내에 위치하였다고 지적하였다. 이외, 본편의 기년 "八年八月己巳"는 趙나라의 기년이며, 趙 惠文王 8년(기원전 291년)에 해당한다고 주장하였다. 丹이 죽은 해는 이와 7년 차이가 나고(기원전297년), 죽은지 3년(기원전 295년)에 부활, 다시 4년 뒤(기원전291년) "人食"할 수 있게 되었으며 같은 해 8월 己巳일(기원전291년)에 邸丞 赤이 御史에게 보고를 올린 것이다.[19]

4. 湖北 江陵 周家臺 秦簡

程少軒는 周家臺 秦簡의《卅六年日》와《日書》를 2册으로 편을 나누어야 하며, 아울러 竹笥의 내에 배치하여야 한다고 주장하였다.[20] 于洪濤는 周家臺 秦簡《曆譜》에 "守丞"과 "丞"이 병존하는 상황을 발견하고, 비록 양자가 서로 다르게 불렸더라도 직권은 큰 차이가 없었으며, 이러한 모순 현상은 秦 통일 전후의 사회배경과 깊은 연관이 있다고 밝혔다. 漢初, 秦代에 혼란스러웠던 "守"官의 직권을 규범화 하였기에 張家山漢簡에 보이는 규범화 후의 기록은 秦簡의 자료와 구별없이 함께 논의해서는 안 된다고 지적하였다.[21] 曾磊는 周家臺 秦簡《日書》"二十八宿占"의 "占物"은 곧 "占色"이고, 색에 대한 점복이 포함되어 있다고 보았다. 구체적으로 말하자면, "二十八宿占"에 나타나는 "占色"은 어떤 시간대 어떤 사물의 색의 변화에 대응된다.[22]

---

15) 方勇,《天水放馬灘秦簡零拾(一)》, 復旦網 2013年9月18日;《天水放馬灘秦簡零拾(二)》, 復旦網 2013年9月28日;《天水放馬灘秦簡零拾(三)》, 簡帛網 2013年10月11日.

16) 鐘守華,《放馬灘秦簡<日書>中的月星關係與古度初考》,《簡帛》第八輯, 上海古籍出版社, 2013年.

17) 程少軒,《談談放馬灘簡的一組時稱》,《簡帛研究二〇一二》, 廣西師範大學出版社, 2013年.

18) 孫慰祖,《"邸丞"辨》,《出土文獻與古文字研究》第五輯, 上海古籍出版社, 2013年.

19) 晏昌貴,《放馬灘簡<邸丞謁御史書>中的時間與地點》,《出土文獻》第四輯, 中西書局, 2013年.

20) 程少軒,《周家臺秦簡<日書>與<卅六年日>編聯補說》,《簡帛》第八輯, 上海古籍出版社, 2013年.

21) 于洪濤,《秦簡牘"質日"考釋三則》,《魯東大學學報》(哲學社會科學版), 2013年 第4期.

22) 曾磊,《周家臺秦簡<日書>"占物"臆解》,《四川文物》, 2013年 第2期.

5. 湖南 龍山 里耶古城 秦간독

1) 자료공표

游逸飛와 陳弘音은 里耶秦簡博物館 소장 간독의 부분석문을 공표하였다. 주로 제9층의 간독이며 합계 31매이다.[23)]

2) 編聯과 綴合

何有祖는 里耶秦간독의 綴合에 진력하여, 모두 15개의 綴合을 완성하였다.[24)] 陳垠昶은 8-1523을 8-755~8-759의 편련 뒤에 붙여 하나의 완전한 문서를 만들었다.[25)] 魯家亮은 8-805가 8-775+8-884와 더불어 원래 하나의 간에 속했을 가능성이 있으며 그 내용은《二年律令·具律》82호간에 적힌 율문과 관련이 있다고 지적하였다.[26)]

3) 원문 考釋과 研究

陳垠昶은 5-1의 문서 내용 중에 서로 관련된 문구의 구독을 조정하여 "縣官"은 앞에 붙여 이어 "獄佐辨, 平, 士吏賀具獄縣官"으로 읽어야 한다고 주장하였다. 또 "雨留不能投宿齎"은 "雨, 留, 不能投宿, 齎"로 끊어 읽을 수 있고, 簡文의"雨, 留"와 "不能投宿, 齎"은 吏員이 출행할 때 비를 만나면 "留" 하고, 투숙할 수 없으면(즉 "留"하지 못하면) "齎" 하는 "續食"의 구체적인 두 가지 상황을 분별하여 가리킨다고 보았다.[27)] 陳偉는《里耶秦簡牘校釋(第一卷)》에서 "史"로 잘못 석독한 "夬"字에 대해 집중적으로 改釋하였다(8-61+8-293+8-2012, 8-136+8-144, 8-473, 8-859, 8-1016, 8-1060+8-1405, 8-1516와 8-1564 등).[28)] 또 8-1042+8-1363의 "善飤不能食"의 "飤"를 "飢"로 고쳐 석독하고, 8-1118 "囚缺吏見一人"의 "囚"를 "田"으로 고쳐 석독하였다.[29)] 高一致는 6-40의 "問", "書", "爲", 8-26+8-752의 "參", 8-123+8-174+8-522+8-523의 "端"을 補釋하고 8-681의 "行"을 "作"으로 고쳐 석독하고, 8-823+8-1997의 "亡"을 "忘"으로 읽었으며, 아울러 8-1008+8-1461+8-1532의 "問如辭"에 대하여 새롭게 끊어 읽어 해석하였다.[30)] 伊强은 里耶秦簡 내 여러곳에서 교정 의견을 제시하였는데, 예컨대 8-198+8-213+8-2013의 "其問官下此書軍吏. 弗下下,"의 구독을 "其問官下此書軍吏弗下？下,"로 조정하여 이는 반복의문문에 속

---

23) 游逸飛·陳弘音,《里耶秦簡博物館藏第九層簡牘釋文校釋》, 簡帛網 2013年12月22日.

24) 何有祖,《里耶秦簡牘綴合(八)》, 簡帛網 2013年5月17日;《里耶秦簡牘綴合(三則)》, 簡帛網 2013年7月12日;《里耶秦簡牘綴合(四則)》, 簡帛網 2013年10月4日.

25) 陳垠昶,《里耶秦簡8-1523編連和5-1句讀問題》, 簡帛網 2013年1月8日.

26) 魯家亮,《〈里耶秦簡·壹〉所見法律文獻校讀(二則)》,《出土文獻與法律史研究》第二輯, 上海人民出版社, 2013年.

27) 陳垠昶,《里耶秦簡8-1523編連和5-1句讀問題》, 簡帛網 2013年1月8日.

28) 陳偉,《里耶秦簡中的"夬"》, 簡帛網 2013年9月26日.

29) 陳偉,《里耶秦簡釋字(二則)》, 簡帛網 2013年9月27日.

30) 高一致,《〈里耶秦簡(壹)〉校釋四則》,《簡帛》第八輯, 上海古籍出版社, 2013年.

한다고 주장하였다.[31] 또한 8-1070의 "中大女子青黑"는 당시 "并爲人"에 대한 묘사로 "中"은 마땅히 다른 문헌에서의 "中壯"에 대응한다고 생각하였다.[32] 이에 더하여 8-675+8-2020의 "朐"를 補釋 하고 "是言"를 "遷陵"으로 고쳐 석독, 8-1174의 "應", 8-1293의 "佐", 8-2313의 "恐"을 보충석독하고 8-1943의 "笞"를 "笱"로 고쳐 석독하는 등 補釋 改釋을 실시하였다.[33] 楊先云은 8-201의 "充"은 秦의 縣名이고, "充" 뒷글자는 응당 "戌"로 고쳐 석독해야 한다고 지적하였다. 또 8-206의 "馬"字를 補釋하였다.[34] 趙岩은 里耶秦簡을 校讀하여 12개의 의견을 제시하였다. 예를 들어 5-22의 "佐", 8-669"戍", "五城父西" 등의 글자를 補釋하고, 8-898+8-972에서 탈루된 "守"字와 8-2200에서 탈루된 "各"字 등을 보충하였다.[35] 魯家亮은 8-1562에 기록된 문서내용을 상세히 분석하여 그 배후에 깊이 담겨 있는 법률사적 정보를 논의하고 아울러 8-463와 8-1198에 보이는 두 개의 秦律 律名에 대하여 간단명료하게 논의하였다.[36] 何有祖는 秦漢출토법률문헌에 나타나는 "逋不行"의 기록에 의거하여 8-2195 "餔不行"의 "餔"는 마땅히 "逋"로 읽고 그 의미는 "逃"라고 주장하였다.[37]

游逸飛는 8-157문서의 구성과 보관형식에 대하여 다시금 새로이 논의하면서 書手 壬은 啓陵鄉吏라는 관점에 동의하고, 나아가 이 간독은 원래 啓陵鄉이 상신한 정본으로 壬이 필사한 것이라고 주장하였다. 遷陵縣에 이송된 후에 欣이 개봉하여 배면 좌측에 병기하고, 마지막으로 다시 제3의 書手가 啓陵鄉으로의 답신을 필사하여 遷陵縣의 부본을 만든 것이다. 그러므로 이 간독은 정본이자 부본으로 문서의 이동과정 중에 전환 현상이 있었음을 보여준다.[38]

張朝陽은 8-1443+8-1455, 8-1554, 8-1799에 기록된 문서는 모두 응당 서민재산상속의 遺囑과 관련된 것으로 보아야 한다고 보고, 8-1799는 잔결되어 내용이 부정확하나 그 밖에 다른 두 간독은 당시 遺囑의 실례라고 주장하였다.[39] 薛洪波는 이러한 관점에 동의하지 않고 8-1443+8-1455와 8-1554 두 간독은 재산분배와 관련있는 爰書로 응당 그 성격은"生分" 문서이며, 현재 가장 이른 시기의 "生分"안례이다. "生分"은 국가가 分户와 재산분배 행위를 장려하는 것일 뿐만 아니라 재산이 법률적 보호를 받게 만드는 것이다.[40]

趙岩는 里耶秦簡 중 현재 이미 공표된 부분의 紀日簡을 校讀하고, 그중 2곳의 誤釋을 수정하고, 잔획과 문맥에 의거하여 8가지 사례를 補釋하고 3가지 사례를 추정하였으며, 모순되는 상황 1사례를 기재하

31) 伊强, 《〈里耶秦簡牘校釋(第一卷)〉補正(2)》, 簡帛網 2013年9月9日.
32) 伊强, 《〈里耶秦簡牘校釋(第一卷)〉補正一則》, 簡帛網 2013年8月25日.
33) 伊强, 《〈里耶秦簡牘校釋(第一卷)〉補正(3)》, 簡帛網 2013年12月5日.
34) 楊先云, 《讀〈里耶秦簡(壹)〉札記二則》, 簡帛網 2013年10月26日.
35) 趙岩, 《里耶秦簡札記(十二則)》, 簡帛網 2013年11月19日.
36) 魯家亮, 《〈里耶秦簡·壹〉所見法律文獻校讀(二則)》, 《出土文獻與法律史研究》 第二輯, 上海人民出版社, 2013年.
37) 何有祖, 《讀秦簡札記(二則)》, 簡帛網 2013年4月13日.
38) 游逸飛, 《再論里耶秦牘8-157的文書構成與存放形式》, 《簡帛研究二〇一二》, 廣西師範大學出版社, 2013年.
39) 張朝陽, 《里耶秦簡所見中國已知最早庶民財產繼承遺囑初探》, 《出土文獻與法律史研究》 第二輯, 上海人民出版社, 2013年.
40) 薛洪波, 《里耶秦簡所見秦代"生分"》, 《中國史研究》 2013年 第3期.

였다. 이를 바탕으로 秦始皇 26년에서 秦二世 원년까지 오늘날 이미 알려져 있는 각월 삭윤의 상황을 기초적으로 정리하였다.[41] 許名瑲은 里耶秦簡 제1권에 기재된 曆日자료 총 178 개를 전면적으로 교정, 보충하였다.[42]

于洪濤는 里耶秦簡 내의 관리가 일상적으로 사용하는 당직시간표 역시 質日이라고 이름붙여졌음을 밝히고 이를 근거로 秦간독의 "質日"이라는 명명과 그 성격에 대해 재고찰하였다. 그는 이러한 "質日"부류의 문헌이 참고용으로 이용되었을 뿐만 아니라 관리의 공적과 성적고과에 매우 중요하게 작용하였다고 주장하였다.[43]

葉山는 이미 발표된 里耶秦簡 자료를 이용하여 秦대 지방행정제도에 대해 논의하였다. 논문에서 그는 獄曹, 户曹, 金布曹, 倉曹, 司空曹, 廷吏曹, 尉曹 등의 행정단위부터 호적등기, 인구규모, 조세, 벌금과 징벌, 장려 등의 방면에 이르기까지 관련자료를 비교적 전면적, 체계적으로 정리하였다.[44]

陳偉는 里耶秦簡의 "田"과 "田官"이라는 두 개의 관서명에 대해 논의하였다. "田"(또는 "田部")은 분층되지 않았으므로 동시에 縣鄉 양쪽에 설치되었던 흔적으로 이해할 수 있을 뿐 아니라, 또 분해되지 않았으므로 동시에 여러 鄉에 설치되었던 흔적으로 이해할 수 있다고 지적하였다. 따라서 비교적 합리적인 판단은 "田"의 주관관원인 "田嗇夫"가 전체 縣농사를 주관한 관원이었다는 것이다. 현재의 자료를 통해 볼 때 田官과 倉, 司空과 각 鄉官은 차이 없이 縣廷에 예속된 일개 관서였다. 아마도 후대의 군사둔전에 기록된 "田官"의 연원과 관계가 있을 것이다.[45]

李均明은 里耶秦簡의 "計錄"와 "課志"자료를 체계적으로 정리하였다. 그는 "計錄"의 "計"는 "計簿"의 약칭으로, 오늘날로 치면 회계 및 통계문서의 의미를 지니며 "錄"는 기록을 뜻한다고 보았다. "課志"의 "志" 역시 기록을 의미하고 "課"는 고과를 뜻한다. 里耶秦簡의 "錄"은 모두 "計"와 결합하는데, "計"가 객관적인 사실을 대상으로 삼는다면, "錄"은 객관적인 사실에 대한 조사를 포함한다. "課"가 주관적인 인식에 치중한다면 "志"는 주관적 판단을 내포하는 글자의 뜻과 관련이 있다. "計錄"은 "計"를 모은 것으로 "計"가 주요 부분이자 기초였다. "課志"는 "課"를 모아 만든 것으로, "課"가 주요 부분이자 기초였다. 李선생은 이를 睡虎地秦簡 기록과 결합하여 "計錄"과 "課志"의 내용이 "計", "課"의 항목설치와 일치하며 국가가 관리하는 수요와 직접적으로 연결되어 있었음을 밝혔다.[46] 沈剛 역시 里耶秦簡 제1책의 "計", "課" 자료를 분석한 결과 양자의 분야가 명확하며, "計"는 현재 보유한 국가자재 혹은 고정자산 통계로서 강조점은 기구의 고과에 있었으며 일정시기의 재산정에 대한 총결산에 속한다고 지적하였다. 반면 "課"는 현재 보유한 국가자재의 증감상황에 대한 기록이자, 아울러 이에 의거하여 구체적인 책임자(혹 직관)에 대

41) 趙岩,《里耶秦紀日簡牘札記》,《簡帛》第八輯, 上海古籍出版社, 2013年.

42) 許名瑲,《〈里耶秦簡(壹)〉曆日校注補正》, 簡帛網 2013年9月7日.

43) 于洪濤,《秦簡牘"質日"考釋三則》,《魯東大學學報》(哲學社會科學版), 2013年 第4期.

44) 葉山 著, 胡川安 譯,《解讀里耶秦簡 -秦代地方行政制度》,《簡帛》第八輯, 上海古籍出版社, 2013年.

45) 陳偉,《里耶秦簡所見"田"與"田官"》,《中國典籍與文化》2013年 第4期.

46) 李均明,《里耶秦簡"計錄"與"課志"解》,《簡帛》第八輯, 上海古籍出版社, 2013年.

해 실시한 고과기록으로 일종의 동태적 감독에 속하였다. 그는 논문에서 戰國秦漢시기의 고과성적제도를 종합적으로 고찰하여 戰國시대에는 상계제도에 의거하였을 뿐이나 秦대가 되면 計와 課로 나뉘었다가 漢대에 이르러서 다시 상계제도가 부활하였지만 더욱 엄밀한 감찰체제를 마련하여 보충하였다고 지적했다.[47)]

曹書林은 里耶秦簡"作徒簿"의 "受倉隸妾"는 都鄕과 庫曹 등의 기구가 "倉曹에서 나뉘어 파견된 隸妾을 받았다"는 뜻이라고 주장하였다. 倉曹는 식량 저장, 분배 등의 사무를 책임질 뿐만 아니라 田官, 畜官 등의 고과도 책임지고 있었으며, 심지어 형도를 일정적으로 관리하는 직능도 가지고 있었다. 구체적으로 말하자면, 里耶秦簡에 보이는 隸臣妾은 司空曹가 아닌 倉曹가 관리하였다.[48)] 梁煒傑은 里耶秦簡"作徒簿"의 분류 고찰을 통해 "作徒簿"에 나타나는 "冣"는 모든 "作日徒簿"(즉 그날그날 날짜에 맞추어 기록한 "作徒簿")의 총칭으로, "基礎記錄"의 의의를 가지고 있었으며, 縣廷이 각 관서의 "作徒簿"에 대해 하기에 核校편리하게 해주는 작용을 하였다고 추정하였다.[49)]

魯家亮은 里耶秦簡의 "捕鳥求羽"와 관련 있는 간독을 분석하고 "捕羽"와 "捕鳥"의 구별, "羽"의 용도와 교역, "羽賦"와 "四時獻" 등의 문제를 다루었다. 그는 里耶秦簡에 보이는 "捕羽"는 기설을 구하는 것이 목적이고 "捕鳥"는 새를 포획하여 진상하는 것과 관련이 있다고 주장하였다. 里耶秦簡의 "捕羽"은 또한 "求羽"이라고도 부를 수 있다. "羽"의 공급원은 크게 3가지이다. 하나는 "羽賦"소득, 즉 현지 소수민족이 매년 규정에 따라 공납하는 것으로 이 제도는 秦대에 이미 상당히 완비되었다. 두 번째는 관부가 徒隸를 배정하여 "捕羽", "求羽"의 작업에 종사하게 하여 얻는 것이다. 세 번째는 시장교역을 통해 "羽"의 수요를 메꾸는 것이다. 획득한 "羽"는 주로 "鍭"화살 제작에 쓰였는데, 완성된 "鍭"화살은 縣의 少內가 책임지고 수집, 관리하였고 아울러 중앙의 內官에 일괄상납하였다. 秦대 광대한 남방지역의 蠻夷는 "義賦"상납을 해야 했는데, 동시에 "幏布", "羽賦"도 납부하였다. 일반민은 "四時獻"을 맡아야 했다. "四時獻"의 내용에는 새, 물고기, 원숭이와 같은 동물, "枳枸", "冬瓜"와 같은 식물, "錦繒" 등의 직물이 포함되어 매우 풍부하였다. 秦代, 이러한 제도의 엄격한 관리는 일련의 전문양식을 만들어냈다.[50)] 沈剛은 이 문제를 논의하면서 "捕羽", "求羽" 작업은 정부가 형도에게 분배하여 완수하였고 그렇게 얻은 "羽"의 주요 용도는 화살 깃 제작이었으며, 이는 軍賦와 貢賦라는 두 가지 특징을 함께 가지고 있는 국가부세의 일종이었다고 주장하였다. 또한 이 제도의 유래와 秦漢시대 제도화 경향에 대해서도 분석하였다.[51)]

郭濤는 里耶秦簡의 지명 "某就"가 가지는 의미에 대해서 검토하였다. "就"는 "溋"와 동의어로, 본래 의미는 수변고지와 같이 거주할 수 있는 자연지형을 나타내는 것으로 호환할 수 있다. "西就", "南就", "東就"는 작은 지역의 통칭이다.[52)]

---

47) 沈剛, 《〈里耶秦簡〉【壹】中的"課"與"計" －兼談戰國秦漢時期考績制度的流變》, 《魯東大學學報》(哲學社會科學版), 2013年 第1期.

48) 曹書林, 《"受倉隸妾"解》, 《魯東大學學報》(哲學社會科學版), 2013年 第5期.

49) 梁煒傑, 《讀〈里耶秦簡(壹)〉札記 －"作徒簿"類型反映的秦"冣"意義》, 簡帛網 2013年11月9日.

50) 魯家亮, 《里耶出土秦"捕鳥求羽"簡初探》, 魏斌主編: 《古代長江中游社會研究》, 上海古籍出版社, 2013年.

51) 沈剛, 《"貢""賦"之間 －試論〈里耶秦簡〉【壹】中的"求羽"簡》, 《中國社會經濟史研究》 2013年 第4期.

張燕蕊는 里耶秦簡에 나타나는 채무문서를 화폐채무문서와 실물채무문서 두 종류로 나누어 탐구하였다. 채무유형이 유사한 문서양식은 상대적으로 고정적이었다. 또 채무 쌍방은 차이는 있었지만 모두 정부의 간섭을 받았는데 이는 일련의 엄밀한 관리제도와 원칙을 형성하였다.[53)]

馬怡는 J1⑨1- J1⑨12에 포함된 陽陵卒의 부채문서를 종합적으로 분석하고 陽陵卒 부채의 명칭, 액수, 전산가치, 환산현금가 등의 문제를 중점적으로 논의하였다. 당시의 현금가는 1斤에 9216錢으로, 이 현금가는 기타요인을 고려하지 않고 오직 돈의 액수에 달린 것이었다. 《管子·輕重》의 시대와 약간 늦은 張家山漢簡 《算數書》의 시대보다는 높고, 西漢후기보다는 낮았다. 또 陽陵卒의 부채금액에 대하여 居作日數, 환산 粟米와 비교해보니, 이들 陽陵卒의 미납전과 贖錢이 무거웠는데 이것이 아마도 그들이 고향을 떠나 타지에서 居作한 주요원인이었을 것이다.[54)]

晏昌貴는 游逸飛와 陳弘音이 공표한 里耶제9층간독의 석문을 바탕으로 9-712+9-758에 실린 역사지리방면의 새 정보에 관해 기초적으로 분석하였다.[55)] 郭濤는 9-1369, 9-2273에 보이는 隸臣妾"積"의 기록과 9-2287에 나타나는 "質日" 방면 정보에 대해 간요하게 설명하였다.[56)]

6. 湖南 岳麓書院 소장 秦簡

1) 자료공표

岳麓書院 소장 秦簡 정리소조는 《岳麓書院藏秦簡(叁)》에 수록된 《爲獄等狀四種》의 주요내용과 간책복원의 방법, 간책정리에 응용한 적외선 기술, 표제의 명명 방식 등의 문제를 포함하여 정황을 설명하였다. 글에 따라 부분문서의 도판도 게재하였다.[57)] 陳松長은 "爲僞私書"案例의 전체 적외선 도판과 석문을 발표하고 아울러 이 안례를 체계적으로 정리하고 주해를 달았다.[58)] 2013년 6월, 《岳麓書院藏秦簡(叁)》이 출판되어 《爲獄等狀四種》 모두 252매의 간독자료(병합 후의 총수)가 전면적으로 공표되었다.[59)] 陶安은 《岳麓書院藏秦簡(叁)》의 주요정리자 중의 한 사람으로서 출판보고 후 다시 이 책 속의 여러 문제를 조목조목 수정하고 보충하였다.[60)]

52) 郭濤, 《里耶秦簡"某就"小考》, 復旦網 2013年6月30日.

53) 張燕蕊, 《里耶秦簡債務文書初探》, 《簡帛研究二〇一二》, 廣西師範大學出版社, 2013年.

54) 馬怡, 《秦簡所見貲錢與贖錢 -以里耶秦簡"陽陵卒"文書爲中心》, 《簡帛》 第八輯, 上海古籍出版社, 2013年.

55) 晏昌貴, 《里耶秦牘9-712+9-758補釋》, 簡帛網 2013年12月24日.

56) 郭濤, 《〈里耶秦簡博物館藏第九層簡牘釋文校釋〉初讀》, 簡帛網 2013年12月28日.

57) 岳麓書院藏秦簡整理小組, 《岳麓書院藏秦簡〈爲獄等狀四種〉概述》, 《文物》 2013年 第5期.

58) 陳松長, 《岳麓秦簡"爲僞私書"案例及相關問題》, 《文物》 2013年 第5期.

59) 朱漢民·陳松長 主編: 《岳麓書院藏秦簡(叁)》, 上海辭書出版社, 2013年.

60) 陶安, 《〈岳麓書院藏秦簡(叁)〉校勘記》, 復旦網 2013年8月20日.

2) 編聯과 綴合

于洪濤는《爲吏治官及黔首》에 대해 2개의 編連을 제시하였다.(81+82+79+80, 62+61+59+60)[61)]

蔡丹는《數》에 대해 3가지 綴合 및 編連을 제시하였는데 구체적으로 殘簡 C010108와 1524간의 綴合, 0761간이 0942간 뒤에 이어질 가능성, 0413간이 0905간과 이어질 가능성 등이다.[62)] 許道勝은《數》71, 60, 73+74, 72, 75 이 6매의 간독은 상술한 바와 같이 배열해야 한다고 보았다. 원래 111간은 2토막을 綴合한 것인데, 중간에 빠진 연결고리가 상당히 많거나 혹은 따로따로 별도의 2매의 간독에 속할 가능성이 있으며 아울러 112, 113간과 한 덩어리로 볼 수 있다. 내용은 枲, 稻 간의 환산을 다루고 있다.[63)]

陳偉는 岳麓秦簡 제3권 "魏盜殺安宜等案"의 編連에 대하여 새로운 방안을 제시하였다. 153간을 155간의 뒤로 조정하고 이를 바탕으로 이 안례의 글 뜻의 층차와 편집 관계에 대하여 간요하게 설명하였다.[64)] 史達은 간독 배면의 획선과 뒤집혀 찍힌 흔적을 이용하여《爲獄等狀四種》제1류 권책의 간 순서와 편련을 검증하고 아울러 이러한 정보의 중요성을 설명하였다.[65)]

3) 원문 考釋과 研究

于洪濤는《三十四年質日》의 "騰"과 "爽"의 신분은 응당 "質日"을 보유한 사람의 하급 혹은 예속관리일 것이라고 추정하였다.[66)]

黎明釗은《爲吏治官及黔首》와 睡虎地秦簡《爲吏之道》의 공통점과 차이점을 상세히 비교하고 이를 바탕으로 양자는 내용, 서사의 풍격, 법제적 관념 등의 방면에서 공통점이 많으며 비슷한 기원에서 나왔을 가능성이 있다고 지적하였다. 둘 다 모두 爲吏之道의 宦學 입문서로, 秦제국의 지방관리가 관리로서 요구되는 내용을 배우는 교재였고, 그 목적은 관리를 훈련시켜 治官, 治民 그리고 治己를 배워 할 수 있게 만드는 것이었다. 양자가 서로 같거나 유사한 부분은 吏師 혹은 學吏가 관부의 爲吏之道의 일부를 베꼈거나 관부의 원본 텍스트의 핵심부분에 속하였을 가능성이 있다. 양자에 차이가 있는 부분은 吏師가 수업에서 혹은 吏가 되는 학생이 학습하는 과정에서 첨가하여 넣은 것일 수 있으며 이러한 내용은 원본 텍스트를 설명·해석하고 연역적으로 추론하고 보충하는 역할로 작용하였다. 그 목적은 스스로 깨닫거나 수업을 편하게 하기 위한 것이었다.[67)] 林素清은 睡虎地秦簡《爲吏之道》와 王家臺秦簡《政事之常》, 岳麓秦簡《爲吏治官及黔首》등 세 가지 문헌을 종합적으로 비교연구하여《爲吏治官及黔首》와《爲吏之道》는

---

61) 于洪濤,《岳麓秦簡〈爲吏治官及黔首〉編聯二則》, 簡帛網 2013年10月8日.

62) 蔡丹,《讀〈岳麓書院藏秦簡(貳)〉札記三則》,《江漢考古》2013年 第4期.

63) 許道勝,《岳麓秦簡〈數〉新札》,《簡帛》第八輯, 上海古籍出版社, 2013年.

64) 陳偉,《〈岳麓秦簡三·魏盜殺安宜等案〉編連獻疑》, 簡帛網 2013年9月5日.

65) 史達 著, 李婧嶸 譯,《岳麓秦簡〈爲獄等狀四種〉卷冊一的編聯 -依據簡背劃綫和簡背反印字迹復原卷軸原貌》,《湖南大學學報》(社會科學版), 2013年 第3期.

66) 于洪濤,《秦簡牘"質日"考釋三則》,《魯東大學學報》(哲學社會科學版), 2013年 第4期.

67) 黎明釗,《岳麓秦簡〈爲吏治官及黔首〉讀記: 爲吏之道的文本》,《簡帛研究二〇一一》, 廣西師範大學出版社, 2013年.

부분적으로 내용이 유사하지만 글자와 단어 및 순서상차이가 존재한다고 밝혔다. 이러한 글자와 단어상의 차이는《爲吏治官及黔首》가 시대적으로 약간 늦게 만들어진 필사본임을 보여준다. 두 가지 문헌 모두 雜抄의 성격을 지니고 있고,《爲吏治官及黔首》는 두 가지 문서를 포함하였을 가능성이 있는데, 3란으로 나누어 베낀 앞의 58매의 내용과《爲吏之道》가 비교적 유사하여 양자를 상호 校讀, 訂補할 수 있다.[68] 張榮强은 岳麓秦簡 등의 자료를 이용하여, 秦漢호적제도 내의 일부 세절목에 대하여 논의하였다.《爲吏治官及黔首》1530간 "移徙上椯(端)"의 "上"은 등록, 입적으로 해석하고, 1530와 1532의 기록을 바탕으로 張家山漢簡의 관련 내용과 결합하여 秦에서 漢初까지의 호적에는 田地를 등재하였다는 사실을 밝혔다. 이외 0552간에 적힌 秦代 "歲盡增年"의 "歲盡"은 9월을 가리키며 곧 관부가 호적을 編定하는 시기로,이에 따르면 中國 고대의 增年은 歲首가 아니라 傅籍을 표지로 삼았으며 호적에 등재하는 것은 해당 연도의 수치이지 다음 해의 수치가 아니었다.[69]

陳垠昶은《占夢書》3호간의 "三"字는 응당 "參"으로 석독하고 괄호를 써서 "三"으로 주를 달아야 한다고 주장하였다. 논문에서 그는《潛夫論·夢列》의 관련 있는 구절을 인용하여 본간을 교감하였는데, 17호간의 "得資"와 "得甖"은 의미상 서로 대응하거나 유사한 단어로 보고 "資"字는 어떤 유형의 陶器를 나타내는 것이지,"財貨"를 가리키는 것이 아니라고 여겼다. 나아가 秦漢고고유물과 출토문헌의 기록을 결합하여 進一步指出作爲陶器名의 "資"는 戰國秦漢시기 罌(甖), 缶, 甕(罋)과 같은 종류의 도기를 가리키는 楚방언이라고 밝혔다. 또 29호간의 "汙"字는 "洿"와 통하고 뜻은 "深"이라고 지적하였다.[70]

彭浩는《數》書 117호간의 "般"은 응당 "槃"로 읽어야 하고 그 뜻은 "囊"이라고 주장하였다. 이는 "斋"에 상당하는 용량단위이다. 간문에서의 升, 斗, 石, 般은 작은 것에서부터 크기순으로 배열된 용량단위로, 3石의"般"은 "石"보다 크다. 이 간의 내용은 아마 "券"의 각치와 관련이 있을 것이고 각치를 이용하여 銖과 升,兩과 斗,斤과 石,鈞과 斋 등의 수량을 어떻게 표시하였는지 말해 줄 수 있다.[71] 許道勝은《數》2호간의 "田步", 147호간 "端"의 해석을 보충하는 의견을 제시하였다.[72] 吳朝陽은 32, 33, 34 세 간으로 구성된 산술 문제 중 "三步廿八寸"을 해석하고 이 구절은 결코 衍文도 아니고 脫文의 정황이 있었던 것도 아님을 밝혔다. 간문의 "當"은 "~에 상당하다(相當于)"이라는 의미로, "三步廿八寸"은 곧 "三步有(又)百九十六分步之八十七而一束"에 상당하다는 것과, 아울러 張家山漢簡《算數書》의 관련된 산술문제에 근거하여 그 계산 방법을 설명하였다.[73] 吳先生은 또한 187호간에 보이는 "乘方亭術"에 대해서도 설명하였다.[74] 이외, 그는 "石"이 하나의 용적 개념이 아니라 "十斗糲米"의 "當量"이라고 생각하고,103-106간에 보이는

68) 林素清,《秦簡〈爲吏之道〉與〈爲吏治官及黔首〉研究》,《簡帛》第八輯, 上海古籍出版社, 2013年.
69) 張榮强,《讀岳麓秦簡論秦漢户籍制度》,《晉陽學刊》2013年 第4期.
70) 陳垠昶,《岳麓秦簡〈占夢書〉補釋三則》, 簡帛網 2013年4月9日.
71) 彭浩,《談秦簡〈數〉117簡的"般"及相關問題》,《簡帛》第八輯, 上海古籍出版社, 2013年.
72) 許道勝,《岳麓秦簡〈數〉新札》,《簡帛》第八輯, 上海古籍出版社, 2013年.
73) 吳朝陽,《岳麓秦簡〈數〉之"三步廿八寸"》, 簡帛網 2013年1月23日.
74) 吳朝陽,《岳麓秦簡〈數〉之"乘方亭術"》, 簡帛網 2013年1月30日.

秦의 "一石重"의 크기에 근거하여 粟과 糲米의 부피밀도를 계산하고, 이와 관련 있는 간문(107, 111, 153호간)을 변별하고 분석하였다.[75] 日本의 "中國古算書硏究會"는 《數》의 앞83매간에 적힌 각 산술문제들을 번역하고, 그 계산법의 요점을 풀이하였다. 또 《數》의 간독은 첫머리 간부터 묶여 가장 마지막 간(1호간)의 배면에 書名 《數》를 적었다고 지적하였다. 따라서 1호간은 첫머리가 아니라 마지막에 해당하는 간독이다.[76] 許道勝 역시 1호간을 마지막 간으로 보는 견해를 지지하였다. 또 이 간에 남아있는 編繩흔적에 대해서도 논증을 한층 더하였다.[77] 田村誠과 張替俊夫는 《數》書의 "米粟并" 산술문제에 대해 논의하고 이를 기초로 衰分부류의 산술문제 중 해독되지 않은 두 가지 문제를 상세히 분석하고 마지막에는 이와 유관한 《九章算術》의 返衰術에 대해 논의하였다.[78] 譚競男은 《數》書 중 "耤"字의 용법을 정리하고 《數》의 "耤"은 모두 형태는 달라도 "耒"을 부수로 하며, '가정하다'는 뜻과 '의거하다', '도움을 빌리다'라는 뜻의 두 가지 용법이 있었고 모두 "藉"으로 읽어야 한다고 주장하였다. 또 '의거하다', '도움을 빌리다'로 쓰이는 경우, 때때로 특수한 의미로서 算籌를 2행으로 分置하는 것을 가리키기도 하였다.[79] 肖燦은 《數》와 《爲吏治官及黔首》 중 工程과 상관있는 사료를 정리하고 비교하였다.[80]

蘇俊林은 岳麓秦簡 제3권 《爲獄等狀四種》의 명명문제를 분석하고, 전에 사용한 이름과 현재 사용하는 이름이 가지는 문제를 체계적으로 정리하여 이를 바탕으로 더 좋게 명명하지 않은 상황에서 이 秦簡이 혹 "奏讞文書"를 이용하여 書題를 짓는 통칭이라 할 수 있다. 그리고 나서 다시 "奏讞書"와 "爲乞鞫奏狀" 등 2개의 표제를 가지고 갖가지 성격의 문서를 이름 붙였다. 아니면 睡虎地秦簡·張家山漢簡·銀雀山漢簡 등을 참고로 하여 각종 문서에 篇題를 붙여서 각 문서의 篇題상 다시 명명할 필요가 없는 하나의 총標題.[81] 이후, 蘇先生은 다른 글에서 "狀"종류 문서의 기능과 성격을 분석하였다. "狀"은 일종의 문서형식으로 秦漢시기에 이미 광범위하게 사용되었다. "狀"에는 "情形, 狀況"의 뜻이 있었는데 나중에 점차 이 뜻과 유관한, 어떤 사정이나 행위의 구체적인 정황을 진술하여 내용으로 삼고 아울러 "狀"으로 이름이 붙여진 문서형식이 되었다. 岳麓秦簡의 3개의 "狀" 종류문서는 넓은 의미에서 奏讞문서의 범위에 속할 수 있으며, 그 내용은 발췌되어 《奏讞書》에 편입되었다. 하지만 문서의 성격으로 말하자면, 그 자체는 결코 《奏讞書》가 아니라 《奏讞書》 바깥에서 독립적으로 기능을 발휘하는 단행문서였다. 秦漢시기의 "狀"종류 문서는 唐대에 이르기까지 여전히 사용되었으며, 奏狀과 申狀의 분류를 만들어냈다.[82] 勞武利는 《爲獄等狀四種》과 張家山漢簡 《奏讞書》를 비교하여, 양자가 법률용어, 형벌등급, 처벌방식, 소송절차, 안례분류

---

75) 吳朝陽, 《岳麓秦簡〈數〉之"石", 穀物堆密度與出米率》, 簡帛網 2013年1月30日.

76) 日本"中國古算書硏究會", 大川俊隆·馬彪 譯, 《岳麓書院藏秦簡〈數〉譯注稿(1)》, 簡帛網 2013年1月30日; 《岳麓書院藏秦簡〈數〉譯注稿(2)》, 簡帛網 2013年4月20日.

77) 許道勝, 《岳麓秦簡1(0956)爲〈數〉的末簡說》, 簡帛網 2013年5月2日.

78) 田村誠·張替俊夫 著, 大川俊隆·馬彪譯, 《岳麓書院藏秦簡〈數〉衰分類未解讀算題二題的解讀》, 簡帛網 2013年11月19日.

79) 譚競男, 《岳麓簡〈數〉中"耤"字用法及相關問題梳理》, 簡帛網 2013年9月19日.

80) 肖燦, 《試析〈岳麓書院藏秦簡〉中的工程史料》, 《湖南大學學報》(社會科學版), 2013年 第3期.

81) 蘇俊林, 《秦漢時期"狀"類文書的性質和功用 -以岳麓秦簡中的"狀"爲討論中心》, 簡帛網 2013年9月11日.

82) 蘇俊林, 《岳麓秦簡〈爲獄等狀四種〉命名問題探討》, 簡帛網 2013年8月10日.

등의 방면에서 상당히 유사하거나 같은 곳이 많다고 지적하고 이는 비록 秦漢왕조교체를 겪었으나 秦이 세운 사법체계의 큰 줄기는 漢이 이어받았음을 설명한다고 주장하였다.[83]

黃傑은 앞뒤로《學爲僞書案》에 대한 세 편의 글을 써서 여러 곳에서 "種"字로 석독된 것을 "糧"으로 改釋하는 등 십여 개의 보충 의견을 제시하였다.[84] 이 외, 다른 안례에 대해서도 석독의견 십여 개를 제시하였는데 예컨대 132간의 "稅值過六百六十錢"의 "稅"는 앞에 붙여읽는다거나, 153간의 "中"아래에는 중문부호가 없다는 점 등이다.[85] 陳偉는 일련의 문장을 연속적으로 발표하여 岳麓秦簡 제3권에 나타나는 안례의 간문과 주석을 校讀하였다.《譊, 妘刑殺人等案》의 "丞相史如"은 응당 이어 읽어야 하며 "丞相史"는 관명이고 "如"는 인명이다.《學爲僞書案》에 여러 차례 출현하는 "丞矰"은 "少內丞"으로 볼 수 없다.[86]《癸, 瑣等相移謀購案》의 "辟"는 "請求協助調查"로 이해해야 한다.[87] 또 이 안례의 "監御史康劾以爲不當, 錢不處,當更論."의 구독을 정리하고 "盜未有取, 吏貲灋戍律令"을 해석하였는데, 여기에 2개의 율령조문이 있었으니 "盜未有取"율령에 근거하여 "癸, 瑣等各贖黥"으로 판결하였고 "吏貲廢戍"율령에 근거하여 "癸, 行戍衡山郡各三歲"로 판결하였음이 안례에 기록되어 있다. 게다가 "先備贖"의 요구는 즉 수졸로 가기 전에 贖金을 제출하는 것이었다.[88] 예컨대 7호간의 號"皆"는 "偕"로 읽을 수 있고 207호간의 "騰詣"는 "騰書"일 가능성, 219호간의 "以爲私" 뒤에 "書"字를 보충할 필요가 없다는 것 등이다.[89] 이외,《尸等捕盜疑購案》의 "尸等購金" 금액은 "三兩"이 아니라 "二兩"으로 고치고, 그렇게 고친 까닭과 게시된 秦購金제도 및 群盜인정에 대해 분석하였다.[90] 于洪濤는 이에 대해 보충하여 논의하였다.[91] 陳偉는《魏盜殺安宜等案》의 "熊城"의 "熊"이 확실하지 않고 혹 "焦"字의 잔획이 아닐까 생각했으나,[92] 陳劍은 이 글자를"燕"으로 석독하고, "燕城"은 古書에 자주 보이는 소위 "南燕"의 "燕"이라고 주장하였다. 이 땅은 오늘날 河南 延津縣 동북에 있었으며 魏나라에 속하고 있었다. 秦이 燕縣을 설치하고 漢이 그것을 이었는데 모두 東郡에 속하였다.[93] 曹方向은《癸, 瑣等相移謀購案》제4간 말미에 2글자를 보충하여 "癸等"으로 보았는데,[94] 陳偉는 "治等"이라고 생각했다.[95] 莊小霞는 秦봉니 "楊臺苑印"과《善等去作所案》의 "楊臺苑"를 연결하여

---

83) 勞武利 著, 李婧嶸 譯,《張家山漢簡〈奏讞書〉與岳麓書院秦簡〈爲獄等狀四種〉的初步比較》,《湖南大學學報》(社會科學版), 2013年 第3期.

84) 黃傑,《岳麓秦簡"爲僞私書"簡文補釋》, 簡帛網 2013年6月10日;《岳麓秦簡"學爲僞書案"再補》, 簡帛網 2013年9月12日;《岳麓秦簡"學爲僞書案"釋文注釋補正(三)》, 簡帛網 2013年10月4日.

85) 黃傑,《〈岳麓書院藏秦簡(叁)〉釋文注釋商補》, 簡帛網 2013年9月13日.

86) 陳偉,《"丞相史如"與"丞矰" —關于〈岳麓書院藏秦簡(三)〉的兩個官制問題》, 簡帛網 2013年9月7日.

87) 陳偉,《也說"癸瑣等相移謀購案"中的"辟"》, 簡帛網 2013年9月9日.

88) 陳偉,《"盜未有取吏貲灋戍律令"試解》, 簡帛網 2013年9月9日.

89) 陳偉,《〈岳麓書院藏秦簡(三)〉識小》, 簡帛網 2013年9月10日.

90) 陳偉,《尸等捕盜購金數試說》, 簡帛網 2013年9月11日.

91) 于洪濤,《再論岳麓簡尸等捕盜購金數額》, 簡帛網 2013年9月16日.

92) 陳偉,《魏盜殺安宜等案"焦城"試說》, 簡帛網 2013年9月24日.

93) 陳劍,《關于〈岳麓簡(叁)〉的"燕城"》, 復旦網 2013年9月25日.

94) 曹方向,《岳麓秦簡〈癸, 瑣等相移謀購案〉補釋一例》, 簡帛網 2013年9月18日.

楊臺苑은 응당 秦苑囿 중 하나라고 보지만 구체적인 것은 조사가 필요하다고 하였다.[96] 《綰等畏懦還走案》"反寇敗入荅中"의 "荅"은 "格"과 통하는 것으로 보이고 간문에 "落"이라고 쓸 수 있으며, 城郊에 백성들이 모여사는 촌락을 의미한다.[97] 曹旅寧은 《識劫冤案》에서의 양형에 모순이 있는 것은 아마도 베껴쓰는 과정에서 착오가 생긴 상황이라고 생각했다.[98] 方勇은 《暨過誤失坐官案》내 2개의 "窗"字는 마땅히 "窓"이 아니라 "窻"으로 隸定해야 한다고 주장했다.[99]

7. 北京大學 소장 秦간독

1) 자료공표

《簡帛》 제8집에 北京大學 소장 秦간독 신자료를 소개하는 5편의 논문이 게재되었다. 구체적으로는 《公子從軍》편의 기초적인 편련과 석독, 《隱書》의 3개의 隱語 석문과 주석, 水陸里程간책의 성질과 명명, 《算書》의 면적 계산 문제(圓田術, 箕田術, 田三陋術, 里田術, 徑田術, 盈不足術을 적용한 "方田術" 등 총 6종 포함), 《祓除》와 祓除術에 대한 내용으로,[100] 상술한 논문 모두 내용에 따라 3매 또는 5매의 간독 적외선 사진을 게재하였다.

2) 원문 考釋과 硏究

劉國勝은 《泰原有死者》편에 나오는 "獻之咸陽"의 "獻"과 "奪而入之少內"의 "奪", "祭死人之冢, 勿哭"의 "之冢", "而沃祭前"을 앞에 이어 붙여서 읽는 문제에 대하여 다른 의견을 제시하였다.[101] 方勇은 "黃圈"의 생장과정을 통해, 《泰原有死者》의 "黃圈者, 大菽殹, 劳去其皮, 置于土中"라는 구절을 "黃圈은 곧 大豆를 가리키고, 이는 大豆를 물에 불려 싹이 나면 겉껍질을 제거하여 다시 흙에 심는 것이다(黃圈即是指大豆, 是指大豆被水泡發芽後, 剝落它們的外皮, 再放于土中)"로 해석하였다.[102] 劉國勝은 "日廷"의 "子"位에 적혀 있는 "大時右"와 "亥"位에 적혀 있는 "小時左"의 함의와 《占雨》편에 내포된 의미 및 "乞媚道"의 "上泉"과 "下泉" 등의 내용에 대하여 다른 견해를 제시하였다.[103] 黃傑은 《隱書》의 "隱者"가 당시 일종의 직업으로

---

95) 曹方向, 《岳麓秦簡〈癸, 瑣等相移謀購案〉補釋一例》의 附記 참조, 簡帛網 2013年9月18日.

96) 莊小霞, 《〈岳麓書院藏秦簡(三)〉"善等去作所案"之"楊臺苑"補說》, 簡帛網 2013年10月10日.

97) 莊小霞, 《〈岳麓書院藏秦簡(三)〉注釋商榷一則》, 簡帛網 2013年10月14日.

98) 曹旅寧, 《〈岳麓秦簡(三)〉案例八識劫冤案中奏讞的法律適用問題》, 簡帛網 2013年10月22日.

99) 方勇, 《讀〈岳麓書院藏秦簡(叁)〉小札一則》, 簡帛網 2013年12月22日.

100) 朱鳳瀚, 《北大秦簡〈公子從軍〉的編連與初讀》, 《簡帛》 第八輯, 上海古籍出版社, 2013年; 李零, 《隱書》, 《簡帛》 第八輯, 上海古籍出版社, 2013年; 辛德勇, 《北京大學藏秦水陸里程簡冊的性質與擬名問題》, 《簡帛》 第八輯, 上海古籍出版社, 2013年; 韓巍, 《北大秦簡〈算書〉土地面積類算題初識》, 《簡帛》 第八輯, 上海古籍出版社, 2013年; 田天, 《北大秦簡〈祓除〉初識》, 《簡帛》 第八輯, 上海古籍出版社, 2013年.

101) 劉國勝, 《北大秦簡讀後記》, 《簡帛》 第八輯, 上海古籍出版社, 2013年.

102) 方勇, 《也談北大秦牘〈泰原有死者〉中的"黃圈"一詞》, 簡帛網 2013年9月28日.

103) 劉國勝, 《北大秦簡讀後記》, 《簡帛》 第八輯, 上海古籍出版社, 2013年.

이러한 隱語를 전문적으로 해석하는 사람을 가리킨다고 생각하였다.[104)]

辛德勇은 水陸里程간책의 성질과 명명에 관해 논의하고, 北大秦簡에 보이는 이러한 水陸里程간책은 결코 타인이 보고 이용하게끔 제공된 道理里程 지침서가 아니라 단지 수록자 본인이 공무상 필요해서 도로 상황을 임의로 기술하였거나 혹은 발췌한 것이라고 보았다. 그중에는 무질서하거나 빠진 것 처럼 보이는 지방이 많은데 이는 수록자 본인 머리 속의 지리지식에 의존하여 연속성을 부여하였거나 혹은 보충한 것이다. 이 간책은 일정 정도 개인 찬술의 성격을 지니고 있으며 통용되던 정무기록은 아니다. 이 간책은 가까운 시대 동류의 저술의 명명관습에 따라, 또 그 주요내용을 참고하여 혹 "南郡道里記"로 이름붙일 수 있다.[105)] 辛선생은 또한 水陸里程간책에 게재된 각 도로의 기본 방향과 경유지점 등의 문제를 기초적으로 분석하였는데, 구체적으로는 江陵에서 淯口에 이르는 수로노선(합계4갈래: 漢汭 방향, 瀶口 방향, 揚口 방향 및 인공수도), 江陵의 동쪽에서 북쪽으로 올라가는 수로의 구체里程, 南郡경내의 육로간선도로(합계2갈래: 鄢-銷-江陵-孱陵의 남북간선도로, 江陵-竟陵-安陸-夏汭-沙羨의 동서간선도로) 및 그 지선, 南郡 북쪽에서 南陽郡까지의 通道(수로와 육로 크게 2가지) 등의 내용을 포함하고 있다.[106)]

III. 漢簡牘의 研究

1. 居延漢簡

馬孟龍은 居延漢簡에서 보이는 여섯 곳의 地名에 대하여 改釋과 補釋을 진행하였고, 일부 지명의 방위와 설치 연혁을 토론하였다. 구체적으로는 19·36, 303·40 등의 簡에서 보이는 "昌邑國邵縣", 198·21에 기록된 "魏郡𨏩陽縣", 295·3의 "平干國襄嚵縣", 501·1의 "昌邑國郁狼縣", 293·7의 "淮陽郡西華縣", 303·12의 "大河郡平縣"을 포함한다.[107)] 曾磊는 EPT40:38, EPT43: 175 등의 簡에 대한 고찰을 진행하여 이러한 종류의 簡의 내용은《日書》"車祭"에 해당하고, 祭祀, 占卜활동이 반영하는 실질은 일종의 擇吉術이라고 지적하였다. "車祭"와 "占牛馬毛物"은 모종의 祭祀·占卜儀式이고 占卜의 결과는 "黃白靑騮"이다. 漢代 사람들은 이러한 占卜을 통하여 "取婦嫁女" 등 활동의 吉凶을 예측하여 상응하는 색깔의 牛馬를 牽引動力으로 사용함으로써 위험을 피하려고 하였다.[108)]

2. 山東臨沂銀雀山1號漢墓簡牘

楊安은《銀雀山漢墓竹簡(貳)》책에 붙여 쓰인 銀雀山漢簡文字編에 의거하여, 이것을 응당 駢宇騫《銀雀

---

104) 黃傑,《北大秦簡〈隱書〉中的"隱者"》, 簡帛網 2013年12月31日.

105) 辛德勇,《北京大學藏秦水陸里程簡冊的性質與擬名問題》,《簡帛》第八輯, 上海古籍出版社, 2013年.

106) 辛德勇,《北京大學藏秦水路里程簡冊初步研究》,《出土文獻》第四輯, 中西書局, 2013年.

107) 馬孟龍,《居延漢簡地名校釋六則》,《文史》2013年 第4輯.

108) 曾磊,《居延漢簡"車祭"簡所見出行占色》,《中國史研究》2013年 第2期.

山漢簡文字編》작업의 연속으로 여겼다.[109] 草野友子은 "論證論兵之類"의 第七篇《爲國之過》의 문헌 구조와 성격에 대하여 분석을 진행하였고, 문헌 구조를 전면적으로 밝히는 것을 토대로 君主·臣下·民 및 국가존망 등의 내용에 대해 중점적으로 정리를 진행하였다. 論文은《爲國之過》이 국가의 존망·군주와 臣民의 관계·戰時 대책 등에 이르기까지 그 이상과 현실을 조목에 따라 기재하였으므로 이것은 실용적인 兵法이 아니라 國政之事를 충실히 설명하는 문헌이라고 지적하였다. 이러한 종류의 저작은 아마도 戰時에 지침서의 기능을 가지고 있었을 것이다.[110] 黃樸民은 篇目순서·문자내용 자체·傳世本과의 異文 등의 방면으로부터 簡本《孫子兵法》의 문헌학적 가치에 대하여 분석을 진행하였다.[111]

3. 湖南長沙馬王堆3號漢墓簡牘·帛書

《出土文獻與古文字硏究》는 3편의 馬王堆帛書 정리 연구의 새로운 성과를 집중적으로 발간하였는데, 주로《五十二病方》·《養生方》·《導引圖》와《天文氣象雜占》의 四篇을 포함하여《長沙馬王堆漢墓簡帛集成》항목의 단계적 성과가 되었다. 그중 陳劍은 각각《五十二病方》과《養生方》에 대해 유효한 校讀 의견 48條와 40條를 냈고,[112] 劉嬌는《天文氣象雜占》에 대해 유효한 校讀 의견 18條를 냈는데,[113] 그 주요 내용은 문자의 改釋·補釋과 함의 설명 등의 방면에 집중되어 있다. 廣瀨薰雄은 주로《導引圖》의 碎片에 대한 결합을 시도하였는데 예컨대 圖26殘片의 결합 및 服飾·姿勢·畫風·題記 네 개 방면을 고찰하였다. 또한《導引圖》의 殘片과 전체 구조와의 관계에 대해 종합적인 분석을 진행하였다. 이 외에 또한 圖42의 題記에 대해 釋讀과 注解를 진행하였다.[114]

范常喜·劉傑은 戰國혹은 더 이른 시기 문자 계통의 지식을 참고로 하여 馬王堆帛書《式法》중 석독되지 않은 글자와 誤釋字에 대해 補釋이나 改釋을 진행하였는데, "嫩"·"犾"·"良"·"坪"·"瘠"·"鼠"·"杭"·"閻"·"鑿" 등 모두 11가지 조항에 이른다.[115]

張克賓은 馬王堆帛書《易傳》의 정치사상에 대해 분석을 진행하여, 帛書《易傳》은 漢初의 抄本에 속하고, 지금의 傳本과 서로 비교해보면 아직 經學官學化의 영향을 받지 않은 것으로, 先秦 祖本의 기본적인 모습을 보존하고 있다고 여겼다. 분석을 통하여 帛書《易傳》은 儒家 德治사상을 主旨로 여기나, 또한 황로학적 관념이 섞여 있음을 발견할 수 있다.[116] 韓宇嬌는 馬王堆帛書《德聖》篇에 대한 두 개 판본의 도판의 조합과 釋文의 비교를 토대로, "玄同"·"坐而忘" 등 두 군데의 釋文의 함의와 표점에 대해 새로운 의견

---

109) 楊安,《〈銀雀山漢簡文字編(續)〉(稿)》, 復旦網 2013年7月31日.

110) 草野友子,《銀雀山漢簡〈爲國之過〉的文獻結構與性質》,《簡帛》第八輯, 上海古籍出版社, 2013年.

111) 黃樸民,《銀雀山漢墓竹簡〈孫子兵法〉文獻學價値芻議》,《清華大學學報》(哲學社會科學版), 2013年 第2期.

112) 陳劍,《馬王堆帛書〈五十二病方〉、〈養生方〉釋文校讀札記》,《出土文獻與古文字硏究》第五輯, 上海古籍出版社, 2013年.

113) 劉嬌,《讀馬王堆帛書〈天文氣象雜占〉札記》,《出土文獻與古文字硏究》第五輯, 上海古籍出版社, 2013年.

114) 廣瀨薰雄,《馬王堆漢墓帛書〈導引圖〉整理瑣記(三題)》,《出土文獻與古文字硏究》第五輯, 上海古籍出版社, 2013年.

115) 范常喜·劉傑,《從戰國古文釋馬王堆帛書〈式法〉中的幾個字》,《考古與文物》2013年 第3期.

116) 張克賓,《馬王堆帛書〈易傳〉政治思想探微》,《孔子硏究》2013年 第5期.

을 제시하였다.[117)]

4. 湖北江陵鳳凰山漢墓竹簡

方勇은 8號墓 2號簡 중 석독되지 않은 글자를 "胡"라고 補釋하였고, 簡文의 "毋胡"은 "無胡"라고 지적하였다. 이른바 "無胡襌衣"는 바로 典籍에서 자주 언급되는 "褠"라고 하였고, 또한 馬王堆漢墓에서 출토된 두 장의 "襌衣"실물을 근거로 그 형상에 대해 토론하였다.[118)]

5. 江蘇連雲港海州西漢霍賀墓木牘

竇磊는 霍賀墓衣物疏 제2란의 첫 글자를 "紬"라고 補釋하였으며, 동일한 간독의 제3란에 있는 "白索□衣一領"의 "索"를 "素"로 읽었다.[119)]

6. 居延新簡

1) 자료공표

2013년 12월에 《肩水金關漢簡(叁)》이 출판되어 20세기 70년대 肩水金關에서 발굴하여 얻은 簡牘의 일부분을 공개하였다. 모두 9개의 탐색방향·2066(정리자는 그중 19개의 簡을 綴合하여 9개 簡으로 만들었으므로 실제로는 2056매를 수록하였다)매 간독의 채색 도판·적외선 사진과 석문을 포함한다.[120)]

2) 編聯과 綴合

胡永鵬은《肩水金關漢簡(貳)》에 수록된 簡牘에 대해, 두개 항목의 綴合 의견을 제시하였다. 즉 73EJT23:315과 73EJT23:702의 綴合에 더불어73EJT23:317이 동일한 簡册에 속한다고 하였고, 73EJT24:247과 73EJT24:268를 綴合하였다.[121)]

3) 원문 考釋과 研究

黃艷萍은《肩水金關漢簡(壹)》의 釋文에 대해 10개의 조항에 보충 의견을 제시하였다. 예를 들어 73EJT1:14A"校" 앞의 한 글자는 李洪財가 일찍이 "武"라고 補釋했으나,[122)] 黃氏는 "來"로 改釋하였다. 또

---

117) 韓宇嬌,《馬王堆帛書〈德聖〉校讀》,《出土文獻》第四輯, 中西書局, 2013年.

118) 方勇,《讀江陵鳳凰山漢簡札記一則》, 簡帛網 2013年12月15日.

119) 竇磊,《漢晉衣物疏補釋五則》,《江漢考古》2013年 第2期.

120) 甘肅簡牘博物館, 甘肅省文物考古研究所, 甘肅省博物館, 中國文化遺產研究院古文獻研究室, 中國社會科學院簡帛研究中心 編:《肩水金關漢簡(叁)》, 中西書局, 2013年.

121) 胡永鵬,《讀〈肩水金關漢簡(貳)〉札記》, 簡帛網 2013年9月17日.

122) 李洪財,《〈肩水金關漢簡〉(壹)校讀札記》, 復旦網 2012年9月17日.

한 73EJT1:18의 "閉"는 "關"로 改釋하였다. 73EJT6:93의 "遮"은 "德"로 改釋하였다. 또한 73EJT10:165 중 人名으로 쓰이는 "買" 등을 補釋하였다.[123] 周波는 73EJT21:468 중의 "費"을 응당 "贊"으로 改釋해야 한다고 지적하였고, 더욱 진일보하여 여기에 나오는 淮陽郡의 "贊"은 응당《漢書·地理志》沛郡의 "酇"縣(지금의 河南省 永城縣)임을 논증하였다.[124] 方勇은 73EJT6:92 중의 "[illegible]"字는 응당 "浚"으로 석독해야 한다고 여겼고, 전체 簡의 함의에 대해 해석을 진행하여 "……如乾餱. 伊(噫)! 美哉, 粲呼(乎)! 如以粱食浚扞纊也"라고 끊어 읽었다. 73EJT7:60의 "有" 아래 한 글자는 "妖"라고 석독하였다. 73EJT9:206의 "汲"을 "波"로 改釋하였다. 73EJT10: 207의 "郎"은 "郎"으로 改釋하였다.[125] 劉樂賢은《漢書·王莽傳》에 기록된 王莽 등극 詔書에 의거하여,《肩水金關漢簡(貳)》第73EJT23:767에 대해 완정한 釋讀을 진행하고, 복원 후의 내용은 "皇天上帝隆顯大右(佑), 成命統序, 符絜(契)圖文, 金匱策書, 神明詔告, 屬予以天下兆民"이라고 하였다.[126] 胡永鵬은《肩水金關漢簡(貳)》의 釋文에 대해 16개 항목의 검토·교정 의견을 제시하였고 내용은 주로 다음과 같다. 73EJT21:113A의 缺文에 대해 補釋하였다. 73EJT21:129의 "斗"를 "升"으로 改釋하였다. 73EJT23:11의 석독이 탈락된 "府"字를 補釋한 것 등이다.[127] 王子今은《肩水金關漢簡(貳)》에 보이는 "清酒"에 대해 고찰을 진행하여, 傳世문헌과 출토문헌을 결합하여 "清酒"의 사용 상황에 대해 전면적인 분석을 하였다. 또한 그 품질 및 "醇酒"·"白酒"와의 관계를 토론하여, "清酒"와 기타 고급 등급의 酒種인 "善酒"·"美酒"·"厚酒"·"濃酒"의 관계가 명확하지는 않더라도 秦漢 사회의 생활에서 품질이 가장 좋은 술이었음을 지적하였다.[128] 黃浩波는《肩水金關漢簡(貳)》중의 郡國·縣邑·鄉里 자료에 대해 계통 분류를 진행하여, 도표형식으로써 나타냈다.[129] 黃浩波는《肩水金關漢簡》第一·二卷 중 보이는 典籍類의 殘簡에 대해 匯校를 진행하였는데 다섯 종류의 典籍, 모두 9枚의 簡을 포함한다.[130]《簡帛研究2012》는 謝桂華 선생의 연구인 "建武三年十二月候粟君所責寇恩事" 簡冊의 논문 1編을 게재하였다. 해당 논문은 원래 일본의《史泉》第73號(1991年)에 日文으로 발표되었는데 中文版은 공개 발표된 적이 없었다. 논문은 釋文·注釋·譯文 3개 방면으로부터 이 簡冊 문서에 데에 상세한 논의를 진행하였다. 簡帛자료의 형식 해석·學風과 구체적인 簡文의 이해를 토대로 고르게 설명했다는 의의가 있다.[131]

7. 安徽阜陽雙固堆1號漢墓簡牘

蟲魚은 일본소장 寫本인《群書治要》에서 인용한《晏子》의 상관 내용과 雙固堆漢簡本의《春秋事語》"齊

123) 黃艷萍,《初讀〈肩水金關漢簡〉(壹)札記》, 復旦網 2013年5月30日.

124) 周波,《説肩水金關漢簡, 張家山漢簡中的地名"贊"及其相關問題》, 復旦網 2013年5月31日.

125) 方勇,《讀〈肩水金關漢簡(壹)〉小札(二則)》, 簡帛網 2013年6月10日.

126) 劉樂賢,《肩水金關漢簡補釋一則》, 簡帛網 2013年7月28日.

127) 胡永鵬,《讀〈肩水金關漢簡(貳)〉札記》, 簡帛網 2013年9月17日.

128) 王子今,《説肩水金關"清酒"簡文》,《出土文獻》第四輯, 中西書局, 2013年.

129) 黃浩波,《〈肩水金關漢簡(貳)〉所見郡國縣邑鄉里》, 簡帛網 2013年9月18日.

130) 黃浩波,《肩水金關漢簡所見典籍殘簡》, 簡帛網 2013年8月1日.

131) 謝桂華,《"建武三年十二月候粟君所責寇恩事"考釋》,《簡帛研究二〇一二》, 廣西師範大學出版社, 2013年.

侯問于晏子"章의 "者能但善虖君而不與君"簡의 문자를 서로 교감한 것에 의거하여 簡本"但"字의 석독을 성립하고, 寫本과 상응하는 위치의 글자를 "檀", "但"으로 여겼다. "檀"은 모두 응당 "殫"으로 읽어야 하며 함의는 "다하다"라고 여겼다.[132)]

8. 湖北江陵張家山247號漢墓竹簡

1) 編聯과 綴合

劉曉芸·游逸飛는 출토위치와 내용에 의거하여《二年律令·傳食律》차례에 대해 새롭게 배정하여 232-237, 228, 231, 229-230, 238의 순서로 하였다.[133)] 郭洪伯은《二年律令·秩律》442簡이 어쩌면 443簡의 뒤에 올 수 있으나, 양자의 사이에는 缺簡이 존재할 가능성을 제시하였다. 그리고 원래 443簡의 뒤에 있던 444簡은 응당 468簡의 뒤에 와야 하는데 그 내용은 442簡과 연결 될 수 있다고 하였다.[134)]

2) 원문 考釋과 研究

陳偉는 睡虎地秦簡《秦律十八種·倉律》55-56號簡의 기재에 의거하여,《二年律令》232-233號簡의 관련 부분을 "車大夫粺米, 半斗, 參食從者, 糲(糲)米. 皆給草具"라고 句讀를 조정하였다.[135)] 游逸飛·周波는 적외선 도판의 잔존 筆劃에 의거하여《二年律令·傳食律》第228號簡에 기록된 3개 지명에 대해 補釋을 진행하여 이 3개 지명은 응당 각각 高陵·池陽과 槐里이고, 漢初에는 이 세 지역이 모두 內史에 속했으며 서로 거리도 멀지 않았음을 지적하였다. 簡文의 가장 끝 글자 하나는 아마도 "長"字의 殘文일 것이며, 本簡이 기재한 것은 아마도 長安에서 상술한 세 지역까지의 乘傳규정일 것이다.[136)] 游逸飛는《二年律令·秩律》444號簡 중의 "二千石□丞"을 응당 "二千石官丞"로 석독해야 한다고 여겼다.[137)] 孫梓辛은《二年律令·秩律》460號簡에 보이는 "大行走士"를 응당 "大行"·"走士" 두 개의 職官名으로 나누어야 한다고 여겼다.[138)] 王偉는《二年律令·秩律》467-468號簡 중의 "長信詹事, 和〈私〉官長"은 마땅히 끊어 읽어서는 안 된다고 지적하면서, "長信詹事和〈私〉官長"은 長信宮에 설치된 詹事 私官의 長이라고 지적하였다.[139)] 周波는《二年律令·秩律》중의 "酇"은 응당《漢書·地理志》南陽郡의 "酇"이며, 다른 하나의 "贊"은 응당《漢書·地理志》沛郡의 "酇"이라고 여겼다.[140)] 馬孟龍은《秩律》중의 지명이 모두 漢 조정의 직할 縣邑이고 侯國을 포

---

132) 蟲魚,《漢簡窺管》, 復旦網 2013年11月7日.

133) 劉曉芸·游逸飛:《從出土位置與內容重排張家山漢簡〈二年律令·傳食律〉的律文次序》, 簡帛網 2013年8月14日.

134) 郭洪伯,《張家山漢簡〈二年律令·秩律〉編連商兑》,《簡帛研究二〇一二》, 廣西師範大學出版社, 2013年.

135) 陳偉,《雲夢睡虎地秦簡〈秦律十八種〉校讀(五則)》,《簡帛》第八輯, 上海古籍出版社, 2013年.

136) 游逸飛·周波:《高陵, 池陽, 槐里 -張家山漢簡〈二年律令·傳食律〉所見漢初長安驛傳路綫》, 復旦網 2013年2月20日.

137) 游逸飛,《〈二年律令·秩律〉簡444"二千石□丞"應釋作"二千石官丞"》, 簡帛網 2013年8月14日.

138) 孫梓辛,《說"走士" -兼論〈二年律令·秩律〉的一則標點問題》, 簡帛網 2013年1月2日.

139) 王偉,《張家山漢簡〈秩律〉標點勘誤一則》, 簡帛網 2013年10月11日.

140) 周波,《說肩水金關漢簡, 張家山漢簡中的地名"贊"及其相關問題》, 復旦網 2013年5月31日.

함하지 않는다고 지적하였다. 《秩律》은 응당 惠帝 7年의 舊本을 기초로 하고 있고, 高后 元年의 행정편제와 변동을 補入하여 형성된 新文本이다. 그 抄寫 시기는 응당 高后 元年 5月 전후로 반영된 행정편제 역시 이 시기의 면모를 보인다. 張家山漢簡《二年律令·秩律》은 명백히 抄寫한 자 자신의 필요에 따라 제작한 律文의 抄本으로, 官方에서 제정한 《秩律》과는 비교적 큰 차이가 있다.[141] 楊英은 《史律》 중 "史書"의 함의에 대해 분석을 진행하여, "史書"는 당시 통용된 書體를 가리키는 것임을 지적하고, 이러한 기초 위에 周에서 漢初까지의 太史 직무의 변화를 결합하여 "史書"가 書體를 가리키게 된 원인 소재 및 그것과 《十五篇》의 차이를 고찰하였다. 史官이 書體를 관장한 淵源은 周에 있고, 그것은 先秦시기 史官이 典籍을 관장한 데에서 비롯되었다. 春秋戰國 시기, 史官의 직무는 중대한 변화가 발생했는데, 王의 册命 등을 찬술하는 직무가 점차 사라지고 書體를 관장하는 기능은 점점 커졌다. 그러므로 "史書"는 漢代의 유행과 史官이 書體를 관장하는 상황 아래 관료정치가 빠르게 발전하여 문서 簿記의 일이 격증한 결과이며, 또한 周太史가 典籍을 관장하는 舊傳統의 부분이 남아있는 것이다.[142] 閆曉君은 《二年律令》 중 몇 군데 "諸"字를 포함한 誤釋·律과 律篇의 순서에 대해 열거하며 분석을 진행하였고, 아울러 기타 傳世 法律 문헌과 결합해서 "故殺"과 "鬥殺"·"平"·"與同罪" 등의 法律 용어를 토론하였다.[143]

陳偉는 《奏讞書》案例 18, 136-137號簡부분 文句의 句讀에 대해 새로운 방안을 제시하여 "及屯卒, 奔警卒已罷去, 移徙, 遝之皆未來"라고 하였다. 또한 "屯卒"과 "奔警卒"는 두 가지 일을 구분하여 가리키고 "罷去"·"移徙" 두 개 동사가 병렬하여 각각 屯卒·奔警卒과 대응한다고 여겼다.[144] 張新俊은 《奏讞書》의 단어 및 句讀에 대해 교정과 보충을 진행하였다. 예컨대 4-5號簡 "已遣毋憂即屯卒已去亡何解"의 구절을 "窯已遣毋憂, 即屯卒已, 去亡, 何解?"로 끊어 읽었다.[145] 107號簡 "銚即磔治(笞)講北(背)可餘伐" 중에 원래 정리자가 釋文 수정본에서 "可" 뒤에 "十"字가 殘缺되었다고 지적한 의견은 타당하다고 여겼다.[146] 案例5 중에 자주 보이는 "格鬥"의 "格"은 실제로 "挌"이고, 案例17에서의 人名인 "士伍牝"의 "牝"은 "把"로 볼 가능성도 있음을 제기하였다.[147] 220-221號簡 "貧急毋作業"의 "業"字의 字形에 대해서는 잘못 쓰였을 가능성이 존재하는 상황에서 분석을 진행하였다.[148] 이외에 78-79號簡 "與擊長蒼" 아래에 "偕"字를 補釋하고, 118號簡 "以彼治罪"의 "彼"는 "講"을 가리키는 말이라고 이해하였다.[149] 任海林은 여기의 "彼"를 응당 "誣"로 이해해야 한다고 여겼고,[150] 陳劍은 《二年律令與奏讞書》가 이 구절을 끊어 읽는 방법, 즉 "毛

141) 馬孟龍, 《張家山二四七號漢墓〈二年律令·秩律〉抄寫年代研究 -以漢初侯國建置爲中心》, 《江漢考古》 2013年 第2期.

142) 楊英, 《張家山漢簡〈二年律令·史律〉之"史書"及周至漢初史官職掌之變》, 《簡帛研究二〇一一》, 廣西師範大學出版社, 2013年.

143) 閆曉君, 《讀簡札記數則》, 《出土文獻與法律史研究》 第二輯, 上海人民出版社, 2013年.

144) 陳偉, 《張家山奏讞書案例十八釋讀一則》, 簡帛網 2013年10月5日.

145) 張新俊, 《張家山漢簡〈奏讞書〉字詞札記之一》, 簡帛網 2013年9月11日.

146) 張新俊, 《張家山漢簡〈奏讞書〉字詞札記之三》, 簡帛網 2013年9月14日.

147) 張新俊, 《張家山漢簡〈奏讞書〉字詞札記之四》, 簡帛網 2013年9月17日.

148) 張新俊, 《張家山漢簡〈奏讞書〉字詞札記之五》, 簡帛網 2013年10月8日.

149) 張新俊, 《張家山漢簡〈奏讞書〉字詞札記之二》, 簡帛網 2013年9月12日.

150) 任海林, 《簡論張家山漢簡〈奏讞書〉第十七第118號簡中的"以彼治罪"》, 簡帛網 2013年10月10日.

曰: 不能支疾痛, 即誣講, 以彼治(笞), 罪也"에 동의하였다. 그러나 "彼"는 응당 "避"로 읽어야 하며, 해당 문구와 같이 "即誣講以彼(避)治(笞)"로 連讀할 수 있다고 여겼다.[151] 그 후에 陳偉는 또한 "彼"는 "辟" 혹은 "弭"로 읽고, 그친다는 뜻이며 "彼治"는 "止笞"를 가리킨다고 지적하였다.[152] 鄔勖은 새로 출토된 岳麓秦簡의 상관자료를 결합하여 문서유형과 안건의 성격이라는 각도에서 《奏讞書》의 篇題에 대해 재분석을 하였다. 논문은 "奏"·"讞"을 구분하는 의견에 동의하고 "奏"와 "讞"은 두 종류의 동일하지 않은 문서유형과 절차라고 여겼다. "奏"는 사법절차로 사건의 경위 혹은 판결결과를 상급에 보고하는 것을 가리켰다. "讞"는 漢代에는 불명확한 사건의 上讞만을 가리켰고, 秦代에는 광범한 상급에의 사무 지시 요청을 뜻하였으므로, 응당 사법절차에서도 역시 불명확한 사건의 上讞에 한정되지 않았다. "奏讞書"의 篇題는 비록 《奏讞書》의 22개 案例 전부를 포괄할 수는 없으나 이는 응당 秦漢 기층 법률문헌의 보편현상이므로, 이러한 점에서 名과 實의 통일을 지나치게 강조할 필요는 없을 것같다.[153] 陶安은 《奏讞書》 중 "吏議"와 관련 있는 몇 개의 전문용어에 대해 구체적인 案例 및 상관 사법절차를 결합하여 분석을 진행하였고 구체적으로는 "吏議"와 "吏當"·"當"과 "論"·"當"과 "報"·"當"과 "讞"·"議"와 "當" 등을 포함한다.[154] 張銘은 秦漢시대 財産범죄의 기본 내용 정리를 기초로 하여 《奏讞書》 중 財産범죄와 관련 있는 案例에 대해 상세하게 분석을 진행하였다. 구체적으로는 案例15·17·20·22 등을 포괄하고 마지막에는 또한 이러한 案例의 법적 위치·내용특색의 분류에 대해 總結을 진행하였다.[155] 歐揚은 案例22에 보이는 "謙"·"□"의 함의에 대해 근원을 거슬러 올라 고찰을 진행하였고 그것과 관련 있는 두 종류의 제도의 특수성에 대해 귀납적인 연구를 진행하였다.[156]

王啓發는 《蓋廬》 第8·9章의 내용으로부터 출발해서 《蓋廬》 第1章 및 기타 先秦兵家文獻을 결합하여, 일종의 道德正義에서부터 政治爭議에 이르기까지의 思想적 원칙과 주장은 先秦兵家思想의 하나의 측면을 구성하였고 이러한 원칙과 주장은 역시 先秦 사상사에 있어 儒家·墨家·道家·法家 등의 기타 諸家에 의해 중시되었거나 논의되었음을 지적하였다.[157]

陳魏俊은 《脈書》에 대해 네 가지 考釋 의견을 제시하였는데 예컨대 鉅陽之脈의 "項痛灊强" 중 "灊"은 "漸"과 통하는데 그 의미는 목이 아프고 뻣뻣한 것이고, 太陰之脈의 "耆臥"는 "嗜臥"인데 "不能臥"로 고칠 필요가 없다고 하였다. 厥陰之脈의 "扁山"은 "偏墜"와 "疝病" 두 종류의 질병이고, 少陰之脈의 "産肉"의 뜻은 "長肉"이지 "生肉"이 아니라고 지적하였다.[158]

151) 陳劍, 《關于〈奏讞書〉的"以彼治罪也"》, 復旦網 2013年10月11日.

152) 陳偉, 《"彼事"與"彼治"》, 簡帛網 2013年10月14日.

153) 鄔勖, 《〈奏讞書〉篇題再議 -以文書類型和案件性質的考察爲視角》, 簡帛網 2013年12月10日.

154) 陶安, 《張家山漢簡〈奏讞書〉吏議札記》, 《出土文獻與法律史研究》 第二輯, 上海人民出版社, 2013年.

155) 張銘, 《〈奏讞書〉中的秦漢財産犯罪案件》, 《出土文獻與法律史研究》 第二輯, 上海人民出版社, 2013年.

156) 歐揚, 《張家山〈奏讞書〉案例二二之謙, 讂制小考中》, 《出土文獻與法律史研究》 第二輯, 上海人民出版社, 2013年.

157) 王啓發, 《從道德正義到政治正義 -從張家山漢簡〈蓋廬〉看先秦時代兵家思想的一個側面》, 《簡帛研究二〇一二》, 廣西師範大學出版社, 2013年.

158) 陳魏俊, 《張家山漢簡〈脈書〉考釋四則》, 《中山大學學報》(社會科學版), 2013年 第1期.

陳劍은 遣策 第32號簡 "緰幭"의 "緰"은 응당 "綌"로 改釋해야 하고 "綌幭"는 綌布로 만든 幭이라고 여겼다.[159)]

9. 湖北江陵張家山336號漢墓竹簡

劉海宇는 일본의 二玄社에서 2009년에 출판한 《簡牘名迹選5·湖北篇三》 중에 수록된 9의 張家山漢墓竹簡에 대하여, 그중 編號 "張家山前漢簡《二年律令》1"의 도판이 실제로는 張家山336號漢墓의 《朝律》簡이라고 지적하였다. 또한 이 도판에 의거하여 해당 簡에 대하여 釋文을 다시 하고 注釋을 간략히 달았다.[160)]

10. 甘肅敦煌懸泉置遺址簡牘

晏昌貴은 이미 공포된 10매의 《日書·死》簡文에 의거하여 원래 簡冊에 대한 복원을 진행하였고 원래 簡冊은 응당 25매의 簡으로 組成되어 있다고 하였다. 그중 14號簡의 "死吉凶"은 마땅히 篇題이고, 제18號簡의 "死"는 어쩌면 "死吉凶"의 약칭일 수도 있는데 역시 篇題에 해당한다고 지적하였다. 복원 후의 簡冊은 3개 방면의 내용을 포함한다. 첫째, 建除占인 "死失"로 1-13號簡이 이에 해당한다. 둘째, 12支로 死者의 재앙을 점치는 것이고 14-21號簡의 윗부분이 이에 해당한다. 셋째, 12支로 穿·喪의 여러 禁忌를 점치는 것으로 14-21號簡의 아래 부분이 이에 해당한다. 簡冊 복원을 기초로 하여 논문은 傳世·出土《日書》자료를 결합하여 상술한 세 방면의 내용이 내포하는 바에 대해서도 검토를 진행하였다.[161)] 張俊民은 懸泉漢簡 중 "赦令"과 유관한 문서에 대해 輯錄과 고증을 진행한 것이 모두 약 30條이다.[162)]

11. 江蘇連雲港東海縣尹灣漢墓簡牘

竇磊는 2號墓衣物疏 중 "靑幕一, 白幕一"의 "幕"를 "鬘"로 읽을 수 있다고 지적하였고, 婦女의 상투에 두르는 結帶의 일종을 가리킨다고 하였다. 蕭旭은 여러 학자의 의견을 종합하여 六號墓에서 출토된《神烏傳(賦)》의 단어에 대하여 교정하고 보완한 의견 아홉 가지를 제시하였다.[163)]

12. 江蘇連雲港海州雙龍村1號漢墓木牘

凡國棟는 M1: 30號 名謁 "孤子日平侯永頓首頓首"의 "日"을 "西"로 고쳐 석독하고,《漢書》중의 관련된 史實과 연결하여 여기에 나오는 西平侯를 곧 于永으로, 그 아버지를 西漢 宣帝·元帝 시기의 名臣 于定國이라고 밝혔다. 또한 이것에 근거하여 해당 墓의 墓葬 연대를 기원전 40년에서 기원전 20년 사이로 한정

159) 陳劍, 《馬王堆帛書〈五十二病方〉、〈養生方〉釋文校讀札記》, 《出土文獻與古文字硏究》 第五輯, 上海古籍出版社, 2013年.
160) 劉海宇, 《介紹一枚張家山三三六號漢墓〈朝律〉簡的淸晰圖版》, 復旦網 2013年8月21日.
161) 晏昌貴, 《懸泉漢簡日書〈死吉凶〉硏究》, 《中國史硏究》 2013年 第2期.
162) 張俊民, 《懸泉漢簡所見赦令文書初探》, 《簡帛硏究二〇一一》, 廣西師範大學出版社, 2013年.
163) 蕭旭, 《尹灣漢簡〈神烏傳(賦)〉校補》, 復旦網 2013年8月20日.

하였다.[164)]

13. 湖南長沙走馬樓8號井西漢簡牘

伊强은 走馬樓8號井 중의 1매의 簡이 언급하고 있는 "名物"의 함의에 대하여 고증을 진행하였고 "竹馬仰四"의 "仰"은 응당 "柳"으로 읽어야 하며, 馬柱를 가리킨다고 지적하였다. "井鹿車一具不見"의 "鹿車"은 漢簡중에 자주 보이는 "鹿盧"라고 하였다. "磨敗壞"의 "磨"는 응당 "磿"이고 "櫪"로 읽어야 하며 이것은 일종의 말을 기르는 器具라고 하였다.[165)]

14. 湖南長沙東牌樓東漢簡牘

徐俊剛은 東牌樓漢簡 중의 18號와 22號 두 매의 斷簡을 綴合할 수 있다고 지적하였고, 綴合 후의 釋文에 대하여 校訂을 진행하였다.[166)]

15. 安徽天長安樂紀莊19號西漢墓木牘

鄔文玲은 墓 중의 수장기물·木牘문서의 기재 및 墓葬 형상과 구조 등의 정보를 종합하여 19號墓 墓主인 "謝孟"의 지위와 신분에 대해 진일보된 추정을 하였다. 논문은 認爲謝孟이 생전에 아마도 東陽縣의 功曹 직무를 담당한 적이 있었을 것을 여겼다.[167)] 廣瀨薰雄은 M19: 40-10號 "賁且" 서신의 釋文·注釋에 대해 세밀하게 정리하였고 白話文 번역을 함께 배치했다. 이것을 기초로 해당 간독이 기재한 史實·上計제도와 西漢 中晚期의 상황에 대해 증명했다.[168)]

16. 湖北荊州松柏1號漢墓簡牘

袁延勝은 《二年西鄉戶口簿》에 보이는 男女 비율의 심각한 불균형 원인에 대해 판별과 분석을 진행하였다. 논문은 大男과 大女의 성별 비율 불균형과 "江南卑濕, 丈夫早夭"가 관련 있다고 하였다. 小男과 小女의 성별 불균형은 바로 "重男輕女"思想으로 비롯된 여성 영아 유기와 여성 영유아에 대한 차별과 유관하다고 지적하였다.[169)]

17. 北京大學藏西漢竹簡

方勇은 《老子》198-200號簡 "或熱或炊"의 "熱"이 그 本義의 해석을 따른다면 무더위라는 뜻이라고 여

164) 凡國棟, 《釋連雲港海州西漢墓名謁中的"西平侯"》, 簡帛網 2013年11月21日.

165) 伊强, 《漢簡名物詞考釋二則》, 《簡帛》 第八輯, 上海古籍出版社, 2013年.

166) 徐俊剛, 《長沙東牌樓東漢簡牘綴合一則》, 復旦網 2013年6月8日.

167) 鄔文玲, 《天長紀莊漢墓墓主身份蠡測》, 《簡帛研究二〇一一》, 廣西師範大學出版社, 2013年.

168) 廣瀨薰雄, 《安徽天長紀莊漢墓"賁且"書牘解釋》, 《簡帛研究二〇一一》, 廣西師範大學出版社, 2013年.

169) 袁延勝, 《松柏木牘〈二年西鄉戶口簿〉人口資料辨析》, 《簡帛研究二〇一一》, 廣西師範大學出版社, 2013年.

겼다. 炊(吹)는 춥다는 뜻이 있다.[170] 潘永鋒은 漢簡本《老子》 중 세 군데에 楚의 문장용법이 잔류하는 바에 대해 열거하여 분석을 진행하였고 그것은 "亞-惡"·"頌-容"·"發-伐"의 세 세트에 이른다.[171] 張世超는 北大漢簡의 상관내용을 근거로 그 문자학연구의 의의에 대해 토론하여, 논문은 泰山·嶧山·琅琊台刻石의 秦王朝를 讚頌하는 글과 秦版的《蒼頡篇》을 연계하였다. 문자의 사용으로 보았을 때, 그 당시 隸書版의 《蒼頡篇》이 분명 더 유행하였으며 지금까지 보이는 漢簡에서의 《蒼頡篇》은 모두 隸書로 抄寫되었다고 여겨 이 점을 증명하였다. 이것으로부터 파생한 "秦始皇以小篆統一文字"·"秦以隸書統一文字"의 설은 모두 편파적인 논의이다. 마지막으로 논문은 또한 北大漢簡에 근거하여 漢字가 漢朝의 발전에 이르러 일종의 扁方體인 隸書가 생겨난 원인을 분석하였다.[172] 孫淑霞은 北大簡本《蒼頡篇》에 대해 서로 다른 판본을 모우 대조 검토하고 集釋하였다.[173] 梁靜은 여러 종류가 출토된 《蒼頡篇》 중의 "姓名簡"에 대해 비교연구를 진행하여 "書人姓名"과 "焦黨陶聖"의 두 부분의 異文 상황을 중점적으로 대조하고, 또한 관련 있는 부분에 대해 서로 다른 판본에 의거하여 상호교정을 진행하였다.[174]

18. 湖南長沙五一廣場東漢簡牘

長沙市文物考古研究所는 2010년 발견된 長沙五一廣場東漢簡牘의 발굴과 초보적 정리 상황에 대해 전면적 소개를 진행하고 문장에 뒤이어 20매 簡牘의 컬러사진·釋文 및 간단한 설명을 게재하였다.[175] 그 후 《齊魯學刊》 2013년 第4期에서 한 묶음의 연구논문을 발간하였고 상술한 簡牘이 포괄하는 관련 문제에 대해 집중적인 토론을 진행하였다. 예컨대 李均明은 3 매의 官員의 당직 사무에 관련(즉 "直符")된 簡牘에 대해 분석을 진행하여 東漢 시기 당직의 시행상황·책임인·교대기간 등의 세부 사항을 토론하였다.[176] 趙平安·羅小華는 J1③:285號 木牘에 기재된 한 건의 死亡案件의 내용에 대해 자세한 분석을 진행하였다.[177] 劉國忠은 J1③:325-1-140 木牘에 기재된 王皮案件에 대해 토론하였고 그중 시간·인물의 신분 및 이것이 반영된 관련 역사적 사건에 대해 초보적인 검토를 진행하였다.[178] 何佳·黃樸華는 구체적인 실물을 결합하여 東漢簡의 "合檄"封緘방식을 토론하였다.[179] 楊小亮은 새로 출토된 東漢五一廣場簡牘의 "本事" 簽牌를 결합하여 "本事"의 함의에 대해 탐구하였다. 논문은 傳世文獻에서 "本事"는 "原事" 즉 사건의 기본 사실이라는 함의가 있음을 지적하였다. 또한 출토문헌 중의 "本事"가 公文을 많은 경우 대체하여 가

170) 方勇, 《讀北大漢簡〈老子〉小札一則》, 簡帛網 2013年3月17日.
171) 潘永鋒, 《漢簡本〈老子〉楚系文字用字方法遺迹三則》, 復旦網 2013年12月24日.
172) 張世超, 《北京大學藏西漢竹書的文字學啟示》, 復旦網 2013年2月1日.
173) 孫淑霞, 《北大漢簡〈蒼頡篇〉匯校集釋》, 簡帛網 2013年7月23日.
174) 梁靜, 《出土〈蒼頡篇〉"姓名簡"研究》, 《簡帛》 第八輯, 上海古籍出版社, 2013年.
175) 長沙市文物考古研究所, 《湖南長沙五一廣場東漢簡牘發掘簡報》, 《文物》 2013年 第6期.
176) 李均明, 《長沙五一廣場出土東漢木牘"直符"文書解析》, 《齊魯學刊》 2013年 第4期.
177) 趙平安·羅小華, 《長沙五一廣場出土J1③:285號木牘解讀》, 《齊魯學刊》 2013年 第4期.
178) 劉國忠, 《長沙東漢簡所見王皮案件發微》, 《齊魯學刊》 2013年 第4期.
179) 何佳·黃樸華, 《東漢簡"合檄"封緘方式試探》, 《齊魯學刊》 2013年 第4期.

리키는데 이는 승인을 거쳐 보존할 수 있거나 후속 작업을 진행하는 근거로의 믿을 만한 자료였다. 이러한 종류의 "本事"는 아마 단지 사건의 기본 사실을 반영할 수 있는 文件만을 포함하고, 전달과정 중 각급 기구가 부가한 명령과 회신문서는 포함되지 않을 것이라고 하였다.[180] 伊强은 J1③:325-1-140木牘의 "正營"에 대해 보충설명을 진행하였고 또한 해당 간독인 "長沙太守行文事太守丞虞謂臨湘"의 "事"는 原文의 석독이 누락되었음을 지적하였다. J1③:285A木牘의 "未"를 "末"로 改釋하였다. J1③:169木牘의 "綾"의 오른쪽은 마땅히 "毒"이고, "自持"은 "自捄"로 바뀌야 하며 自救를 가리키는 것이라고 하였다. J1③:264-294木牘 "輒將祖, 仲等詣發所"의 "等"은 原文의 석독이 누락되었다고 하였다.[181] 陳偉는 J1③:325-1-12A의 "來"를 "求"로 改釋하고, 또한 해당 문구의 끊어 읽기를 "謁舍, 以錢四萬寄次元. 杜暴病物故. 少從次元求杜錢不可得. 書到, 亟實核次元應當以杜錢付少不處言."이라고 하였다. J1③:325-26A 중의 "直符"·"獄司空"의 함의에 대해 판별하고 분석하였다. J1③:325-1-140의 해당 문구의 끊어 읽기를 "書到, 亟處言會. 急疾如律令."으로 하였다. J1③:129 중의 "掾"字를 동사로 보았을 때 "西"는 아마도 "田"字의 誤記일 것이며, 해당하는 부분의 끊어 읽기는 "即日得府決曹侯掾西部, 案獄涂掾田卒史書, 當考問綝會, 劉季興, 周豪, 許伯山等."일 것이라고 지적하였다.[182] 陳偉는 또한 이러한 簡牘의 성격에 대해 분석을 진행하여 五一廣場1號窖 출토의 東漢簡牘은 기본적으로 臨湘縣廷의 文書檔案에 속한다고 지적하고, 그것이 보존된 지점은 분명 臨湘縣官署의 내부 혹은 그로부터 그다지 멀지 않은 곳에 있을 것이라고 지적하였다.[183]

Ⅳ. 魏晉簡牘의 研究

1. 江西南昌陽明路東吳高榮墓簡牘

竇磊는 高榮墓衣物疏의 第4란의 "故帛繿不□一量" 중 석독되지 않은 글자를 "措"라고 하였고 또한 "不措"를 "不借"로 읽고 이것이 일종의 麻로 만든 草鞋를 가리킨다고 하였다.[184]

2. 長沙走馬樓三國吳簡

1) 자료공표

2013년 12월 《長沙走馬樓吳簡·竹簡(柒)》이 출판되었다. 이 책은 6153매의 走馬樓吳簡의 도판과 釋文

180) 楊小亮, 《"本事"簽牌考索》, 《齊魯學刊》 2013年 第4期.

181) 伊强, 《湖南長沙五一廣場東漢簡牘札記》, 簡帛網 2013年7月16日.

182) 陳偉, 《五一廣場東漢簡牘校釋》, 簡帛網 2013年9月22日.

183) 陳偉, 《五一廣場東漢簡牘屬性芻議》, 簡帛網 2013年9月24日.

184) 竇磊, 《漢晉衣物疏補釋五則》, 《江漢考古》 2013年 第2期.

자료를 발표했다.[185)]

2) 원문 考釋과 研究

鄧瑋光은 吳簡 중의 "三州倉出米簡"을 예로 들어 이러한 유사 簡에 대한 성질을 규정하는 것을 기초로 "橫向比較復原法"을 이용하고, 또한 같은 날 같은 사람이 다른 임무를 접수하면 반드시 동시에 목적지에 도달한다는 원칙 및 운송 기한·文書의 어투와 人名 등의 요소를 참고로 하여 "三州倉出米簡"에 대한 복원을 진행하여 모두 43組의 완정한 出米簡을 복원해냈다. 문건의 복원을 기초로 하여, 논문은 또한 三州倉과 州中倉 사이의 운반과정에 대해 정리를 진행하고, 한 차례의 완전한 운송에는 네 종류의 문서를 포함할 것이라고 지적하였다. 즉 米를 반출할 때의 出米簡·米를 들일 때의 入米簡·전송 완료 후 入米시간을 보충한 出米簡 및 州中倉 倉吏가 原始入米記錄에 대해 轉記를 진행한 整理簡이다. 마지막으로 논문은 또한 당시 孫吳선박의 運輸 능력은 대략 1艘당 千斛이라고 추측하고, 簡牘文書연구의 장래에서 "橫向比較研究法"에 대한 전망을 진행하였다.[186)] 阿部幸信은 吳簡 중의 "入布簡"에 대해 연구를 진행하여 각종 "市布"의 기록으로부터 출발해 나아가 入市布簡 및 布簿의 제작과정과 그 지위, "市布" 관점 하의 "調" 등의 문제를 토론하였다. 논문은 民入市布簡에 買布人의 鄕名과 丘名이 기재되었고, 아마도 이 사람이 세금납부 기한에 맞출 수 없어 이후에 買布 세금을 추가 납부하는 것을 반영한 것이라고 지적하였다. 吏入市布簡은 鄕名을 기재한 것이 없고 또한 백성이 布를 납부한다는 기재와 구분된다. 이는 아마도 吏는 상급관부의 명령에 의해 市買를 진행하였기 때문에 백성이 세금을 납부하는 것과는 성격이 다른 탓일 것이다.[187)]

凌文超는 吳簡户籍簡 중 원래 석독된 "老男/女"의 "老"는 대부분 마땅히 "大"로 改釋해야 한다고 지적하였다. "老"는 마땅히 "大"의 연령층 중에서 "小"·"大"와 평등한 신분이 아니라는 것을 포함한다. 吳簡 중 "小"·"大"의 부분은 여전히 15세를 경계로 하고, "小"·"大"·"老" 삼자의 연령은 교차점이 존재하지 않는다. 그러므로 여성 "小"·"大"신분의 변화는 혼인의 영향을 받으나 賦役징발에 대한 영향은 적다. 이러한 상황은 漢代에 이미 출현했는데 吳簡 중 "小"·"大"는 결코 민간의 개념이 아니고 秦漢 이래의 제도적 규정을 계승한 것이었고 그 중요성의 하락으로 인하여 부적합성도 점점 뚜렷해졌다. 그래서 戶籍簡 중 "小"·"大" 신분에 대한 생략 혹은 다른 호칭으로 쓰이는 경우가 생겨났다. 논문은 마지막으로 簡牘연구에서 원문 도판과 대조하는 것의 중요성, 簡牘에 보이는 文書자체의 속성 및 簡牘자료의 국한성 등의 문제에 대해 고찰을 진행하였다.[188)] 鄧瑋光은 吳簡 중의 名籍과 戶籍에 대해 구분을 시도하여 그 命名은 吳簡의 標題에서 정해진 이름을 근거로 해야 한다고 여겼다. 논문은 "戶籍"은 오로지 專指 居民의 기본 戶口

185) 長沙簡牘博物館·中國文化遺産研究院·北京大學歷史學系·故宮研究院古文獻研究所·走馬樓簡牘整理組, 《長沙走馬樓三國吳簡·竹簡(柒)》, 文物出版社, 2013年.

186) 鄧瑋光, 《走馬樓吳簡三州倉出米簡的復原與研究 -兼論"橫向比較復原法"的可行性》, 《文史》 2013年 第1輯.

187) 阿部幸信著·付晨晨譯, 《長沙吳簡所見的"市布"》, 《簡帛研究二〇一二》, 廣西師範大學出版社, 2013年.

188) 凌文超, 《走馬樓吳簡"小", "大", "老"研究中的若干問題》, 《中國國家博物館館刊》 2013年 第11期.

정보를 등록하는 것을 목적으로 하는 簿籍이고 그 파생으로부터 나오는 각종 기능성의 簿籍에 대해서는, 예컨대 賦稅 수취·徭役 파견 등을 위해 만들어진 簿籍은 모두 일반 名籍으로 분류된다고 지적했다. 논문은 또한 名籍 유형의 구분을 기초로 하여 그 제작주기에 대해 분석을 진행하고 "吏民簿"의 제작은 필요에 따라 하는 것이며 어떤 고정된 제작 주기는 결코 없었다고 지적했다.[189)]

蔣非非는 吳簡의 師佐 및 家屬籍의 命名과 師佐家屬簿Ⅰ에 의거하여 簿Ⅱ를 제작할 때에 家屬名籍을 처리하는 방법 등의 문제를 토론하고, 또한 師佐家屬籍의 문자기록인 "屯將行"과 師佐名籍 중의 문자기록인 "單身"의 함의에 대해 분석을 진행하였다. 논문은 "屯將行"은 분명 師佐가 배반하고 도망가는 것을 방지하고 家屬隨行으로 人質을 삼는 연좌 제도를 강제하기 위한 것이며, 孫吳連坐는 師佐와 동행하는 母妻子·父兄姪 등 직계가속을 人質로 삼은 것이라고 지적하였다. "單身" 등록의 목적은 해당 師佐가 오직 본인만이 孫吳政權의 통제 아래에 있거나 父母·妻子·兄弟 등 人質이 될 만한 家屬이 확실히 없음을 설명하기 위한 것이다.[190)]

蘇俊林은 吳簡 중 출현한 "將軍步騭所還民限米"의 기록에 대해 분석을 진행하여 이것과 이것 이전에 보였던 "步侯還民限米"簡이 1회적인 일이 아니라고 여겼다. "還民"은 역시 일종의 특수한 신분으로 봐야 하고 또한 新·舊의 구별이 있다. 吳簡 중의 "還民"은 분명 戶籍에 등록된 民戶이고 비록 기타 지방에서 고향으로 돌아갔으나 결코 戶籍에 등록된 적이 없는 "遊民"·"流民" 혹은 기타 "遺脫之民"과는 다르다.[191)]

蔣福亞는 吳簡의 기록에 근거하여 吳國에 吏戶가 확실히 존재하였다는 견해를 재차 표명하였다. 그러나 정부가 이러한 諸吏를 겨냥하여 각종 전문 簿籍을 제정하고 통제를 강화하여 이러한 諸吏가 원래 누렸던 혜택이 점차 상실되게 하였다는 것도 지적하였다. 심지어 그들의 服役 기간은 평민의 그것을 초과했고 그 禍는 그들과 함께 거주하는 父兄子弟에게까지 미쳤다. 이러한 현상의 설명은 諸吏가 실제로 이미 官府의 부속민으로 전락하였음을 말해준다.[192)]

3. 甘肅玉門花海畢家灘木牘

竇磊는 隨葬기물과 같은 종류의 특성에 의거하고 도판을 결합하여 M26출토의 衣物疏의 釋文에 대해 다시 쓰기를 진행하였고, "紺絓"·"紬頭"·"絳纏相"·"碧褌"·"銀履簾"·"鏡鎌"·"練手巾"·"靑延"·"松柏棺器"·"生時所秉"·"留停" 등을 포함한다.[193)]

189) 鄧瑋光, 《試論吳簡名籍的製作周期及相關問題》, 《簡帛研究二〇一二》, 廣西師範大學出版社, 2013年.

190) 蔣非非, 《走馬樓吳簡師佐家屬籍注記"屯將行"及"單身"與孫吳軍法》, 《簡帛研究二〇一一》, 廣西師範大學出版社, 2013年.

191) 蘇俊林, 《吳簡中"還民"問題再討論》, 簡帛網 2013年11月13日.

192) 蔣福亞, 《再論走馬樓吳簡中的諸吏》, 《史學月刊》 2013年 第1期.

193) 竇磊, 《畢家灘出土衣物疏補釋》, 《考古與文物》 2013年 第2期. 今按: 該文曾發表于簡帛網(2011年12月9日), 在《2011年秦漢魏晉簡牘研究概述》中我們也已經介紹過. 但正式發表時, 該文內容有一定補充和改動.

V. 秦漢魏晉簡牘 綜合研究

1. 法律

1) 律令體系

廣瀨薰雄은 律·令의 제정 순서로부터 秦漢 시대의 律과 令의 차이를 비교했다. 논문은 秦漢 시대의 "令"은 皇帝詔 자체이고 "律"은 皇帝詔를 제정한 규정이라고 지적하였다. 바꿔 말하면 令은 命令의 令이고, 律은 法律의 律이다. 그 다음, 秦漢律文 중에는 "不從令"·"犯令" 등의 용어가 출현하는데 여기에서의 "令"은 그 해당 律 자체를 가리키는 것으로, 어떤 條의 律을 위반하는 것은 제정된 해당 律의 令을 위반하는 것과 마찬가지이기 때문에 이러한 용법이 있는 것이다. 마지막으로, 秦漢시대의 律은 본래 一條一條로 제정된 單行法令이었고, 兩漢 시기에는 또한 律文의 정리·수집의 활동이 출현했다. 그러나 이러한 律文集은 모두 시행한 적 없는데 兩漢시대에는 국가통일법전을 발포한 적이 없기 때문이다.[194]

徐世虹은 秦漢簡牘 중 "課"의 자료에 대해 정리를 진행하였고 "課"가 動詞인 考課의 뜻 외에도 名詞의 두 가지 뜻이 있다고 여겼다. 첫째는 문서명칭 혹은 분류로 예컨대 漢簡에 보이는 郵書課 등이다. 둘째는 법률형식의 하나로 즉 睡虎地秦簡에 보이는 "牛羊課"이다. 秦簡牛羊課는 규범으로, 漢簡에 보이는 課는 核驗과 관련 있는 규범이 시행된 결과의 문서이다. 새로운 里耶秦簡중의 課文書는 그 성격이 여전히 행정문서의 범위를 벗어나지 않고 그것은 이미 정해진 표준에 의거해서 조직 혹은 관리 직책에 대해 核驗하고 만들어진 문서를 부여하였다. 睡虎地秦簡 중의 "牛羊課"의 성격과는 다르다. 그러나 행정문서의 課와 律·令·式은 또한 연원이 있는데, 考核 혹은 조사는 律·令·式과 밀접한 관계가 있고 이와 반대로 律·令·式은 일정 정도는 課의 표준 혹은 그 규범·제약의 기제이기도 하다. 睡虎地秦簡의 "牛羊課"는 법률연원 외적인 형식적 기능을 가지고 있다. 단 그 법의 내원·전반적인 형태 및 율령과의 관계·율령체계에서의 지위는 새로운 자료의 발견이 있은 후에 깊은 토론을 할 수 있을 것이라고 기대한다.[195]

王偉는 漢律연구 중에 논쟁이 있는 구체적인 문제나 연구 방법에 대해 재차 자신의 관점을 표명하고, 또한 반대의견에 대해 논박을 진행하였다. 그것은 蕭何定律의 시간과 성격, 正律·旁(傍)章·律經과 漢律 구조, 法典·單行法·追加法과 漢律 구조 등을 포함한다.[196]

2) 專門法과 比較法 研究

王子今은 중세의 교통법규에 대해 정리를 진행하였다. 논문은 馳道제도·警蹕과 儆蹕·"行李自大, 道路相高"의 풍속·"賤避貴"원칙·武裝人員 집행·道路 법규를 유지하는 직책 등의 방면으로부터 분석을 더

194) 廣瀨薰雄, 《秦漢時代律令辨》, 《中國古代法律文獻研究》 第七輯, 社會科學文獻出版社, 2013年.

195) 徐世虹, 《秦"課"芻議》, 《簡帛》 第八輯, 上海古籍出版社, 2013年.

196) 王偉, 《續辯漢律》, 復旦網 2013年10月29日.

하여, 중국 고대 교통법규의 제정과 "賤避貴"의 원칙이 시행되고 견지되었음을 지적하였다. 율령체계의 보호아래 帝王·貴族·高官은 종종 路權 사용의 방면에서 절대적으로 우세한 지위를 가졌고, 이는 실제로 사회 公權에 대한 심각한 침해였다. 그들은 또한 武裝人員을 안배하여 폭력적인 방식으로써 이러한 원칙을 수호·시행하였다.[197]

朱紅林은 秦漢律과 《周禮》의 상관 내용을 비교하여 양자 사이의 계승 관계를 토론하였다. 구체적으로는 사회에 위해를 가하는 행위는 형법을 어기는 것인지 아닌지 하는 각도로부터 구분하는 원칙·문서제도·농지보호와 유관한 법률·건설 공사와 유관한 법률 등 네 개 방면을 포함한다.[198] 黃庭頎는 秦漢 두 시대의 도망 범죄를 예로 들어 두 시대 법률의 같고 다름을 상세히 분석하여 漢律은 여전히 秦律을 계승한 것을 볼 수 있었다. 그러나 漢制이 秦法을 계승하고 그 나머지 부분은 또한 조정하고 산삭한 바가 있으니 어떤 것은 관대하게 어떤 것은 엄하게 한 것이 많았다.[199]

3) 사법절차

水間大輔는 里耶秦簡에서 보이는 "牢監"과 "牢人"의 자료에 대해 분석을 진행하였고, "牢人"의 신분·관서와 직책 등의 문제를 중점적으로 토론했다.[200] 萬榮은 秦漢법률문헌 중 "自告"·"自出"·"自詣"·"自首" 등의 개념에 대해 분석을 진행하였고, 논문은 "自首"가 秦漢시기에는 "自告"·"自出"이라고 불렸고, 전자는 도망가지 않은 자가 범죄가 발각되지 건에 자수한 것, 후자는 도망자가 일이 발각된 후 자수한 것이며, 아울러 이 둘은 소송에서 어휘 사용·표현 방식 및 구체적인 사용에 있어 차이가 있었다고 지적했다. "自詣"는 비록 일정한 상황 하에서 "自告"·"自出"의 의미를 가질 수 있었지만 법률용어로 볼 수는 없고, 東漢시기 "自詣"가 "自出"을 대체하고, 東漢 중기부터 시작하여 "自首"가 출현해 "自告"와 혼용되었으며, 南北朝시기까지 지속되어 唐律에 이르러 "自首"로 통일해 사용되었다.[201]

2. 경제

1) 토지·호적·稅收와 요역 제도

王彥輝은 출토 秦漢簡牘의 戶籍簡 자료를 계통적으로 분석하고, 그 유형의 구획과 등기 내용에 대한 연구를 통하여, 里耶秦簡에서 보이는 戶籍簡의 등기내용은 연령·재산의 유형을 포함하지 않음을 지적했다. 秦王政 16년 "初令男子書年" 이후, 남자 및 그 가족의 연령이 戶籍 외에 "年籍"에 적히기 시작했고, 이것이 곧 張家山漢簡 《户律》에 보이는 "年細籍"이다. 漢初의 戶籍은 광의(宅園户籍·年細籍·田比地籍·

197) 王子今, 《中國古代交通法規的"賤避貴"原則》, 《中國古代法律文獻研究》 第七輯, 社會科學文獻出版社, 2013年.
198) 朱紅林, 《竹簡秦漢律與〈周禮〉比較研究(二)》, 《出土文獻與法律史研究》 第二輯, 上海人民出版社, 2013年.
199) 黃庭頎, 《從出土秦漢簡論"漢承秦制"之問題 –以睡虎地秦簡與張家山漢簡逃亡案例爲例》, 簡帛網 2013年8月4日.
200) 水間大輔, 《里耶秦簡所見的"牢監"與"牢人"》, 《出土文獻與法律史研究》 第二輯, 上海人民出版社, 2013年.
201) 萬榮, 《秦漢簡牘"自告", "自出"再辨析 –兼論"自詣", "自首"》, 《江漢論壇》 2013年 第8期.

田命籍·田租籍를 포함)와 협의(宅園户籍)의 호적 두 부류로 크게 나눌 수 있고, 후자는 등기 내용에 戶主 및 식구·노비 및 가옥·가축 등이 포함되지만 田地는 포함되지 않고, 식구와 재산의 合籍에 해당한다. 이런 복잡한 상황이 생긴 원인은 주로 秦과 漢初부터 鄕里에 평행하게 설치된 두 그룹의 관리기구, 즉 鄕部와 田部이다. 漢武帝 이후 鄕里 업무가 간소화되고 田部가 줄어들며, 관련 簿籍 또한 병합되어, 일종의 번잡함에서 간소함으로 가는 추세가 나타났다.[202)]

鄔文玲은 里耶秦簡에 드러난 "户賦"의 문제에 대해 토론을 진행하였고, 나아가 그와 관련된 秦漢출토 문헌 내의 "稍入"과 "作務"을 분석했으며, 논문은 지적하기를 户賦는 秦代 稅目의 하나였고; 秦代 户賦의 징수 총액과 징수 시기는 서로 연결되어 고정되었으니 즉 매년 5월과 10월 두 차례에 나누어 징수했고, 총액은 32錢이며; 户賦의 징수 내용에는 錢과 實物 두 부분이 있었고, 實物의 품목은 고정되지 않았으며, 실제 상황과 수요에 의거하여 확정할 수 있었으니 지금 보이는 것은 繭과 芻이고; 户賦의 수령과 지불은 少內가 책임졌고, 繭이나 芻와 같은 實物은 本縣에 지급하여 사용했으며, 錢 부분의 귀속과 사용은 아직 의문이라고 하였다. "稍入"는 혹시 응당 少府로 들어가 帝室의 쓰임에 제공는 수입이고, 일부분은 황제의 "恩典"으로서 남겨져 지방 관부에 귀속되었고, 지방관부가 자체적으로 지출하였다. "作務"는 판매하는 사람을 가리키는 것일 수 있고, 오늘날 판매원과 유사하다.[203)] 郭浩는 "稍入錢"이 점점 들어오는 돈이라는 뜻이고, 매번 현금이 생기는 양은 비교적 작고·징수 시간이 빈번하고·전 과정을 감독하기 어렵다는 특징이 있어서 일반적으로 돈을 넣어두는 통을 두는 방식으로 징수했음을 지적했다. 그러나 "作務入錢"은 秦 稍入錢의 중요한 근원이었다. 漢代 居延漢簡의 "稍入錢"는 즉 "茭"와 관련이 있고, 漢代에 해당지역 정부가 대량의 잉여 茭를 내다 팔아 현금을 얻었고, 이로써 邊郡에서 자금이 부족한 틈을 메꿨다. 秦漢시기 "稍入錢"의 설립은 현금 관리 방면에 있어서 秦漢정부의 융통성과 성숙성을 드러냈다. 徐世虹은 秦漢 出土法律文獻 중의 "質錢"에 대해 토론을 진행하였고, "質"이 여전히 "質押"으로 해석되며, 그 성질은 혹 관방이 행하는 경제활동이나 채무관계와 연관이 있을 수 있다고 지적하였다.

鷲尾祐子는 漢代의 관련 踐更·更卒 자료를 체계적으로 분류하고, 更의 각종 유형과 징발을 책임인 관리라는 두 문제에 대해 자세한 분석을 진행하여, 이로써 관련 傜役·兵役制度에 대해 토론했다. 논문은 踐更은 從事者가 윤번으로 노동을 교대하는 형식으로 일정한 기간에 나아가 번을 서는 것을 가리키며, 更卒은 각종 傜役·兵役에서 보편적으로 채용하는 방식이지만, 기재된 踐更의 예시가 모두 更卒의 役이었던 것은 아니라고 지적했다. 징발인원 선정을 담당하는 관리를 보면, 兵役은 왕왕 縣尉와 관련이 있고, 傜役사무는 즉 鄕의 장관이 담당하며, 更卒은 尉로부터 징발된 일종의 兵卒이지만, 秦에서 漢初에 이르기까지 점차 傜役의 하나로 轉用되기 시작하여, 漢 중기에 이르면 傜役에 종사하는 卒로 바뀌게 된다. 鄕·縣은 左右 徵發制度의 가장 기층적인 행정기구이다.[204)] 宮宅潔은 秦漢簡牘文獻 중의 "更"·"冗"이라는

202) 王彥輝, 《出題秦漢户籍簡的類別及登記內容的演變》, 《史學集刊》 2013年 第3期.

203) 鄔文玲, 《里耶秦簡所見"户賦"及相關問題瑣議》, 《簡帛》 第八輯, 上海古籍出版社, 2013年.

204) 鷲尾祐子撰·楊振紅譯, 《漢代的更卒 －試論傜役, 兵役制度》, 《簡帛研究二〇一二》, 廣西師範大學出版社, 2013年.

표현을 단서로 하급 公務服役者의 근무상황과 보수제도를 토론하였고, "更"·"冗"의 함의·복역 방식·兩者에 就役한 자 및 그 대우·"有秩" 등의 문제에 대해 상세한 토론을 진행하였으며, 논문에서는 "更"과 "冗"은 한 쌍의 반의어로, "更"은 돌아가며 복역하는 것을, "冗"은 교대하지 않는 범위 내에서 수시로 복역하는 것을 가리킨다고 보았다. 秦漢時代에는, 일부 "佐"·"史" 一級의 관리 또한 돌아가며 복역해야 했고, 그 秩祿은 "斗食"으로 하였는데, 이는 일수를 식량을 지급의 기준으로 삼는 것, 즉 하루에 一斗를 받는 대우이다. 斗食官吏는 근로일수에 따라 俸祿을 받았으니, 보수방법을 통해 보자면 이는 요역에 복무하는 일반 민중에 더 가까웠다. 그러나 그들의 상급은 즉 "有秩"官吏이고, 兩者의 본질적인 경계는 有秩과 斗食 사이에 있고, 斗食이하의 관리는 屬吏와 卒·官과 民의 사이에 위치한다.

2) 목축관리

凌文超는 居延漢簡 官牛簿과 走馬樓吳簡 官牛簿을 분별해 考釋한 기초 위에서, 두 官牛簿의 내용이 대동소이하며, 모두 官牛의 털 색·성별·연령·직물·생산 등을 기재하고 있고, 漢簡 官牛簿에 기록된 허리둘레·左斬과 久는 예전에 吳簡 官牛簿에서는 보이지 않았던 것이지만, 吳簡 官牛簿에서는 左角長·用途·差養者 등의 기록이 새로이 출현했다. 이런 차이는 한편으로는 牛政관리가 부단히 발전한 결과이면서도, 또한 지역·官府行政職能의 차이를 체현한 것이기도 하다. 居延漢簡 官牛簿는 서북 邊塞 屯田 구역의 자료이고, 走馬樓吳簡 官牛簿은 江南 內地 臨湘侯國의 기록이며, 兩者가 관여하는 소의 용도·종류는 똑같지만은 않다. 이외에도, 서로 다른 두 지역의 官牛簿를 비교하면, 또한 漢魏시기 牛耕이 서북 邊塞와 江南 內地에의 보급현황을 알 수 있으며, 이는 江南 農業經濟의 발전을 연구하는 데 중요한 가치가 있다.[205] 張鶴泉은 秦簡의 자료에 근거하여 私馬를 징발하고 公馬를 관리하는 두 가지 주요 원천에서 시작해 秦國 軍馬 수요 보장의 문제에 대해 분석을 진행했다.[206]

3. 文化·禮儀와 社會

1) 신앙·장례 풍속과 생사관

田天은 周家臺 祠先農簡과 里耶秦簡 祠先農校券의 비교를 진행하여, 祭禱대상이 비록 같지만, 祭禱방식 및 제사 목적의 존재는 근본적으로 차이가 있다고 보았다. 전자는 巫術적 성격이 농후한 민간 祠祭이고, 후자는 地方·官方 제사로, 양자를 섞어서 이야기해서는 안 된다고 보았다. 秦漢時期, 先農祭祀는 國家·地方官方과 民間이라는 세 개의 층위 사이에 동시에 존재했었다. 先農은 郊祀 중에 配享하는 小神의 하나로, 매년 정월에 籍田禮를 행할 때, 먼저 太牢로 先農에게 제의를 올렸다. 郡縣官方은 乙未日에 先農에게 제의를 올렸고, 제사 희생은 양과 돼지였다. 先秦에서 東漢에 이르기까지, 이 층위의 先農祭祀예절

205) 淩文超, 《漢, 吳簡官牛簿整理與研究》, 《簡帛研究二〇一一》, 廣西師範大學出版社, 2013年.

206) 張鶴泉, 《從秦簡看秦國軍馬需求的保障問題》, 《鹹陽師範學院學報》 2013年 第3期.

은 비교적 안정되었다. 그러나 民間祠祭 중의 先農제사는 혹 巫術과 관련이 있기도 했고, 지금까지 본 자료에 한하면, 또한 官方의 제사와 동일시 할 수 없다.[207] 汪桂海는 전래전적·簡牘 및 民族 조사資料를 결합하였고, 秦漢時期의 桑蠶業·家禽家畜飼養 및 狩獵이라는 세 종류의 경제활동 중 信仰·습속 및 宜忌에 대하여 분석을 진행하였는데, 논문에서는 이 시기의 경제영역에 神靈崇拜만 존재하는 것이 아니라, 동시에 당시 보편적 유행이었던 택일습속의 영향도 받았으며, 더욱이 적지않은 禁忌·祝禱 등 巫術행위와 관련되어 있고, 이러한 종류의 신앙 혹은 습속은 혹 당시 성행하던 음양오행사상의 영향을 받았을 수 있다고 지적했다.[208]

郭珏依는 秦漢출토문헌 중의 구체적인 개별 사례에 근거하여, 秦漢 사이에 "知死" 혹은 "事死"문헌으로 대표되는 "知死" 지식과 "事死" 실천이 형성할 수 있는 두 가지 구조를 정의하였는데, 논문에서는 "知死"류의 문헌은 주로 死亡과 관련된 일반적인 소식이나 지식을 제공하거나 반영하고, 통상 문헌 자체에서는 그것들의 구체적인 형성이나 사용 정황을 알 수 없다는 것; 그러나 "事死"류의 문헌은 반대로, 이런 종류의 문헌 중에서는 통상 충분한 실마리가 있어 특정한 문헌과 특정한 死者를 연결시킬 수 있으며, 이런 종류의 문헌은 또한 통상 喪葬과 관련된 의식 실천의 일부분이라는 것을 지적했다. 이 두 종류의 문헌에서 체현된 "知死" 지식과 "事死" 실천의 다원성과 유연한 변화는, 당시 존재하던 다원적이고 유연한 지식과 실천의 "구조 형성"과 긴밀하게 같이 연결된다.[209] 陳侃理은 두 개의 부활 故事에 의거하여 그 안에 장례 풍속과 제사 풍속에 대해 토론을 진행했고, 아울러 당시 移風易俗의 역사적 배경을 분석하여, 논문에서는 秦簡에서 보이는 두 개의 부활 故事의 주요 내용은 모두 죽었다가 다시 부활한 자의 입을 통해 나온 것으로 보았고, 사후세계의 상황과 喪葬祭祀의 宜忌를 논술했으며, 요지는 移風易俗에 있다. 두 편의 문헌에 관계된 喪葬습속은 隨葬物, 象征物을 金帛으로 대체하길 주장하고 屈肢葬과 毁葬器에 반대하며, 비교적 절제되고 청결한 墓前 제사를 주창하는 것 등을 포괄하며, 그 의도는 秦人의 옛 풍속을 東方 六國의 공통된 습속에 더 근접하게 하려는 것이다. 두 편의 문헌의 체제와 구성으로 볼 때, 모두 식자계층의 작품이고, 식자계층이 非官方身分으로써 상장풍속의 변화를 주도하려는 노력을 반영한다.[210]

2) 屯戍生活과 少數民族 연구

沈剛은 西北漢簡 중 "葆"와 관련된 자료에 대해 계통분석을 진행하고, 아울러 "葆"와 "私從者"의 관계·"葆"의 기능이라는 두 개의 문제를 토론했는데, 논문에서는 西北漢簡 중의 "葆"에 擔保의 뜻이 있고, 두 가지 형식의 문서에서 출현했으며, 개체와 집체에 대응해 "葆(담보)"되는 두 가지 상황을 분별했다. "葆"와 "私從者"는 똑같이, 모두 漢代 邊塞지역에서 요새 출입 혹은 기타 목적을 위해 관련 인원에 대해

207) 田天, 《先農與靈星: 秦漢地方農神祭祀從考》, 《中國國家博物館館刊》 2013年 第8期.

208) 汪桂海, 《秦漢時期桑蠶業, 禽畜養殖及狩獵活動中的信仰習俗》, 《簡帛研究二〇一二》, 廣西師範大學出版社, 2013年.

209) 郭珏, 《秦漢出土文獻中的"知死"與"事死" ——個基於"形成框架"的試分析與方法論上的思考》, 《簡帛》 第八輯, 上海古籍出版社, 2013年.

210) 陳侃理, 《秦簡牘復生故事與移風易俗》, 《簡帛》 第八輯, 上海古籍出版社, 2013年.

연대책임을 확정하는 신분 명칭을 의미하지만, "私從者"는 私人 속성에 더욱 편중되어 있다. "葆"는 關傳 제도와 관련이 있고, 이는 漢代 政權이 邊塞를 관리하는 하나의 중요한 조치이다.[211] 王海는 전래문헌과 출토문헌에서 출발해 "塢"·"壁"의 자료에 대해 분류를 진행하여, 그 성질과 기원을 토론하였는데, 논문에서는 "塢"·"壁"는 실제로 똑같지 않음을 지적했다. "塢"는 漢代 西北 邊塞에서 가장 일찍 보이고, 亭을 보호하고, 소식을 전달하며, 경보를 보내고 응답하며, 거주 생활의 장소를 제공하는 등의 기능을 갖춘, "亭燧"의 하나의 구성 부분이었다. 東漢의 시작에 이르러, 그것은 軍事 이외의 기능(예를 들어 종족과 吏民을 모아 보호)이 점차 강화되었다. "壁"은 군사기능을 가지고 있을 뿐만 아니라, 동시에 邊民·戍卒家屬의 생활 장소이기도 했으며, 경제·사회 등 다방면에 다양화된 직능을 가지고 있던 "縣城 이하의 聚落"이었다. "塢壁"은 특히 豪强大族을 건설한 것으로, 반드시 보다 강한 방어기능·보다 큰 인원물자 수용 기능과 보다 엄밀한 내부 조직기능을 갖춰야 했고, 이러한 기능들은 "塢"·"壁"의 어떤 특성으로부터 계승 발전되어 왔을 것이다.[212] 李斯는 西北漢簡에서 보이는 廩鹽制度에 대해 종합분석을 진행하여, 이 제도의 연원과 특징, 廩鹽量과 邊塞屯戍 기구의 물자관리 및 그에 반영된 邊地 吏卒家庭의 생활 상황을 언급했으며, 논문에서는 秦漢時期 廩鹽制度와 당시의 廩食制度는 같고, 고정된 배급제를 실행했으며, 邊塞 吏卒의 廩鹽 定量은 전문적인 배급 경로와 처분 규정이 있었으며, 가격 파동의 영향을 받지 않았으며, 또한 河西지역의 소금 생산의 풍부함·吏卒 노동의 강도 등의 요소에 관련되지 않았다고 보았다. 당시, 西北지역의 吏卒家庭의 월 배급량은 三升이고, 그 원인은 邊地에서 늘 보이는 부부 두 사람을 위주로 한 家庭구조와 관련이 있다.[213] 韓華는 居延漢簡 및 관련 출토유물자료에 근거하여, 整地(땅 갈아엎기)·파종·사이갈이와 제초·관개·수확·탈곡 및 보조 농기구 등 7개 방면에서 漢代 居然地域에서 사용된 농기구 상황에 대해 분류를 진행했다.[214] 張俊民은 西北漢簡 중에 樓蘭·鄯善과 관련된 자료에 대해 정리를 진행하였고, 아울러 그것을『漢書』기록과 대조하여, 그 사료가치를 지적했다.[215]

3) 家庭 구조와 구성원

尹在碩은 秦漢 日書자료의 住宅규모와 구조에 대한 고찰을 통해, 당시의 가정 구조를 토론하였고, 연관 자료 중 관련 "序"의 문제에 대한 중점적인 분석의 기초 위에, 戰國秦漢日書에서 보이는 住宅 구조에 반영된 三世同堂型의 聯合家庭이 응당 당시 사회의 이상적인 가정 유형이었겠지만, 현실 사회에서는 부부 중심형 소가정 및 父母·長子부부과 손자 구조의 직계가정이 그것과 병존했었음을 지적했다. 이런 다원적 가정 구조가 출현한 원인은 주로 經濟가 발전하고, 秦漢 사회의 계층분화가 점차 심해지며, 별도로 부부를 중심으로 경제적 독립을 갈망하는 사회 분위기의 심화 및 사회 유동 폭의 증대 또한 이런 결과를

211) 沈剛, 《西北漢簡中的"葆"》, 《簡帛研究二〇一一》, 廣西師範大學出版社, 2013年.

212) 王海, 《漢代"塢壁"再探》, 《簡帛研究二〇一一》, 廣西師範大學出版社, 2013年.

213) 李斯, 《西北漢簡所見廩鹽制度蠡測》, 《簡帛研究二〇一一》, 廣西師範大學出版社, 2013年.

214) 韓華, 《漢代居延地區農具的考察 -以居延漢簡及其他相關遺物爲中心》, 《魯東大學學報》(哲學社會科學版), 2013年 第3期.

215) 張俊民, 《西漢樓蘭, 鄯善簡牘資料鉤沉》, 《魯東大學學報》(哲學社會科學版), 2013年 第4期.

만들어냈다.[216] 文霞는 秦漢簡牘 중 "室"과 "室人"의 개념에 대해 분석을 진행하였고, 논문에서는 秦漢時期의 "室"과 "家"·"戶"의 함의는 교차·중첩되지만, 여전히 편차가 있음을 지적했다. "室"은 건축공간상의 "家"를 의미하는 경우가 많았고, "戶"는 戶籍管理상의 "家"를 의미하는 경우가 많았다. "室人"은 같은 곳 一室의 모든 사람을 의미하는데, 주로 같은 한 室에서 거주하는 혈연 혹은 혼긴관계의 친족을 가리키며, 노비 및 기타 가정에서 의탁하고 있는 구성원은 포함하지 않을 뿐만 아니라, 또한 나뉘어 나가 단독으로 "室"을 세운 성인 형제도 포함하지 않음을 지적해냈다. 秦漢政府는 부세수입의 증가를 위해, 戶口통계를 낼 때 왕왕 노비를 戶籍에 계산해 넣었다. 그러나 노비는 "室人"이 아닐 뿐만 아니라, 또한 법률 의미에서 "同居"연좌범위에도 속하지 않았다.[217]

4. 字形과 書風

1) 字形 研究

大西克也는 里耶秦簡과 秦封泥자료 중 보이는 "泰"字에 대한 계통분석을 진행하였고, 이에 의거해 "泰"자의 造字 함의에 대해 토론을 가했는데, 논문에서는 "泰"자가 水德을 상징하고, 字形은 "秦"을 닮았으니, "水德을 써서 一統을 달성한 大秦"의 함의를 대표하고, "泰"자는 秦朝가 천하통일의 완성을 과시하기 위하여 새로운 글자를 창조한 것이고, 이는 강렬하게 秦國의 정치사상을 체현한 것이다. 漢朝는 秦을 멸한 이후, "泰"자를 폐지하고 모든 官名을 원래의 "大"자로 고쳤다.[218]

2) 書風 연구

邢文은 출토간독자료에 근거하여, 秦簡牘 筆劃과 西周 金文의 書法전통·秦簡牘筆法의 구별 등 문제에 대해 분석을 시도해보았고, 논문에서는 秦簡牘 敍法에서 보이는 筆法에 대한 고찰을 통해, 우리가 秦人 筆法 기술의 진실을 복원할 가능성을 주었다. 이 기초 위에서, 우리는 秦簡牘 敍法에 보이는 筆法에 의거해, 기술의 측면에서 秦人이 竹帛에다 글씨를 쓰는 과정을 복원할 수도 있게 되었고, 동시에 우리는 이에 의거해 기술의 측면에서 소위 秦簡牘文獻의 서사가 진실로 믿을 수 있는지도 판정할 수 있게 되었다. 전자는 認字의 범주에 들어가고, 후자는 辨僞의 범주에 들어간다.[219]

5. 역사지리

楊振紅은 전래문헌 및 출토문헌 중 秦 통일 이전의 "邦"이 秦王畿, 즉 "內史"가 관할하는 京師 지역을

216) 尹在碩著ㅍ李槿華譯·戴衛紅校訂:《秦漢〈日書〉所見"序"和住宅及家庭結構再探》,《簡帛》第八輯, 上海古籍出版社, 2013年.
217) 文霞,《試論秦漢簡牘中的"室"和"室人" −以秦漢奴婢爲中心》,《史學集刊》2013年 第3期.
218) 大西克也,《從里耶秦簡和秦封泥探討"泰"字的造字意義》,《簡帛》第八輯, 上海古籍出版社, 2013年.
219) 邢文,《秦簡牘書法的筆法 −秦簡牘書寫技術真實性復原》,《簡帛》第八輯, 上海古籍出版社, 2013年.

가리키는 것임을 지적했다. 戰國時代 國으로 칭하지 않고 “邦”이라 칭했고, 漢 高祖 이후, 劉邦의 避諱로 문헌 속의 “邦”이 “國”으로 고쳐졌다. 內史는 周官으로, 늦어도 春秋時期까지는 각 諸侯國이 王制를 모방하여 內史를 설치하고, 기원전 5세기 이전 內史는 이미 王畿(혹은 諸侯國의 수도)의 행정장관이 되었다. 그러나 商鞅變法 이전, 內史통치가 취한 것은 여전히 西周의 체제였으니, 즉 都·鄕·邑·聚 등을 관할하였다. 商鞅變法시기, 內史(首都 咸陽)의 아래에 31縣을 설치하고, 새로운 縣制와 옛 內史制를 결합하였다. 秦이 중국을 통일한 후, 그에 상응하는 통일적 중앙집권군현제국가를 건설하기 위해, 분봉제의 기초적인 내용이었던 王畿의 제도를 폐지하고, “邦”를 “都”로 개칭했으며, “郡”에 해당했고, 內史는 이로 인해 郡縣制의 일환이 되었다. 內史가 西周에서 秦 통일에 이르고 西漢 三輔로의 변화에 이르는 것은, 分封制가 郡縣制로 전환 및 郡縣制가 장대히 발전하는 것의 하나의 축소판이다.[220] 游逸飛는《二年律令·史律》의 기록에서 출발하여 漢初 중앙과 지방행정의 관계를 분석하였고, 논문에서는《史律》은 秦에서 漢初에 이르는 郡縣의 “史”는 일부 중앙의 임명을 받고, 郡守·縣令가 자의로 임명하지 않았음을 지적했다. 이 현상은 西漢 初年까지 지속되고, 郡縣政府의 행정직능은 여전히 조정되는 중으로, 과거 秦漢郡縣制에 대한 일반적인 학계의 인식은 秦에서 漢初에 이르기까지 완벽히 적용할 수는 없다.[221]

莊小霞는《里耶秦簡[壹]》의 자료에 의거하여 秦代 洞庭郡·南郡의 屬縣에 대해 고찰을 진행했고, 논문에서는 洞庭郡은 遷陵·酉陽·零陽·臨沅·索·沅陵·鐔成·無陽·辰陽·充 등의 縣을 포함하고 있고, 史籍 기록에 보이지 않는 門淺·上衍도 洞庭郡 소속임을 지적했다. 南郡은 江陵·孱陵·竟陵·臨沮·巫·秭歸·夷陵·當陽·鄢·若·高成 등의 縣을 포함하고 있고, 史籍 기록에 보이지 않는 醴陽·銷도 南郡 소속이다.[222] 琴載元은 里耶秦簡의 자료에 의거해 秦代에 지금 湖南지역에 黔中郡·長沙郡을 설치했다는 견해에 문제가 있으며, 당시 설치된 것은 응당 洞庭과 蒼梧 두 郡이고, 이 두 郡은 秦末 反秦 전쟁 및 楚漢의 사이에서 자연히 소실되었고, 西漢 政府가 그 지역에 武陵郡과 長沙國을 세웠음을 지적했다.[223]

馬孟龍은 西漢侯國 및 관련 지리 문제에 대해 토론을 진행하였고, 西漢時期 서로 다른 시점의 侯國 분포 상황 및 “王國境內無侯國”·“漢初王子侯國地理分布” 등의 문제를 언급하였다.[224] 后曉榮은 전세문헌과 고고문물자료에 근거하여 天鳳元年 王莽의 新이 西漢의 103郡國을 125郡으로 바꾼 구체적인 정황에 대해 고찰을 진행하였는데, 이 改制는 각종 명칭의 형식이 정제되어 획일화되었을 뿐만 아니라, 심혈을 기울인 정연한 설계이고, 이는 王莽 新정권의 “銳師地理”의 중대한 체현이었다.[225] 黃東洋·鄔文玲은 전세문헌 및 출토문헌을 결합하여, 王莽 新 시기 職方 상황에 대해 예를 들어 분석을 진행하였고, 敦煌郡·輔平郡·設屏郡·居成郡·延亭郡과 樂平郡을 언급하였으며, 논문에서는 敦煌郡 및 관할 敦煌縣에서 모두 일

220) 楊振紅,《從秦“邦”, “內史”的演變看戰國秦漢時期郡縣制的發展》,《中國史研究》2013年 第4期.

221) 游逸飛,《太史, 內史, 郡 −張家山<二年律令·史律>所見漢初政區關係》, 簡帛網 2013年8月14日.

222) 莊小霞,《<里耶秦簡[壹]>所見秦代洞庭郡, 南郡屬縣考》,《簡帛研究二〇一二》, 廣西師範大學出版社, 2013年.

223) 琴載元,《秦洞庭, 蒼梧郡的設置年代和政區演變》,《魯東大學學報》(哲學社會科學版) 2013年 第6期.

224) 馬孟龍,《西漢侯國地理》, 上海古籍出版社, 2013年.

225) 后曉榮,《新莽置郡考》,《中國史研究》2013年 第2期.

찍이 文德·敦德으로 개명하였고, 玉門都尉는 줄곧 해당 郡에 예속되었다는 점; 酒泉郡은 始建國 元年 옛 명칭을 사용했고, 始建國地皇上戊3年에 이르러 輔平으로 개명했으며, 酒泉郡 아래의 玉門縣과 敦煌郡의 玉門關 두 개의 지명은 동시에 병존하여, 군사계통으로서 居成部는 즉 한때 輔平郡 관할로 귀속되었다는 점; 屏郡을 설치해 張掖郡으로 分置한다는 관점은 믿을 만하고, 張掖郡은 始建國4年에 여전히 옛 명칭을 사용하고, 王莽時期 군사계통의 居成部에 대해서는 두 차례 개명하여, 최초에는 居延部를 延城部로 하고, 후에 다시 居成部로 바꾸었으니, 최소한 地皇三年에는 輔平郡 관할로 귀속되었고, 비록 여러차례 개명했지만, 그 甲渠侯官과의 관할관계는 시종 변함이 없었다는 점; 王莽時期 居延 일대에 잠시 "居成郡"와 "延亭郡"가 증설되었을 수 있다는 점; 武都郡縣은 王莽 初年 漢制의 옛 이름을 따라 썼지만, 《漢志》에 기재된 武都郡의 영역인 "河池"縣은 "何池"의 잘못이고, "循成道"은 사실 "脩成道"의 잘못이라는 점을 지적했다.[226)]

張俊民은 敦煌漢簡 및 懸泉置漢簡 중의 기록을 이용하여, 西漢 敦煌郡 六縣의 하나인 效谷縣의 鄉里 상황에 대해 정리하였고, 西漢 때 效谷縣에는 西鄉·安樂鄉·魚離鄉의 세 鄉에 존재하였음을 지적했으며, 이러한 鄉들의 명칭·지리적 위치 등의 문제에 대해서 보충을 진행하여 懸泉置의 위치와, 뒤의 두 鄉은 郵驛교통과 밀접한 관련이 있을 것이라는 데까지 고려하였다.[227)]

6. 문서전달

藤田勝久는 洞庭郡과 遷陵縣의 문서전달; 檢·封檢에서 보이는 문서전달·郵書기록에서 보이는 문서전달의 세 방면에서부터, 里耶秦簡에서 보이는 秦代 郡縣의 문서전달 문제에 대해 분석을 진행했고, 논문에서는 里耶秦簡에서 보이는 冊簡과 木牘의 형태 차이가, 반드시 문서의 내용에 달려있는 것은 아니고, 오히려 문서전달 중의 처리단계에서 구분이 가해진다는 점; 洞庭郡과 遷陵縣의 사이에는, 封檢 위에 "以郵行"의 문자가 있어 문서의 전달방식을 표시하고, 이를 제외하고도 兩者 사이의 전달방식은 아주 많다는 점; 遷陵縣이 외부에 전송하는 郵書는 縣이 독립적으로 縣外로 문서를 발송할 수 없음을 보여주고, 반드시 令·丞이 있는 官簿가 기본단위로 집중하여 문서의 전달을 진행하는 것이며, 遷陵縣이 중앙과 외부의 郡으로 발송하는 문서는 추측컨대 역시 먼저 洞庭郡 官簿로 보내고, 다시 외부로 발송한다는 점을 지적하였다. 이는 秦代 郡이 단지 軍政단위인 것만은 아니고, 또한 각종 문서 集散의 중심이었다는 점; 遷陵縣은 교통과 재무 등의 내용에 관련될 경우, 郡의 중개를 거칠 필요가 없이 직접 外郡·外縣과 연락할 수 있었다는 점을 설명한다. 종합하면, 郡은 문서전달을 관할하는 기본 단위이고, 하급의 縣은 기본적인 문서 집합 단위이다. 郡과 縣은 직접적인 문서 전달 방식이 있었고, 또한 郡縣은 문서 개봉 이후, 릴레이 방식으로 전달하는 정황도 있었다.[228)] 徐燕斌은 漢簡 중 "扁書" 관련 자료에 대한 수집·고증의 기초 위

226) 黃東洋·鄔文玲:《新莽職方補考》,《簡帛研究二〇一二》, 廣西師範大學出版社, 2013年.

227) 張俊民,《西漢效谷縣基層組織"鄉"的幾個問題》,《魯東大學學報》(哲學社會科學版) 2013年 第1期.

228) 藤田勝久,《里耶秦簡所見秦代郡縣的文書傳遞》,《簡帛》第八輯, 上海古籍出版社, 2013年.

에, 漢代 法律文書의 전파방식에 대해 분석을 진행했고, 논문에서는 漢代 詔書律令제정 이후, 丞相府에서 보내면, 郡國을 경유해, 최후에는 기층의 亭隧급까지 전달이 되었다고 지적했다. 이외에도, 전파과정 중에, 하급 단위는 政令을 접수한 후 왕왕 부본을 抄寫해야 했으며, 기층에 도달한 이후 또한 민중을 소집하여 宣讀을 진행해야 했으니, 이는 漢 왕조가 法令의 公布와 전달에 있어서 엄격한 제도를 형성했음을 보여준다.

7. 職官

游逸飛는 里耶秦簡에 보이는 守府·尉府·監府자료에 대한 분석을 통해, 秦 郡級 행정관서의 설립상황에 대해 토론을 진행했는데, 논문에서는 里耶秦簡 중 출현하는 守府·尉府·監府가 마침《史記·秦始皇本紀》중의 郡守·郡尉·郡監과 서로 대응한다고 보았다. 秦의 郡 官吏 내의 太守·郡尉·監御史는 모두 독립적으로 辦公하는 官署·屬吏를 가지고 있고, 秦 郡은 사실상 三府 병립의 지방행정조직이었다.[229] 陸德富는 戰國에서 秦代까지 古文字와 출토문헌에 보이는 "縣名+守"의 기록 중의 "守"는 守官, 즉 縣의 책임자로 이해해야 한다고 지적했다.[230] 任攀은《敦煌漢簡》1108號簡 "真二千石"의 간문 복원을 통해, 漢 平帝 元始 5年 12月을 전후한 시기에 이르러, "真二千石"이 확실히 秩級으로서 존재했었다고 지적했다. 논문은 또한 "真二千石"의 兩漢時期에서의 변화 및 관련 史料기록 중 의문점에 대해 분석을 진행했다.[231]

楊振紅은 秦漢문헌 중 "尉"·"尉律"·"置吏"·"除吏" 등과 관련된 자료를 통해, 秦漢時期 "尉"가 吏의 임면을 책임졌음을 지적해냈다. 이 시기 史·卜·祝을 육성·시험·임용하는 법률은 "尉律"에 수록되었고, 응당 尉가 吏(史·卜·祝 포함)를 임면하는 직능에 기초하였을 것이다. 이러한 기초 위에서, 논문에서는 또한 "吏"의 속성을 거듭 표명하며, 秦 이래로 협의의 "吏民"집단은 公卿士大夫 아래의 서민집단을 가리키니 즉 上造·200石 이상이어서 "士"·"君子"인 자; 公士·100石 이하로 즉 "士"가 아닌 자가 당시 이른바 "小人" 혹은 "庶民"이었다고 보았다.[232] 金慶浩는 秦簡의《爲吏之道》·《爲吏治官及黔首》등의 자료를 중심으로 秦 및 漢初 "士"의 형성과 역사연원, "遊士"에서 "吏"로의 변화, "遊士"의 몰락과 "儒士"의 흥기 등의 문제를 토론했는데, 논문에서는 先秦時期 士人들의 특징이 개인의 사회적 책임과 도덕적 책임을 강조하고, 동시에 개인의 권리와 가치를 주장한 것이라 지적하였다. 그러나 先秦에서 漢武帝에 이르는 긴 사회변화 중, 士人의 속성은 점차 皇帝를 중심으로 하는 전제중앙집권통치 하의 "儒士" 역할로 변하였고, 이러한 역사적 변화를 만들어낸 秦末漢初에서 武帝까지의 시기는, 春秋戰國時期의 士人(즉 遊士)과 漢代의 士人(즉 儒士), 이 두 종류의 士人계층이 서로 공존하던 시기였다. 漢初 두 종류의 士人의 공존은 儒士의 출현이 단지 "反秦의 정서" 때문만이 아니라, 또한 士人의 "王師 및 君友"에서 "一君子臣"으로 변화와, 이

229) 游逸飛,《守府, 尉府, 監府 －里耶秦簡所見郡級行政的基礎研究之一》,《簡帛》第八輯, 上海古籍出版社, 2013年.

230) 陸德富,《試説戰國至秦代的縣級職官名稱"守"》,《中國國家博物館館刊》2013年 第1期.

231) 任攀,《敦煌漢簡中有關漢代秩級"真二千石"的新發現》,《史學月刊》2013年 第5期.

232) 楊振紅,《秦漢時期的"尉", "尉律"與"置吏", "除吏" －兼論"吏"的屬性》,《簡帛》第八輯, 上海古籍出版社, 2013年.

변화의 과정 중에 士人이 君主人格과 평등해지고·자존심이 상실되며·주체성 또한 그와 더불어 상실되었던 것 때문이기도 하다.[233] 于振波는 출토문헌과 전세문헌을 결합하여, 秦의 吏治문제에 대해 토론을 진행하였고, 法家의 吏治思想·秦吏治의 구체적인 실천과 過失 등의 방면을 언급했다.[234]

8. 과학기술

1) 曆法

許名瑲은 출토문헌자료에 의거하여 秦曆 朔日을 고찰하였고, 秦王 政 元年에서 秦二世 3年에 이르기까지 실제로 사용한 曆의 朔日과 干支에 대해 복원을 진행하였다.[235] 또한 출토 秦漢簡牘 曆日문헌을 단서로 漢初 實曆을 복원하였고, 大小月·大月을 이어 배열하는 규율 및 秦漢初의 윤달배치에 의거하여, 高帝元年(기원전 206년)에서 武帝 元封 7년(太初元年; 기원전 104년) 漢에서 사용한 實曆의 月朔干支를 배치하였고, 漢初 實曆은 漢傳古《顓頊曆》·《殷曆》이 아님을 지적했다. 漢은 秦制를 이어, 달력은《顓頊》을 썼고, 高祖 稱帝로, 그것을 고쳐 바꾸었으며; 文帝 시기, 朔策餘分을 뒤로 미뤄, 更十七年을 後元으로 변경하였고, 아울러《顓頊》을 따랐으며, 武帝 元封 7年에 이르러, 太初로 改元하고,《太初曆》을 사용하였다.[236]

2) 數術

方勇은 출토문헌 중《占產子》의 자료에 대하여 전면적인 정리를 진행하여, 그 기원과 변화과정을 토론하였다.[237] 董濤은 秦漢《日書》중에 보이는 몇 종류의 "日廷圖"의 기본 형식에 대한 분석의 기초 위에, 그 기원·특성과 용법에 대해 분석을 진행하였고, 논문에서는 "日廷圖"가 일반적으로 "勾繩圖"를 구성하는 선 그림과 주변의 天干地支의 문자구성에서 유래하며, 신비주의의 특징인 規矩와 準繩 형상을 모방하고 있고, 先秦時期 巫者와 관련이 있음을 지적했다. 日廷圖는 일종의 실용성이 아주 강한 圖形으로, 주로 古代日者 혹은 기타 日書를 사용하는 사람이 吉凶·시일 선택 등의 용도에 사용할 수 있도록 하였다.[238] 肖從禮는 적외선 사진 자료에 의거해 敦煌漢簡 중 易筮類 문헌과 관련된 세 간독 조문에 대해 다시 고증을 진행하였고, 387(본래의 編號는 T5:347)·388(본래의 編號는 T5:350)과 1787(Stein의 본래의 編號는 T.VI.b.i.299)을 언급하였으며, 아울러 이 세 매 簡의 간문의 성질은 응당《漢書·藝文志》"數術略" 중의 易筮類 典籍에 속한다고 지적하였다.[239]

---

233) 金慶浩,《秦, 漢初"士"與"吏"的性質 −以〈爲吏之道〉和〈爲吏治官及黔首〉爲中心》,《簡帛》第八輯, 上海古籍出版社, 2013年.

234) 于振波,《秦代吏治管窺 −以秦簡司法, 行政文書爲中心》,《湖南大學學報》(社會科學版) 2013年 第3期.

235) 許名瑲,《秦曆朔日復原 −以出土簡牘爲綫索》, 簡帛網 2013年7月27日.

236) 許名瑲,《漢初月朔考索 −以出土簡牘爲綫索》, 簡帛網 2013年9月28日.

237) 方勇,《讀北大漢簡札記》,《魯東大學學報》(哲學社會科學版) 2013年 第2期.

238) 董濤,《秦漢簡牘〈日書〉所見"日廷圖"探析》,《魯東大學學報》(哲學社會科學版) 2013年 第5期.

9. 語法

陳迎娣는 《岳麓書院藏秦簡(壹)》에서 보이는 虛詞를 다섯 종류로 나누어 정리를 진행하였다.[240] 張曉芳은 《敦煌懸泉漢簡釋粹》에서 보이는 懸泉漢簡 언어자료 중의 動詞에 대해 單音節動詞·雙音節動詞와 動詞를 포함한 문서 관용어의 세 종류로 나누어 정리를 진행하였다.[241] 謝小麗는 秦簡 중 "歲"字를 중심으로, 《日書》와 非《日書》문헌에 존재하는 단어 뜻의 차이를 비교하였다. 謝小麗, 《秦簡中的"歲" −探討〈日書〉文獻與非〈日書〉文獻的詞義差別》, 簡帛網 2013年9月16日. 謝小麗는 또 秦簡에서 "早"에 관한 동의어 묶음에 대해 분석을 진행하였고, 구체적으로는 夙·蚤(早)·晨·朝·旦을 포함한다.[242]

10. 기타

1) 종합 서술과 연구목록

池田知久는 中國 思想史 연구를 중심으로 日本의 中國 簡帛硏究 현황과 미래의 연구과제에 대하여 전망하였고, 그 내용은 주로 연구방법·돋보이는 연구성과의 사례를 포함하며 학과 분류에 기반해 經學·諸子學·術數學 등을 중점 소개하였다.[243] 魯家亮은 2012年秦漢魏晉簡牘硏究의 주요 성과에 대해 간요한 개술을 진행하였다.[244] 魯普平은 睡虎地秦簡 《爲吏之道》·岳麓秦簡 《爲吏治官及黔首》의 연구에 대해 각각 종합서술을 진행하였다.[245] 李小博은 岳麓書藏秦簡 《數》書의 연구에 대해 종합 서술을 진행하였다.[246] 金慶浩는 張家山漢簡 《二年律令》을 중심으로, 2000년에서 2013년까지 韓國의 秦漢法律簡牘의 연구 상황을 소개하였다.[247] 陳鍠은 최근 10년 帛畫의 연구에 대해 상세한 논평을 진행하였다.[248] 韓華는 西域과 漢 중앙정부의 관계·姓氏와 人名·郵驛과 傳舍 등 8개 방면에서 2006년 이래 懸泉漢簡의 연구에 대해 논평을 진행하였다.[249] 孫淑霞는 출토간독 《蒼頡篇》자료의 기본상황에 대해 비교적 전면적인 분석을 진행하였고, 敦煌漢簡·居延漢簡·居延新簡·阜陽漢簡·尼雅漢文木簡·水泉子漢簡 및 北大漢簡의 7종을 분석하

---

239) 肖從禮, 《敦煌漢簡易筮類文獻輯考》, 《魯東大學學報》(哲學社會科學版) 2013年 第5期.

240) 陳迎娣, 《〈岳麓書院藏秦簡(壹)〉虛詞整理》, 簡帛網 2013年3月18日.

241) 張曉芳, 《〈敦煌懸泉漢簡釋粹〉動詞硏究》, 簡帛網 2013年4月23日.

242) 謝小麗, 《秦簡中關于"早"的一組同義詞辨析》, 復旦網 2013年5月30日.

243) 池田知久撰·楊振紅譯, 《日本的中國簡帛硏究的課題與展望 −以中國思想史硏究爲中心》, 《簡帛硏究二〇一一》, 廣西師範大學出版社, 2013年.

244) 魯家亮, 《2012年秦漢魏晉簡牘硏究概述》, 《簡帛》 第八輯, 上海古籍出版社, 2013年.

245) 魯普平, 《雲夢秦簡官箴類文獻硏究綜述》, 復旦網 2013年6月12日; 《岳麓書院藏秦簡〈爲吏治官及黔首〉硏究綜述》, 復旦網 2013年6月18日.

246) 李小博, 《岳麓書院藏秦簡〈數〉書硏究綜述》, 《魯東大學學報》(哲學社會科學版) 2013年 第4期.

247) 金慶浩, 《韓國的秦漢法律簡牘硏究現況(2000~2013) −以張家山漢簡〈二年律令〉爲中心》, 《中國古代法律文獻硏究》 第七輯, 社會科學文獻出版社, 2013年.

248) 陳鍠, 《帛畫硏究新十年述評》, 《江漢考古》 2013年 第1期.

249) 韓華, 《2006年以來敦煌懸泉漢簡硏究述評》, 《簡帛硏究二〇一二》, 廣西師範大學出版社, 2013年.

였다.[250)]

夏笑容는 "2013年長沙五一廣場東漢簡牘學術硏討會"에서 토론된 주요 내용에 대해 소개하였다.[251)] 王素는 2011년 3월 거행된 "中日長沙吳簡學術硏討會"에서 발표된 8편의 논문에 대해 상세한 평가와 아울러 전체 회의가 보여준 吳簡硏究의 새로운 시야에 대해 개술을 진행하였다.[252)]

柿沼陽平은 1910년부터 2011년까지 日本의 中國出土簡帛硏究 論著 목록을 편저하였다.[253)]

2) 서평과 서적 교정

游逸飛는《里耶秦簡牘校釋(第一卷)》에 대해 평가를 진행하고, 아울러 앞으로의 작업에서 더 깊고 완전해질 수 있는 부분에 대해 전망하였다.[254)] 魏德勝은 浙江古籍標點本《流沙墜簡》의 부족한 점을 종합했는데, 標點 착오, 인쇄 대조, 인용문 처리, 署名 등의 문제를 언급하였다.[255)] 張顯成은 최근 40년 簡帛文字編의 편집 특징과 부족한 부분에 대해 종합하고, 아울러 앞으로 작업에서 주의해야 할 문제에 대해 전망하였다.[256)] 呂德凱·勞武利는 합동 저작인《漢初典型訴訟案例: 湖北張家山漢簡〈奏讞書〉譯注》의 주요 내용과 독일어 역주본의 번역원칙에 대해 상세히 소개하였다.[257)] 宮宅潔은《秦漢律令硏究》를 한 章씩 평가하였고, 아울러 출토법령집의 형태에 대하여 어떠한 정도로 중시해야 하는지의 문제에 대해 반성하였다.[258)] 王貴元은《尹灣漢墓簡牘校理》에 대해 평가를 진행하였다.[259)]

張伯元은 근래 출토법률문헌을 연구한 논문을《出土法律文獻從考》으로 묶고, 그중 제1·2장은 전적으로 秦漢출토법률문헌에 대한 토론이며, 대량의 秦漢簡牘 법률자료 및 적지 않은 법률 術語에 대한 분석을 보여주었다.[260)]

3) 簡冊制度

馬怡는 서사 자세, 서사에 사용된 재료·품질과 공구, 서사 형식 세 방면에서부터 중국 고대의 서사방식에 대해 계통적인 분석을 진행하였고, 논문에서는 서사의 자세, 서사에 사용된 재료·품질과 공구는 서

---

250) 孫淑霞,《出土〈蒼頡篇〉槪述》, 簡帛網 2013年11月8日.

251) 夏笑容,《"2013年長沙五一廣場東漢簡牘學術硏討會"紀要》,《文物》2013年 第12期.

252) 王素,《長沙吳簡硏究的新視野 －中日長沙吳簡學術硏討會論文評述》,《簡帛硏究二〇一一》, 廣西師範大學出版社, 2013年.

253) 柿沼陽平,《日本的中國出土簡帛硏究論著目錄(一)(1910－2011年)》,《簡帛硏究二〇一一》, 廣西師範大學出版社, 2013年; 柿沼陽平:《日本的中國出土簡帛硏究論著目錄(二)(1910－2011年)》,《簡帛硏究二〇一二》, 廣西師範大學出版社, 2013年.

254) 游逸飛,《評陳偉主編〈里耶秦簡牘校釋(第一卷)〉－我們需要什麼樣的簡牘整理本?》, 簡帛網 2013年8月1日.

255) 魏德勝,《初讀浙江古籍版〈流沙墜簡〉》, 簡帛網 2013年10月25日.

256) 張顯成,《簡帛文字編編纂的現狀與展望》,《簡帛硏究二〇一二》, 廣西師範大學出版社, 2013年.

257) 呂德凱·勞武利,《〈漢初典型訴訟案例〉－首部硏究湖北張家山漢簡〈奏讞書〉的西方語言專著》,《中國古代法律文獻硏究》第七輯, 社會科學文獻出版社, 2013年.

258) 宮宅潔著·顧其莎,《廣瀨薰雄著〈秦漢律令硏究〉》,《中國古代法律文獻硏究》第七輯, 社會科學文獻出版社, 2013年.

259) 王貴元,《簡帛整理硏究的佳作 －〈尹灣漢墓簡牘校理〉評介》,《簡帛硏究二〇一一》, 廣西師範大學出版社, 2013年.

260) 張伯元,《出土法律文獻從考》, 上海人民出版社, 2013年.

사 방식일 뿐만 아니라 또한 서사의 조건이기도 하며, 서사 형식은 곧 서사조건의 영향과 제약 하에 형성되는 것으로 보았다. 중국 고대에 書籍은 통상 중요한 정보의 기록물이며 집합체이고, 높은 등급의 서사였다. 또한 폭이 넓고 내용이 많으며, 글은 마땅히 가지런히 규범에 맞아야 해서, 마침내 일정한 격식을 형성하는 것이다. 높은 등급의 서사는 主導性을 갖추고 있다. 그러나 보편적인 서사(예를 들어 일반적인 문건·簿籍·計帳 등의 문서)와 일반적이지 않은 서사(예를 들어 甲骨文·金石文 등)는 그 격식이 書籍을 따르는 것이 많다. 중국에서 가장 오래된 書籍은 簡册 위에 쓰여 있다. 簡册은 좁고 긴 簡支를 재료로 삼아, 그것을 세로로 배열하여, 끈으로 연결하여 만들어진다. 簡牘時代 書籍은 모두 초사본이고, 많은 수가 먼저 묶고 후에 서사한다. 중국의 古人의 바닥에 무릎을 꿇고 앉는 습속과 가구의 낮은 높이가, 팔을 들고 기대지 않은 채로 서사하는 자세를 만들었다. 이런 종류의 자세와 오른손으로 붓을 잡고·왼손으로 簡册의 册卷을 잡는 서사는, 글자가 위에서 아래로·오른쪽에서 왼쪽으로 가는 (즉 세로로 써서 왼쪽으로 가는) 서사 방식으로 이어지게 되었다.[261]

何晉은 戰國秦漢간독자료를 결합하여, 간독의 번호와 背劃綫의 두 방면에서 簡册制度의 序連에 대해 토론을 진행하였는데, 논문에서는 소위 "序連"라는 것은 竹木簡이 서사 전 혹은 서사 후에 그 순서에 대한 배열과 표기를 가리킴을 지적했다. 簡이 최종적으로 끈으로 묶여 編聯돼 册이 만들어진 후, 즉 이런 "序連"을 가장 철저히 고정하는 것이다. 簡册制度의 연구 중 "序連"의 의미는 직접 우리가 출토간책의 순서를 복원 혹은 다시 編聯할 수 있게 도와주며, 序連 번호와 背劃綫의 발현은 곧 우리의 고대 簡牘의 물질형태 및 그 제도에 대한 인식을 풍부하게 해 주어, 古書의 抄寫·형성 심지어는 遺傳을 이해하는 데 중요한 의의를 갖는다.[262]

角谷常子는 里耶秦簡과 居延漢簡 중 單獨簡의 사용 정황에 대한 분석의 기초 위에, 單獨簡 사용의 원인에 대하여 분석을 시도했는데, 논문에서는 이 시기, 官僚制度 상 여전히 확립된 書記官 제도가 없었거나 혹은 文書制度가 아직 성숙하지 않았고, 이러한 미성숙함이 혹 單獨簡 選用의 배경이지 않을까 지적했다.[263]

4) 少數民族 및 海外簡牘研究

新疆龜兹研究院·北京大學中國古代史研究中心·北京人民大學國學院西域歷史語言研究所는 新疆龜兹研究院이 소장한 木簡에 대해 계통적으로 소개하고, 총 5大類 37개 編號를 포함하였고, 문자와 함께 木簡의 圖片·釋文·漢文翻譯 및 木簡의 구조 정보 등의 자료를 간행하였다.[264] 荻原裕敏은 그중 編號 90K-58F:01의 詩文木牘에 대하여 초보적인 번역과 해독을 진행하였다.[265]

---

261) 馬怡, 《中國古代書寫方式探源》, 《文史》 2013年 第3輯.

262) 何晉, 《淺議簡册制度中的"序連" -以出土戰國秦漢簡爲例》, 《簡帛》 第八輯, 上海古籍出版社, 2013年.

263) 角谷常子, 《論里耶秦簡的單獨簡》, 《簡帛》 第八輯, 上海古籍出版社, 2013年.

264) 新疆龜兹研究院·北京大學中國古代史研究中心·北京人民大學國學院西域歷史語言研究所, 《新疆龜兹研究院藏木簡調查研究簡報》, 《文物》 2013年 第3期.

胡平生은 平壤貞柏洞《論語·先進篇》“子路曾晳冉有公西華侍坐”章과 전세문헌의 異文 한 곳에 대해 분석을 진행하여, 今本 “夫子哂之” 등 두 곳의 “哂”이, 貞柏洞簡本에는 모두 “訊”으로 되어 있음을 지적했다. “訊”은 “誶”의 잘못으로, “讓”으로 볼 수 있다. “誶之”(즉 “讓之”)는 今本 “哂之”(즉 “笑之”)의 감정 분위기보다 훨씬 강렬하고, 성격특징도 더욱 두드러지며, 夫子 본래의 면모에 더욱 부합한다.[266] 葛繼勇은 日本에서 출토된《魏征時務策》木簡을 사례로, 木簡의 발견정황을 소개함과 동시에, 전세문헌을 결합하여 중국 고대 산실된 책의 복원 연구에 대한 日本 木簡의 중요한 의의를 분석했다.[267]

[번역: 김보람(서울대학교 동양사학과), 방윤미(서울대학교 동양사학과), 장호영(서울대학교 동양사학과)]

투고일: 2015. 11. 10.	심사개시일: 2015. 11. 12.	심사완료일: 2015. 11. 20.

265) 荻原裕敏, 《新疆龜兹研究院藏龜兹語詩文木牘》, 《文物》 2013年 第12期.

266) 胡平生, 《平壤貞柏洞〈論語〉“孔子訊之”釋》, 《簡帛研究二〇一一》, 廣西師範大學出版社, 2013年.

267) 葛繼勇, 《佚存日本的〈魏征時務策〉鉤沉 －日本出土木簡對中國佚書復原研究的意義》, 《文物》 2013年 第12期.

참/고/문/헌

角谷常子,《論里耶秦簡的單獨簡》,《簡帛》第八輯, 上海古籍出版社, 2013年.

廣瀨薰雄,《秦漢時代律令辨》,《中國古代法律文獻研究》第七輯, 社會科學文獻出版社, 2013年.

金慶浩,《韓國的秦漢法律簡牘研究現況(2000~2013) -以張家山漢簡〈二年律令〉爲中心》,《中國古代法律文獻研究》第七輯, 社會科學文獻出版社, 2013年.

藤田勝久,《里耶秦簡所見秦代郡縣的文書傳遞》,《簡帛》第八輯, 上海古籍出版社, 2013年.

劉國勝,《北大秦簡讀後記》,《簡帛》第八輯, 上海古籍出版社, 2013年.

淩文超,《漢, 吳簡官牛簿整理與研究》,《簡帛研究二〇一一》, 廣西師範大學出版社, 2013年.

林素清,《秦簡〈爲吏之道〉與〈爲吏治官及黔首〉研究》,《簡帛》第八輯, 上海古籍出版社, 2013年.

馬孟龍,《西漢侯國地理》, 上海古籍出版社, 2013年.

方勇,《讀北大漢簡札記》,《魯東大學學報》(哲學社會科學版) 2013年 第2期.

薛洪波,《里耶秦簡所見秦代"生分"》,《中國史研究》2013年 第3期.

柿沼陽平,《日本的中國出土簡帛研究論著目錄(一)(1910-2011年)》,《簡帛研究二〇一一》, 廣西師範大學出版社, 2013年

柿沼陽平,《日本的中國出土簡帛研究論著目錄(二)(1910-2011年)》,《簡帛研究二〇一二》, 廣西師範大學出版社, 2013年.

晏昌貴,《放馬灘簡〈邸丞謁御史書〉中的時間與地點》,《出土文獻》第四輯, 中西書局, 2013年.

閆曉君,《讀簡札記數則》,《出土文獻與法律史研究》第二輯, 上海人民出版社, 2013年.

王子今,《中國古代交通法規的"賤避貴"原則》,《中國古代法律文獻研究》第七輯, 社會科學文獻出版社, 2013年.

游逸飛,《守府, 尉府, 監府 -里耶秦簡所見郡級行政的基礎研究之一》,《簡帛》第八輯, 上海古籍出版社, 2013年.

張伯元,《出土法律文獻從考》, 上海人民出版社, 2013年.

荻原裕敏,《新疆龜玆研究院藏龜玆語詩文木牘》,《文物》2013年 第12期.

中國政法大學中國法制史基礎史料研讀會,《睡虎地秦簡法律文書集釋(一),〈語書〉(下)》,《中國古代法律文獻研究》第七輯, 社會科學文獻出版社, 2013年.

中國政法大學中國法制史基礎史料研讀會,《睡虎地秦簡法律文書集釋(二),〈秦律十八種〉(〈田律〉,〈厩苑律〉)》,《中國古代法律文獻研究》第七輯, 社會科學文獻出版社, 2013年.

陳侃理,《秦簡牘復生故事與移風易俗》,《簡帛》第八輯, 上海古籍出版社, 2013年.

陳偉,《雲夢睡虎地秦簡〈秦律十八種〉校讀(五則)》,《簡帛》第八輯, 上海古籍出版社, 2013年.

后曉榮,《新莽置郡考》,《中國史研究》2013年 第2期.

〈中文摘要〉

2013年秦漢魏晉簡牘研究概述

魯家亮

本文主要是對2013年秦漢魏晉簡牘研究概況的簡介. 行文體例, 分類標準大體與往年所作概述保持一致, 少數地方依據具體情況有所增減, 調整. 需要特別說明的是, 部分研究成果早先在網絡發表, 往年的概述已有收錄. 後雖正式在紙質媒介刊出, 但結論無實質變化者, 不再重復介紹. 希望小文能給對秦漢魏晉簡牘研究感興趣的學者提供些許便利, 其疏漏和不足亦請各位讀者見諒.

▶ 關鍵詞: 秦, 漢, 魏, 晉, 簡牘

문/자/자/료 다/시 읽/기

사료가 충분하지 못한 한국 고중세사 연구에 있어서는 기존에 알려지지 않은 문헌이나 木簡·金石文과 같은 非문헌 사료가 대단히 중요하다. 다행히 근래에 이에 대한 관심과 연구도 점차 심화되고 있다. 여러 종류의 자료 모음집과 역주서 등이 나왔고, 개별 목간·금석문을 대상으로 한 새로운 판독과 해석 연구들도 많이 나오고 있다. 하지만 아직도 충분히 세밀하게 검토되고 있다고는 이야기하기 힘들다. 기존의 자료집과 역주서 등에서 충분히 판독, 해석되지 않았거나 미심쩍은 부분들이 있고, 그에 따라 해당 목간·금석문 자체의 성격이 전혀 새롭게 이해될 수 있는 경우들을 발견하게 된다. 〈문자자료 다시 읽기〉에서는 고중세의 문헌 및 목간·금석문들 중에서 그 내용과 성격이 제대로 알려지지 못하였거나 기존의 판독, 해석과 다르게 판독, 해석될 수 있는 자료들을 소개하고자 한다. 이에 대한 학계의 보다 많은 관심과 면밀한 검토를 촉구하기 위한 〈문자자료 다시 읽기〉에 연구자들의 관심과 질정을 부탁하는 바이다.[편집자 주]

『大同類聚方』 典藥寮本과 고대 한반도 관련 처방

朴峻亨* · 呂寅碩**

〈국문초록〉

본고에서는 『대동유취방』 유포본을 중심으로 이루어진 僞書論이 전약료본에는 해당되지 않는다는 점에서 전약료본을 진본으로 보았다. 그리고 전약료본에 수록된 한반도 관련 처방에 대해 살펴보았다.

『대동유취방』은 平城天皇 大同 3년(808)에 칙찬된 醫書였다. 이후 唐 의학이 본격적으로 수용되면서 토착적인 처방을 모은 『대동유취방』에 대한 관심은 멀어졌고 원본은 유실되었다. 에도시대 國風文化에 대한 관심이 고조되면서 『대동유취방』 유포본이 일본 最古의 和方書로 여겨졌다.

사토 호쬬(佐藤方定)는 유포본의 체재가 일치하지 않는 점, 藥方文과 表의 文體가 다른 점, 편찬자의 이름과 관직이 『日本後紀』에 수록된 아베노 마나오(安倍眞直), 이즈모노 히로사다(出雲廣貞)와 일치하지 않는 점 등을 제시하면서 유포본을 위서라고 보았다. 이후 대부분의 연구자들이 그의 위서론을 지지하였다.

1990년대 중반 이후 고토 시로(後藤志郎)는 『대동유취방』의 진본에 해당하는 전약료본을 제시하였다. 전약료본은 사토 호쬬가 1848년에 발견하여 『勅撰眞本大同類聚方』(100卷, 13集)으로 1856년부터 1864년에 걸쳐서 간행한 것이다. 전약료본은 ①순한문으로 된 '上大同類聚方表'와 '(大同)醫式'이 있으며, ②目

* 연세대학교 의과대학 동은의학박물관 학예연구사
** 연세대학교 의과대학 의사학과 교수 및 동은의학박물관장, 교신저자

錄, 卷1의 卷首와 卷尾 등 3곳에 '典藥寮印'이 捺印되어 있고, ③大醫博士 深根輔仁[深江朝臣輔仁]가 延喜 12년(912) 正月에 시작하여 연희 13년(913) 5월 초에 筆寫와 校閱을 마쳤다는 기록이 있고, ④宣命體 大書로 쓰여졌으며, ⑤藥材의 用量이 기록되어 있다는 점에서 유포본과 차이가 있다. 또한 전약료본은 사토 호죠가 제기한 위서론의 근거에 해당되지 않았다.

『대동유취방』 전약료본에는 799개의 처방이 수록되어 있다. 이 중에 신라·백제와 고구려·백제·가야 유민의 처방이 37건이다. 신라 처방은 鎭明, 林元武, 楊公明, 林敬明, 新羅 海部의 것으로 5개가 있다. 백제 처방으로는 王仁의 2건이 있다. 백제유민의 것으로 百濟王氏인 百濟王敬福, 百濟王仁貞, 百濟王遠寶의 처방이 3개가 있다. 醫官 집안 출신인 吉田連宜, 吉田連古麻呂, 吉田連斐太麻呂의 처방이 14개가 있으며, 典藥頭를 역임한 麻田連狎[畋]賦의 처방 4개가 있다. 非醫官인 船連秦勝과 田邊史百枝의 처방도 있다. 고구려유민으로 高麗若光王, 黃書連本實, 豊原 曩[野]久鎭, 黃文連備의 처방이 있으며, 가야유민인 任那國 출신 左李金을 시조로 하는 攝津國 豊島郡 韓人稻村에서 올린 처방이 2건 있다. 발해 관련 처방은 없다.

▶ **핵심어: 『大同類聚方』, 安倍眞直, 出雲廣貞, 典藥寮本, 流布本, 佐藤方定, 後藤志郎**

I. 머리말

『대동유취방(大同類聚方)』은 平城天皇 大同 3년(808)에 아베노 마나오(安倍眞直)와 이즈모노 히로사다(出雲廣貞) 등이 撰述하여 바친 醫書이다.[1] 당시 중국의학에 경도되어 古傳이 유실되는 것을 염려하여 國造·縣主·稻置·別·首와 諸國의 神社, 민간의 各族·舊家 등에 전해 내려오는 藥方을 모아 올리도록 하고 그것을 選別하고 類別로 모아서 『대동유취방』 100권을 찬술하도록 한 것이다.[2] 현존하는 판본으로는 에도후기에 필사·출판된 유포본(流布本)[3] 10여 종과 1848년에 발견된 전약료본(典藥寮本)이 있다.

이 『대동유취방』에는 신라·백제·고구려·가야 등 고대 한반도 관련 처방 수십 건이 수록되어 있다. 일찍이 한국 의학사를 연구한 미키 사카에(三木榮)는 『朝鮮醫學史及疾病史』(1963, p.23)에서 유포본에 수록된 삼국 관련 처방 13건을 간략히 소개한 바 있다. 한국학계에서 이 처방에 주목한 연구자로는 이현숙[4]이 있다. 그는 『대동유취방』에서 允恭天皇의 妃인 衣通郎女를 치료할 때 쓰였던 '之良支藥'을 남긴 신라 鎭明

1) 『日本後紀』 卷17 平城天皇 大同 3년(808) 5월 甲申.

2) 富士川游, 1904, 『日本醫學史』(富士川游 著, 朴炅·李相權 共譯, 2006, 『日本醫學史』, 법인문화사, pp.99-100).

3) 일본학계에서는 에도시대에 필사·출판된 『대동유취방』을 일반적으로 '유포본(流布本)'이라고 부른다. 본고에서도 이 용어를 그대로 사용하고자 한다.

4) 이현숙, 2001, 「5세기 초 신라의사 金武와 의학의 발전」, 『한국사상과 문화』 14.

을, 414년 일본에 파견되어 允恭天皇의 다리병을 치료한 金武[5]와 동일인으로 보았다. 그러나 그는 이후 『대동유취방』을 토대로 한 연구를 더 이상 진척시키지 못했다. 그것은 에도시대(1603~1867) 후기 이래로 『대동유취방』이 위서로 인식되었기 때문이다.

『대동유취방』은 편찬된 이후 의서로서 적극적으로 활용되지 못하였다. 일본에서 唐 의학이 본격적으로 수용되면서 재래의 처방을 모은 『대동유취방』에 대한 관심은 멀어졌고 결국 그 원본은 유실되었다. 이후 에도시대에 國風文化에 대한 관심이 고조되면서 『대동유취방』이 일본 最古의 和方書로 진귀하게 여겨졌다. 그러나 당시 유통되었던 것은 진본이 아니라 필사본이거나 이를 출판한 소위 유포본이었다.

사토 호죠(佐藤方定)는 『기혼(奇魂)』(1831)에서 유포본이 위서라는 논리를 체계적으로 정리하였다. 이후 일본의학사 연구의 권위자였던 후지가와 유(富士川游)가 『日本醫學史』(1904)[6]에서 사토 호죠의 견해를 적극적으로 수용하면서 流布本僞書說이 통설로 자리잡게 되었다. 그러나 필사과정에서 일부 윤색된 부분이 있을지라도 이를 위서로 간주할 수는 없다고 보는 견해도 제기되었지만[7] 위서론을 완전히 극복하지는 못했다.

미키 사카에(三木榮)는 『朝鮮醫學史及疾病史』에서 “후인의 위작이라고 해도 당시 일본 醫界의 사정에서 살피고 이런 종류의 약방이 諸國諸家에 유전하여 행해지고 있었을 것이므로 인용할 수 있는 것이다”라고 하였다. 나아가 진본이 나타난다면 한반도 醫方, 藥品, 醫人의 유전의 양상을 어느 정도 파악할 수 있을 것이라고 보았다.[8] 손홍렬도 미키 사카에의 견해를 지지하였다.[9] 그러나 이들은 『대동유취방』에 수록된 한반도 관련 처방을 소개하는 정도였지 위서론을 전면적으로 극복하지는 못했다.

본고에서 살펴볼 전약료본의 경우에는 上表文을 갖춘 勅撰書로서의 기본적인 체제를 갖추었으며, 유포본과 달리 필사자와 필사시점이 정확하고 典藥寮印이 날인되어 있고, 사토 호죠의 위서론에 해당되지 않는다는 점에서 단순히 위서라고 단정짓기 어려운 측면이 있다. 주목할 만한 사실은 유포본의 위서론을 체계적으로 정리했던 사토 호조에 의해 전약료본이 발견되었다는 점이다. 그는 전약료본을 진본으로 보고, 『칙찬진본대동유취방(勅撰眞本大同類聚方)』이란 제목으로 1852년부터 1864년에 걸쳐 발간하였다. 최근 고토 시로(後藤志郎)는 이러한 사실을 바탕으로 전약료본이 『대동유취방』의 진본이라는 일련의 연구를 진행하였다.[10]

---

5) 『日本書紀』 卷13, 允恭天皇 3년(414), “春正月辛酉朔, 遺使求良醫於新羅. 秋八月, 醫至自新羅, 則令治天皇病, 未經幾時, 病已差也. 天皇歡之, 厚賞醫以歸于國.”

6) 富士川游 著, 朴炅·李相權 共譯, 2006, 앞의 책, pp.101-103.

7) 大神神社史料編修委員會, 1979, 『校注大同類聚方』, 平凡社, p.10; 槇佐知子, 1985, 「『大同類聚方』考」, 『全譯精解大同類聚方(上) -用藥部-』, pp.8-12.

8) 三木榮, 1963, 『朝鮮醫學史及疾病史』, 自家出版, p.23.

9) 손홍렬, 1988, 『한국 중세 의료제도사 연구』, 수서원, p.71.

10) 後藤志朗, 1996, 「『大同類聚方』の問題點 -同撰-にっいて」, 『日本醫史學雜誌』 42-4; 後藤志朗, 1997, 「『勅撰眞本大同類聚方』について」, 『日本醫史學雜誌』 43-1; 後藤志朗, 1999, 「新発見『大同類聚方』に関する大同三年五月三日の詔文」, 『日本醫史學雜誌』 45-2; 後藤志朗, 2000, 「佐藤方定の発見した『大同類聚方(延喜本·寮本)』の上表文にっいて」, 日本醫史學會9月例会·

따라서 본고에서는 『대동유취방』 전약료본의 사료적 가치를 살펴보고, 여기에 수록된 고대 한반도 관련 처방에 대한 기초적 검토를 해 보고자 한다. 먼저 Ⅱ장에서는 에도시대에 진행되었던 『대동유취방』 유포본의 위서론이 어떠한 논리적 근거를 갖고 있는지에 대해 검토해 보겠다. 그리고 20세기 후반에 유포본을 재인식하려는 움직임과 그 속에서 전약료본의 존재가 새롭게 드러나는 과정에 대해 살펴보겠다. Ⅲ장에서는 전약료본의 전반적인 체재를 살펴보고 유포본과 다른 전약료본의 특징이 무엇인지를 검토해 보고자 한다. 또한 유포본의 위서론이 전약료본에도 해당되는지를 검토해 보겠다. Ⅳ장에서는 전약료본에 수록된 고대 한반도 관련 처방을 국가별로 분류하여 향후 연구의 토대를 마련하고자 한다.

Ⅱ. 『대동유취방』의 僞書論 검토

1. 에도시기 유포본과 위서론

『대동유취방』은 平城天皇 大同 3년(808)에 칙찬된 의서이다. 헤이안시대에 일본은 본격적으로 唐 의학을 수용하게 되었다. 당시 大寶醫疾令에 의하면 醫生이 강습해야 하는 것은 甲乙經·脈經·本草·素問·黃帝針經·明堂·小品方·集驗方 등과 이후 隋唐代 의서가 주요한 교재였다. 특히 984년 단바노 야스요리(丹波康賴)가 수당대 方書들 가운데서 요점을 추려 모은 『醫心方』을 저술하게 되면서 일본 고유의 처방을 수집한 『대동유취방』에 대한 관심은 멀어져가게 되었다. 다만 가마쿠라시대인 建治 3년~永仁 2년(1277~1294)에 작성된 『本朝書籍目錄』「醫書」에 '大同類聚方(百卷)'이 수록된 점으로 보아 13세기까지 여전히 그 존재가 알려졌던 것으로 보인다. 그러나 이후 『대동유취방』의 원본은 유실된 것으로 보인다.

『대동유취방』이 일본에서 다시 주목받기 시작한 것은 에도시대이다. 당시에 國風文化에 대한 관심이 고조되면서 『대동유취방』이 일본 最古의 和方書로 진귀하게 여겨졌다. 이 시기에 유행했던 판본[유포본]은 대체로 에도후기에 출판·필사된 것이었다.

『대동유취방』 유포본은 크게 4종류가 있다. 첫째는 권1~권100까지 있는 것으로 권1~권13까지가 用藥(部)이고 권14~권100가 處方(部)로 편제된 것이다. 이러한 유포본으로는 出雲本[出雲宿禰貞俊 藏本], 因幡本[因幡國人의 橫田專助 藏本], 豊後本[武藤吉得 刻本] 등이 있다. 이 중 豊後本은 文政 11년(1828)에 板刻한 것으로 대표적인 유포본이며 大神神社史料編修委員會에서 발간한 『교주대동유취방(校注大同類聚方)』(平凡社, 1979)의 저본으로 활용되었다(사진 1). 이 판본은 한국의 국립중앙도서관에도 소장되어 있다. 둘째는 권1~권24까지가 결락되고 권25~권100까지 남아있는 것으로 권96~권100에 用藥(部)을 편제한 것이다. 이러한 유포본으로는 眞田本[京都西陣人 眞田平之進 藏本], 衣川本[因幡國人의 衣川長秋 藏本], 伊勢本[北畠家 所傳本] 등이 있다. 셋째는 眞田本의 권25~권34까지만 간행된 것이다. 이러한 판본

神奈川地方會第15回 學術大會合同會; 後藤志朗, 2005, 「「大同醫式」について」, 『日本醫史學雜誌』 51-2; 後藤志朗·根本幸夫, 2007, 「佐藤方定と『大同類聚方』」, 『日本醫史學雜誌』 53-1.

으로 畑本[京都의 畑惟和 刻本]이 있다. 넷째는 拔萃本으로 말미에 文治 원년(1185) 11월에 典藥頭 단바노 요시야스(丹波良康)의 跋文이 있는 것으로 蒹葭堂本[大阪의 木村孔恭 刻本]과 廣田本[江戶의 廣田元良 刻本]이 있다.[11)]

이러한 유포본에 대해 후지가와 유는 첫째와 둘째는 서로 거의 내용이 비슷하며 대체로 出雲本·眞田本 두 책의 체재에서 벗어나지 않는다고 보았다. 나스 류손(奈須柳村: 1773~1841)은 "用藥部 諸卷은 그 저작이 매우 서툴러 본문에 있는 약물을 기재하지 않은 것도 있고, 여기에 열거된 품목이 본문에는 없는 것도 있으므로 근래 俗醫가 위작하여 권수를 채운 것이며 또 用藥 첫머리에 실린 山草部라고 하는 말은 李時珍의『本草綱目』에 의해서 붙여진 명칭일 것이다"고 하였다. 고치 젠세쓰(河內全節)는 "오늘날 유포되는『대동유취방』이 수 종 있지만 누락되고 잘못된 것이 있을 뿐만 아니라 후인의 위작인 것 같다. 왜냐하면 유포본의 방법이『傷寒論』및『千金方』의 法과 거의 동일하기 때문이다"고 하였다.[12)] 네 번째의 拔萃本은 天明年間(1781~1788)에 大阪과 江戶에서 간행된 것으로 비록 文治 원년(1185)의 典藥頭 丹波良康의 跋文이 있지만 대부분 13가지 方만 열거했을 뿐이다. 나스 류손은 이것을 "古方에 가깝지만 완전히 믿을 수는 없으며 文治의 奧書라고 할 만한 것은 보이지 않는다"[13)]고 하면서 발췌본을 위서로 보았다.

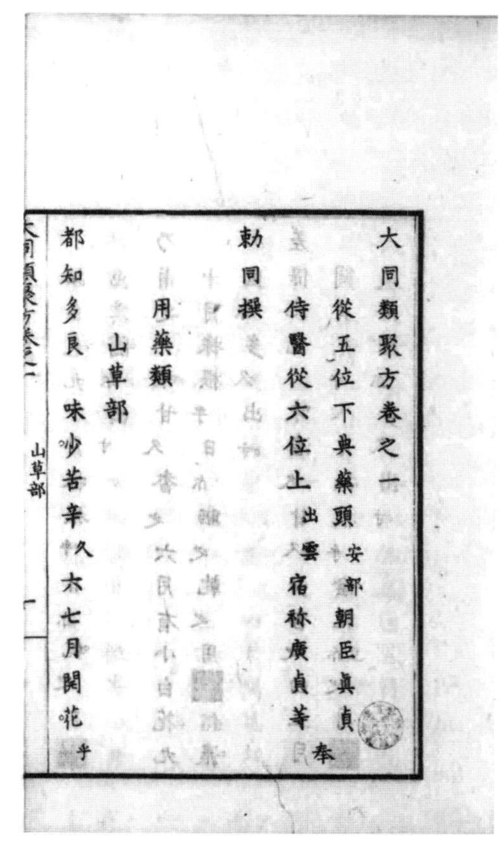
大同類聚方巻之一
從五位下典藥頭安部朝臣眞貞
侍醫從六位上出雲宿祢廣貞等奉
勅同撰
用藥類
山草部
都知多良
味少苦辛久六七月開花

〈사진 1〉 豊後本『大同類聚方』卷1

에도시대 이래 유포본이 위서라는 견해가 많이 제시되었지만 이를 체계적으로 정리한 사람은 사토 호죠(1795~?)이다. 그는 陸奧國 信夫郡 사람으로 조부대부터 醫를 業으로 삼았다. 그는 에도로 가서 오가와 타다미(小川忠實)를 스승으로 삼았다. 그가 天保 2년(1831)에『기혼』을 간행하였는데 그 책에 安政 4년(1821) 구보 스에시게(久保季玆)의 서문이 수록된 것으로 보아 초고는 1821년 이전에 작성된 것으로 보인다. 또한 문정 8년(1825)에 초고를 가지고 모토오리 하루니와(本居春庭)의 문하에 들어갔는데 그때 그의

11) 富士川游 著, 朴炅·李相權 共譯, 2006, 앞의 책, pp.102-103; 後藤志朗, 1996,「『大同類聚方』の問題點 -同撰-について」,『日本醫史學雜誌』42-4, p.658.

12) 富士川游 著, 朴炅·李相權 共譯, 2006, 앞의 책, p.103 재인용.

13) 富士川游 著, 朴炅·李相權 共譯, 2006, 앞의 책, p.102 재인용.

나이가 30세이었다고 한다.[14)]

사토 호죠의 『기혼』 권2 藥方(并用藥辨書籍考)에는 유포본이 위서라는 근거 8가지가 제시되어 있다.[15)] 첫째는 사본의 체재가 일정하지 않다는 점이다. 발췌본은 13方만 남아 있으며 근래의 3본 중 판각본은 권1~권100까지로 앞부분에 용약부를 두고, 다른 하나는 끝부분에 용약부가 편제되어 있으며 권1~권24까지가 없는 본은 마지막에 용약부를 두었다. 이처럼 사본의 체재가 일정하지 않다는 것이 위서론의 첫 번째 근거라고 보았다.

둘째는 약방문의 문체가 대체로 詔辭體인데 이와 달리 『일본후기』 대동 3년에 이 책을 진상했던 表는 한문으로 되어 있다는 것이다. 즉, 본문인 약방문과 표문의 문체가 다르기 때문에 위서라는 것이다.

셋째는 한 권의 분량이 2~3매 정도로 너무 적어서 당시 製册하는 상황과 맞지 않는다는 것이다. 또한 가나(假名)가 정확하지 않은 것도 있고 『만엽집(萬葉集)』에 사용된 가나와 일치하지 않는다는 것이다.

넷째는 유포본에는 '從五位下典藥頭安部朝臣眞貞·侍醫從六位上出雲宿禰廣貞等 奉勅同撰'이라고 하여 찬자가 아베노 마사다(安部[倍]眞貞)와 이즈모노노 히로사다(出雲廣貞)로 되어 있다. 그런데 당시 사실을 전하는 『일본후기』에 아베노 마나오(安倍眞直)라는 사람은 보이지만 아베노 마사다(安倍眞貞)라는 사람은 보이지 않는다는 점에서 아베노 마나오는 당시 전약두가 아니었을지도 모른다고 보았다. 유포본에는 이즈모노노 히로사다의 성이 宿禰로 나와 있다. 그러나 『일본후기』에 의하면 『대동유취방』을 찬술할 당시에 이즈모노노 히로사다는 外從五位下로서 이 무렵에 姓은 連이었으며, 宿禰의 성을 하사받은 것은 홍인 3년(812) 6월이었다. 이처럼 이름과 실제 연수에 차이가 나는 점에서 위서라는 것이다. 주지하듯이 寬政 11년(1799)에 대동 3년(808)조가 수록된 『일본후기』의 잔권이 발간되었다. 『일본후기』에는 대동 3년조뿐만 아니라 같은 책의 11곳에서도 모두 '安倍眞直'으로 표기되었다. 『일본후기』 잔권의 발견은 『대동유취방』 유포본의 위서론에 큰 영향을 끼쳤다.

다섯째는 후루바야시 겐기(古林見宜: 1579~1659)의 『의료가배제(醫療歌配劑)』에는 『대동유취방』을 인용하여 "두창이 처음 발생한 것은 성무천황 때에 낚시꾼이 蕃人을 만나서 이 병을 옮긴 것으로 裳瘡이라고 하는데 한 아이가 병에 걸리면 마치 치맛자락이 땅을 끌면서 스치듯이 한 마을 전체에 유행하게 되므로 그렇게 이름 붙였다. 初生兒의 경우는 金箔을 먹이면 걸리지 않는다("大同類聚方曰, 痘瘡, 初起自聖武天皇御宇, 釣者遇蕃人繼此病, 稱裳瘡, 一兒患之, 則一村流行也, 猶裳之曳下, 故名焉, 初生兒, 食金箔不患之")"고 되어 있는데 이 글은 『대동유취방』과 부합되지 않는다는 것이다. 즉, 『대동유취방』은 詔辭體인데 후루바야시 겐기가 인용한 『대동유취방』은 『일본후기』의 표문처럼 한문으로 되어 있기 때문에 유포본이 위서라는 것이다. 또한 두창설이 당시 古書와 부합되지 않는다고 보았다.

여섯째는 『대동유취방』 용약부 '加母'조에 이것이 '加賀國에서 나온다'고 되어 있는데,[16)] 加賀國은 대동

14) 後藤志郎·根本幸夫, 2007, 「佐藤方定と『大同類聚方』」, 『日本醫史學雜誌』 53-1, p.166.

15) 富士川游·小川劍三郎·唐澤光德·尼子四郎 編修, 1925, 「奇魂」, 『杏林叢書(第四輯)』, 吐鳳堂書店, pp.105-107.

16) 『大同類聚方』 卷13, 用藥類 13, 獸類部, "加母 一名久之加, 角乎用由, 味淡久無臭. 磨研呈用□, 加賀國爾[出□]".

3년(808) 당시에는 越前國 加賀郡이었다는 것이다. 즉, 加賀國이 越前國에서 분리되어 별도의 一國을 형성한 것은 弘仁 14년(823)으로 『대동유취방』이 편찬된지 15년 뒤의 일이라는 것이기 때문에 당시 사실과 맞지 않는다는 것이다.

일곱째는 『대동유취방』 권36, 支波太依世民[黃皮膚疫病, 黃疸]에는 "小便少久, 色深茶色爾"라는 부분이 있는데 여기에서 소변색을 차와 같다고 한 점이 역사적 사실과 부합되지 않는다는 것이다. 차는 嵯峨天皇 무렵부터 역사에 보이므로 이 시기에는 있을 수 없으며 존재했더라도 아직 가까이 비유할 정도는 아니었을 것이라고 본 것이다.

여덟째는 당시의 風病이라고 했던 것은 후세의 풍병이라고 하는 것과는 다름에도 불구하고 오늘날 俗에 風이라고 하는 것처럼 기록한 것은 옛 것을 잘 알지 못했기 때문이라는 것이다.

이처럼 사토 호죠는 『기혼』에서 『대동유취방』 유포본이 위서라는 근거 8가지를 제시하였다. 그리고 마지막에 자기 스승인 스즈노야노 우시(鈴屋大人)의 견해를 인용하여 "스즈노야노 우시는 이 책의 辭體를 살펴보면 北條氏가 집권했던 무렵의 사람이 썼을 것이라고 하였다. 그러면서 이것으로 상고해 보면 당시부터 이 책이 있었으며 별도로 무엇이라는 이름이 있었겠지만 근래에 우매한 사람이 『대동유취방』 등과 같은 좋은 이름을 붙였거나 위작했을 것"이라고 하면서 『대동유취방』이 위서라고 단정하였다.

이후 일본의학사 연구의 권위자였던 후지가와 유가 1904년 『日本醫學史』에서 사토 호죠의 위서론을 그대로 받아들여 『대동유취방』을 후인이 가탁한 위본이라고 보았다.[17] 이어서 와다 히데마쓰(和田英松)는 1936년 『本朝書籍目録考証』(明治書院, pp.485-486)에서 위서론을 지지했고, 핫토리 도시로(服部敏良)가 1955년에 『平安時代醫學の研究』(pp.135-137)에서 사토 호죠의 견해를 지지하였다. 이처럼 일본학계에서는 사토 호죠가 위서론을 체계적으로 정리한 이후 『대동유취방』이 위서라는 것이 학계의 정설로 자리잡게 되었다.

2. 유포본의 재인식과 전약료본의 발견

위서로 인식되었던 『대동유취방』은 1979년에 大神神社史料編修委員會에서 『교주대동유취방』을 발간하게 되면서 다시 주목받게 되었다. 편수위원회에서는 유포본 중에 완전한 것이 없기 때문에 문정 11년(1828)에 판각한 豊後本과 일본국회도서관 소장 사본, 京都大學圖書館 소장 文政 13년 사본 등을 저본으로 삼았다. 이들 판본에 결자가 많기 때문에 『日本醫學叢書(第1卷)』[18] 수록본[전약료본의 권8~권17만 수록]과 內閣文庫 소장 田中叢書本, 卷子本 등을 참고하여 교정하였다. 편수위원회에서는 사토 호죠가 지적한 것처럼 서지학적으로 여러 가지 문제점이 있지만 그것은 후대의 가필에 의한 것으로 보면서 『대동유취방』을 일본 고유의 治病法을 전하는 귀중한 자료로 이해하였다.[19]

17) 富士川游 著, 朴炅·李相權 共譯, 2006, 앞의 책, pp.102-103.

18) 土肥慶藏·吳秀三·富士川游 選集校定, 1905, 『日本醫學叢書(第1卷)』, 金港堂.

19) 大神神社史料編修委員會, 1979, 『校注大同類聚方』, 平凡社, p.10.

이후『교주대동유취방』에 주목한 연구자는 마키 사치코(槇佐知子)였다. 그는『의심방』전권의 번역을 마치고 그 경험을 바탕으로 이어서 1985년에 이 책을 번역하여『전역정해대동유취방(全譯精解大同類聚方)(上·下)』(平凡社)을 발간하였다.『의심방』은 한문으로 쓰여졌지만,『대동유취방』은 한문이 아닌 宣命體인 만요가나(萬葉假名)로 되어 있기 때문에 고대 일본어에 대한 지식 없이는 번역하기가 쉽지 않았을 것이다. 이어서 그는 1992년에『대동유취방』의 해설서라고 할 수 있는『病から古代を解く －『大同類聚方』探索－』(新泉社)을 출판하였다. 그는「『大同類聚方』考」에서『대동유취방』의 풍병은 요즘의 감기, 코감기[鼻風邪], 喉腫痛 등에 해당되는 것으로 중국의 풍병과는 다르다고 하면서 사토 호죠의 위서론의 한 근거를 비판하였다.[20] 그러나 加賀國과 관련해서는 위서론의 비판을 받아들였다. 그는 위서론을 제대로 극복하지 못하는 상황에서『대동유취방』이 일부 후대의 윤색이 있지만 위서로만 간주할 수는 없다고 보았다. 이런 점에서 그는『교주대동유취방』의 인식에서 크게 벗어나지 못했다고 할 수 있다.

유포본의 위서론에 대한 본격적인 문제제기는 고토 시로(後藤志郎)의 연구[21]에서 이루어졌다. 그는 유포본이 진본이라고 주장한 것이 아니라『대동유취방』의 진본이라고 할 수 있는 전약료본의 존재를 제시하였다. 전약료본과 유포본의 차이점을 드러내면서 위서론의 근거를 반박하였던 것이다.

고토 시로는 위서론을 종합적으로 정리한 사토 호죠에서부터 실마리를 풀어나갔다. 사토 호죠는『기혼』(1831)을 통해 위서론을 제기하였지만 그는 1848년에『대동유취방』의 진본[전약료본]으로 여겨지는 판본을 찾았다.[22] 하나노이 아리토시(花野井有年)는『醫方正傳(上卷)』(1852)에서 "근래에 에도에 있는 사토 호죠가 延喜·延長의 古寫本을 구했다고 하는데 축하할 일이다"라고 하였다.[23] 이미 1852년 이전에 사토 호죠가 진본을 찾았다는 것이 세상에 알려졌던 것을 알 수 있다. 사토 호죠도 1858년에 출간한『(奇魂附錄)備急蓬萊八藥新論(卷1)』「總論」에서 "다만 流布印本은 僞書라는 것은『기혼』에서 밝혔고 正本에 의한다"고 하여 진본의 존재를 확실히 드러냈다. 사토 호죠는 새로 발견한 진본을『칙찬진본대동유취방』(100권)이란 이름으로 1856년부터 1864년에 걸쳐서 간행하였다.

20) 槇佐知子, 1985, 앞의 책, p.11.

21) 後藤志朗, 1996,「『大同類聚方』の問題點 －同撰－について」,『日本醫史學雜誌』42－4; 後藤志朗, 1997,「『勅撰真本大同類聚方』について」,『日本醫史學雜誌』43－1; 後藤志朗, 1999,「新発見『大同類聚方』に関する大同三年五月三日の詔文」,『日本醫史學雜誌』45－2; 後藤志朗, 2000,「佐藤方定の発見した『大同類聚方(延喜本·寮本)』の上表文について」, 日本醫史學會9月例会·神奈川地方會第15回 學術大會合同會; 後藤志朗, 2005,「『大同醫式』について」,『日本醫史學雜誌』51－2; 後藤志朗·根本幸夫, 2007,「佐藤方定と『大同類聚方』」,『日本醫史學雜誌』53－1.

22) 後藤志朗·根本幸夫, 2007, 앞의 논문, p.167.

23) 富士川游·小川劍三郎·唐澤光德·尼子四郎 編修, 1925,「醫方正傳上卷」,『杏林叢書(第四輯)』, 吐鳳堂書店, p.132.

III. 전약료본의 특징과 진위 여부

1. 전약료본의 체재와 특징

사토 호쬬는 100권의 『칙찬진본대동유취방』을 13집으로 나누어 출판하였다. 이 중 제1집과 제2집은 분량이 적어 한 권으로 묶어서 출판되었고, 제3집(권2~권7)은 아직 발견되지 않았다. 1936년에 출간된 사토 시노부마로(佐藤神符満=佐藤方定)의 『奇魂附錄備急八藥新論翼』「依毘須可羅美餘言」에서 '勅撰眞本大同類聚方 卷6 木部'를 언급한 것을 보면 출간된 것이 확실하며 권2~권7이 유포본의 용약부에 해당된다는 사실을 알 수 있다.[24] 제4~13집까지는 질병별 처방이 수록되어 있다. 그리고 제13집 마지막에는 '(大同)醫式'[25]이 수록되어 있다. 이 전약료본은 현재 일본의 靜嘉堂文庫, 成簣堂文庫, 硏醫會圖書館, 豊橋市中央圖書館, 京都大學 富士川文庫, 杏雨書屋 등에 소장되어 있다.[26]

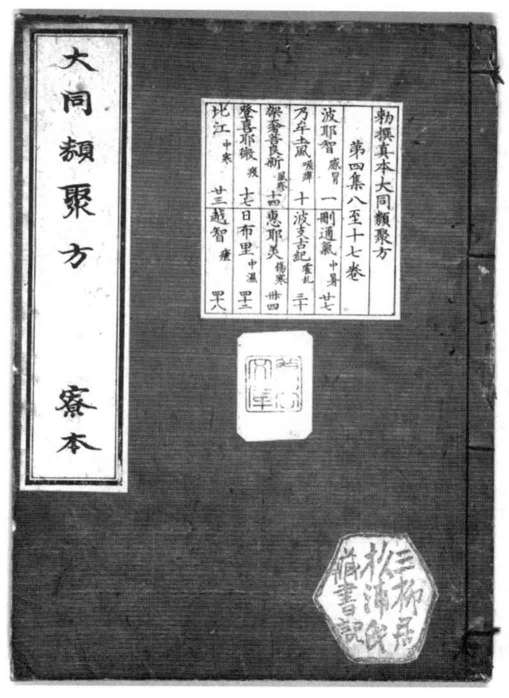

〈사진 2〉『대동유취방』 제4집 표지

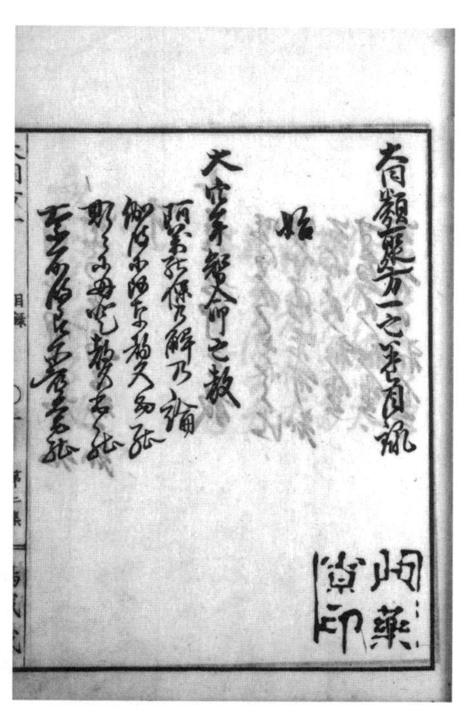

〈사진 3〉『대동유취방』 제2집의 '典藥寮印'

24) 後藤志朗, 1997, 앞의 논문, p.96 각주 21번.

25) 『대동유취방』 제13집 말미에는 '醫式'이 수록되어 있는데 해당 부분의 版心에는 '大同醫式'이라고 되어 있다.

26) 延世大學校 醫科大學 東隱醫學博物館은 『大同類聚方』(典藥寮本)의 第1·2·4·5·6·7·8·13集을 硏醫會圖書館에서, 第9·10·11·12集을 豊橋市中央圖書館에서 연구목적에 한해서 이용한다는 조건으로 각각 원문 사진을 제공받았다. 이 자리를 빌어 硏醫會圖書館과 豊橋市中央圖書館에 깊은 감사의 말씀을 전한다.

『칙찬진본대동유취방』의 체재

集數	第1集	第2集	第3集	第4集	第5集	第6集	第7集
卷數	表	1	2–7 (미발견)	8–17	18–28	29–39	40–51
集數	第8集	第9集	第10集	第11集	第12集	第13集	
卷數	52–60	61–69	70–77	78–88	89–95	96–100, 醫式	

표지에는 '大同類聚方 寮本'이라는 題簽이 있다. 진본의 책 속에 '典藥寮印'이 날인되어 있어서 전약료본이라는 사실을 알 수 있고 이를 줄여서 '寮本'이라고 한 것이다. 제첨의 오른쪽에는 이 책을 '칙찬진본대동유취방'이라고 제목을 쓰고 책의 내용을 기록한 目錄題簽이 첨부되어 있다. 본문에서 인용한 만요가나식 병명을 나열했으며 작은 글씨로 이에 해당하는 한문식 병명을 병기하여 쉽게 이해할 수 있도록 하였다(사진 2).

제1집에는 다른 유포본에는 없는 '上大同類聚方表'만 단독으로 수록되어 있다. 권8부터의 본문이 선명체로 쓰여진 것에 비해 이 표는 순한문으로 기록되어 있다. 이러한 체재는 『만엽집』도 마찬가지이다. 상표문과 본문의 서체가 다른 것은 당시 일반적인 양식이었지 위서의 근거가 되지는 않는다. 또한 제13집 말미에는 醫官의 자세를 설명하는 '(大同)醫式'이 한문으로 수록되어 있다. 이 점도 유포본과 다른 전약료본만의 특징이다.

'上大同類聚方表'(①)의 내용과 『일본후기』 권17 平城天皇 대동 3년(808) 5월 갑신조에 수록된 표(②)의 내용을 살펴보자.

① "*臣廣貞等聞*, 長桑妙術, 必須湯艾之治, 太一秘結, 猶資鍼石之療, 莫不藥力迴助, 拯殘魂於陷厄, 醫方所鍾, 豈遺命於斷他邦圖, 雖一貫, 典墳澄心頤, 猶復降懷醫, 家流觀攝生. 乃詔右大臣, 宜令*典藥頭安倍朝臣眞貞*侍醫出雲連廣貞等依所出藥, 撰集其方, 臣等奉宣修秘傳左尋詳, 患情所及靡敢漏困, 成一百卷, 名日大同類聚方, 宜校始訖, 謹以奉進. 但凡厥經業不詳習, 年代懸遠, 注紀絲錯, 臣等才謝稽古, 學拙知新, 輙呈管窺, 當夥紕謬, 不足以對揚天旨, 酬答聖恩, 悚惡之僻墜氷谷. 謹拜表. 以聞, *臣眞貞等誠惶誠恐 頓首頓首謹言*."

② "先是, 詔衛門佐從五位下兼左大舍人助相摸介安倍朝臣眞直, 外從五位下侍醫兼典藥助但馬權掾出雲連廣貞等, 撰大同類聚方, 其功既畢. 乃於朝堂拜表日, 臣聞, 長桑妙術, 必須湯艾之治, 太一秘結, 猶資鍼石之療, 莫不藥力迴助, 拯殘魂於阽厄, 醫方所鍾, 續遺命於斷□□□, 雖一貫, 典墳澄心願, 猶復降懷醫, 家汎觀攝生. 乃詔右大臣, 宜令侍醫出雲連廣貞等依所出藥, 撰集其方, 臣等奉宣修□□左尋詳, 愚情所及靡敢漏, □成一百卷, 名日大同類聚方, 宜校始訖, 謹以奉進. 但凡厥經業不詳習, 年代懸遠, 注紀絲錯, 臣等才謝稽古, 學拙

知新, 輙呈管窺, 當夥紕謬, 不足以對揚天旨, 酬答聖恩, 悚恋之□墜氷谷. 謹拜表. 以聞, 帝善之."

①은 '上大同類聚方表'의 全文이고 ②는 『일본후기』 대동 3년 5월 갑신조의 전문으로 '乃於朝堂拜表曰' 이하 부분이 표에 해당되는 부분이다. ①과 ②의 내용을 비교해 보면 '﹏', '°', '□' 부분을 제외하면 내용은 같다. 『일본후기』에는 缺字가 종종 있는데 대동 3년 5월 갑신조(②)도 예외는 아니다. ②에는 모두 7자의 결자['□']가 있어서 그 동안 표의 내용을 완벽하게 알 수가 없었으나 ①와 비교를 통해 『日本後紀』의 결자를 보완할 수 있게 되었다.

Ⅱ장 1절에서 언급한 것처럼 대동 3년조가 포함된 『일본후기』의 잔권은 1799년에 발견되었다. 사토 호죠가 전약료본을 발견한 것은 이보다 약 50년 뒤인 1848년이다. 만약 '上大同類聚方表'가 『일본후기』의 표를 참고한 위작이라면 ②에서 내용상으로 연결시키기 힘든 결자 부분['□']을 '他邦酋', '秘傳', '閉', '僻'으로 보완하기는 어려웠을 것이다. 또한 ②에서 강조점을 찍은 '阽', '續', '頤', '汎', '在', '愚', '恋'자를 각기 '陷', '豈', '頤', '流', '左', '患', '惡'자로 바꿀 필요가 없었을 것이다. 그렇게 바꾼다면 위작의 증거가 남기 때문이다. 따라서 '上大同類聚方表'가 『일본후기』 잔권이 발견된 1799년 이후에 위작되었을 가능성은 없다.

또한 '上大同類聚方表'(①)와 『일본후기』의 표(②)는 일부 글자를 제외하면 거의 일치한다. 주지하듯이 대동 3년조가 수록된 『일본후기』 잔권은 1799년에 발견되어 세상에 알려지게 되었다. 만약 '上大同類聚方表'가 1799년 이전에 위작되었다고 한다면 위작자가 ②의 상표문과 일치하는 내용으로 표를 작성한다는 것은 불가능하다고 할 수 있다. 따라서 '上大同類聚方表'가 『일본후기』의 잔권이 발견되기 이전에 위작되었을 가능성은 거의 없다고 본다.

이런 점에서 '上大同類聚方表'는 위작이 아니라 뒤에서 살펴볼 후카네노 스케히토(深根輔仁)가 912~913년에 『대동유취방』 진본[延喜本]에 수록된 내용을 그대로 필사한 것이라고 할 수 있다. 오히려 840년 편찬된 『일본후기』의 상표문보다 『대동유취방』 전약료본의 '上大同類聚方表'가 원형에 가깝다고 할 수 있다.[27)]

표가 있는 만큼 표를 올리는 주체가 있어야 할 것이다. '上大同類聚方表'의 마지막에는 아래와 같이 대동 3년(808) 5월 3일에 5명이 함께 표를 올린 것으로 되어 있다.

大同三年五月三日 大初位上典藥少屬臣忌部宿禰惠美麻呂
從八位下典藥大屬臣大牢宿禰乎智人
外從五位下典藥允臣若江造家繼
外從五位下兼行侍醫典藥助但馬權掾臣出雲連廣貞
從五位下典藥頭兼行左大史大舍人助相摸介臣安倍朝臣眞貞

27) 필자들은 전약료본 '上大同類聚方表'와 『日本後紀』의 表를 비교·분석하는 별도의 논고를 준비하고 있다.

유포본과 『일본후기』에는 이즈모노 히로사다(出雲廣貞)와 아베노 마사다(安倍眞貞)가 공동 편찬한 것으로 되어 있지만 전약료본에서는 忌部宿禰惠美麻呂, 大伴宿禰乎智人, 若江造家繼 등 3인이 더 수록되어 있다. 이들 5인 중에서 이즈모노 히로사다와 아베노 마사다가 공동 책임을 맡았던 것으로 보인다.

제2집은 目錄, 保乃介迺論, 皮仁穴付物, 肉人附·中蔵ニ付物, 空ニ通·中蔵差別, 和坐乃別·於加世和坐, 飲食安他利, 保豆稔衰·不礼災·於毘當, 幼和坐·本乃災, 末乃災, 中乃災, 不佐支和坐, 乃利和太良依, 法度, 阿治和哥治, 品乃本, 氣奈須物, 氣之本末, 皌乃和可稚 등으로 편제되어 있다.

제2집에서 주목할 만한 것은 목록, 권1의 권수와 제13집 말미 등 3곳에 '典藥寮印'이 날인되어 있다는 점이다(사진 3). 율령에 의해 설치된 전약료는 宮內省에 속해 醫療·調藥을 담당했던 기관이었다. 이 날인이 있다는 것은 전약료본의 『대동유취방』이 당시에 전약료에서 공인·사용되었다는 것을 보여준다. 이 판본을 전약료본이라고 부르는 이유도 여기에 있다.

전약료본에 주목할 만한 것이 필사자인 후카네노 스케히토(深根輔仁)의 서명이다. 제2집 권1의 말미와 제13집 말미에 각각 서명이 있다.

延喜十二年正月寫　　　深根輔仁
延喜十三年五月一校了　大醫博士 深江朝臣輔仁

후카네노 스케히토는 연희 12년(912) 정월에 필사를 시작해서 연희 13년(913) 5월 초에 교열을 마쳤다고 하여 필사 시작 시점과 필사 이후 교열을 끝낸 시점을 정확하게 기록해 두었다. 다른 유포본에서 찾아볼 수 없는 전약료본만의 특징이라고 할 수 있다. 필사자의 이름이 후카네노 스케히토(深根輔仁)에서 大醫博士 후카에아손 스케히도(深江朝臣輔仁)로 바뀌었는데 이것은 필사하는 과정에서 朝臣이란 성을 받았기 때문이다. 후카네노 스케히토는 연희 18년(918)에 일본 최초의 藥名辭書인 『本草和名』을 저술한 의사였다. 후카네노 스케히토라는 필사자가 명확하고 그 시점 또한 정확히 기록되어 있으며, 전약료인이 날인되었다는 점에서 이 『대동유취방』은 진본을 필사한 것이라고 볼 수 있을 것이다. 전약료본을 延喜本이라고도 하는 것은 바로 연희 연간에 필사되었기 때문이다.

전약료본의 존재를 발굴한 고토 시로(後藤志朗)는 『칙찬진본대동유취방』이 연희본을 저본으로 延長本·寬仁本을 이용해서 欄外에 교감했다고 보았다.[28] 필자들이 난외에 교감에 이용된 판본을 조사해 본 결과, 御本·寬本·延長本·延本·天喜本·天本·丹波良康鈔本이, '(대동)의식'에는 台州本과 寬仁本이 사용되었다. 이 중 연희본·관인본·천희본 등의 판본명칭이 연호와 관련이 있는 점을 고려할 때 사토 호죠는 연희본을 저본으로 연장본과 관인본뿐만 아니라 延長 연간(923~930), 寬仁 연간(1017~1020), 天喜 연간(1053~1057) 등에 제작된 다른 판본들을 이용하여 교열하였던 것을 알 수 있다. 그리고 '(대동)의식'에서는 태주본·관인본으로 교열하였다. 이것은 관인 연간(1017~1020)에 제작된 관인본에도 유포본에 없는

28) 後藤志朗, 1997, 앞의 논문, p.88.

'(대동)의식'이 수록되었던 것으로 유추해 볼 수 있다. 또한 난외에서는 다른 판본과 비교하여 교열한 것보다도 『일본서기(日本書紀)』·『신찬성씨록(新撰姓氏錄)』 등 여러 자료를 인용하면서 주석한 것이 훨씬 많다. 사토 호죠가 『칙찬진본대동유취방』을 1856년부터 8년이란 오랜 시간에 걸쳐 간행하는데 그것은 많은 다른 판본들과 비교하면서 교열하였을 뿐만 아니라 주석까지 했기 때문에 그만큼 간행기간이 길어질 수밖에 없었을 것이라고 추정된다.

본문에 해당하는 권8~권100은 질병을 惡寒, 咽喉風, 暑病, 疝症, 下痢, 産後症 등 93개로 분류되어 있으며, 병명은 115개로 좀 더 세분되어 있다. 총 처방[약방]수는 799개이다. 약방문은 ① 약명과 약의 출처 및 流傳, ② 증상, ③ 약재, ④ 조제법 등으로 이루어져 있다. 이 중 ①은 아주 간단한 한문 문장에 만요가나가 섞여 있는 和漢混交의 선명체로 되어 있고, ②·③·④는 순수한 선명체로 되어 있다. 선명체는 명사·동사·형용사 등의 어근을 한자로 쓰고 조사·조동사·활용어미 등을 만요가나로 쓰는 독특한 표기방법이다. 이 중 조사나 어미를 작은 글씨를 써서 구분하는 것을 小書라고 하고 어근과 어미를 모두 같은 글씨 크기로 쓰는 것을 大書라고 한다. 유포본은 대부분 소서로 쓰여졌으나 전약료본은 대서로 표기되었다. 예를 들어 '얼굴빛이 파래지다'를 소서에서는 '面色青九'로 쓰지만 대서에서는 '面色青九'로 쓰는 것이다.

또한 전약료본에서는 유포본에 없는 圀과 같은 則天文字와 이체자를 많이 사용되었다. 그리고 같은 단어라도 다양한 만요가나로 표기한 경우가 많다. 예를 들어 약이라는 표현을 그대로 사용하는 경우도 있지만 약을 뜻하는 일본어의 구수리(くすり)를 久須里·玖須理·久須李·久受唎·久寸唎·糺就劉·九周里·衢周里·久寸利 등 발음이 같은 다른 글자로 썼던 것이다. 유포본에서 대체로 藥·方·藥方으로 썼던 것과는 다르다.

전약료본의 또 다른 특징이라고 한다면 약재의 용량을 細註로 기재했다는 점이다. 예를 들어, 권9, 乃无土加世病, 志路木藥에서 사용된 약재 중의 하나를 '於無奈可豆良三分'라고 하여 於無奈可豆良[莒蒻]을 '3푼' 넣으라고 정확하게 표기하고 있다. 전약료본에서는 거의 모든 약재에 양을 표시하고 있다. 이것은 실제 약을 조제하는 사람들을 위해 반드시 필요한 것이기 때문이다. 약재를 사용하더라도 적정량을 사용하지 않으면 제대로 된 치료 효과를 기대하기 어렵기 때문이다. 이런 점에서 용량을 표기하지 않은 유포본은 의서로서 가치가 떨어진다고 할 수 있다.

마지막으로 전약료본에는 용량, 복용법, 이체자, 처방의 출전 등 부연 설명이 필요한 약 10곳에 세주의 형태로 편찬자가 주석을 남겼다. 예를 들어 권36, 迦波介病, 波伊之藥에서

> 波伊之藥. 和氣朝臣青麻呂之, 星川連尒, 所授之方 星川連者, 山城國, 紀伊郡, 拜志之里人南里

波伊之藥은 "和氣朝臣青麻呂가 星川連에게 준 처방"이라고 되어 있다. 여기에 "星川連은 山城國 紀伊郡 拜志里人이다"라고 주석을 달은 것이다. 이것은 星川連이 낯선 이 처방의 이용자를 위해 편찬자가 편의를 제공한 것이다. 이러한 주석은 유포본에는 전혀 보이지 않는 전약료본만의 특징이다.

2. 전약료본의 진위 여부

유포본의 위서론을 정리했던 사토 호죠는 유포본의 문제점을 누구보다도 잘 알고 있었을 것이다. 그런 그가 전약료본을 진본이라고 인식하고 출판하였다. 그렇다면 그가 제시했던 유포본의 8가지 문제점이 전약료본에도 적용되는지를 살펴보자.

첫 번째 비판의 근거는 사본의 체재가 일정하지 않다는 점이었다. 현전하는 전약료본은 용약부에 해당하는 제3집 권2~권7 부분이 발견되지 않았지만, '上大同類聚方表', '目錄', (용약부), 처방부, '(대동)의식'으로 편제되어 있어서 당시 다른 사례에 비추어 보아도 칙찬의 격식에 맞는 체재를 갖추었다고 볼 수 있다.[29)]

두 번째는 약방문은 詔辭體인데『일본후기』대동 3년조에 보이는 상표문은 한문이라는 점, 즉 양자의 문체가 일치하지 않다는 점이었다. 그러나 이러한 비판은『대동유취방』의 상표문이 약방문처럼 조사체[선명체]일 것이라는 가정하에서 이루어진 것이다. 에도말기의 유포본에는 상표문이 수록된 판본이 없었다. 사토 호죠는『일본후기』에 인용된 상표문이『대동유취방』의 상표문과 같을 것이라고 보았다. 그래서 약방문과 상표문의 문체가 다르기 때문에 위서라고 본 것이다. 그러나 그도 언급하였듯이『만엽집』도 和歌는 만요가나로 쓰여졌지만 詔書는 한문으로 쓰여졌다. 전약료본도『만엽집』처럼 당시의 일반적인 체재를 갖춘 것으로 이를 위서의 근거로 삼기는 어렵다.

세 번째는 한 권의 분량이 2~3매 정도로 너무 적어서 당시 製册하는 상황과 맞지 않는다는 것이다. 전약료본은 한 권에 권95, 微大鈋可左耶民처럼 처방이 4개만 있는 것에서 권100, 雞雞乃病처럼 26개의 처방이 있는 것까지 그 수가 고르지 않고 다양하다. 이것은 각 처방을 실제로 수집했던 결과에 따른 것이라는 현실적인 이유가 있었다고 본다. 책의 적정한 분량을 위해 질병에 따라 인위적으로 처방을 배치하는 것이 아니라 실제로 수집된 처방을 질병에 따라 분류하다 보니 편차가 자연스럽게 나올 수밖에 없었던 것이고 생각된다. 오히려 이러한 체재는 당시 의학적 현실을 그대로 반영하는 것으로 이해할 수 있다고 본다. 즉, 책의 체재나 형식에 맞추어서 편찬한 것이 아니라 의서·처방이라는 특수한 상황을 고려하여 편찬된 의서라고 볼 수 있다.

네 번째는 유포본에서 찬자인 아베노 마사다(安倍眞貞)는『일본후기』에 아베노 마나오(安倍眞直)로 되어 있어서 차이가 난다는 점이다. 물론 아베노 마나오로 쓰여 있는『일본후기』가 정확하다고 할 수 있다. 그러나 建治 3년~永仁 2년(1277~1294) 사이에 편찬된『本朝書籍目録』「醫書」에서도『대동유취방』의 찬자를 '安倍眞貞'로 썼다. 그렇다고『本朝書籍目錄』을 위서라고 하지는 않는다.[30)]

또한 유포본에서는 이즈모노 히로사다가 '侍醫從六位上出雲宿禰廣貞'이라 하여 성이 宿禰로 나와 있는데『대동유취방』을 찬술할 당시에 그는 外從五位下로서 이 무렵에 姓은 連이었으며, 宿禰의 성을 하사받은 것은 홍인 3년(812) 6월이라는 것이다. 그러나 전약료본에는 '外從五位下兼行侍醫典藥助但馬權掾臣出

---

29) 後藤志朗, 1997, 앞의 논문, p.88.

30) 後藤志朗, 1999, 앞의 논문, pp.161-162.

雲連廣貞'이라고 하여 그의 성이 정확히 連으로 되어 있을 뿐더러 직위도 『일본후기』의 그것과 정확하게 일치한다.

다섯 번째는 후루바야시 겐기(古林見宜: 1579~1659)의 『의료가배제』에 인용된 『대동유취방』의 두창 관련 내용이 한문으로 쓰여 있어서 약방문의 조서체[선명체]와 일치하지 않는다는 점이다. 이것은 첫 번째에서 언급한 것처럼 비판이 타당하지 못한 측면이 있다. 후루바야시 겐기가 본 『대동유취방』이 진본이라는 근거도 없을 뿐더러 그가 『의료가배제』에서 조서체를 한문으로 바꾸었을 가능성도 있기 때문이다. 또한 『의료가배제』에 인용된 『대동유취방』의 내용이 한문이라는 점으로 위서로 볼 근거는 없다고 본다. 한편 전약료본에는 『의료가배제』에 인용된 내용이 수록되어 있지 않다.

여섯 번째는 『대동유취방』 용약부 '加毋'조에 언급된 加賀國의 문제이다. 加賀國은 『대동유취방』이 편찬된 뒤에 성립된 國이기 때문에 위서론의 중요한 근거가 되었다. 그러나 현존하는 전약료본에는 용약부에 해당하는 제3집(권2~권7)이 발견되지 않았다. 따라서 加賀國의 용례를 확인할 수가 없다.

일곱 번째는 『대동유취방』 권36, 支波太依世民에는 소변색이 茶와 같다는 것이 오류라는 점이다. 유포본 권36의 支波太依世民은 한자식 질병명으로는 황달에 해당된다. 소변색과 관련된 내용은 약방과 관련된 것이 아니라 支波太依世民 전반에 대한 설명을 하는 도입부에 수록되어 있다. 유포본 권36의 支波太依世民는 전약료본의 권25 記波堂病에 해당된다. 전약료본의 이 부분에는 해당 약방 7건만 수록되어 있지 記波堂病에 대한 도입부 설명이 없다. 따라서 일곱 번째 근거는 유포본에만 해당되는 것으로 전약료본과는 관련이 없다.

여덟 번째는 풍병을 중국의학에서 바라보는 중풍으로 이해했다는 점이다. 이러한 비판은 앞에서 마키 사치코가 지적한 것처럼 『대동유취방』의 풍병은 요즘의 감기, 코감기[鼻風邪], 喉腫痛 등에 해당되는 것으로 중국의 풍병과는 다르다고 볼 수 있다.[31)]

지금까지 사토 호쵸가 유포본을 위서라고 본 근거에 비취어 전약료본을 검토해 보았다. 전약료본 用藥部에 해당하는 제3집(권2~권7)이 발견되지 않아 전체를 검토할 수 없는 한계가 있지만 그가 제시했던 위서론의 대부분은 전략료본에는 해당되지 않는다. 또한 앞에서 살펴본 것처럼 전약료본은 상표문을 갖춘 勅撰書로서의 기본적인 체제를 갖추었으며, 유포본과 달리 필사자와 필사시점이 정확하고 전약료인이 날인되어 있다. 이런 점에서 사토 호쵸가 발견하여 간행한 전약료본은 후카네노 스케히토(深根輔仁)가 『대동유취방』의 진본을 연희 12~13년(912~913)에 걸쳐서 필사한 판본['延喜本']으로 『대동유취방』의 진본이라고 볼 수 있다.

31) 槇佐知子, 1985, 「『大同類聚方』考」, 『全譯精解大同類聚方(上) -用藥部-』, p.11.

IV. 전약료본에 수록된 고대 한반도 관련 처방

사토 호죠가 출판한 전약료본이 『대동유취방』의 진본을 필사한 연희본[전약료본]임을 확인한 이상, 전약료본에 수록된 고대 한반도 관련 처방을 본격적으로 검토해 볼 필요가 있다. 전약료본에 수록된 처방은 총 799건이다. 이 중 신라·백제의 처방과 한반도에서 일본으로 건너간 고구려·백제·가야 유민의 처방이 37건이다. 전체 처방의 약 4.6%에 해당된다. 이를 표로 정리하면 다음과 같다.

『대동유취방』 전약료본에 수록된 고대 한반도 관련 처방 목록

번호	권수	편 명	질 병	약 명	처방 출처	비 고
1	9	乃无土加世病	喉痺[咽喉風邪病]	志路木藥	新羅國 鎭明	신라
2				登富津藥	新羅國 林元武	신라
3	13	那通氣耶民	中暑	新樂久邇藥	新羅國人 楊公明	신라
4	15	惠耶美	傷寒	淸志藥	吉田連宜	백제유민
5	19	佐伽菟伽俐病	酲[酒毒病]	空攊藥	加羅國 連源	가야 관련
6	25	記波堂病	黃疸	鞍波遲藥	(波)多朝臣廣足	신라 관련
7	30	乃无度加反里病	膈[咽喉返病]	石上藥	吉田連斐太麻呂	백제유민
8	35	波羅不區里病	皷脹	雄波里藥	吉田連古麻呂	백제유민
9	36	迦波介病	消渴[糖尿病]	見得紀藥	百濟王散(敬)福	백제유민
10	37	阿囊簸邏楊莽必	疝	故末久須里	高麗若光王	고구려유민
11				大寓羅藥	新羅 林敬明	신라
12				安多波良藥	百濟國 王仁	백제
13	38	扆太須久免野瀰	痛風	屋鬪牟漏藥	吉田連古麻呂	백제유민
14	46	烏渡屠流美病	遺精	三面谷藥	黃書連本實	고구려유민
15				伊楚可牟藥	吉田連古麻呂	백제유민
16	48	久楚布世病	大便閉[便秘症]	衣迦保藥	船連秦勝	백제유민
17	53	布度利目病	眸子散大	壽意解藥	麻田連狎賦	백제유민
18				烏豆木目乃洗藥	吉田連古麻呂	백제유민
19	57	波乃智也美	衂血[鼻血病]	伊差波藥	麻田連狎賦	백제유민
20	58	智皤衢	吐血	鞍佐他藥	麻田連狎賦	백제유민
21	59	之波伊婆利病	痳[淋病]	志智乃返藥	韓人稻邨	가야유민
22				亞遐龍藥	吉田連古麻呂	백제유민
23	68	知乃保世味坐	瘞	智能保世藥	百濟 王仁	백제
24				阿刀宇加美乃藥	百濟王仁貞	백제유민

번호	권수	편 명	질 병	약 명	처방 출처	비 고
25	69	毛路毛路乃血乃病	諸血	江志駄藥	吉田連古麻呂	백제유민
26	70	須久毛堂江病	小兒病	臼井藥	吉田連古麻呂	백제유민
27	72	惠務師邪魔悲	蚘蟲[蛔蟲]	余新太藥	吉田連斐太麻呂	백제유민
28	74	加多加異耶美	癖	埜田河藥	韓人以奈郎	가야유민
29	76	伊裳加左	痘	野口藥	豊原 曩久鎮	고구려유민
30	77	加于陪加差	禿瘡	嶺黑藥	吉田連芳麻呂	백제유민
31	78	世南乍寸加左	癰	吉武太耳藥	吉田連斐太麻呂	백제유민
32	83	牟娜訶瑳病	肺痿.心癰	鞍須迦藥	吉田連古麻呂	백제유민
33	84	能无土不世病	喉痺[咽喉風邪病]	伊太浦女藥	吉宜	백제유민
34	92	可丹然瘡	便毒	根怒吉藥	百濟王遠寶	백제유민
35	92	摩艫垓瘥	疳	大不野藥	黃文連備, 田辺史百枝	고구려유민 백제유민
36	94	諸乃班病	班病	班乃伊耶之藥	麻田連狎賦	백제유민
37	95	微大銋可左耶民	癩病	鄙羅邑藥	新羅 海部	신라

전체적으로 살펴보면 신라 관련 처방으로 5개(1·2·3·11·37)가 있다. 또한 신라 처방은 아니지만 신라에 파견되었던 (波)多朝臣廣足의 처방(6)도 수록되어 있다. 백제 처방으로는 4세기 후반 왜국에 파견된 王仁의 처방 2건(12·23)이 있다. 고구려유민의 처방은 4건(10·14·29·35)이 있으며, 가야유민의 처방은 2건(21·28)이 있고, 백제유민의 처방은 23건이 있다. 이 중 35번의 大不野藥은 고구려유민 기후미노무라지 소나후(黃文連備)와 백제유민 타나베노후히토 모모에(田邊史百枝)가 같이 올린 처방이기 때문에 양쪽 모두에 해당된다. 이 중 가장 많은 비중을 차지하는 것은 23건이 있는 백제유민의 처방이다. 이것은 삼국 중에서 백제가 일본과의 교류가 가장 활발했으며 백제유민 중에 일본에서 의관을 역임했던 인물들이 많았기 때문이라고 생각된다. 이어서 이들 처방을 나라별로 나누어 살펴보자.

1. 신라 처방

志路木藥(1)은 乃无土加世病에 대한 처방이다. 乃无土加世病은 한자식 병명으로는 喉痺이며 咽喉 관련 질병에 해당된다. 志路木藥은 평범사본(平凡社本)[32]에 '之羅支藥'이라고 되어 있다. '志路木'과 '之羅支'는 그 발음이 '시라기'로 '新羅'를 지칭한다. 따라서 志路木藥은 新羅藥이라고 할 수 있다.

32) 본문에서 평범사본(平凡社本)이라 함은 유포본을 역주한 마키 사치코의『全譯精解大同類聚方(下) -處方部-』(平凡社, 1985)를 지칭하는 것으로 쓰고자 한다.

志路木藥은 新羅國 鎭明의 처방이라고 되어 있다. 이와 관련하여 『일본서기』 권13, 允恭天皇 3년조에 정월에 사신을 신라에 파견하여 良醫를 구했다고 하고 그해 8월에 의사가 신라로부터 와서 천황의 병을 치료했다는 기록이 나온다.[33] 이 신라 의사에 대해 『고사기(古事記)』에서는 신라왕이 金波鎭漢紀武를 파견하여 천황의 병을 치료했다고 하여 의사의 구체적인 이름이 나온다.[34] 波鎭漢紀는 『일본서기』에 나오는 '波鎭干岐'와 동일한 표기로서 신라의 波珍飡에 대한 일본식 음차 표기로서 金波鎭漢紀武는 金武라고 볼 수 있다.[35]

『대동유취방』에 수록된 志路木藥은 允恭天皇의 后인 衣通日女命[衣通郎姫]의 咽喉風을 치료한 약으로 나온다. 『일본서기』와 『고사기』에는 김무가 천황의 병만을 치료한 것으로 기록되어 있으나 이 처방을 통해 그가 일본에 머물면서 后까지 치료했던 행적을 알 수 있다.

2번 登富津藥은 志路木藥에 바로 이어서 수록되어 있다. 이 처방은 新羅國 林元武가 전해준 처방으로 筑前國 那珂郡 筥崎宮에 전해오던 것이다. 登富津藥은 목과 턱에 붉은 종기가 생겨 욱신거리면서 몸이 달아오르는 咽喉風을 치료하는 약이다. 임원무가 누구인지는 아직까지 다른 기록에서 확인되지 않는다.

3번 新樂久邇藥은 那通氣耶民, 즉 中暑[暑病]로 여름철에 더위 먹었을 때 생긴 병에 대한 처방이다. '新樂久邇(시라쿠니)'가 新羅國을 가리키므로 新樂久邇藥은 新羅國藥이라고 할 수 있다. 이 약은 신라의 양공명이 올린 처방이라고 해서 新樂久邇藥[新羅國藥]이라고 했던 것으로 보인다. 양공명은 다른 기록에서는 확인되지 않는다. 다만 "難波 高津宮에서 天下를 다스리는 천황"이 孝德天皇이기에 그 치세(645~654)와 관련지어 살펴볼 수 있다. 『일본서기』 권25, 孝德天皇 大化 5년(649)에 신라왕이 沙喙部 沙飡 金多遂를 인질로 보냈는데 從者 37인을 대리고 왔다고 되어 있다.[36] 김다수의 종자 37인에는 僧 1인, 侍郎 2인, 丞 1인, 達官郎 1인, 中客 5인, 才伎 10인, 譯語 1인, 雜傔人 16인 등이 포함되어 있었다. 일반적으로 장기체재의 목적으로 보낸 김다수 일행에게 의사가 포함되었을 가능성이 있다.

11번 大寓羅藥은 阿嚢簸邏楊莽必, 즉 疝症에 대한 처방이다. 처방문에는 安陪朝臣男成과 安陪朝臣常嶋 등이 올린 것이라고 하면서 원래는 신라 林敬明이 전해준 것이라고 되어 있다. 『속일본기(續日本紀)』 권31 光仁天皇 寶龜 2년(771) 윤3월에 "從5位下 安陪朝臣常嶋을 河內介로 삼았다"는 기록으로 보아 安陪朝臣常嶋가 8세기 후반 인물이라는 점에서 임경명도 이와 비슷한 시기이거나 그 이전의 인물이라고 추정된다.

---

33) 『日本書紀』 卷13, 允恭天皇 3년(414), "春正月辛酉朔, 遣使求良醫於新羅. 秋八月, 醫至自新羅, 則令治天皇病, 未經幾時, 病已差也. 天皇歡之, 厚賞醫以歸于國."

34) 『古事記』 下卷, 允恭天皇, "當允恭天皇初為將繼天皇位所治天津日之時, 天皇辭而詔之, 吾者有一長病, 不得所治日繼. 然大后始而諸卿等因堅奏力請即位, 男男淺津間若子宿禰王方治天下. 此時新良國主貢進御調八十一艘, 爾御調之大使名云金波鎭漢紀武, 此人深知藥方, 故治瘉帝皇之御病."

35) 이현숙, 2001, 앞의 논문, pp.73-77.

36) 『日本書紀』 卷25, 孝德天皇 大化 5년(649), "是歲, 新羅王遣沙喙部沙飡金多遂爲質, 從者卅七人(僧一人, 侍郎二人, 丞一人, 達官郎一人, 中客五人, 才伎十人, 譯語一人, 雜傔人十六人, 并卅七人也.."

95번 鄙羅忌藥은 微大釟可左耶民, 즉 癩病에 대한 처방이다. 鄙羅忌藥의 欄外에는 '鄙シ'라는 주석이 있다. 이에 의하면 鄙의 발음이 '시'라는 것을 알 수 있다. 그렇다면 '鄙羅忌'의 발음은 '시라기'로 앞의 '志路木', '新樂久邇'처럼 신라를 지칭하는 것으로 볼 수 있다. 따라서 鄙羅忌藥은 新羅藥을 가리키는 것을 알 수 있다.

처방문에 이 약은 "新羅 海部에 전하는 약방["新羅之海部乃傳流藥方"]"이라고 되어 있다. 海部는 『三國史記』에 보이지 않는다. 그에 비해 『일본서기』에 '吉備海部', '忍海部', 『속일본기』에 '忍海部'가 보인다. 新羅 海部와 관련해서는 앞으로 구체적인 연구가 필요하다고 본다.

마지막으로 6번의 鞍波遲藥에 대해 살펴보자. 이 처방은 記波堂病, 즉 黃疸에 걸렸을 때 쓰는 약이다. 처방의 출처에는 "遣新羅使主 (波)多朝臣廣足의 집안에 備置된 처방["遣新羅之使主, (波)多朝臣廣足之家仁, 秘置留方]"이라고 하여 波多朝臣廣足[37]이 신라에 파견되었던 점이 강조되었다. 醫書의 처방에 굳이 그의 경력을 적은 것은 그 처방이 신라와 무관하지 않았던 것으로 보인다.

『속일본기』 권3 文武天皇 大寶 3년(703) 9월 庚戌조에는 "從五位下 波多朝臣廣足을 遣新羅大使로 삼았다"[38]고 하여 波多朝臣廣足이 遣新羅大使였다고 되어 있다. 이에 앞서 대보 3년 윤4월에 新羅國使 薩湌金福護가 효소왕의 喪(702)을 알리는 表를 올렸다가 5월에 신라로 돌아갔다.[39] 이에 일본에서는 그해 9월에 波多朝臣廣足을 견신라대사로 삼아 그를 신라에 파견했다. 즉, 신라에서 김복호를 告哀使로 일본에 파견한 것에 대한 답례로 일본에서 波多朝臣廣足을 신라에 弔問使로 파견한 것이다. 이후 대보 3년 10월에 문무천황이 遣新羅使인 波多朝臣廣足과 額田人足에게 각각 衾 1벌[領]과 衣 1벌[襲]을 하사하였고 또 신라왕에게 錦 2필과 絁 40필을 보냈다.[40] 이후 波多朝臣廣足은 704년에 8월에 신라에서 돌아왔다.[41]

그는 의관이 아닌 일반 관료로서 신라에 조문사로 파견되었다가 약 10개월 만에 귀국했다. 그는 이 기간 동안 신라에 대한 많은 정보를 수집하였을 것이다. 아마도 그 과정에서 신라의 의학과 관련된 자료도 수집하였을 것이다. 처방문에 그가 '遣新羅使主'였던 경력을 포함시킨 점을 볼 때, 이 처방은 그가 신라에 파견되었을 때에 습득하였던 것이라고 추정된다.[42]

---

37) 『대동유취방』 卷25, 記波堂病, 鞍波遲藥에는 '多朝臣廣足'으로 나오지만 『續日本紀』 卷3, 文武天皇 大寶 3년 9월 경술조에는 '波多朝臣廣足'으로 나온다. 『續日本紀』의 이름이 정확하다.

38) 『續日本紀』 卷3, 文武天皇 大寶 3년 9월 경술, "以從五位下波多朝臣廣足, 爲遣新羅大使."

39) 『續日本紀』 卷3, 文武天皇 大寶 3년 윤4월 신유, "饗新羅客于難波舘, 詔曰, 新羅國使薩湌金福護表云, 寡君不幸, 自去秋疾, 以今春薨, 永辞聖朝. 朕思, 其蕃君雖居異域, 至於覆育, 允同愛子. 雖壽命有終, 人倫大期, 而自聞此言, 哀感已甚. 可差使發遣弔賻. 其福護等遥涉蒼波, 能遂使旨, 朕矜其辛勤, 宜賜以布帛."

40) 『續日本紀』 卷3, 文武天皇 大寶 3년 10월 계미, "天皇御大安殿, 詔賜遣新羅使波多朝臣廣足·額田人足, 各衾一領, 衣一襲."

41) 『續日本紀』 卷3, 文武天皇 慶雲 1년 8월 병진, "遣新羅使從五位上波多朝臣廣足等, 至自新羅."

42) 한편으로 '波多'에 대해서는 『新撰姓氏錄』에 진시황의 후손으로 귀화한 秦氏에게 波多 성을 하사한 기록과 백제의 '波多造'가 "出自百済国人, 佐布利智使主也"라는 기록이 있다. 이를 통해 波多朝臣廣足이 도래계인 점은 확실하지만 그가 진시황의 후손인지 백제 佐布利智使主의 후손인지에 대해서는 앞으로 좀더 연구할 필요가 있다고 본다.

2. 백제 처방

백제의 처방으로는 2개(12·23)가 있는데 모두 王仁의 처방이다. 12번의 安多波良藥은 阿囊篋邏楊莽必, 즉 疝症이 있을 때의 처방이다. 이 처방은 배가 부풀어 오르면서 통증이 斷續的으로 나타날 때 쓰는 것으로, 阿囊篋邏楊莽必[疝症]의 또 다른 처방인 신라의 大寓羅藥과는 다르다. 이 처방은 百濟國 王仁이 전해준 처방이라고 되어 있다. 또 23번의 智能保世藥은 知乃保世味坐, 즉 瘂症에 대한 처방이다. 이 처방은 아들을 낳은 후 氣가 위로 솟구치는 자에게 쓰는 처방이다. 처방문에는 이 약이 백제 왕인에게 비전되는 처방이라고 되어 있다.

주지하듯이 왕인은 한국 측 자료에는 보이지 않고 『고사기』, 『일본서기』, 『속일본기』 등에 보인다. 4세기 후반 왜국에 파견되었다가 귀국하려던 阿直岐의 추천으로 왕인이 왜국에 파견되었다.[43] 『고사기』에 의하면 당시 왕인은 『論語』(10권)과 『千字文』(1권)을 가져갔다고 한다.[44] 왕인에 대한 대부분의 기록에는 의학과 관련된 내용이 없으며 단지 『대동유취방』에만 그의 처방 2건이 남아 있을 뿐이다. 왕인의 처방이 일본에 秘傳되는 상황을 볼 때, 왕인은 經學과 같은 학문뿐만 아니라 의학에 대한 지식도 어느 정도 갖고 있었던 것으로 추정된다. 이후 백제에서 王有陵陀와 같은 의사박사를 왜국에 파견했다. 하지만 왕인의 사례에 비춰어 볼 때, 의학이 파견된 의사들만이 아니라 왕인과 같은 지식인들을 통해서도 간접적으로 왜국에 전달되었다는 사실을 알 수 있다.

3. 백제유민 처방

백제유민의 처방은 23건으로 가장 많은 수를 차지한다. 이 처방들은 크게 3가지로 분류할 수 있다. 첫째는 백제 의자왕의 후손인 百濟王氏의 처방이다. 둘째는 백제유민으로서 醫官으로 진출한 자들의 처방이다. 셋째는 백제유민 중 의사가 아닌 자의 처방이다. 이 중 두 번째가 18건으로 가장 많은 비중을 차지한다.[45]

1) 백제왕씨의 처방

百濟王氏의 처방에는 百濟王敬福(9)·百濟王仁貞(24)·百濟王遠寶(34)의 것이 있다. 百濟王氏는 백제 멸망기에 일본에 건너간 의자왕의 아들인 禪廣[善光]을 시조로 한다. 그는 持統朝에 百濟王氏를 하사받았다. 그는 扶餘隆의 동생인 扶餘勇으로 추정된다.[46] 百濟王善光에게는 아들 昌成이 있고 昌成에게는 郎[良]虞·南典·遠寶의 세 아들이 있다. 이 중 郎虞에게는 孝忠·全福·敬福의 세 아들이 있다. 그중 全福의

43) 『日本書紀』 卷10, 應神天皇 15년, "濟王遣阿直岐 … 於是天皇問阿直岐曰, 如勝汝博士亦有耶, 對曰, 有王仁者, 是秀也, 時遣上毛野君祖荒田別, 巫於百濟, 仍徵王仁也."

44) 『古事記』 中卷, 應神天皇 20년, "天皇又科賜百濟國, 若有賢士者貢上, 故受命以貢上人, 有和邇吉師. 此人攜論語十卷, 千字文一卷, 并十一卷而一同貢進."

45) 필자들은 『대동유취방』에 수록된 왕인의 처방과 백제 유민의 처방의 성격에 대해 별도의 논고를 준비하고 있다.

46) 『舊唐書』 卷84, 列傳 第34 劉仁軌, "扶餘勇者, 扶餘隆之弟也, 是時走在倭國, 以為扶餘豐之應, 故仁軌表言之."

아들이 仁貞이다.

百濟王敬福(697~766)의 見得紀藥은 迦波介病, 즉 消渴[당뇨병]에 대한 처방이다. 처방문에는 "陸奧國의 國造인 散福이 生浦의 美時에게 전해준 藥[陸奧國之國造散福乃生浦乃美時ニ傳ヘ多流藥]"이라고 하여 이 약이 陸奧國 國造 散福의 것으로 나온다. 평범사본『大同類聚方』권54, 加波介也萬比, 見得紀藥에는 "聖武天皇天平八年, 陸奧國國造散福(乃)生浦等(爾), 所傳授(乃)方"이라고 하여 이 약이 聖武天皇 天平 8年(736)에 陸奧國 國造 散福의 것으로 되어 있다. 그러나 이때 陸奧國 國造는 産福이 아니라 敬福이다. 이와 달리 畠山本『대동유취방』에는 "陸奧國之國造敬福生浦治世之方"으로 되어 있다. 아마도 産자와 敬자가 비슷하여 잘못 쓴 것으로 보인다. 百濟王敬福의 관위는 從3位 刑部卿까지 이르렀다.[47]

百濟王仁貞(?~791)은 百濟王敬福의 둘째 형인 全福의 아들이다. 그의 처방인 阿刀宇加美乃藥은 知乃保世味坐, 즉 痙症에 대한 것으로, 산후에 수족이 붓고 목이 건조해진 자에게 쓰는 약이다. 백제왕인정은 從5位上 備前守를 역임했으면 左中弁 從4位下까지 올라갔다.

百濟王遠寶(?~734)의 根怒吉藥은 可丹然瘡, 즉 便毒에 대한 처방이다. 그는 文武天皇 4年(700)에 常陸守를 역임했으며 和銅 원년(708)에 左衛士督을 거쳐 화동 6년(713)에 從4位下에 이르렀다.

의자왕의 아들인 선광의 후손은 일본에서 백제왕족의 후예라는 지위를 누리면서 백제왕씨라는 성을 하사받았고, 일본의 율령국가 성립과정에 일조하면서 서서히 관료화되어 갔다.[48] 백제왕씨의 경복·인정·원보의 집안에서 秘傳되는 처방이『대동유취방』에 수록되었다는 점은 매우 중요한 의미를 갖는다고 본다. 대체로 이들은 백제가 멸망한 지 100년 이내에 활동했던 인물들이다. 이들이 의사가 아닌 이상, 그 처방들은 그들이 이전부터 갖고 있던 것일 가능성이 높다. 그렇다면 이들 처방은 선광이 백제 멸망기에 도일하면서 가지고 간 백제의 처방이었을 것이다.

한편, 이들은 백제 의자왕의 후손들이다. 왕족이 별도로 의학을 공부했을 가능성도 낮다고 본다. 백제 멸망기에는 일본의 군사원조를 받기 위해 백제에서 일본에 왕족과 기술집단을 보냈다. 백제 왕족이 일본으로 갈 때 그들만이 간 것이 아니라 그들을 보필하는 近侍집단도 동행했을 것이다. 이 중에는 왕족의 건강을 책임지는 의사도 함께 따라 갔을 것이다. 백제왕씨인 경복·인정·원보의 집안에서 나온 처방은 그들이 독자적으로 갖고 있었던 것이라기보다는 선광을 따라 일본으로 갔던 백제 왕실 의사의 처방이었을 가능성이 높다고 본다. 이런 점에서 백제왕씨의 처방은 다른 백제유민의 처방과는 그 성격이 다르다고 할 수 있다.

2) 의관 집안의 처방

백제 유민 중에서 의관을 역임했던 집안은 기쓰타노무라지(吉田連)와 아사다노무라지(麻田連) 둘이 있

47) 百濟王敬福의 행적과 그의 가계에 대해서는『續日本紀』卷27, 稱德天皇 天平神護 2년(766) 6월 임자 薨傳에 자세히 기록되어 있다.

48) 송완범, 2006,「東아시아세계 속의「百濟王氏」의 성립과 전개 -'일본율령국가'를 분석하는 소재로서-」,『백제연구』44.

다. 이 중 전자의 처방이 14개이고 후자가 4개이다.

먼저 吉田連 집안의 처방부터 살펴보자. 『대동유취방』에 언급된 吉田連 집안 출신 의사들은 吉田連宜(4·33), 吉田連斐太麻呂(7·27·31), 吉田連古麻呂(8·13·15·18·22·25·26·32), 吉田連芳麻呂(30) 등이 있다. 吉田連宜의 처방으로는 惠耶美[傷寒]에 쓰는 淸志藥과 能无土不世病[咽喉諸症]에 쓰는 伊太浦女藥이 있다. 吉田連斐太麻呂의 처방으로는 乃无度加反里病[膈]에 쓰는 石上藥, 惠務師邪魔悲[蚘蟲, 蛔蟲]에 쓰는 余新太藥, 世南半寸加左[癰]에 쓰는 吉武太耳藥이 있다. 吉田連古麻呂의 처방으로는 波羅不區里病[皷脹, 腹腫病]에 쓰는 雄波里藥, 辰太須久免野濔[痛風]에 쓰는 屋鬪牟漏藥, 烏渡屠流美病[遺精, 夢精]에 쓰는 伊楚可牟藥, 布度利目病[疼目病]에 쓰는 烏豆木目乃洗藥, 之波伊婆利病[痳·淋病]에 쓰는 亞遐龍藥, 毛路毛路乃血乃病[諸血: 産後惡寒發熱, 産褥熱 등]에 쓰는 江志駄藥, 須久毛堂江病[驚風]에 쓰는 臼井藥, 牟娜軻瑳病[肺痿·心癰]에 쓰는 鞍須迦藥 등이 있다. 吉田連古麻呂의 처방은 모두 8개로 이 집안에서 가장 많은 수를 차지한다. 吉田連芳麻의 처방으로는 加于陪加差[禿瘡]에 쓰는 嶺黑藥이 있다.

吉田連의 시조인 吉宜는 백제의 渡來 승려 惠俊이었다.[49] 그는 文武天皇 4년(700) 8월 칙령에 의해 還俗하였으며 吉宜라는 성명과 務廣肆를 받았다. 이후 吉宜는 和銅 7년(714) 정월에 종6위하에서 종5위하를 받았다. 이후 그는 의술에 정통하여 養老 5년(721) 정월에 종5위상를 받았으며, 神龜 원년(724) 정월에 吉田連이란 성을 받았다. 聖武天皇 天平 2년(730) 3월에는 그로 하여금 勅旨로 醫道를 弟子에게 敎授하도록 했다. 그는 天平 5년(733) 12월에는 종5위상 圖書頭가 되었으며 天平 10년(738)에는 物部韓國連廣足에 이어 두 번째로 典藥寮의 首長인 正5位下 典藥頭가 되었다.[50] 그의 손자인 興世朝臣書主[51]의 卒傳에는 그가 正5位上 圖書頭 겸 內藥正 相模介였다고 되어 있다.[52] 『懷風藻』와 『만엽집』에 그의 詩歌가 남아 있다.

吉田連古麻呂는 吉田連宜의 아들로 家業을 계승하였다. 그는 光仁天皇 寶龜 7년(776) 정월에 정6위상에서 外從5位下에 올랐으며, 보귀 9년(778) 2월에는 內藥右 외종5위하로서 豊前介를 겸임하였으며 보귀 10년(779) 2월에는 外正5位下에 이르렀다. 天應 원년(781) 4월에는 종5위하에, 延曆 3년(784) 4월에는 侍醫로서 內藥正에 임명되었고 연력 5년(786) 정원에는 常陸大掾을 겸하게 되었다.[53] 그의 아들인 興世朝臣書主의 卒傳에는 그가 內藥正 正5位下에 올랐다고 기록되어 있다.[53]

49) 837년 吉田宿禰書主가 올린 上表文에서 그의 시조인 鹽乘津은 大倭人으로 國命에 의해 三己汶으로 갔다가 그 땅이 백제에 속하게 되었고 鹽乘津 8세손 達率 吉大尙과 그 동생 少尙 등이 다시 일본으로 來朝한 것이라고 하면서 자신의 조상을 『신찬성씨록』에 나와 있는 것처럼 大春日朝臣과 同祖인 觀松彦香殖稻天皇 皇子의 天帶彦國押人命 4세 孫彦國葺命의 후손이라고 했다. 즉, 吉宜가 백제계가 아니라 원래 일본계로서 길의는 다시 본국으로 돌아온 것으로 본 것이다. 이러한 견해를 그대로 수용한 연구자가 服部敏良이다(服部敏良, 1945, 『奈良時代醫學の硏究』, 東京堂, pp.138-139). 그러나 이것은 실제 사실과 달리 귀화한 도래인이 자신의 신분을 의도적으로 脫却시키려고 했던 것이다(大塚德郎, 1969, 『平安初期政治史硏究』, p.220; 新村拓, 1983, 『古代醫療官人制の硏究 -典藥寮の構造-』, 法政大學出版局, p.47, pp.235에서 재인용).

50) 服部敏良, 1945, 앞의 책, pp.138-139; 新村拓, 1983, 앞의 책, p.47, pp.235-236.

51) 興世書主[吉田書主](778~850)는 吉田連宜의 손자이자 內薬正 吉田古麻呂의 아들로, 官位는 従4位下 治部大輔에 이르렀으며, 承和 4년(837) 興世朝臣으로 改姓했다(『文德實錄』 卷2 嘉祥 3년(850) 11월 갑술, 卒傳)

52) 『文德實錄』 卷2, 嘉祥 3년(850) 11월 甲戌.

53) 服部敏良, 1945, 앞의 책, p.139; 新村拓, 1983, 앞의 책, p.236.

吉田連斐太麻呂는 보귀 2년(771) 윤3월에 외종5위하로 內藥正에 보임되었고 보귀 7년(776) 3월에는 出雲掾을 겸하였고, 보귀 8년(777) 정월에는 內藥右로 伯耆介를 겸하였으며, 1년 뒤에는 伊勢介도 겸하게 되었다. 다시 1년 뒤에는 종5위하로 올라갔으며 보귀 11년(780) 2월에는 內藥正 侍醫에 相模介를 겸임하였다. 이후 천응 원년(781) 8월에 종5위상으로 승진하였다.[55] 그는 吉田連과 같은 성을 쓴다는 점에서 吉宜의 후손인 것이 확실하다. 또한 그는 吉田連古麻呂보다 內藥正을 4년 빨리 맡았던 것으로 보아 吉田連古麻呂보다 손위인 것으로 추정된다.

吉田連芳麻呂는 다른 기록에서 확인되지 않는다. 다만 田中本『대동유취방』(권84, 加牟路加差, 嶺黑里藥)과 평범사본『대동유취방』(권86, 加牟路加差, 嶺黑藥)에서 모두 嶺黑藥을 吉田連芳麻呂가 아닌 吉田連古麻呂의 처방으로 기록되었다. 이런 점에서 吉田連芳麻呂은 吉田連古麻呂의 오기가 아닌가 한다.

한편『대동유취방』의 처방에 수록되지 않았지만 吉田連 집안에는 吉田連兄人이 있다. 그는 천평 20년(748) 10월에 정7위상 侍醫 겸 行皇后宮大屬河內大目이었고, 天平勝寶 원년(749) 4월에 정6위상에서 외종5위하로 승진했으며 8월에 紫微少忠이 되었다. 天平勝寶 3년(751) 10월 외종5위하에서 종5위하로 되었다.[56] 吉田連兄人은 吉田連斐太麻呂가 778년에 종5위하가 되는 것에 비해 27년이나 빠른 751년에 되었다. 그는 吉田連斐太麻呂나 吉田連古麻呂보다 한 세대 정도 빠른 시점에 의관을 역임했던 것을 알 수 있다.

이처럼 吉田連宜[吉宜: 惠俊]를 비롯하여 吉田連 집안은 吉田連兄人, 吉田連斐太麻呂, 吉田連古麻呂 등이 典藥頭, 內藥正 등 당시 나라시대 의료 관인으로서 핵심적인 역할을 수행하였다.『대동유취방』에 이들 집안의 처방이 많이 남아있는 것도 이들 집안이 의료 관인으로서의 활동과 무관하지는 않았을 것이다. 그들이 활동했던 시기는 700~780년대이다. 吉宜[惠俊]는 환속하기 이전에는 승려였으며, 별도로 의학을 전문적으로 학습했다는 기록이 없다. 그가 백제에서 도래했고 그의 활동시기가 백제 멸망과 그리 멀지 않은 시점이라는 점에서 吉田連 집안의 처방은 백제계 의학을 반영하는 것일 가능성이 높다고 할 수 있다. 또한 그가 승려였다는 점에서 그가 갖고 있던 의학이 불교의 영향을 받았을 가능성도 배제할 수는 없다고 본다.

다음으로 麻田連의 집안 처방으로는 麻田連狎賦의 것 4개(17·19·20·36)가 있다. 이 중 壽意解藥(17)은 布度利目病[眸子散大, 太瞳病]에, 伊差波藥(19)은 波乃智也美[衄血, 鼻血病]에, 鞍佐他藥(20)은 智皤衢[吐血]에, 班乃伊耶之藥(36)은 諸乃班病[班病]에 각기 쓰이는 약이다.

『속일본기』 권9 神龜 원년(724) 5월 신미조에는 정8위상 荅[荅]本陽春에게 麻田連이란 성을 하사했다[57]고 되어 있다.[58] 荅本陽春이 麻田連陽春이 된 것이다. 荅本씨와 관련해서『일본서기』 권27 天智天皇 4년

54)『文德實錄』卷2, 嘉祥 3년(850) 11월 甲戌.

55) 新村拓, 1983, 앞의 책, pp.236-237.

56) 新村拓, 1983, 앞의 책, p.237.

57)『續日本紀』卷9, 神龜 원년(724) 5월 신미. 이 기사에는 吉宜에게 吉田連이란 성을 하사한 기록이 같이 나온다.

58) 荅本 집안이 모두 麻田連으로 개성한 것 같지는 않다. 荅本春陽이 724에 개성했지만『續日本紀』卷18, 天平勝寶 3년(751) 10월 정축에는 정6위 荅本忠節에게 외종5위하를 주었다는 기록이 보인다.

(665) 8월조에는 達率 答炑春初를 보내 長門國에 성을 쌓게 하였다고 기록되어 있다. 答炑[本]春初와 答本陽春이 같은 성씨를 쓴다는 점에서 이들을 같은 집안으로 볼 수 있을 것이다. 달솔 答炑[本]春初가 665년에 일본에서 활동하였고, 여전히 달솔이란 백제 관등을 사용하는 것으로 보아 그는 아마도 백제 멸망기에 일본으로 건너간 듯하다. 한편 『신찬성씨록』 右京諸蕃下, 麻田連조에 "出自百濟國朝鮮王准也"라고 하여 백제계임을 밝히고 있다.

『속일본기』에는 麻田連狎賦가 나오지 않고 대신 麻田連畋賦가 나온다. 畋자의 이체자가 㹒이고 㹒의 田에서 가운데 획을 길게 하면 狎자가 된다. 『대동유취방』에서는 이체자를 많이 쓰는데 아마도 麻田連狎賦는 麻田連畋賦를 옮기는 과정에서 이체자를 잘못 이해하여 나온 誤記로 보인다.

麻田連狎[畋]賦는 延曆 4년(784)에 외종5위하로 左大史가 되고, 같은 해 11월에 외종5위하로서 典藥頭가 된다. 이후 연력 7년(788) 3월에 외종5위하로 右京亮이 되었으며, 연력 8년(789)에 외종5위하로 山背介가 되었다. 그의 행적에 대해서는 더 이상 확인할 길이 없다. 다만 17번 처방에서 "從五位下山背守, 麻田連狎賦之家方也"라고 한 것으로 보아 山背守까지 역임했던 것으로 추정된다.

麻田連狎[畋]賦의 선조인 答炑春初는 백제 제2관등인 달솔이었고, 『일본서기』 권27 天智天皇 10년(671) 정월조에는 '兵法을 익혔다(閑兵法)'고 하였다. 제2관등을 가진 그가 의술을 전업으로 할 가능성은 거의 없다고 본다. 答本陽春도 그 이력에서도 의학적인 내용이 보이지 않는다. 그런데 麻田連畋賦는 백제계 유민으로서 吉田連宜에 이어 典藥頭에 오른 인물이다. 8세기대의 典藥頭를 행정 관료가 아닌 醫師가 맡았던 관직이었던 점을 고려한다면[59] 麻田連畋賦는 의사였던 것이 확실하다. 麻田連畋賦가 醫業을 專業으로 삼았던 것은 그 집안 대대로 의술에 조예가 깊었던 것과 관련이 있지 않을까 추정해 본다.

3) 非醫官의 처방

백제유민의 처방 중에 非醫官으로는 후나노무라지 하다카쓰(船連秦勝)(16)과 타나베노후히토 모모에(田邊史百枝)(35)의 것이 있다. 이 중 船連秦勝이 올린 衣迦保藥은 久楚布世病[大便閉·便秘症]에 쓰는 처방이다. 이 처방은 伊加保神社의 秘藥으로 전해졌던 것을 船連秦勝이 上奏한 것이다. 『신찬성씨록』에 船連은 백제계로 菅野朝臣과 同祖이며 大阿郎王 3世孫인 智仁君의 후손이라고 되어 있다.

船連秦勝은 文武天皇 4년(700) 8월에 巡察使의 奏狀에 의해 善政에 대한 포상으로 因幡守 30戶를 받았다.[60] 慶雲 3년(705) 12월에는 종5위하에 올랐으며,[61] 靈龜 2년(716) 4월에는 정5위하 出雲守에 올랐다.[62] 그의 이력에서 보이듯이 그는 의사가 아니다. 아마도 그가 관료로 지내면서 伊加保神社의 秘藥을 조정에 올린 것으로 보인다.

---

59) 新村拓, 1983, 앞의 책, pp.46-54.

60) 『續日本紀』 卷3, 文武 4년(700) 8월 정묘.

61) 『續日本紀』 卷7, 和銅 7년(714) 정월 갑자에 '從五位上船連甚勝正五位下'라고 되어 있다. 여기에서 '甚勝'은 '秦勝'의 오기로 보인다.

62) 『續日本紀』 卷7, 靈龜 2년(716) 4월 임신.

田邊史百枝의 처방(35)은 大不野藥으로 摩罏垓瘥[痔]에 쓰이는 처방이다. 田邊史百枝는 書首·船史氏와 함께 대표적인 백제계 史官이었다. 그는 당시 최대 권력자였던 藤原不比等이 大寶律令을 撰定하는 데에 참여하였으며, 『속일본기』 권1 文武 4년(700) 6월조에는 그와 함께 田邊史首名, 고구려계의 黃文連備가 나온다. 田邊史百枝는 문관으로 전문적인 의사는 아니었다. 그와 黃文連備가 전했던 처방은 그들의 집안에 전해오던 것으로 백제와 고구려에서 잘 알려졌던 약으로 추정된다.

4. 고구려유민 처방

고구려유민의 처방으로는 4건(10·14·29·35)이 있다. 이 중 高麗若光王이 전해 준 故末久須里(10)는 阿嚢簸邏楊莽必[疝]에 쓰는 처방이다. 故末은 고마[こま: 狛·貊], 즉 고(구)려를 지칭하는 것이고 久須里는 藥의 일본어이다. 따라서 故末久須里는 高麗藥으로 번역된다. 고려약광왕은 보장왕의 아들로 일본에 사신으로 파견되었다가 고구려가 멸망함에 따라 귀국을 하지 못하고 일본에 남게 되었다.[63] 『속일본기』에 의하면 703년에 종5위하 高麗若光에 王姓을 주었다고 되어 있다.[64]

처방문에는 筑前國 宗像郡 蓑生文人이 바친 처방인데 원래는 劉夏林의 처방이라고 한다고 되어 있다. 劉夏林에 대해서는 다른 기록에서 찾을 수가 없다. 劉夏林을 魏國人으로서 帶方太守를 역임한 劉夏로 보는 견해[65]도 있으나 구체적으로 확인할 방법은 없다. 이 약이 원래는 유하림의 처방이었으나 고려약광왕이 전해주었기 때문에 일본에서는 故末久須里, 즉 高麗藥으로 알려졌던 것으로 보인다.

黃書連本實의 三面谷藥(14)은 烏渡屠流美病[遺精, 夢精]에 쓰는 약이다. 이 약은 臺忌寸八島·黃書連本實이 함께 上奏한 것이지만 원래는 標屋 檝麻呂 집안의 처방이었다고 한다. 黃書連은 앞의 大不野藥(35) 처방에 보이는 黃文連備처럼 黃文連이라고도 한다. 성이 造이었다가 후에 連으로 바뀌었다. 黃書造本實은 天智天皇 10년(671) 3월에 水臬[水準器]를 바쳤다[66]고 한다. 이후 黃書連本實은 持統天皇 8년(694)에는 直廣肆 大宅朝臣麻呂, 勤大貳, 臺忌寸八嶋와 함께 鑄錢司에 임명되었다.[67] 黃書連이 언제 도일했는지는 정확하지가 않다.

마지막으로 野口藥(29)은 伊裳加左[痘]에 쓰는 약으로 豊原 嚢久鎭 집안의 처방이다. 평범사본 『대동유취방』(권85, 乃介保呂之也民, 野口藥)과 田中本 『대동유취방』(권83, 乃介保呂之也美, 野口藥)에서는 이 약을 高麗 野久鎭 집안의 처방이라고 되어 있다. 『속일본기』 권23 淳仁天皇 天平寶字 5년 3월 경자조에 백제·신라·고구려계 유민에게 성씨를 내리는 조항이 있는데 이 중 "上部 王虫麻呂에게 豊原連을, 前部 高文信에게 福當連을 … 上部 王彌夜大理 等 18인에게 豊原造를 내렸다"고 되어 있다. 이들은 上部·前部

---

63) 『日本書紀』 卷27, 天智天皇 5년(666) 10월, "甲午朔己未, 高麗遣臣之相奄鄒等進調(大使臣乙相奄鄒·副使達相遁·二位玄武若光等)".

64) 『續日本紀』 卷3, 大寶 3년(703) 4월 을미, "從五位下高麗若光賜王姓."

65) 槇佐知子, 1985, 『全譯精解大同類聚方(下) -處方部-』, 平凡社, pp.283-284.

66) 『日本書紀』 卷27, 天智天皇 10년(671) 3월, "三月戊戌朔庚子, 黃書造本實, 獻水臬."

67) 『日本書紀』 卷30 持統天皇 6년(694) 3월, "乙酉,以直廣肆大宅朝臣麻呂·勤大貳臺忌寸八嶋·黃書連本實等, 拜鑄錢司."

등 고구려의 方位部를 갖고 있던 고구려계 유민이었다. 豊原 曩[野]久鎭이 豊原造인지 豊原連인지 정확하게 구분할 수는 없지만 고구려 유민인 것만은 확실하다.

5. 가야유민 처방

가야유민의 처방으로는 2건(21·28)이 있다. 志智乃返藥(21)은 之波伊婆利病[痳, 淋病]에 쓰는 약으로 所冢械越과 豊島郡 韓人稻邨에서 올린 것이다. 埜田河藥(28)은 加多加異耶美[癖]에 쓰는 약으로 攝津國 豊島郡 韓人以奈邨[村] 집안에 전해오는 약이다. 韓人稻邨의 稻는 訓이 'いね[이네]', 'いな[이나]'이고, 韓人以奈邨[村]의 '以奈'는 'いな[이나]'로 발음된다. '稻'와 '以奈'는 같은 뜻으로, 韓人稻邨과 韓人以奈邨[村]은 같은 말이다. 따라서 두 처방은 모두 攝津國 豊島郡 韓人稻[以奈]邨에서 유래한 것을 알 수 있다.

韓人稻邨과 관련해서 『속일본기』 권36, 光仁天皇, 寶龜 11년(780) 5월조에는 한반도계 유민에 성씨를 부여하는 기록이 있다. 여기에 "攝津國豊嶋郡人韓人稻村等一十八人, 賜姓豊津造"라고 하여 攝津國 豊嶋郡人 韓人稻村 등 18인에게 도요쓰노미야쓰코(豊津造)라는 성을 내려주는 내용이 있다. 『신찬성씨록』의 攝津國 任那 豊津造에는 "出自任那國人左李金[亦名 佐利己牟]也"라고 하여 豊津造가 任那國人 左李金을 出自로 한다고 되어 있다. 또 『신찬성씨록』 攝津國 任那 韓人에는 "豊津造同祖, 左李金[亦名 佐利己牟]之後也"라고 하여 韓人의 姓도 豊津造와 마찬가지로 任那國人 左李金의 후예로 되어 있다. 따라서 志智乃返藥과 埜田河藥은 任那國人 左李金의 후예로서 攝津國 豊嶋郡 韓人稻邨[村]에 정착한 임나유민의 처방이라고 할 수 있다.

한편 가야와 관련해서 주목되는 처방이 空擄藥이다. 이 약은 佐伽菟伽俐病[酲, 酒毒病]에 쓰는 처방이다. 이 약은 '大可波·加羅國乃連源之家'에 전하는 것으로 되어 있다. 可波는 'かわ[가와]'로 발음되며 川의 훈과 같다. 즉, 大可波는 大川을 의미한다. 加羅國은 韓國을 의미한다. 따라서 이 처방은 '大川과 韓國連源 집안'에 전하는 처방이라고 해석할 수 있다. 大川·韓國連源과 관련해서는 『속일본기』 권35, 寶龜 9년(778) 10월조에 "錄事 上毛野公 大川과 韓國連源 等 43인이 정월 13일에 長安城에 도착했다"는 기록이 있다.

韓國連源의 淵源과 改姓에 대해서는 『속일본기』 권40 延曆 9년(790) 11월조에 자세히 나온다. 간단히 요약하면 韓國連源은 物部大連의 후예인데 그 선조가 韓國에 使行했기 때문에 物部連에서 韓國連으로 改姓한 日本 舊民이라는 것이다. 그런데 근래에 韓國이라고 하면 三韓[三國]의 유민으로 오해하니 韓國이라는 성을 高原으로 바꾸어 달라는 것이다.[68] 따라서 韓國連源의 姓에 주목하여 그들을 韓國·加耶系로 연결시킬 수는 없다고 본다. 그런 점에서 空擄藥은 가야유민의 처방으로 볼 수 없다. 다만 그들의 선조가 韓國에 使行했기 때문에 가야와 전혀 무관하지는 않을 것이라고 본다.

68) 『續日本紀』 卷40 延曆 9년(790) 11월 壬申, "外從五位下韓國連源等言, 源等是物部大連等之苗裔也. 夫物部連等, 各因居地行事, 別爲百八十氏. 是以, 源等先祖塩兒, 以父祖奉使國名, 故改物部連, 爲韓國連, 然則大連苗裔. 是日本舊民, 今號韓國, 還似三韓之新來, 至於唱導, 每驚人聽, 因地賜姓, 古今通典, 伏望, 改韓國二字, 蒙賜高原, 依請許之."

V. 맺음말

지금까지 『대동유취방』 유포본을 위서로 보는 근거에 대해 살펴보고 그 근거가 최근에 발견된 『대동유취방』 전약료본에는 해당되지 않는다는 점을 밝혀 보았다. 나아가 『대동유취방』 전약료본에 수록된 고대 한반도 관련 처방을 검토하였다. 여기에서는 본론에서 검토하였던 내용을 요약하고 앞으로의 연구를 전망해 보는 것으로 맺음말을 대신하고자 한다.

『대동유취방』은 平城天皇 大同 3년(808)에 칙찬된 醫書였다. 이후 헤이안시대에 唐나라 의학이 본격적으로 수용되면서 토착적인 처방을 모은 『대동유취방』에 대한 관심은 멀어졌고, 결국 그 원본은 유실되었다. 『대동유취방』은 에도시대 國風文化에 대한 관심이 고조되면서 일본 最古의 和方書로 진귀하게 여겨졌다. 이 시기에 유행했던 寫本에는 완전한 것이 없었고 대체로 에도후기에 출판·필사된 것들로 상호 간의 체재가 일정하지 않았다.

『대동유취방』 유포본의 위서론을 체계적으로 정리한 사람이 사토 호죠였다. 그는 유포본의 체재가 일치하지 않는 점, 약방문과 表의 문체가 다른 점, 낱권의 분량이 일정하지 않은 점, 편찬자의 이름과 관직이 『일본후기』에 수록된 이즈모노 히로사다(出雲廣貞)와 아베노 마나오(安部眞直)와 일치하지 않는 점, 痘瘡說이 당시 의서와 부합되지 않는 점, 808년 이후에 성립된 加賀國이 언급된 점, 소변색을 당시 일본에 들어오지 않은 茶와 같다고 한 점 등을 제시하면서 유포본이 위서라고 단정하였다. 이후 대부분의 연구자들이 위서론을 지지하였다.

1990년대 중반 이후 고토 시로(後藤志郎)가 『대동유취방』의 진본에 해당하는 전약료본을 제시하였다. 전약료본은 위서론을 정리한 사토 호죠가 발견한 것이었으며 『칙찬진본대동유취방』(100卷, 13集)이란 이름으로 1856년부터 1864년에 걸쳐서 간행되었다.

전약료본은 유포본과 다른 특징을 갖고 있다. 먼저 순한문으로 된 '上大同類聚方表'와 '(大同)醫式'이 수록되어 있다. 목록, 권1의 卷首와 제13집 말미 등 3곳에 '典藥寮印'이 날인되어 있다. 또한 延喜 12년(912) 정월에 시작하여 연희 13년(913) 5월 초에 필사와 교열을 마쳤다고 하는 정확한 시점을 적고 있고 필사자는 大醫博士 후카네노 스케히토(深根輔仁[深江朝臣輔仁])였다. 유포본이 宣命體 小書로 쓰여진 것에 비해 전약료본은 宣命體 大書로 쓰여졌다. 유포본에 없는 약재의 用量을 기록했는데 이것은 약효와 관련이 있는 것이다. 또한 전약료본은 사토 호죠가 『기혼』(1831)에서 제기한 8가지 위서의 근거에 해당되지 않았다. 이런 점에서 사토 호죠가 발견하여 간행한 전약료본은 후카네노 스케히토가 『대동유취방』의 진본을 연희 12~13년(912~913)에 걸쳐서 필사한 판본['延喜本']으로 『대동유취방』의 진본이라고 볼 수 있다.

『대동유취방』 전약료본의 처방은 모두 799개인데 이 중에서 고대 한반도 관련 처방은 37건이다. 신라의 처방은 5건으로 鎭明, 林元武, 楊公明, 林敬明과 新羅 海部의 것으로 각기 咽喉, 暑病, 疝症, 癩病에 관련된 약이다. 이 중 林元武, 楊公明, 林敬明에 대해서는 다른 기록에서 확인되지 않는다. 또한 新羅 海部는 『삼국사기』 직관지에 보이지 않는다.

백제의 처방은 2건으로 모두 王仁의 것으로 疝症, 瘂症에 관련된 약이다. 백제유민의 처방은 모두 23

건으로 가장 비중이 높다. 이 중 百濟王氏의 처방이 3개인데 百濟王敬福, 百濟王仁貞, 百濟王遠寶의 것으로 消渴[糖尿病], 瘞症, 便毒에 대한 것이다. 백제유민 중 醫官 집안인 吉田連宜[吉宜], 吉田連古麻呂, 吉田連斐太麻呂의 처방이 14개가 남아 있는데, 傷寒, 膈]咽喉返病], 皷脹, 痛風, 遺精, 眸子散大[太瞳病], 痳[淋病], 諸血, 小兒病, 蚘蟲[蛔蟲], 禿瘡, 癰, 喉痺[咽喉風邪病] 등에 대한 처방이다. 또 다른 백제유민 의관으로 典藥頭를 역임한 麻田連狎[畋]賦의 처방이 4개가 남아 있는데 眸子散大[太瞳病], 衂血[鼻血病], 吐血, 班病에 관한 것이다. 백제유민 중 非醫官인 船連秦勝과 田邊史百枝의 처방이 각각 하나씩 남아 있는데 大便閉[便秘症]와 痏에 관련된 처방이다.

고구려유민의 처방으로는 4건이 있는데 高麗若光王, 黃書連本實, 豊原 曩[野]久鎭, 黃文連備의 것으로 각기 疝症, 遺精[夢精], 痘, 痏에 관련된 것이다. 가야유민의 처방으로 2건이 있는데 任那國 출신 左李金을 시조로 하는 攝津國 豊島郡 韓人稻村에서 올린 것으로 痳[淋病], 癖에 관련된 처방이다. 특이한 점은 발해 관련 처방이 없다는 것이다.

이제까지 한국학계에서는 위서론으로 인해 『대동유취방』에 대한 관심을 기울이지 못했다. 이 『대동유취방』에 고대 삼국 관련 처방이 37건이나 수록되었다. 삼국의 것이 적고 주로 유민의 처방이 다수를 차지하지만, 그 유민의 처방은 대부분 본국의 의학과 관련된다고 볼 수 있다. 그런 점에서 고대 삼국의 의학을 연구·복원하는 데에 『대동유취방』의 처방이 매우 중요한 역할을 할 것으로 기대된다.

투고일: 2015. 10. 28. 심사개시일: 2015. 11. 4. 심사완료일: 2015. 11. 27.

참/고/문/헌

1. 사료

『古事記』, 『文德實錄』, 『續日本紀』, 『日本書紀』, 『日本後紀』

2. 저서

服部敏良, 1945, 『奈良時代醫學の研究』, 東京堂.

服部敏良, 1955, 『平安時代醫學の研究』, 桑名文星堂.

大神神社史料編修委員會, 1979, 『校注大同類聚方』, 平凡社.

富士川游·小川劍三郎·唐澤光德·尼子四郎 編修, 1925, 『杏林叢書(第四輯)』, 吐鳳堂書店.

富士川游, 1904, 『日本醫學史』; 朴炅·李相權 共譯, 2006, 『日本醫學史』, 법인문화사.

三木榮, 1963, 『朝鮮醫學史及疾病史』, 自家出版.

손홍렬, 1988, 『한국 중세 의료제도사 연구』, 수서원.

新村拓, 1983, 『古代醫療官人制の研究 －典藥寮の構造－』, 法政大學出版局.

槇佐知子, 1985, 『全譯精解大同類聚方(上·下)』, 平凡社.

和田英松, 1936, 『本朝書籍目録考証』, 明治書院.

3. 논문

송완범, 2006, 「東아시아세계 속의 「百濟王氏」의 성립과 전개 －'일본율령국가'를 분석하는 소재로서－」, 『백제연구』 44.

이현숙, 2001, 「5세기 초 신라의사 金武와 의학의 발전」, 『한국사상과 문화』 14.

後藤志朗, 1996, 「『大同類聚方』の問題點 －同撰－にっいて」, 『日本醫史學雜誌』 42－4.

後藤志朗, 1997, 「『勅撰真本大同類聚方』について」, 『日本醫史學雜誌』 43－1.

後藤志朗, 1999, 「新発見『大同類聚方』に関する大同三年五月三日の詔文」, 『日本醫史學雜誌』 45－2.

後藤志朗, 2000, 「佐藤方定の発見した『大同類聚方(延喜本·寮本)』の上表文にっいて」, 日本醫史學會9月例会·神奈川地方會第15回 學術大會合同會.

後藤志朗, 2005, 「『大同醫式』について」, 『日本醫史學雜誌』 51－2.

後藤志朗·根本幸夫, 2007, 「佐藤方定と『大同類聚方』」, 『日本醫史學雜誌』 53－1.

〈日文要約〉

『大同類聚方』の典薬寮本と古代朝鮮半島関連処方

朴峻亨·呂寅碩

本稿では『大同類聚方』の流布本を中心に議論された偽書論が『大同類聚方』の典薬寮本には該当されず、典薬寮本を真本と見ようとした。それから典薬寮本に収録された朝鮮半島関連の処方について検討した。

『大同類聚方』は平成天皇大同3年(808)に勅撰した医書である。以後、唐の医学が本格的に受容されるにつれて土着的な処方を収集した『大同類聚方』に対する関心は薄れていき、原本は流失された。

江戸時代の国風文化に対する関心が高まり、流布本『大同類聚方』は日本最古の和方書として扱われた。佐藤方定は諸流布本の体制が一致しないこと、薬方文と表の文体が異なること、編纂者の名前と官職名が『日本後紀』に収録されている出雲広貞と安部真直と一致しないことなどを提示しながら、流布本を偽書と判断した。その後、大概の研究者は彼の偽書論を支持したのであった。

1990年代半ば以後、後藤志郎は『大同類聚方』の真本に当たる典薬寮本を提示した。典薬寮本は佐藤方定が1848年に発見したものであり、1856年から1864年にかけて『勅撰真本大同類聚方』(100巻、13集)として刊行されたものである。典薬寮本の『大同類聚方』は①純漢文の「上大同類聚方表」と「(大同)医式」があり、②目録、巻1の巻首と巻尾などの3ヶ所に'典薬寮印'が捺印されており、③大医博士深根輔仁[深江朝臣輔仁]が延喜12年(912)のお正月から延喜13年5月初めにかけて筆写と校閲を終えたという記録があり、④宣明体大書に書かれており、⑤薬材の容量が記されており、流布本とは相違がある。なお、典薬寮本は佐藤方定が提起した偽書論の根拠にはならなかった。

典薬寮本の『大同類聚方』には93種類の疾病に対する799個の処方が収録されている。そのうち、新羅、百済、および高句麗·百済·伽耶流民の処方は37件である。5件の新羅の処方は鎮明、林元武、楊公明、林敬明と新羅海部のものであり、それぞれ咽喉、暑病、疝、癩病に関する薬である。百済の処方としては王仁の2件がある。それから百済流民のものとしては百済王氏の百済王敬福、百済王仁貞、百済王遠宝の処方の3件があり、それぞれ消渇[糖尿病]、痙、便毒に関するものである。医家出身の吉田連宜、吉田連古麻呂、吉田連斐太麻呂の処方が14個、典薬頭を歴任した麻田連狎[畋]賦の処方が4個含まれている。医官ではない船連秦勝と田辺史百枝の処方もある。また、高句麗流民である高麗若光王、黄書連本実、豊原曩[野]久鎮、黄文連備の処方や伽耶流民である任那国出身の左李金を始祖とする攝津国豊島郡韓人稲村からの処方が2件ある。渤海の処方はない。

▶ キーワード: 『大同類聚方』, 安倍真直, 出雲広貞, 典薬寮本, 流布本, 佐藤方定, 後藤志郎

부록 1. 『대동유취방』 전약료본에 수록된 고대 한반도 관련 처방문과 해석*

1. 卷9, 乃无土加世病,[1] 志路木藥 〈사진1·2〉

志路木藥. 新羅國鎭明之傳方. 大和國高市郡波多神社, 所傳之方. 元衣通日女命, 乃牟土加是乎病美給不時, 用爲給日天,[2] 愈多流[3]藥.

咽腫禮,[4] 痛美弖,[5] 於茂能[6]通良受,[7] 保天里,[8] 於楚解安流[9]者二,[10] 用羽倍之.[11]

伙壽加豆羅五分, 於無奈可豆良三分, 阿遠加豆羅三分, 木波知寸乃美二分, 萬川甫度二分, 邪萬母々二分, 波自可美二分

志路木藥[新羅藥].[12] 新羅國 鎭明[13]이 전하는 처방. 大和國 高市郡 波多神社에 전하는 처방. 원래는 (允恭天皇의 后인) 衣通日女命[衣通郎姬]이 乃牟土加是[咽喉風]을 앓았을 때 써서 나았던 약.

목이 붓고 아파서 음식물을 넘기지 못하고, (몸이) 화끈거리고 惡寒이 있는 자에게 쓰는 것.

---

* 槇佐知子는 流布本을 집대성한 『校注大同類聚方』(大神神社史料編修委員會 編, 平凡社, 1979)을 완역·주석하여 『全譯精解大同類聚方(上·下)』(平凡社, 1985)를 발행하였다. 槇佐知子가 이 책을 번역할 당시에는 전약료본이 진본이라는 논의가 나오기 이전이었다. 또한 그는 전약료본 전체가 아닌 권8~권17까지만 수록된 『日本醫學叢書(第1卷)』(土肥慶藏·吳秀三·富士川游 選集校定, 金港堂, 1905)을 참고하였다.

현재까지 일본에서 典藥寮本 전체를 번역한 사례는 없다. 전약료본의 약명[처방]의 상당수는 유포본과 일치하지만 세부적으로 처방의 출처, 증상, 약재의 구성, 조제법 등에서는 많은 차이가 있다. 또한 전약료본에만 수록된 처방도 상당수 있다. 필자들이 처방문을 번역하는 과정에서 槇佐知子의 『全譯精解大同類聚方(下)』을 많이 참고하였다. 하지만 전약료본이 유포본과 내용상의 차이가 커서 독자적으로 해석한 것이 대부분이다. 그러다 보니 번역문의 문장이 매끄럽지 못한 부분이 많다. 또한 필자들이 오역했을 가능성도 배제할 수는 없다. 이런 부분들은 차후에 보완해 나가겠다. 많은 질정을 바란다.

『대동유취방』 전약료본의 釋文을 작성하는 과정에서 한독의약박물관 이경록 선생님의 도움을 받았으며, 번역하는 과정에서 연세대학교 의과대학 의사학과 김영수 선생님과 早稻田大學 文學研究科의 植田喜兵成智 선생님의 도움을 받았다. 또한 이 논문을 심사해주신 분도 번역상의 오류를 많이 지적해 주셨다. 이 자리를 빌어 이분들께 깊은 감사의 말씀을 전한다.

1) 乃无土加世病: 喉痺[咽喉風邪病]. 『대동유취방』 전약료본의 제1, 2집을 제외한 제4집~제13집의 표지에는 각 집에 수록된 병명을 나열하고 그에 해당하는 한자식 병명을 작은 글씨로 병기하였다. 본 해석문에서는 이를 참고하여 해당 병명을 한자식 병명으로 번역하였다.

2) 用爲給日天: 用い給ひて.

3) 愈多流: 愈たる.

4) 腫禮: 腫れ.

5) 痛美弖: 痛みて. 弖는 氐의 이체자이다.

6) 於茂能: 御物(おもの).

7) 通良受: 通らず.

8) 保天里: 火照(ほて)り.

9) 於楚解安流: 怖気(おぞけ)ある.

10) 者仁: 者に.

11) 用羽倍之: 用(もち)うべし.

12) 志路木藥: 平凡社本 『大同類聚方』 卷之17, 乃無度加世也民에서는 '之良支藥'으로 되어 있다.

13) 鎭明은 414년 일본에 파견되어 允恭天皇의 다리병을 치료했던 金武와 동일인이다(이현숙, 2001, 「5세기 초 신라의사 金武와 의학의 발전」, 『한국사상과 문화』 14).

佽[14]壽加豆羅[葛根] 5分, 於無奈可豆良[芎藭] 3分, 阿遠加豆羅[防己] 3分, 木波知寸乃美[木槿子] 2分, 萬川甫度[茯笭] 2分, 邪萬母々[楊梅] 2分, 波自可美[薑] 2分

2. 卷9, 乃无土加世病, 登富津藥 〈사진3·4〉

登富津藥. 新羅國林元武等之傳方. 筑前國那珂郡筥崎宮仁, 傳多留也.

咽亞支登,[15] 赤久腫,[16] 疼木,[17] 保呈理弖,[18] 腐爛流々[19]者二, 用倍之.

於富之乃祢三分, 比日羅支二分, 都知多羅二分, 加邪牟智三分, 乃世利三分, 烏多可久差三分, 宇介良二分, 久禮奴波那二分, 保之奈乃美五分, 木津豆羅三分

登富津藥[遠津藥].[20] 新羅國 林元武[21] 등이 전해준 처방. 筑前國 那珂郡 筥崎宮에 전한다.

목이 붉게 부어 아프고 상처가 나고 찢어진 자에게 사용할 것.

於富之乃祢[大黃根] 3分, 比日羅支 2分, 都知多羅[獨活] 2分, 加邪牟智[藁本 혹은 白芷] 3分, 乃世利[柴胡] 3分, 烏多可久差[升麻] 3分, 宇介良[朮] 2分, 久禮奴波那[紅花] 2分, 保之奈乃美[穀精草열매] 5分, 木津豆羅[防己] 3分

3. 卷13, 那通氣耶民,[22] 新樂久邇藥 〈사진5·6〉

新樂久邇藥. 新羅國人楊公明, 難波高津宮二, 坐治天下天皇御世, 貢調乃時, 奏之上流所之方也.

暑爾中天,[23] 食乎[24]吐, 寒介立, 面色青九,[25] 足冷者二,[26] 用爲天, 宜木[27]方.

加多保楚三分, 加良毛々二分, 末通保土三分, 暮介乃美二分, 當毛我波三分, 保寶迦之波三分

新樂久邇[新羅國]藥. 新羅國人 楊公明이 難波 高津宮에서 天下를 다스리는 천황[孝德天皇: 645~

---

14) 佽: 『日本醫學叢書』(p.247)에서는 似로 읽었으나 佽가 맞다.

15) 亞支登: 顎(あぎと). 咽亞支登는 목안의 顎門으로 목안, 편도를 지칭한다.

16) 赤久腫: 赤く腫れ.

17) 疼木: 疼き.

18) 保呈理弖: 火照(ほて)りて.

19) 腐爛流々: 腐(くさ)るる.

20) 登富津藥: 登富津의 발음이 とほつ이고 遠의 訓이 とほ[とお]이다. 登富津은 遠津으로 登富津藥은 遠津藥이라고 할 수 있다. 1번 志路木藥[新羅藥]을 畠山本에서는 '遠津國(藥)'이라고 한 점으로 보아 遠津(國)은 '먼 나라'인 新羅를 의미한다고 볼 수 있다. 遠津(國)藥=登富津藥은 '먼 나라의 약', '舶來藥'인 新羅藥이라고 추정된다(槇佐知子, 1985, 앞의 책, pp.45-47).

21) 林元武: 다른 기록에서 확인되지 않는다.

22) 那通氣耶民: 中暑.

23) 暑爾中天: 暑に中て.

24) 食乎: 食を.

25) 青九: 青く.

26) 者二: 者に.

27) 宜木: 宜き.

654][28]의 御代에서 貢調 때 奏上되었던 처방이다.

여름 더위에 음식물을 토하고 한기가 들어 낯빛이 파래지고 발이 차가운 자에게 쓰는 적당한 처방.

加多保楚[半夏] 3分, 加良毛毛[杏仁] 2分, 末通保土[茯苓] 3分, 暮介乃美[木瓜實] 2分, 當毛我波[桂皮] 3分, 保寶迦之波[厚朴] 3分

4. 卷15, 惠耶美[29]一云 神乃介, 淸志藥 〈사진7·8〉

淸志藥. 從五位上吉田連冝, 奏方. 同御傳.

耶麻志寶七分, 區離伽波三分, 鞍滿倚三分

粉二而, 熱甚者, 酢少, 白湯二, 和而, 用宇.[30]

淸志藥. 從5位上 吉田連宜[吉宜][31]가 받친 처방. 황실에 전하는 것과 같다.

耶麻志寶[山鹽] 7分, 區離伽波[栗皮] 3分, 鞍滿倚[甘草] 3分

가루로 만들어 볶은 것을 酢 약간을 白湯에 섞어서 쓰라.

5. 卷19, 佐伽菟伽俐病,[32] 空攊藥 〈사진9·10〉

空攊藥. 大可波·加羅國乃連源之家仁, 所傳之藥.

酒多飮天,[33] 咳不斷, 身熱久,[34] 小便赤久, 大便瀉下利天,[35] 數月乃后, 口中惡臭久,[36] 黃痰濃久,[37] 塊乃物乎吐, 日夜不臥, 口燥木,[38] 食不通, 足腫, 痛无[39]者二, 毛智亦天,[40] 与軌,[41] 工逡嶙.[42]

---

28) 『日本書紀』 卷25, 孝德天皇 大化 5년(649)조에는 신라 사신 沙喙部 沙湌 金多遂가 從者 37인을 대리고 왔으며 이후에도 계속 사신을 보냈다고 되어 있다. 김다수의 종자 37인에는 僧 1인, 侍郎 2인, 丞 1인, 達官郎 1인, 中客 5인, 才伎 10인, 譯語 1인, 雜傔人 16인 등이 포함되어 있었다.

29) 惠耶美: 傷寒.

30) 用宇: 用う.

31) 吉宜: 백제의 渡來 승려 惠俊이다. 그는 文武天皇 4년(700) 8월 칙령에 의해 還俗하였으며 吉宜라는 성명과 務廣肆라는 관위를 받았다. 이후 그는 神龜 원년(724) 정월에 吉田連이란 성을 받았다. 聖武天皇 天平 2년(730) 3월에는 그로 하여금 勅旨로 醫道를 弟子에게 敎授하도록 했다. 그는 天平 5년(733) 12월에는 종5위상 圖書頭가 되었으며 天平 10년(738)에는 典藥寮의 首長인 正5位下 典藥頭가 되었다.

32) 佐伽菟伽俐病: 酲[酒毒病].

33) 飮天: 飮て.

34) 熱久: 熱く.

35) 瀉下利天: 瀉下りて.

36) 惡臭久: 惡臭く.

37) 濃久: 濃く.

38) 燥木: 燥き.

39) 痛无: 痛む.

40) 毛智亦天: 用いて.

41) 与軌: 良(よ)き.

42) 工逡嶙: くすり.

可羅毛々乃左祢乃那可奴美二分, 有女乃左祢乃那可乃和二分

赤土乎, 細丹之天,[43] 水乎, 張於紀,[44] 其水乃, 能久,[45] 寸美太流,[46] 所乎, 汲天, 一合五勺[47]反, 右二味乎, 加反, 一合二 煮都免天,[48] 用于倍之, 一日二, 四五貼, 可與.

空擽藥. 大加波[大川]과 加羅國[韓國]連源[49]의 집안에 전해오는 약.

술을 많이 마셔서 기침이 멈추지 않고, 몸이 뜨겁고, 소변이 붉고, 대변은 설사하고, 수개월 후에는 입안에서 악취가 나고, 노란 가래가 나오다가 덩어리를 토하고, 주야로 눕지 못하며, 입안이 마르고, 음식을 먹지 못하며, 발이 부어 통증이 있는 자에게 주는 좋은 약.

可羅毛々乃左祢乃那可奴美[未詳] 2分, 有女乃左祢乃那可乃和[未詳] 2分

赤土를 곱게 갈아서 물을 채우고, 그 물을 맑게 한 것을 걸러서, 1合 5勺에 위 2종류를 더해서 1합으로 조려서 쓰는 것. 1일에 4~5첩을 준다.

6. 卷25, 記波堂病,[50] 鞍波遲藥 〈사진11 · 12〉

1) 鞍波遲藥. 遣新羅之使主, 多朝臣廣足之家仁, 秘置留方.

記波堂病之者仁, 用于流藥.

阿波甫二分, 久知南之三分, 加布遲三分, 左和楚良之三分, 之奴祢二分

2) 鞍波遲藥. 遣新羅使主 (波)多朝臣廣足[51] 집안에 秘傳된 처방.

記波堂[黃疸]을 앓는 이에게 쓰는 약.

阿波甫[升麻] 2分, 久知南之[梔子] 3分, 加布遲[合歡] 3分, 左和楚良之[藁本?] 3分, 之奴祢[羊蹄根] 2分

7. 卷30, 乃无度加反里病,[52] 石上藥 〈사진13 · 14〉

1) 石上藥. 吉田連斐太麻呂之奏流方, 元者迦具夜姫命乃方也.

---

43) 細丹之天: 細(ほそ)く足(た)して.

44) 張於紀: 張[はり]おき.

45) 能久: 能く.

46) 寸美太流: 澄みたる.

47) 勺: 10勺이 1合이다.

48) 煮都免天: 煮詰(につ)めて.

49) 大可波·加羅國乃連源: 可波는 'かわ'로 발음되며 川의 훈과 같다. 즉, 大可波는 大川을 의미한다. 加羅國은 韓國을 의미한다. 大川·韓國連源과 관련해서는 『續日本記』 卷35, 寶龜 9년(778) 10월조에 "錄事 上毛野公 大川과 韓國連源 等 43인이 정월 13일에 長安城에 도착했다"는 기록이 있다.

50) 記波堂病: 黃疸.

51) (波)多朝臣廣足: 『續日本記』 卷3, 文武天皇 大寶 3년(703) 9월 경술조에 "以從五位下波多朝臣廣足, 爲遣新羅大使."라고 하여 그 이름이 '波多朝臣廣足'으로 나온다.

52) 乃无度加反里病: 膈.

於紀南[53]·於牟那[54]乃, 日每二, 於茂奴乎,[55] 吐出, 或波,[56] 痰水袁,[57] 吐者仁, 用宇累方.[58)]

玖礼波自可美七分, 尾滿布利三分, 川之田毛二分, 和多太比五分, 阿里之日不木三分, 左久樂乃波三分

2) 石上藥. 吉田連斐太麻呂가 올린 처방인데, 원래는 迦具夜姫命의 처방이다.

할아버지·할머니가 매일 음식물을 토하거나 혹은 痰水를 토하는 자에게 쓰는 처방.

玖礼波自可美[吳茱萸] 7分, 尾滿布利[當藥·棣棠·木瓜 등으로 추정] 3分, 川之田毛[薏苡仁] 2分, 和多太比[蒟醬?] 5分, 阿里之日不木[桔梗] 3分, 左久樂乃波[薑?] 3分

8. 卷35, 波羅不區里病,[59] 雄波里藥 〈사진15·16〉

雄波里藥. 典藥頭吉田連古麻呂之方, 元者, 尾張國中嶋郡淺井神社二, 傳不流所之神方 登奏須.[60]

波良布伩里病, 腹痛, 食不進而, 小便色赤久, 年乎經天,[61] 卒仁, 腹大脹滿流者仁, 用于流方.

於保爾良三分, 須支乃年三分, 阿加豆木二分

雄波里藥. 典藥頭 吉田連古麻呂[62]의 처방인데 원래는 尾張國 中嶋郡 淺井神社에 전해오는 神方이라고 한다.

波良布伩里病[腹膨病][63]은 항상 腹痛이 있어서 식욕부진에 소변색이 붉고, 시간이 지나면 마침내 배가 부어오르는 자에게 쓰는 처방.

於保爾良[薤白] 3分, 須支乃年[杉根] 3分, 阿加豆木[赤小豆] 2分

9. 卷36, 迦波介病,[64] 見得紀藥 〈사진17·18〉

見得紀藥. 陸奧國之國造散福乃生浦乃美時ニ傳ヘ多流藥.

男女四十余リ乃頃, 伊他伩,[65] 色乎, 好天,[66] 水血虛枯天, 咽乾木, 湯水乎, 好, 舌枯燥, 肌熱久, 瘦,

53) 於紀南: 翁(おきな).

54) 於牟那: 嫗(おむな).

55) 於茂能乎: 御物(おもの)を.

56) 或波: 或は.

57) 痰水袁: 痰水を.

58) 用宇累方: 用うる方.

59) 波羅不區里病: 皷脹[腹腫病].

60) 登奏須: ~と奏(もう)す.

61) 年乎經天: 年を經て.

62) 吉田連古麻呂: 吉宜[吉田連宜]의 아들이다.

63) 波良布伩 里病: 波良의 음은 はら로 배[腹]를 뜻하고 布伩久 里의 음은 ふくり[膨り]로 부어오른다는 뜻이다. 波良布伩 里病은 腹膨病이라고 할 수 있다.

64) 迦波介病: 消渴[糖尿病].

65) 伊他伩 : 甚(いた)く, 痛(いた)く.

66) 好天: 好て.

小便濁, 難通, 陰痛, 足脚痛三,[67] 背引痛三, 大便下寫者仁, 用于流, 久須李.[68]

波美久佐二分, 可波不岐一分, 於保波古濃三一分, 阿差介美二分, 南宇良美一分

見得紀藥. 陸奥國의 國造인 散福[敬福][69]이 生浦의 美時[美知][70]에게 전해준 藥.

男女가 40여세경에 매우 色을 밝혀서 (체내)수분과 피가 虛하면서 말라 목이 마르고 湯이나 물을 즐겨 마시고 혀가 마르고 피부가 화끈거리고 야위고, 소변이 탁하면서 나오기 어려워 음경이 아프고, 발과 다리에 통증이 있고 등이 땡기면서 아프고, 대변은 설사하는 자에게 쓰는 약.

波美久佐[未詳] 2分, 可波不岐[茯笭?] 1分, 於保波古濃三[大麻?] 1分, 阿差介美[牽牛子?] 2分, 南宇良美[薺實] 1分

10. 卷37, 阿囊簸邏楊莽必,[71] 故末久須里 〈사진19〉

故末久須里. 高麗若光王之所傳授之方, 筑前國宗像郡蓑生文人之所奏之方, 元者, 劉夏林之方也, 登云.[72]

安丹牟□病, 痛不止者, 大人小兒共仁, 用爲天, 与紀, 久須里.

須具止智二分, 於甫楚美三分, 奈流波自可美五分

故末久須里[高麗藥].[73] 高麗 若光王[74]이 傳授해 준 처방으로 筑前國 宗像郡 蓑生文人이 바친 처방인데 원래는 劉夏林[75]의 처방이라고 한다.

安丹牟□病으로 통증이 멈추지 않는 자에게 대인·소아 모두 쓸 수 있는 약.

須具止智[酸漿] 2分, 於甫楚美[虎掌] 3分, 奈流波自可美[蜀椒] 5分

11. 卷37, 阿囊簸邏楊莽必, 大寓羅藥 〈사진20·21〉

---

67) 痛三: 痛み.

68) 久須李: 『大同類聚方』 典藥寮本에서는 藥의 일본어에 해당하는 くすり를 久須里·玖須理·久須李·久受啝·久寸啝·糺就劉·九周里·衢周里·久寸利 등 발음이 같은 다른 글자로 썼다.

69) 散福[敬福]: 平凡社本 『大同類聚方』 권54, 加波介也萬比, 見得紀藥에는 "聖武天皇天平八年, 陸奥國國造散福乃生浦等爾, 所傳授乃方"이라고 하여 聖武天皇 天平 8年(736)에 陸奥國 國造 散福으로 되어 있으나 이때 陸奥國 國造는 産福이 아니라 敬福이다. 畠山本 『大同類聚方』에는 "聖武天皇"이라고 한 부분이 "陸奥國之國造敬福生浦治世之方"이라고 되어 있다. 아마도 産자와 敬자가 비슷하여 잘못 쓴 것으로 보인다. 敬福(697~766)은 백제 의자왕의 玄孫으로 百濟王郎虞의 三男이다. 관위는 從3位 刑部卿까지 이르렀다. 百濟王敬福은 749年에 陸奥守에 있었으며 재임시에 陸奥国 小田郡에서 黃金을 발견하여 東大寺大佛 조성시에 황금을 받쳤으며, 橘奈良麻呂의 난과 藤原仲麻呂의 난을 진압하는 데에 공적을 세웠다.

70) 『萬葉集』 卷18, 4097, "須賣呂伎能 御代佐可延牟等 阿頭麻奈流 美知乃久夜麻爾 金花佐久"라고 하여 美時가 美知로 나온다.

71) 阿囊簸邏楊莽必: 疝.

72) 登云: ~と云.

73) 故末久須里: 故末은 고마[こま: 貊], 즉 고(구)려를 지칭하는 것이고 久須里는 藥의 일본어이다. 따라서 故末久須里는 高麗藥이라고 할 수 있다.

74) 高麗若光王: 寶藏王의 아들로 일본에 사신으로 파견되었다가 고구려가 멸망함에 따라 귀국을 하지 못하고 일본에 남게 되었다. 『續日本記』에 의하면 703년에 종5위하 高麗若光에 王姓을 주었다고 되어 있다.

75) 劉夏林: 魏國人으로 帶方太守를 역임한 劉夏로 보는 견해(槇佐知子, 1985, 앞의 책, pp.283-284)가 있으나 확인할 수가 없다.

大寓羅藥. 安陪朝臣男成·安陪朝臣常嶋等所上奏之方, 元ハ新羅之林敬明之傳之方.

阿多腹病, 身熱久, 痛盛爾之天,[76] 吐飮食乎, 手足比, 盈天, 痛美不止者仁, 用爲天, 善藥.

万久利裳三十目, 阿末木六十目

二味粉二, 研木, 飯爾, 煉合世, 丸女, 乾之, 小豆計二, 奈之天,[77] 其乎, 十五二, 分知, 一日二, 一包徒川, 十五日二, 用位天, 与四.[78]

大寓羅藥. 安陪朝臣男成·安陪朝臣常嶋 등이 上奏한 처방인데 원래는 新羅의 林敬明이 전해 준 처방.

阿多腹病으로 몸이 열나고 통증이 심해 음식물을 토하고 수족이 붓고 통증이 그치지 않는 자에게 쓰는 좋은 약이다.

万久利裳[海人草] 30目, 阿末木[甘草] 60目.

2종류를 갈아서 밥에 익혀서 섞어 丸을 만들어 말린다. 小豆 크기 정도로 해서 그것을 15개 정도로 나누어 하루에 1포씩 15일을 복용하도록 주시오.

12. 卷37, 阿嚢簸邏楊莽必, 安多波良藥 〈사진21〉

安多波良藥. 百濟國王仁之傳返太流方.

腹大爾, 痛古止, 一日止, 次之日 又, 痛如此之天, 數日, 不止者仁, 用于流方.

久知美无之

燒天, 研磨木, 日每爾, 二文目, 米醋爾天, 用位天, 与之.

安多波良藥. 百濟國 王仁이 전해 준 처방.

배가 매우 아프다가 하루 동안 멈추고 다음날 다시 통증이 이전과 같고 며칠 동안 멈추지 않는 자에게 쓰는 처방.

久知美无之[未詳]

구워서 갈아 매일 2번 쌀로 만든 초에 복용하면 된다.

13. 卷38, 辰太須久免野瀰,[79] 屋闘牟漏藥 〈사진22·23〉

屋闘牟漏藥. 与之田連吉麻呂之家之方.

女乃, 夏月乃頃, 大二, 熱久, 飮食无味, 手足處々痛, 難忍, 筋骨引川利, 不能步行, 叓,[80] 數日不愈者二, 與于流藥.

---

76) 盛爾之天: 盛にして.

77) 奈之天: なして.

78) 与四: 與よ.

79) 辰太須久免野瀰: 痛風.

80) 叓: 又의 古字.

門千止路三分, 毛古所農五分, 迦波[81]布[82]紀[83]三分, 㳢沫河波二分, 啊㕦吡三分

屋鬪牟漏藥. 吉田連古麻呂[84] 집안의 처방.

여자가 여름철에 크게 열이 나고 음식을 먹어도 맛이 없고 수족 곳곳이 아파서 참기 힘들고 근육과 뼈가 땡겨서 걷지 못하고 또한 며칠이 지나도 낫지 않는 자에게 주는 약.

門千止路[未詳] 3分, 毛古所農[未詳] 5分, 迦波布紀[款冬] 3分, 㳢沫河波[桂皮] 2分, 啊㕦吡[馬醉木] 3分

14. 卷46, 烏渡屠流美病,[85] 三面谷藥 〈사진24·25〉

三面谷藥. 臺忌寸八島·黃書連本實之朝家二, 所上奏之方也. 元者標屋之檝麻呂之家之方.

汙度津流身乃病, 惣身瘦天, 膚皮黑久, 胸滿, 飮食不進, 夜每二, 夢二, 交合登見寶都,[86] 多久, 流出留, 支, 數日乃后, 千可良南九,[87] 步行難久, 可保[88]乃伊路,[89] 阿袁久,[90] 紀婆美,[91] 津可類々毛能仁,[92] 毛知宇流,[93] 久受㖏.

迦羅波[94]比[95]二分, 万免甫土二分, 耶末差良新二分, 八末世里二分.

三面谷藥. 臺忌寸八島와 黃書連本實[96]이 조정에 上奏한 처방이다. 원래는 標屋 檝麻呂 집안의 처방.

汙度津流身病은 전신이 여위고 피부가 검고 가슴이 부어오르고 음식을 먹을 수가 없다. 매일 밤 꿈에 교합하는 것을 보면 陰水가 많이 흘러내리는 것이 수일 후에 무력해져서 걷기가 힘들며 얼굴빛이 파래지면서 누래지고 지친 자에게도 알려진 약.

迦羅波比[殼灰] 2分, 万免甫土[茯笭] 2分, 耶末差良新[未詳] 2分, 八末世里[當歸] 2分

81) 波: 원문에는 '辶+波'로 되어 있다. 波자에 辶를 더해 같은 발음의 다른 글자로 표현한 것이다.

82) 布: 원문에는 '辶+布'로 되어 있다. 布자에 辶를 더해 같은 발음의 다른 글자로 표현한 것이다.

83) 紀: 원문에는 '辶+紀'로 되어 있다. 紀자에 辶를 더해 같은 발음의 다른 글자로 표현한 것이다.

84) 与之田連吉麻呂: 吉田連古麻呂의 誤記인 듯하다.

85) 烏渡屠流美病: 遺精[夢精].

86) 登見寶都: ～と見ほ と.

87) 千可良南九: 無力(ちからな)く.

88) 可保: 顔(かお[ほ]).

89) 伊路: 色(いろ).

90) 阿袁久: 青(あお)く.

91) 紀婆美: 黃(き)ばみ.

92) 津可類々毛能仁: 疲(つか)るるものに.

93) 毛知宇流: 用(もち)うる.

94) 波: 원문에는 '辶+波'로 되어 있다. 波자에 辶를 더해 같은 발음의 다른 글자로 표현한 것이다.

95) 比: 원문에는 '辶+比'로 되어 있다. 比자에 辶를 더해 같은 발음의 다른 글자로 표현한 것이다.

96) 黃書連本實: 黃文連이라고도 한다. 성이 造이었다가 후에 連으로 바뀌었다. 黃書造本實은 天智天皇 10년(671) 3월에 水臬[水準器]를 바쳤다고 한다. 이후 黃書連本實은 持統天皇 8년(694)에는 直廣肆 大宅朝臣麻呂, 勤大貳, 臺忌寸八嶋와 함께 鑄錢司에 임명되었다. 黃書連이 언제 도일했는지는 정확하지가 않다.

15. 卷46, 烏渡屠流美病, 伊楚可牟藥 〈사진26 · 27〉

伊楚可牟藥. 典藥鑑從五位下吉田連古麻呂之家之方.

以免通流美寸流毛能能,[97] 毛智爲民度吉,[98] 佽須唎.

伊之久流美一分, 伊奈那奴美一分, 都保春二分, 之奈伊之一分, 木奈伊之一分, 多介須一分

伊楚可牟藥. 典藥鑑 從5位下 吉田連古麻呂 집안의 처방.

以免通流라는 병을 앓는 자에게 쓰는 약.

伊之久流美[柘榴果皮] 1分, 伊奈那奴美[羊桃實] 1分, 都保春[川保須] 2分, 之奈伊之[石膏] 1分, 木奈伊之[雲母] 1分, 多介須[竹州] 一分

16. 卷48, 久楚布世病,[99] 衣迦保藥 〈사진28〉

衣迦保藥. 上毛埜國佽畾妹郡, 伊加保之神乃社乃秘藥. 船連秦勝之上奏之方.

腹伊太三,[100] 小便大便不通者仁, 用位天, 与木, 久寸唎.

知女久左二分, 加波不木一分, 久路末女一分, 阿之太三一分, 奴奈波祢二分, 爾武也支二分, 止知久流三一分

衣迦保藥. 上毛野國 佽畾妹郡 伊加保神社의 秘藥으로 船連秦勝[101]이 올린 처방.

배가 아프고 소변·대변이 나오지 않은 자에게 사용해서 좋은 약.

知女久左[敗醬] 2分, 加波不木[款冬] 1分, 久路末女[黑大豆?] 1分, 阿之太三[牽牛子] 1分, 奴奈波祢[未詳] 2分, 爾武也支[未詳] 2分, 止知久流[未詳] 1分

17. 卷53, 布度利目病,[102] 壽意解藥 〈사진29〉

壽意解藥. 從五位下山背守, 麻田連狎賦[103]之家方也.

下止利免乃, 半目物乃, 色乎, 見留, 叓, 阿太半受之天,[104] 數月乃後, 兩眼明乎, 知散流仁,[105] 至流者仁, 用于倍幾方

---

97) 以免通流美寸流毛能能: 以免通流病するものの.

98) 毛智爲民度吉: 用(もち)いみたき.

99) 久楚布世病: 大便閉[便秘症].

100) 腹伊太三(弖): 腹痛みて.

101) 船連秦勝: 船連秦勝은 文武天皇 4년(700) 8월에 巡察使의 奏狀에 의해 善政 대한 포상으로 因幡守 30戶를 받았다. 慶雲 3년(705) 12월에는 종5위하에 올랐으며, 靈龜 2년(716) 4월에는 정5위하 出雲守에 올랐다.

102) 布度利目病: 眸子散大[太瞳病].

103) 麻田連狎[畋]賦: 『속일본기』에는 麻田連狎賦가 아닌 麻田連畋賦가 나온다. 畋자의 이체자가 이고 의 田에서 가운데 획을 길게 하면 狎자가 된다. 『大同類聚方』에서는 이체자를 많이 쓰는데 아마도 麻田連狎賦를 옮기는 과정에서 이체자를 잘못 이해하여 나온 誤記로 보인다.

104) 阿太半受之天: 能(あた)はずして.

105) 知散流仁: 知ざるに.

阿波甫三分, 由布波太五分, 可无波三分, 阿比之味五分

壽意解藥. 從五位下山背守, 麻田連狎[畋]賦 집안의 처방이다.

下止利免로 반쪽 눈으로 사물의 색을 보는 것이 불가능하게 되고 수개월 후에는 두 눈으로 빛을 알아 볼 수 없게 된 자에게 쓰는 처방.

阿波甫[升麻] 3分, 由布波太[木棉實] 5分, 可无波[樺] 3分, 阿比之味[藍實] 5分

18. 卷53, 布度利目病,[106] 烏豆木目乃洗藥 〈사진30·31〉

烏豆木目乃洗藥. 吉田連古麻呂之家方.

止年利木三分, 久太仁二分, 度布須三分

三味, 研木, 煎天, 日每仁, 數々, 洗不陪之.

아픈 눈을 씻는 약[烏豆木目乃洗藥]. 吉田連古麻呂 집안의 처방이다.

止年利木[秦皮] 3分, 久太仁[龍胆?] 2分, 度布須[白礬石] 3分

3종류를 갈아서 다린 액을 매일 여러 번 눈을 씻는다.

19. 卷57, 波乃智也美,[107] 伊差波藥 〈사진32·33〉

伊差波藥. 典藥頭從五位下, 麻田連狎賦之家之方. 陵崎瞻澤之傳不流方止云.

小兒之鼻血, 多出天, 不止者之藥.

屋万婆羅五分, 加无自五分, 久禮波乃五分

伊差波藥. 典藥頭從五位下, 麻田連狎賦 집안의 처방. 陵崎瞻澤이 전하는 처방라고도 한다.

소아가 코피가 많이 나와 멈추지 않는 자에 주는 약.

屋万婆羅[山灰] 5分, 加无自[合歡] 5分, 久禮波乃[紅花] 5分

20. 卷58, 智皤衢,[108] 鞍佐他藥 〈사진34〉

鞍佐他藥. 典藥頭從五位下, 麻田連狎賦之上奏方也. 元波, 天津日子根命之神方也.

時々, 血吐者二, 用而譽之.[109]

雲波巍三分, 紀理能奇五分, 鎖々羅迦仁五分

粉仁之天, 用于倍之.

鞍佐他藥. 典藥頭從五位下 麻田連狎賦가 上奏한 처방이다. 원래는 天津日子根命의 神方이다.

---

106) 布度利目病: 疼目病.

107) 波乃智也美: 衂血[鼻血病].

108) 智皤衢: 吐血.

109) 用而譽之: 用て良し.

때때로 피를 토하는 자에게 써도 좋다.

雲波巍[未詳] 3分, 紀理能奇[未詳] 5分, 鎖々羅迦仁[未詳] 5分

가루로 만들어서 줄 것.

21. 卷59, 之波伊婆利病,[110] 志智乃返藥 〈사진35·36〉

志智乃返藥. 所冢栻越·豊島郡勑之上之, 韓人稻邨等所上奏之, 仫春啢.

陰莖大, 痛三天, 小便難通, 膿水交出天, 日久, 不止者仁, 用宇流, 久須口梨..

嫗良年二分, 傴志仫差三分, 差保之二分, 波麻多我那五分, 磐具美二分

志智乃倍藥. 所冢栻越·豊島郡 등이 勅으로 올리고, 韓人稻村[111] 등이 上奏한 약.

陰莖이 커져서 통증이 있어 소변을 보기가 어렵고 고름이 섞여서 나오는데 오래 되어도 그치지 않는 자에게 쓰는 약.

嫗良年[多華薔薇根] 2分, 傴志仫差[萹蓄] 3分, 差保之[石葦 또는 卷柏?], 2分, 波麻多我那[天名精·亭歷?] 5分, 磐具美[石葦 또는 卷柏?] 2分

22. 卷59, 之波伊婆利病, 亞遐龍藥 〈사진37〉

亞遐龍藥. 囮役鑑吉田連缶雷麻呂之家乃, 糾就劉人眞考二, 缶雷ハ, 古之假字奈良无[112].

老太流人乃, 陰莖大, 痛三, 血膿水流出, 日夜, 痛二, 多反左流者仁,[113] 用于流方.

伽是仫左三分, 鳥流支三分, 伽牟自二分, 倚砢名乃美二分, 惠賀久里燒天二分, 久蕈藹二分

亞遐龍藥. 囮役鑑吉田連古麻呂의 집안의 약. 人眞考에 缶雷은 古의 伽字인 듯하다.

노인의 陰莖이 커져 아프고 피고름이 나오며 주야로 통증이 끊이지 않는 자에게 쓰는 처방이다.

伽是仫左[玉不留行] 3分, 鳥流支[夏枯草] 3分, 伽牟自[合歡] 2分, 倚砢名乃美[羊桃實?] 2分, 惠賀久里[芍藥] 태운 것 2分, 久蕈藹[未詳] 2分

23. 卷68, 知乃保世味坐,[114] 智能保世藥 〈사진38〉

智能保世藥. 百濟之王仁之秘傳返太流, 久寸啢乃乃利.[115]

110) 之波伊婆利病: 痳[淋病].

111) 韓人稻村: 부록1. 28번 卷74, 加多加異耶美, 埜田河藥에 "攝津國豊島郡韓人以奈邨"이 보인다. 韓人稻村의 稻는 訓이 'いね', 'いな'이고, 韓人以奈邨[村]의 '以奈'는 'いな'로 발음된다. '稻'와 '以奈'는 같은 뜻이다. 韓人稻村과 韓人以奈邨[村]은 같은 말이다.

112) 奈良无: ならむ.

113) 多反左流: 絕(た)えざる.

114) 知乃保世味坐: 瘗.

115) 乃利[乃里·南李]: なり[也].

子産天後, 氣弖, 利須留[116]者仁, 用宇流, 仮須利.

阿可支七分, 久麗葩五分, 止良乃尾二分

智能保世藥. 百濟의 王仁이 秘傳해 준 약이다.

자식을 낳은 후 氣를 토하는 자에게 쓰는 약

阿可支 7分, 久麗葩 5分, 止良乃尾 2分

24. 卷68, 知乃保世味坐, 阿刀宇加美乃藥 〈사진39〉

阿刀宇加美乃藥. 百濟王仁貞乃方也.

産后, 手足腫滿, 咽乾久者耳, 用雲倍吉, 九周里.

都寶玖佐五分, 加美豆波三分, 阿之多味三分, 乃母利比三分, 波万多加奈三分

阿刀宇加美乃藥. 百濟王仁貞[117]의 처방이다.

산후에 수족이 붓고 목이 마른 자에게 쓰는 약.

都寶玖佐[未詳] 5分, 加美豆波[楮葉?] 3分, 阿之多味[牽牛子?] 3分, 乃母利比[牙子] 3分, 波万多加奈[天名精·防風?] 3分

25. 卷69, 毛路毛路乃血乃病,[118] 江志駄藥 〈사진40〉

江志駄藥. 吉田連古麻呂乃方.

産女, 或波, 虚他留, 婦乃, 身慄比須留者袁, 直巢,[119] 衢周里.

久波古, 加波迦迷, 都可舟等

等久,[120] 燒弖, 研天, 日々, 冷水以而, 飲須弊芝.

江志駄藥. 吉田連古麻呂의 처방이다.

産女 혹은 虚症인 婦人, 몸이 떨리는 자를 치료하는 약.

久波古[白殭蠶], 加波迦迷[鼈], 都可舟[津蟹] 等

신속히 구워서 갈아 매일 냉수에 마시게 한다.

26. 卷70, 須久毛堂江病,[121] 臼井藥 〈사진41〉

116) 利須留: 吐(と)する.

117) 百濟王仁貞: 百濟王氏로 시조는 禪廣[善光]이다. 善光의 아들이 昌成이고 昌成에게는 郎[良]虞·南典·遠寶의 세 아들이 있다. 郎虞에게는 孝忠·全福·敬福의 세 아들이 있으며 이 중 全福의 아들이 仁貞이다.

118) 毛路毛路乃血乃病: 諸血[産後惡寒發熱, 産褥熱 등].

119) 直巢: 直(なお)す.

120) 等久: 疾(と)く, 早く.

121) 須久毛堂江病: 驚風.

臼井藥. 吉田連古麻呂之家之乃㖦.

小兒, 高不所与利, 墜天, 息, 太江太流[122]二, 用于流藥.

袁三那可川良, 波之武度

粉仁弖, 都介止利乃伊二天, 祢利,[123] 万呂女,[124] 醋二天, 用宇可.

臼井藥. 吉田連古麻呂 집안의 것이다.

소아가 높은 곳에서 떨어져 숨이 끊어졌을 때 주는 약.

袁三那那可川良[芎藭], 波之武度[未詳]

가루를 만들어 都介度利乃伊[鷄胆]에 개어서, 丸을 지어 醋와 함께 준다.

27. 卷72, 惠務師邪魔悲,[125] 余新太藥 〈사진42〉

余新太藥. 吉田連斐太麻呂之家之方.

小兒, 四川五川乃頃, 腹痛美, 日夜, 啼々天, 不止, 身痩世, 胸腹脹留波, 伽非无四[126]奈利, 用井天,[127] 与紀,[128] 久寸㖦.

万九利母七分, 九礼八南二分, 都介止利乃吉母燒天, 三分.

余新太藥. 吉田連斐太麻呂[129] 집안의 처방.

소아가 4, 5세경에 복통으로 밤에 울음이 그치지 않고 몸이 야위면서 가슴과 배가 부어오르는 것은 回蟲에 의한 것으로 사용하면 좋은 약.

末久利母[海人草] 7分, 久禮波奈[紅花] 2分, 都介度利乃支母[鷄胆] 태운 것 3分

28. 卷74, 加多加異耶美,[130] 埜田河藥 〈사진43〉

埜田河藥. 攝津國豊島郡, 韓人以奈邨之家二, 所傳之藥之乃里[131]

可良波日, 久羅々根, 阿爲迺三, 宇呉路毛知, 久波古乃日以留

---

122) 太江太流: 絕(た)えたる.

123) 祢利: 煉(ね)り.

124) 万呂女: 丸(まる)め.

125) 惠務師邪魔悲: 蚘蟲[蛔蟲].

126) 伽非无四: 回蟲(かいむし).

127) 用井天: 用いて.

128) 与紀: 良(よ)き.

129) 吉田連斐太麻呂: 寶龜 2년(771) 윤3월에 외종5위하로 內藥正에 보임되었고 보귀 7년(776) 3월에는 出雲掾을 겸하였고, 보귀 8년(777) 정월에는 內藥右로 伯耆介를 겸하였으며, 1년 뒤에는 伊勢介도 겸하게 되었다. 보귀 11년(780) 2월에는 內藥正 侍醫에 相模介를 겸임하였다. 그는 吉田連宜의 아들인 吉田連古麻呂보다 內藥正을 4년 빨리 맡았던 것으로 보아 吉田連古麻呂보다 손위인 것으로 추정된다.

130) 加多加異耶美: 癖.

131) 乃里[乃利·南李]: なり.

細二, 研木, 飯乃上汁二天, 煉合世, 丸女天,[132] 夜晝間奈久,[133] 可用宇.

埜田河藥. 攝津國 豊島郡 韓人以奈邨[村][134] 집안에 전해오는 약이다.

可良波日[殼灰], 久羅々根[苦蔘根], 阿爲迺三[藍實], 宇吳路毛知[鼹鼠], 久波古乃日以留[蠶蛹]

분말로 만들어서 밥물에 섞어서 丸을 만들어 주야로 준다.

29. 卷76, 伊裳加左,[135] 野口藥 〈사진44·45〉

野口藥. 豊原之曩久鎮之家之方.

乃介久差仁天,[136] 若無[137]者乃, 用烏流藥.

紀太支須三分, 九礼八南二分, 九呂末女二分, 阿陪傷瓜 三分, 肷乃日碧二分.

野口藥. 豊原 曩久鎮[138] 집안의 처방.

乃介久差로 앓는 자에게 쓰는 약.

紀太支須[惡實] 3分, 九祢八南[紅花] 2分, 九呂末女[黑大豆] 2分, 阿陪傷瓜 [橙] 3分, 肷乃日碧[桔梗] 2分

30. 卷77, 加于陪加差,[139] 嶺黑藥 〈사진46·47〉

嶺黑藥. 吉田連芳麻呂[140]乃家方而, 大和國添上郡, 井出臣岑畔乃家与利, 烏流登古呂乃,[141] 久寸利乃乃利.

熱世利, 頭二, 小瘡出天, 黃汁流礼出天, 与利々々, 蔓利,[142] 頭二, 普久, 出滿天, 空木所奈久奈禮

---

132) 丸女天: 丸めて.

133) 奈久: 無(な)く.

134) 韓人以奈邨[村]: 부록 1. 21번 卷59, 之波伊婆利病, 志智乃返藥에도 '韓人稻村'이 보인다. 韓人稻村의 稻는 訓이 'いね', 'いな'이고, 韓人以奈邨[村]의 '以奈'는 'いな'로 발음된다. '稻'와 '以奈'는 같은 뜻으로 韓人稻村과 韓人以奈邨[村]은 같은 말이다.

135) 加于陪加差: 痘.

136) 乃介久差仁天: 乃介久差(のけくさ)にも. ~にも[=~で]. 乃介久差는 두창의 초기 증상인 수포, 농포[고름]가 빠져 나온 상태를 말하는 듯하다.

137) 若無: 痛(や)む.

138) 豊原 曩久鎮: 平凡社本 『大同類聚方』(권85, 乃介保呂之也民, 野口藥)과 田中本 『大同類聚方』(卷83, 乃介保呂之也美, 野口藥)에서는 이 약을 高麗 野久鎮 집안의 처방이라고 되어 있다. 『續日本記』 권23 淳仁天皇 天平寶字 5년(761) 3월 경자조에 백제·신라·고구려계 유민에게 성씨를 내리는 조항이 있는데 이 중 "上部 王虫麻呂에게 豊原連을 … 上部 王彌夜大理 等 18인에게 豊原造를 내렸다"고 되어 있다. 豊原 曩[野]久鎮이 豊原造인지 豊原連인지 정확하게 구분할 수는 없지만 고구려 유민인 것만은 확실하다.

139) 加于陪加差: 禿瘡.

140) 吉田連芳麻呂: 吉田連芳麻呂는 다른 기록에서 확인되지 않는다. 田中本 『大同類聚方』(권84, 加牟路加差, 嶺黑里藥)과 平凡社本 『大同類聚方』(卷86, 加牟路加差, 嶺黑藥)에서 모두 嶺黑藥을 吉田連芳麻呂가 아닌 吉田連古麻呂의 처방으로 기록되었다. 吉田連芳麻呂은 吉田連古麻呂의 誤記가 아닌가 한다.

141) 烏流登古呂乃: 得るところの.

142) 蔓利: 広(ひろが)り.

流者, 毋乃腹中乃毒乃, 和坐南里,[143] 己礼二,[144] 毛知宇流,[145] 久須利.

宇盤良乃江三分, 耶毛志解二分, 仇羅々祢二分, 大師乃念三分.

嶺黑藥. 吉田連芳麻呂 집안의 처방으로 大和國 添上郡 井出臣岑의 집안에서 얻었다고 하는 약이다. 열이 나고 얼굴[146]에 작은 瘡이 나면서 노란 고름이 나와 넓게 퍼져서 얼굴에 퍼져 빈틈이 없게 된 것은 어미 뱃속의 毒[胎毒]에 의한 것이다. 이런 경우에 사용하는 약.

宇盤良乃江[營實] 3分, 耶毛志解[南天竹子] 2分, 仇羅々祢[苦蔘根] 2分, 大師乃念[大黃根] 3分.

31. 卷78, 世南半寸加左,[147] 吉武太耳藥 〈사진48·49〉

吉武太耳藥. 吉田連斐太麻呂乃藥, 元者, 小名日子命之御藥乃方.

介乃木皮五分, 礼布里乃木五分, 須比半奈三分

吉武太耳藥. 吉田連斐太麻呂의 약인데 원래는 小名日子命의 御藥의 처방.

介乃木皮[未詳] 5分, 礼布里乃木[合歡] 5分, 須比半奈[忍冬] 3分

32. 卷83, 牟娜軻瑳病[148]一云 無那智須美, 鞍須迦藥 〈사진50·51〉

鞍須迦藥. 吉田連古麻呂乃方.

胸瘡, 熱介,[149] 寒鶏,[150] 行交比筒,[151] 咳九[152]者仁, 好.

波悲浪珂斯波五分, 鎖玖欒伽破三分, 儺哆莽謎五分

鞍須迦藥. 吉田連古麻呂의 처방.

胸瘡으로 熱나고 추운 것이 교대로 나타나며 기침하는 자에게 좋다

波悲浪珂斯波[未詳] 5分, 鎖玖欒伽破[未詳] 3分, 儺哆莽謎[未詳] 5分

33. 卷84, 能无土不世病,[153] 伊太浦女藥 〈사진52·53〉

伊太浦女藥. 從五位上吉宜乃乃唎仁之天, 出雲木好子仁, 佐徒九曡止,[154] 故路[155]之, 久須唎南李.

---

143) 和坐南里: 技(わざ)なり. ~のせいである의 고어.

144) 己礼二: これに.

145) 毛知宇流: 用(もち)うる.

146) 이 증상은 천연두로 보인다. 원문에는 머리[頭]라고 되어 있지만 의미상 얼굴로 보는 것이 맞다.

147) 可左病乃多具日: 癰.

148) 牟娜軻瑳病: 肺痿·心癰.

149) 熱介: 熱(あつ)け.

150) 寒鶏: 寒(さむ)け.

151) 行交比筒: 行交(ゆきか)ひつつ.

152) 咳九: 咳く.

153) 能无土不世病: 咽喉諸症.

154) 佐徒九曡止: さづ(ず)くれし. 授けた의 고어.

乃无止不世者, 咽腫, 塞利, 痛三, 須波武紀,[156] 志計佽之,[157] 能民,[158] 區日,[159] 阿豆[160]乃佽, 佽流志无,[161] 毛奴仁,[162] 毛知宇流,[163] 佽聚唎.

新奈支二分, 於保曾美一分, 太万可波二分, 依具李念一分

伊太浦女藥. 從五位上 吉宜의 처방으로 出雲木好 아들에게 주었다고 하는 故事의 약이다.

乃无止不世[咽喉症]는 인후에 부종이 생겨 막혀서 아프고 기침이 잦고 먹고 마신 후에 통증이 있는 자에게 쓰는 약.

新奈支[菩提樹] 2分, 於保曾美[虎掌] 1分, 太万可波[桂皮] 2分, 依具李念[未詳] 1分

34. 卷92, 可丹然瘡,[164] 根怒吉藥 〈사진54·55〉

根怒吉藥. 常陸守百濟王遠寳之家方.

阮美乃祢壹分, 相乃屋仁七分, 万津屋二八分.

研木, 祢里天,[165] 瘡二, 奴里川計天,[166] 膿乎, 出須倍之.

根怒吉藥. 常陸守 百濟王遠寶[寳][167] 집안의 처방.

阮美乃祢 1分, 相乃屋仁 7分, 万津屋二 8分.

갈아 반죽하여 瘡에 발라서 고름이 나오게 할 것.

35. 卷92, 摩爐垓癧,[168] 大不野藥 〈사진55·56〉

大不野藥. 黃文連備·田邊史百枝等之傳流藥之藥方久寸之, 黒足乃, 步見,[169] 止云.[170]

初女, 栗粒乃大左, 腫礼, 痛美, 繼大二, 爛礼, 腐利, 膿汁流出流者二, 用宇流, 久寸利.

---

155) 故路: 故事(こぢ, こじ).

156) 須波武紀: すわぶき. 咳(せき)의 고어.

157) 志計佽之: 繁(しげ)くし.

158) 能民: 飲(の)み.

159) 區日: 食(く)ひ.

160) 阿豆: 後(あと).

161) 佽流志无: 苦(くる)しむ.

162) 毛奴仁: 者に.

163) 毛知宇流: 用(もち)うる.

164) 可丹然瘡: 便毒.

165) 祢里天: 練(ね)りて.

166) 奴里川計天: 塗(ぬ)り付(つ)けて.

167) 百濟王遠寶: 百濟王氏로 시조는 禪廣[善光]이다. 善光의 아들이 昌成이고 昌成에게는 郎[良]虞·南典·遠寶의 세 아들이 있다. 즉, 백제왕원보는 의자왕의 증손이다.

168) 摩爐垓癧: 痔.

169) 步見: 文(ふみ)

170) 止云: ～と云.

九羅々五分, 惠耶美久佐四分, 也万世利三分, 木波陀三分, 大新之根二分

大不野藥. 黃文連備[171]·田邊史百枝[172] 등이 전해 준 약의 약방이다. 藥師[173] 黑足의 글[文]이라고 한다.

처음에 좁쌀 만한 腫이 생겨서 통증이 계속 커지고 진물러 고름이 흘러내리는 자에게 쓰는 약.

九羅々 5分, 惠耶美久佐 4分, 也万世利 3分, 木波陀 3分, 大新之根 2分

36. 卷94, 諸乃班病,[174] 班乃伊耶之藥 〈사진57·58〉

班乃伊耶之藥. 前典藥頭麻田連狎賦之家之方.

男女, 身體, 赤白乃班乎病者二, 用流附, 久須利.

登良乃乎五分, 比留无之三分, 登利乃阿之久左三分

粉二天, 酢二天, 奴利都久[175]陪之.

班乃伊耶之藥. 前 典藥頭 麻田連狎賦 집안의 처방.

男女 몸에 赤白班을 앓는 자에게 쓰는 약.

登良乃乎 5分, 比留无之 3分, 登利乃阿之久左 3分

가루를 내어 초에 섞어서 발라 줄 것.

37. 卷95, 微大釟可左耶民,[176] 鄙羅忌藥 〈사진59·60〉

鄙羅忌藥. 新羅之海部乃傳流藥方.

美大利, 瘡二天, 手足腐眉, 毛落流二到, 无止須流者二, 用爲天能, 久寸利.

波民[177]

五十筋切, 研木, 酒二, 非太之天,[178] 一夜置, 煮, 叓, 半日, 骨乎, 厺,[179] 絞利天,[180] 亦, 酒乎, 入煮, 叓, 一日, 如, 飴二, 成之天, 酒二天, 日々度々, 用于陪之, 凡三十日二, 用爲天, 吉

171) 黃文連備: 黃文連을 黃書連이라고도 한다. 성이 造이었다가 후에 連으로 바뀌었다. 그는 田邊史百枝와 함께 당시 최대 권력자였던 藤原不比等이 大寶律令을 撰定하는 데에 참여하였다.

172) 田邊史百枝: 書首·船史氏와 함께 대표적인 백제계 史官이었다. 그는 黃文連備와 함께 당시 최대 권력자였던 藤原不比等이 大寶律令을 撰定하는 데에 참여하였다.

173) 久寸之: 藥師.

174) 諸乃班病: 班病.

175) 奴利都久: 塗(ぬ)り付(つ)く.

176) 微大釟可左耶民: 癩病.

177) 波民: 食(は)み.

178) 非太之天: 浸(ひた)して.

179) 厺: 去의 異體字.

180) 絞利天: 凝(こ)りて.

鄐羅邑藥[新羅藥].[181] 新羅 海部에 전하는 약방.

문드러진 瘡으로 手足이 썩어 털이 빠지는 것이 멈추지 않는 자에게 쓰는 약.

복용

50개의 근육을 끊어서 갈고 술에 담가 하루 밤을 두고 끓이고 또 半日 동안 뼈를 발라내어 응고시키고 또 술을 넣어 끓이기를 하루, 사탕과 같이 만들어서 술에 매일 몇 번씩 쓰는데 대개 30일 동안 쓰면 좋다.

181) 鄐羅邑藥: 鄐羅邑藥의 欄外에는 '鄐シ'라는 주석이 있다. 이에 의하면 鄐의 발음이 '시(シ)'라는 것을 알 수 있다. 그렇다면 '鄐羅邑'는 '시라기'로 발음되며 앞의 '志路木', '新樂久邇'처럼 신라를 지칭한다. 따라서 鄐羅邑藥은 新羅藥을 가리키는 것을 알 수 있다.

부록 2. 『대동유취방』 전약료본에 수록된 고대 한반도 관련 처방문 사진*

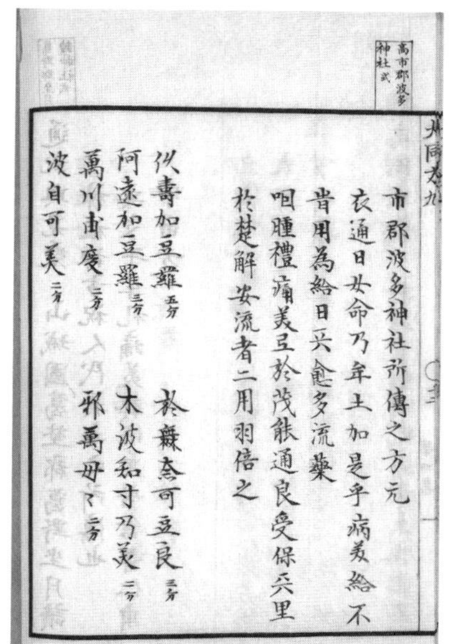

高市郡波多神社式

市郡波多神社所傳之方元衣通日女命乃年土加是乎病美給不背用爲給日兵愈多流藥

咽腫禮痛美豆於茂能通良受保兵里於楚解安流者二用羽倍之

比壽加豆羅 五方　於蘇奈可豆良 三方

阿遠和豆羅 三方　木波和寸乃美 二方

萬川由度 二方　邪萬毋ゝ 二方

波自可美 二方

〈사진 2〉 卷9, 乃无土加世病, 志路木藥 2

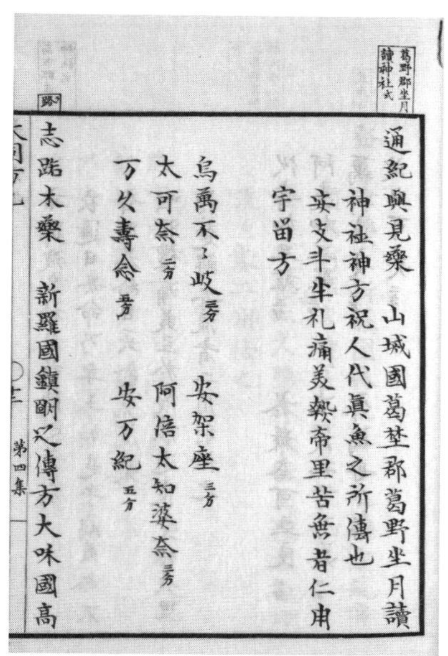

葛野郡坐月讀神社式

通紀與見藥 山城國葛埜郡葛野坐月讀神社神方祝人代眞魚之所傳也

安支斗牟礼痛美穀希里苦無者仁串宇留方

烏萬不ゝ岐 三方　安架座 三方

太可奈 二方　阿倍太知婆奈 三方

万久壽念 五方　安万紀 五方

志路木藥 新羅國鎭明之傳方大味國高

〈사진 1〉 卷9, 乃无土加世病, 志路木藥 1

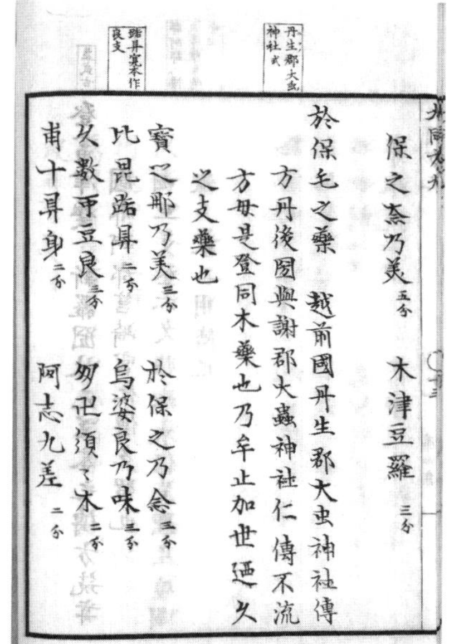

丹生郡大虫神社式

保之奈乃美 五分　木津豆羅 三分

於保毛之藥 越前國丹生郡大虫神社傳方丹後國與謝郡大蟲神社仁傳不流方毋是登同木藥也乃牟止加世迺久之支藥也

寶之那乃美 三分　於保之乃念 三分

比毘踏牙 二分　烏婆良乃味 三分

多久數市豆良 三分　多巴須ゝ木 二分

甫十牙身 二分　阿志九差 二分

〈사진 4〉 卷9, 乃无土加世病, 登富津藥 2

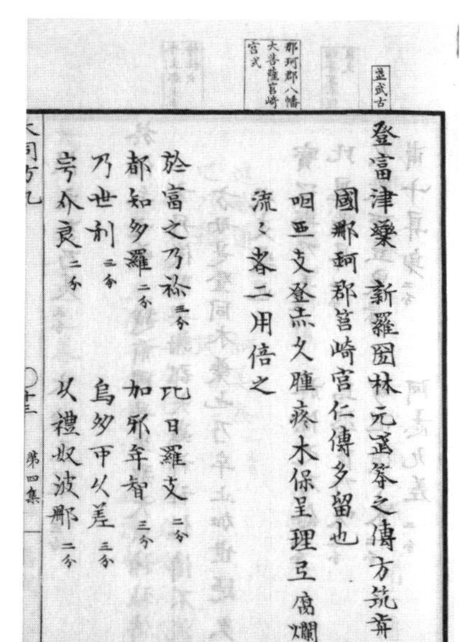

那珂郡八幡大菩薩宮崎宮式

登富津藥 新羅國林元邑斧之傳方筑前國那珂郡宮崎宮仁傳多留也

咽西支登志久腫疼木保呈理豆腐爛流ゝ者二用倍之

於富之乃祢 二分　比日羅支 二分

都知多羅 二分　加邪年智 三分

乃世利 二分　烏多市久差 三分

宇介良 二分　以禮奴波那 二分

〈사진 3〉 卷9, 乃无土加世病, 登富津藥 1

---

* 延世大學校 醫科大學 東隱醫學博物館은 附錄2에 실린 『大同類聚方』(典藥寮本) 卷9~59의 해당 사진을 研醫會圖書館으로부터, 卷68~95의 해당 사진을 豊橋市中央圖書館으로부터 각각 이 논문에만 이용하는 조건으로 이용허가를 받았다.

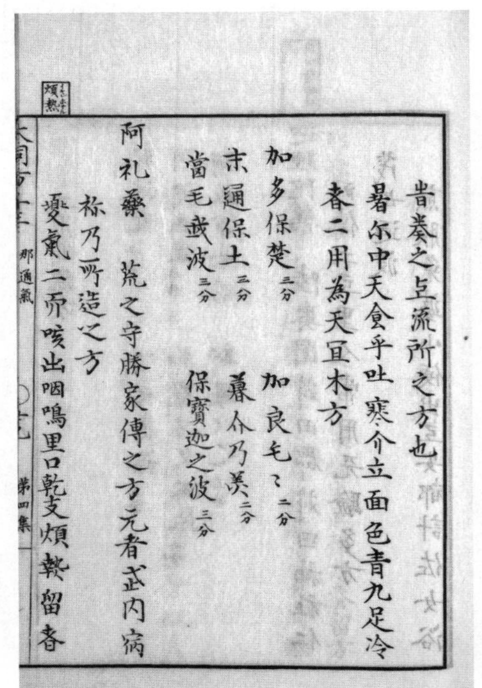

煩熱

大同方十三 那通氣 第四集

皆奏之上流所之方也
暑尓中天食乎吐寒介立面色青九足冷
春二用為天豆木方
加多保楚 三分 加良毛々 二分
末邇保土 二分 蘖介乃美 二分
當毛武波 三分 保寶迦之波 三分
阿礼藥 荒之守勝家傳之方元者武内宿
祢乃所造之方
變氣二而咳出咽鳴里口乾支煩熱留春

〈사진 6〉 卷13, 那通氣耶民, 新樂久邇藥 2

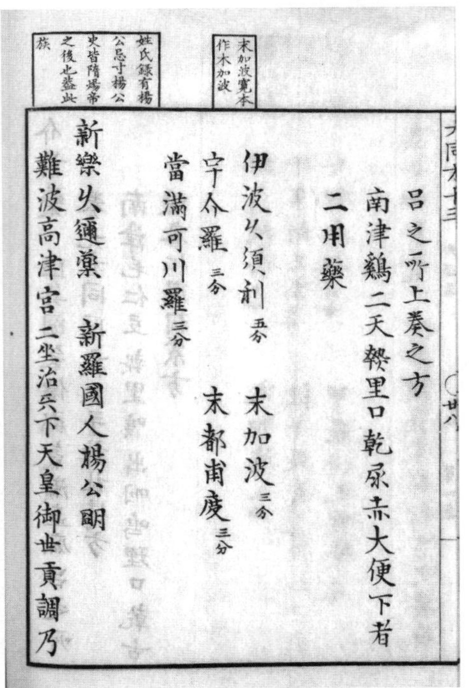

末加波寬本作木加波

姓氏錄有楊公忌寸楊公史皆隋煬帝之後也蓋此族

大同方十三 廿八

呂之所上奏之方
南津鷄二天黎里口乾尿赤大便下者
二用藥
伊波久須利 五分 末加波 三分
守介羅 三分 末都甫度 三分
當滿可川羅 三分
新樂久邇藥 新羅國人楊公朗
難波高津宮二坐治天下天皇御世貢調乃

〈사진 5〉 卷13, 那通氣耶民, 新樂久邇藥 1

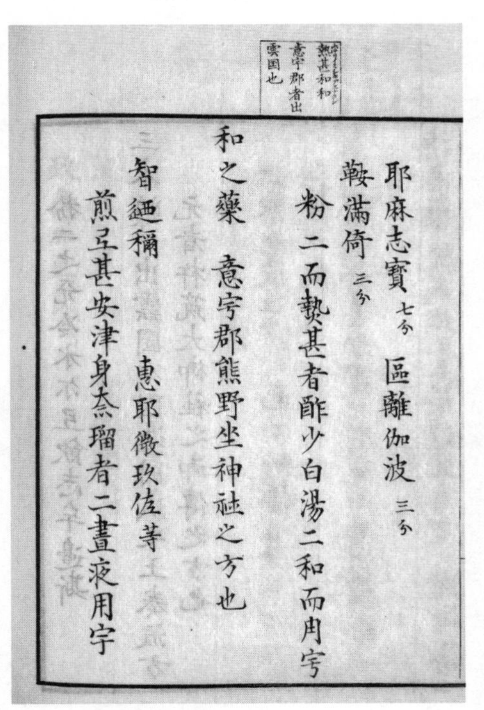

熱甚和和 意宇郡者出雲国也

耶麻志實 七分 區離伽波 三分
鞍滿倚 三分
粉二而熱甚者酢少白湯二和而用宇
和之藥 意宇郡熊野坐神社之方也
智麺稱 惠耶微玖佐等
煎豆甚安津身太急瑠者二晝夜用宇

〈사진 8〉 卷15, 惠耶美, 淸志藥 2

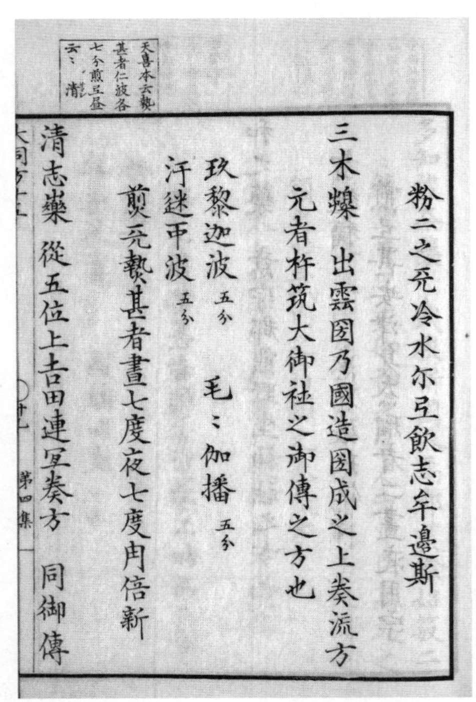

天喜本云熱甚者仁波各七分煎豆晝云々 清

大同方十五 廿二 第四集

粉二之死冷水尓豆飮志乍邊斯
三木藥 出雲国乃國造国成之上奏流方
元者杵筑大御社之御傳之方也
玖黎迦波 五分 毛々伽播 五分
汙迷币波 五分
煎元熱甚者晝七度夜七度用倍新
清志藥 從五位上吉田連宜奏方 同御傳

〈사진 7〉 卷15, 惠耶美, 淸志藥 1

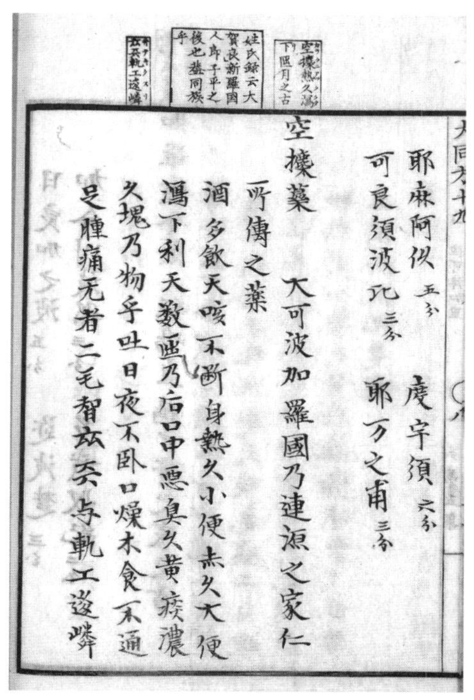

〈사진 9〉 卷19, 佐伽菟伽俐病, 空擴藥 1

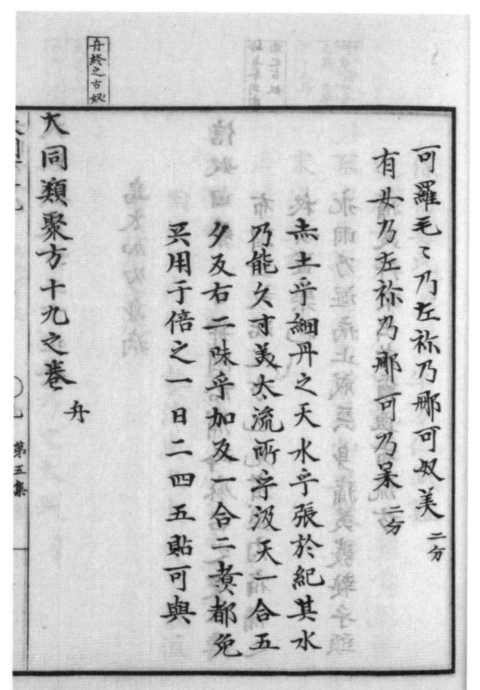

〈사진 10〉 卷19, 佐伽菟伽俐病, 空擴藥 2

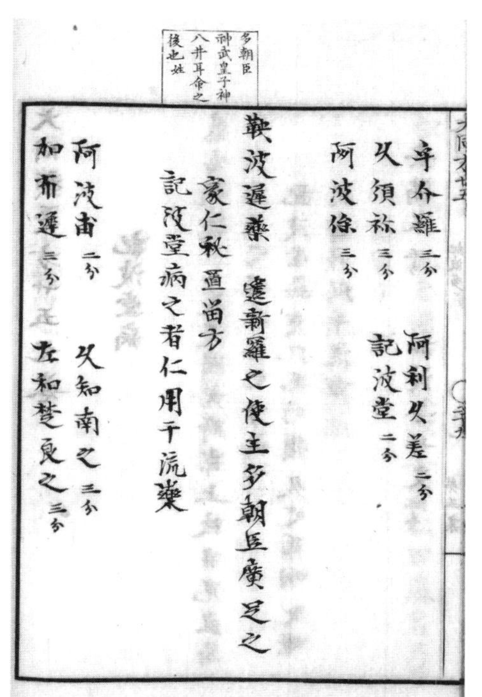

〈사진 11〉 卷25, 記波堂病, 鞍波遲藥 1

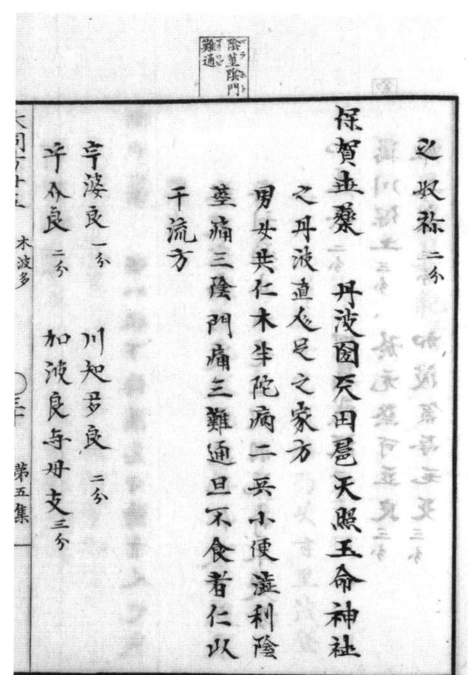

〈사진 12〉 卷25, 記波堂病, 鞍波遲藥 2

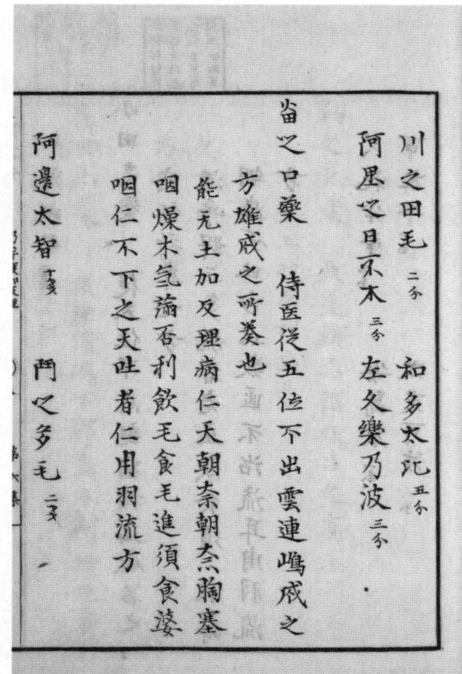

川之田毛 二分 和多太比 五分
阿里之日示木 三分 左久樂乃波 三分
岩之口藥 侍医従五位下出雲連嶋成之
方雄成之所奏也
能元土加反理病仁天朝奈朝奈胸塞
咽燥木氣痛否利飲毛食毛進須食湊
咽仁不下之天吐者仁用羽流方
阿邊太智 一分 門之多毛 二分

〈사진 14〉 卷30, 乃无度加反里病, 石上藥 2

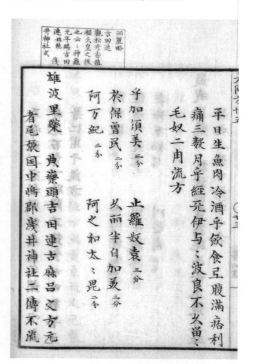

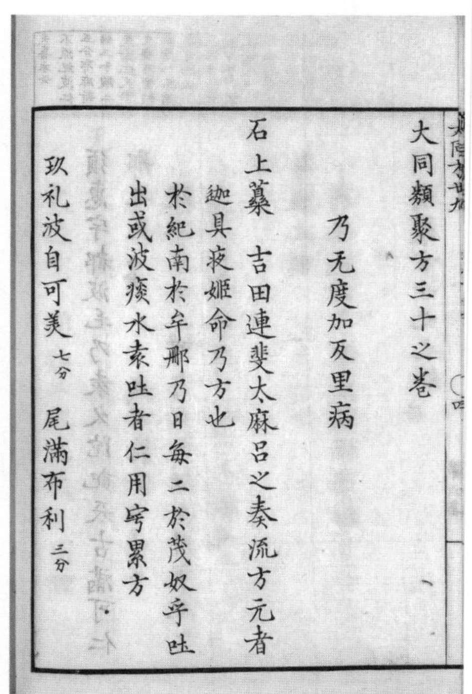

大同類聚方三十之巻
乃无度加反里病
石上藥 吉田連斐太麻呂之奏流方元者
迦具夜姫命乃方也
於紀南於乎耶乃日毎二於茂奴乎吐
出或波痰水素吐者仁用宇累方
玖礼波自可美 七分 尾満布利 二分

〈사진 13〉 卷30, 乃无度加反里病, 石上藥 1

平群朝臣 武内宿祢六世孫猪子臣之後也 姓
所之神方登奏須
波良布以里病腹痛食不進而小便色
赤久年乎経天卒仁腹大脹満流者仁
用于流方
於保尓良 三分 須支乃里 三分
阿加豆木 二分
美波羅藥 安房國朝東郡御原平群朝臣
嗣人之家方

〈사진 16〉 卷35, 波羅不區里病, 雄波里藥 2

而麗略 吉田連 観松彦香殖稲天皇之後也云々 神亀元年賜吉田連姓 浅井神社 式
平日生魚肉冷酒乎飲食豆腹満痞利
痛三数月乎経元伊与々波良不久留々
毛奴二肉流方
乎加須美 二分 止羅奴袁 二分
於保曽民 二分 久而牟自加美 二分
阿万紀 二分 阿之和太々比 二分
雄波里藥 典藥頭吉田連古麻呂之方元
者尾張国中嶋郡浅井神社二傳不流

〈사진 15〉 卷35, 波羅不區里病, 雄波里藥 1

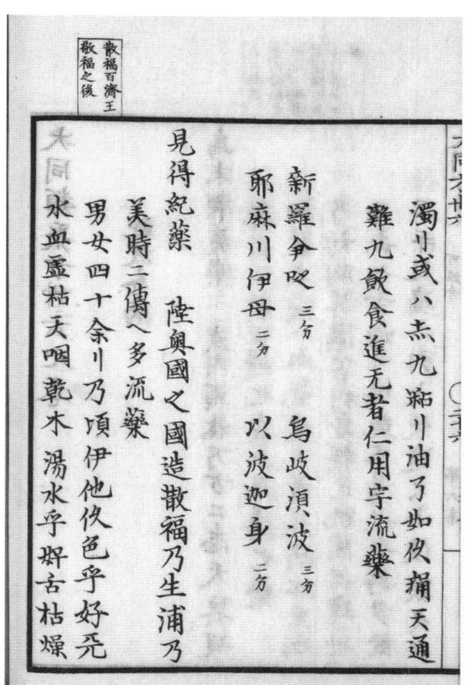

散福百濟王
敬福之後

濁リ或八赤九滴リ油了如夜爛天通
難九飲食進无者仁用字流藥
新羅余吹 三分 烏岐須波 三分
耶麻川伊母 二分 以波迦身 二分
見得紀藥　陸奥國之國造散福乃生浦乃
美時二傳ヘ多流藥
男女四十余リ乃頂伊他伙色乎好飛
水血虚枯天咽乾木湯水乎姅古枯燥

〈사진 17〉 卷36, 迦波介病, 見得紀藥 1

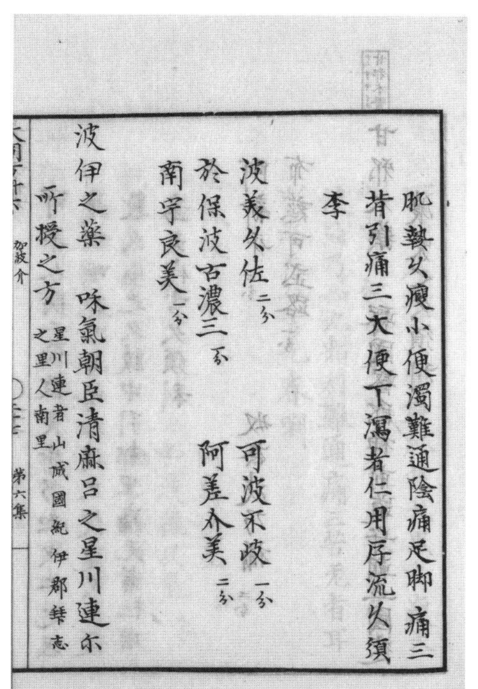

肌熱久瘦小便濁難通陰痛足脚痛三
背引痛三大便下濕者仁用序流久須
李
波美久佐 二分 可波禾岐 一分
於保波古濃三 分 阿差介美 二分
南守良美 一分
波伊之藥　味氣朝臣清麻呂之星川連尓
所授之方　星川連者山城國紀伊郡鮮志之里人南里

〈사진 18〉 卷36, 迦波介病, 見得紀藥 2

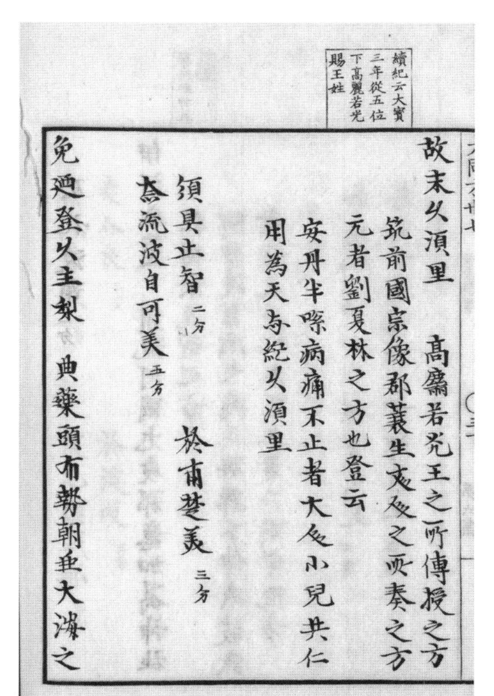

續紀云大寶三年從五位下高麗若光賜王姓

故末久須里　高麗若光王之所傳授之方
筑前國宗像郡蓑生戈冬之所奏之方
元者劉夏林之方也登云
安丹半嗽病痛不止者大冬小兒共仁
用爲天与紀久須里
須具止智 二分　於甫楚美 三分
吞流波自可美 五分
免通蚤久主執　典藥頭布勢朝臣大海之

〈사진 19〉 卷37, 阿囊簸邏楊莽必, 故末久須里

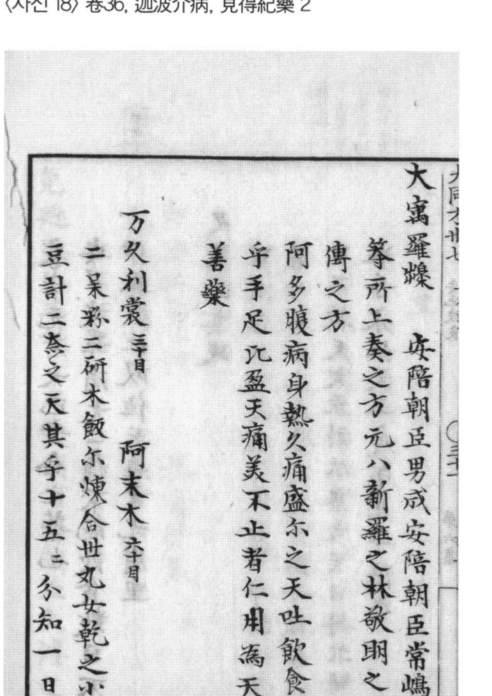

大寓羅藥　安陪朝臣男成安陪朝臣常嶋
等所上奏之方元八新羅之林敬明之
傳之方
阿多腹病身熱久痛盛尓之天吐飲食
乎手足冗盈天痛美不止者仁用爲天
善藥
万久利裳 三十目　阿末木 六十目
二呆粉二研木飯尓煉合世丸女乾之小
豆計二粒之天其乎十五二分知一日

〈사진 20〉 卷37, 阿囊簸邏楊莽必, 大寓羅藥 1

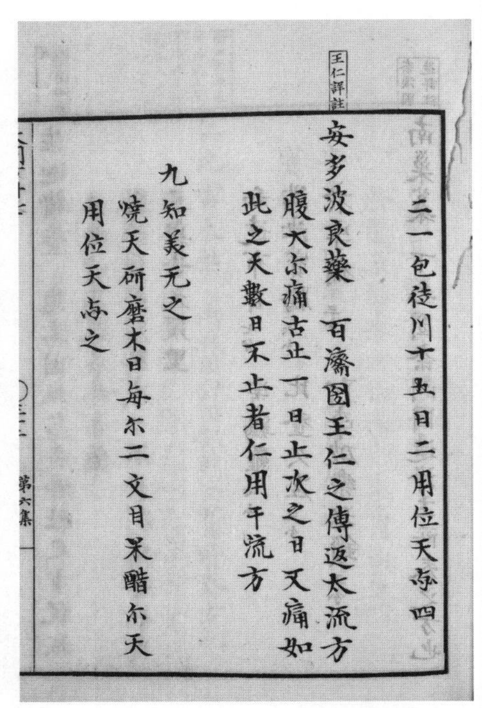

王仁評註

二一包徒川十五日二用位天与四
安多波良藥　百濟国王仁之傳返太流方
腹大尓痛古止一日止次之日又痛如
此之天數日不止者仁用于流方
九知美元之
焼天研磨木日毎尓二文目呆醋尓天
用位天与之

〈사진 21〉 巻37, 阿嚢簸邏楊莽必, 大寓羅藥 2 / 安多波良藥

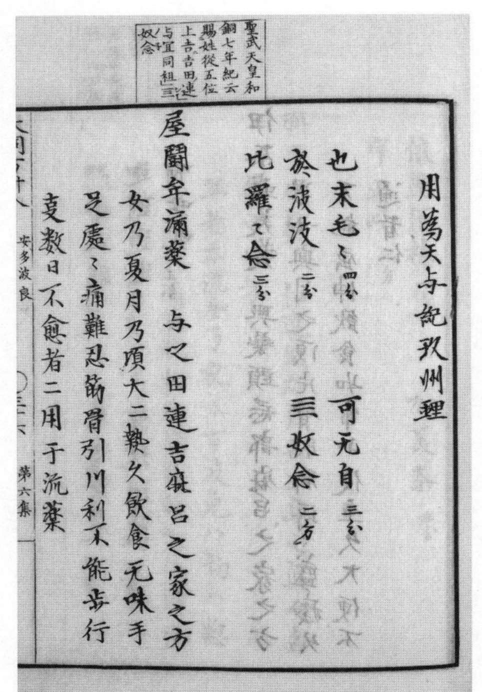

用薦天与紀玖州理
也末毛ゝ 四分　可无自 三分
於波波 二分　三奴念 二方
比羅ゝ念 三分
屋闘牟漏藥　与ゝ田連吉麻呂之家之方
女乃夏月乃項大ニ熱久飲食无味手
足處ゝ痛難忍筋骨引川利不能歩行
叓數日不愈者二用于流藥

〈사진 22〉 巻38, 辰太須久免野瀰, 屋闘牟漏藥 1

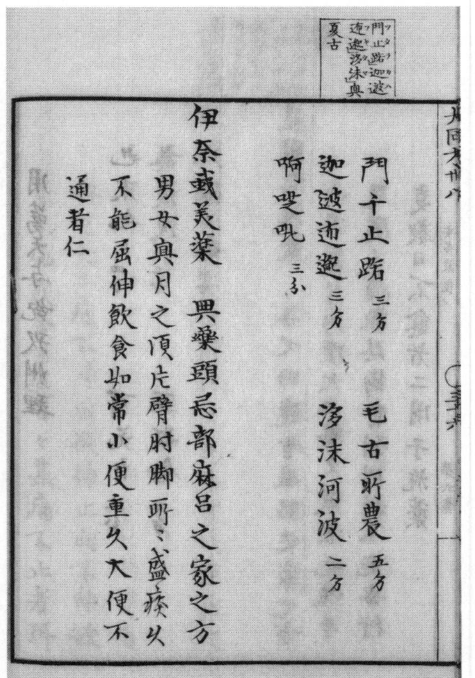

門千止踣 三方　毛古所農 五方
迦遮迺邀 三方　汐沫河波 二方
啊哩吼 三分
伊奈戴美藥　興彙頭忌部麻呂之家之方
男女與月之頂庀臂肘脚所ゝ盛疾久
不能屈伸飲食如常小便重久大便不
通着仁

〈사진 23〉 巻38, 辰太須久免野瀰, 屋闘牟漏藥 2

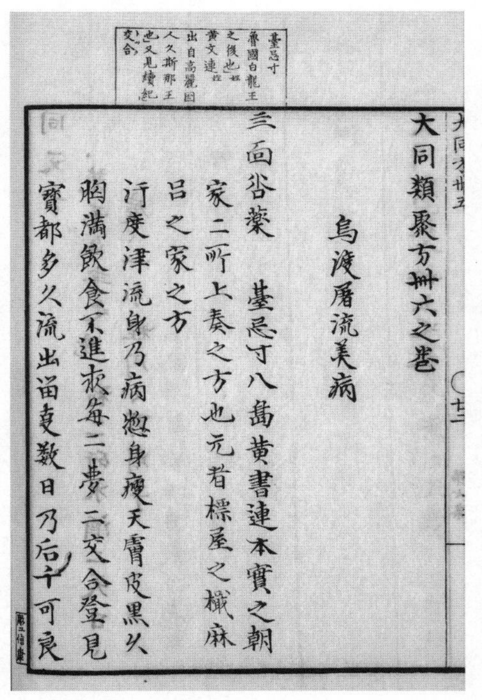

大同類聚方卅六之巻
烏渡屠流美病
三面谷藥　臺忌寸八嶋黄書連本實之朝
家二所上奏之方也元者標屋之檝麻
呂之家之方
汗度津流身乃病惣身瘦天膚皮黒久
胸満飲食不進夜毎ニ夢ニ交合登見
實都多久流出留叓数日乃后ニ可良

〈사진 24〉 巻46, 烏渡屠流美病, 三面谷藥 1

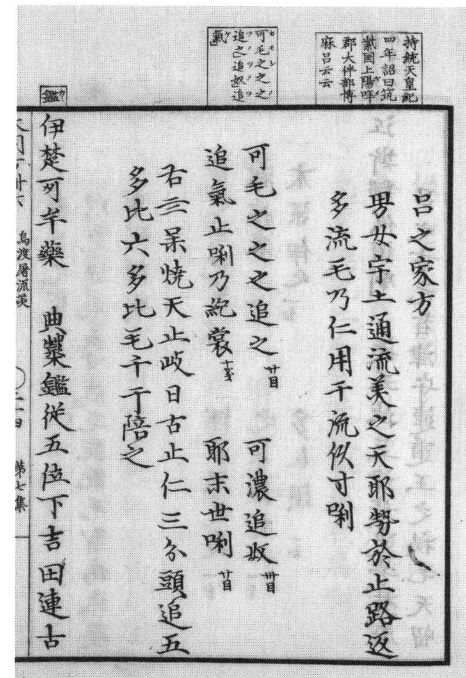
持統天皇紀四年詔曰筑紫國上陽咩郡大伴部博麻呂云云

呂之家方
男女字土通流美之天耶努於止路返
多流毛乃仁用于流似寸喇
可毛之之之追之 可濃追奴
追氣止喇乃紀裒 耶末世喇
右三味焼天止岐日古止仁三分頭追五
多比六多比毛千于倍之
伊楚可牟藥 典藥鑑從五位下吉田連古

〈사진 26〉 卷46, 烏渡屠流美病, 伊楚可牟藥 1

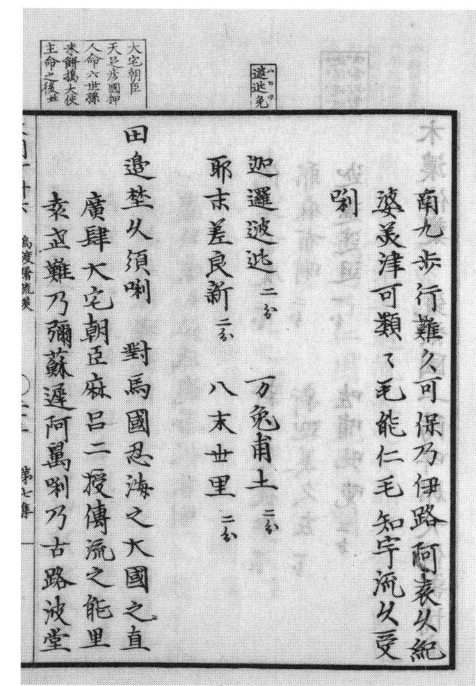
大宅朝臣天足彦國押人命六世孫米餅搗大使主命之後也

木南九歩行難久可保乃伊路阿衣久紀
婆美津可類了毛能仁毛知宇流久叟
喇
迦邏波迯 二分 万免甫土 二分
耶末差良新 二分 八末世里 二分
田追埜从須喇 對馬國忍海之大國之直
廣肆大宅朝臣麻呂二授傳流之能里
袁立難乃彌蘇邏阿萬喇乃古路波堂

〈사진 25〉 卷46, 烏渡屠流美病, 三面谷藥 2

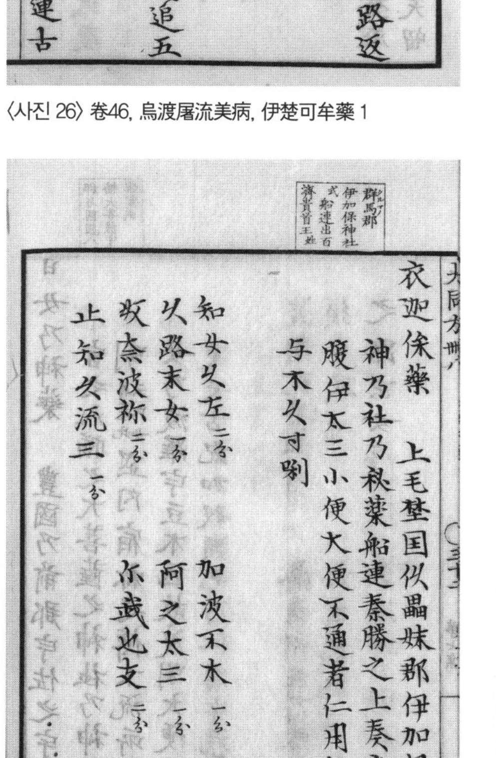
群馬郡伊加保神社式船連出百濟貴首王姓

衣迦保藥 上毛埜国似畾妹郡伊加保之
神乃社乃秘藥船連秦勝之上奏之方
腹伊太三小便大便不通者仁用位天
与不久寸喇
知女久左 二分 加波不木 一分
久路末女 一分 木阿之太三 一分
收奈波袮 二分 介武也支 二分
止知久流三 一分

〈사진 28〉 卷48, 久楚布世病, 衣迦保藥

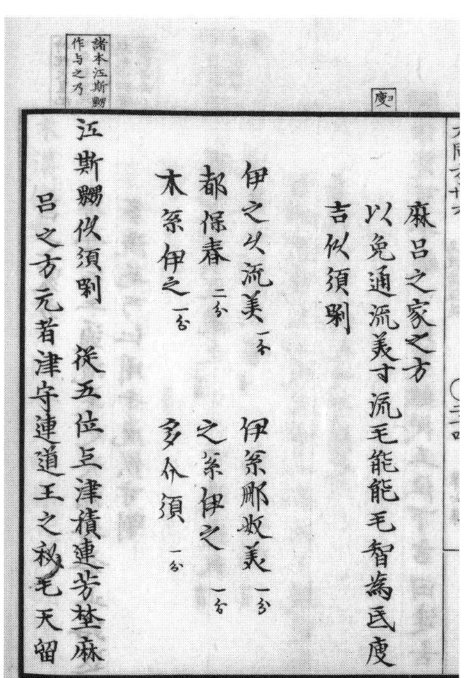
諸本江斯鵰作与之乃

麻呂之家之方
以免通流美寸流毛能能毛智為氐度
吉似須喇
伊之久流美 一分 伊系耶收美 一分
都保春 二分 之系伊之 一分
木系伊之 一分 多介須 一分
江斯鵰似須喇 從五位上津積連芳埜麻
呂之方元着津守連道王之秘毛天留

〈사진 27〉 卷46, 烏渡屠流美病, 伊楚可牟藥 2

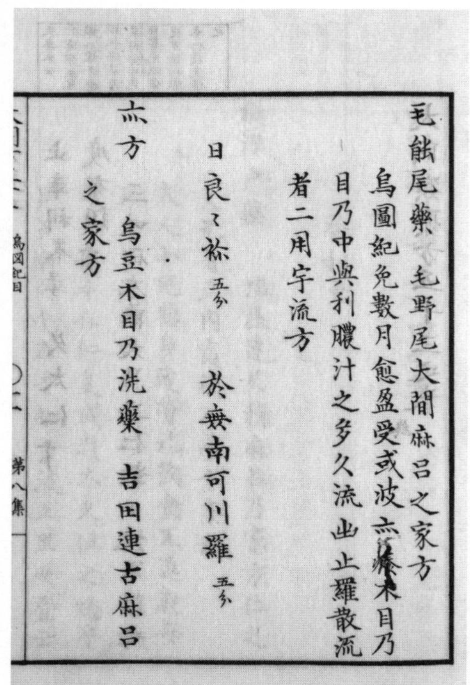
毛能尾藥　毛野尾大間麻呂之家方
烏圖紀免數月愈盈受弐波六鯵木目乃
目乃中與利朧汁之多久流出止羅散流
者二用宇流方
日良ミ祢 五分　於無南可川羅 五分
六方　烏豆木目乃洗藥　吉田連古麻呂
之家方

〈사진 30〉 卷53, 布度利目病, 烏豆木目乃洗藥 1

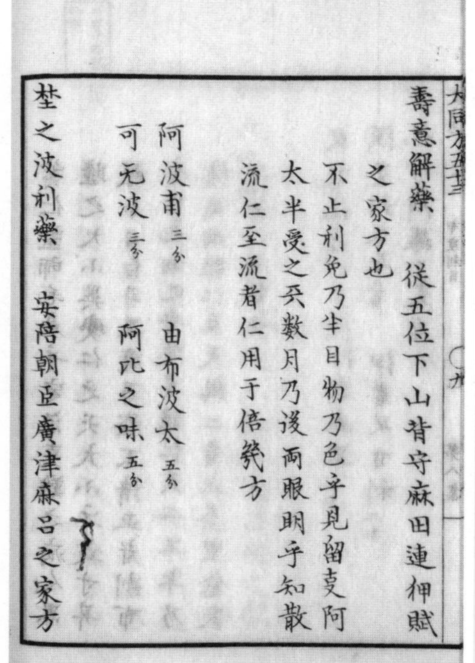
壽意解藥　從五位下山背守麻田連㭡賦
之家方也
不止利免乃半目物乃色乎見留吏阿
太半受之㢲數月乃後兩眼明乎知散
流仁至流者仁用于倍純方
阿波甫 三分　由布波太 五分
可无波 三分　阿比之味 五分
埜之波利藥　安陪朝臣廣津麻呂之家方

〈사진 29〉 卷53, 布度利目病, 壽意解藥

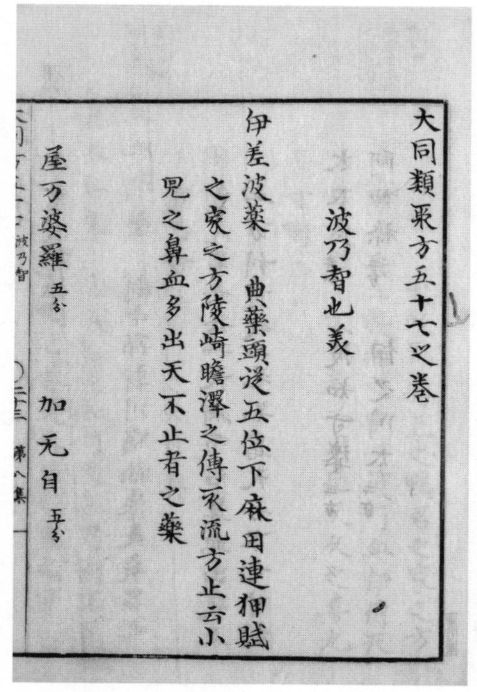
大同類聚方五十七之卷
波乃智也美
伊差波藥　曲藥頭從五位下麻田連㭡賦
之家之方陵崎瞻澤之傳來流方止云小
児之鼻血多出天不止者之藥
屋万婆羅 五分　加无自 五分

〈사진 32〉 卷57, 波乃智也美, 伊差波藥 1

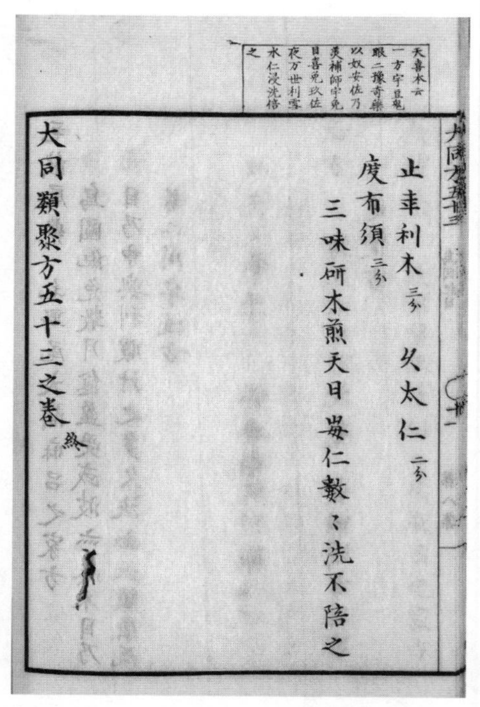
止牟利木 三分　久太仁 二分
度布須 三分
三味硏木煎天日毋仁數ミ洗不陪之
大同類聚方五十三之卷 終

〈사진 31〉 卷53, 布度利目病, 烏豆木目乃洗藥 2

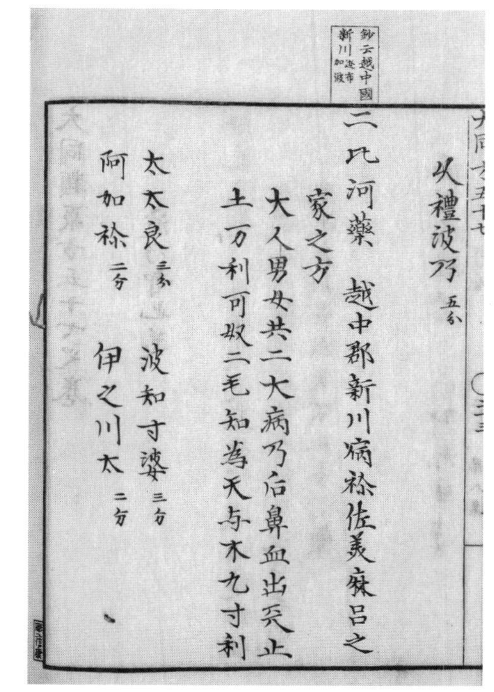
从禮波乃 五分
二比河藥　越中郡新川病祢佐美麻呂之
家之方
大人男女共二大病乃后鼻血出兵止
土万利可奴二毛知為天与木九寸利
太太良 三分　波知寸婆 三分
阿加祢 二分　伊之川太 二分

〈사진 33〉 巻57, 波乃智也美, 伊差波藥 2

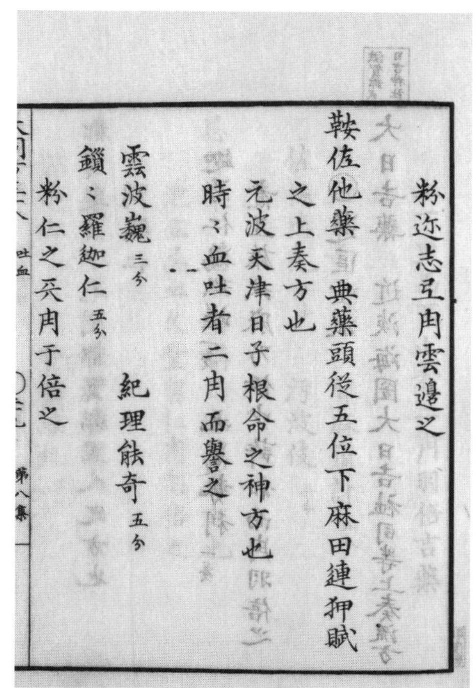
粉迩志弖肉雲邉之
鞍佐他藥　典藥頭從五位下麻田連狎賦
之上奏方也
元波天津日子根命之神方也
時々血吐者二肉而礜之
雲波巍 三分　紀理能奇 五分
鏁々羅迦仁 五分
粉仁之兵肉于倍之

〈사진 34〉 巻58, 智皤衢, 鞍佐他藥

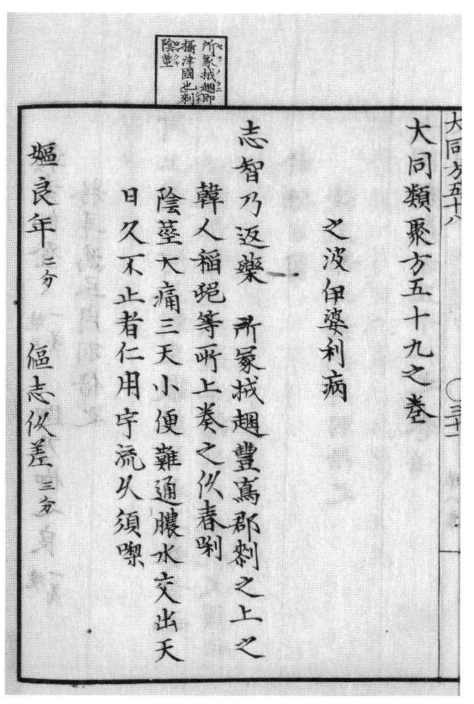
大同類聚方五十九之巻
之波伊婆利病
志智乃返藥　所冢𢧐趣豊嶌郡剌之上之
韓人稲𧌃等所上奏之伮春剌
陰莖大痛三天小便難通膿水交出天
日久不止者仁用守流从須喫
媼良年 二分　傴志伮差 三分

〈사진 35〉 巻59, 之波伊婆利病, 志智乃返藥 1

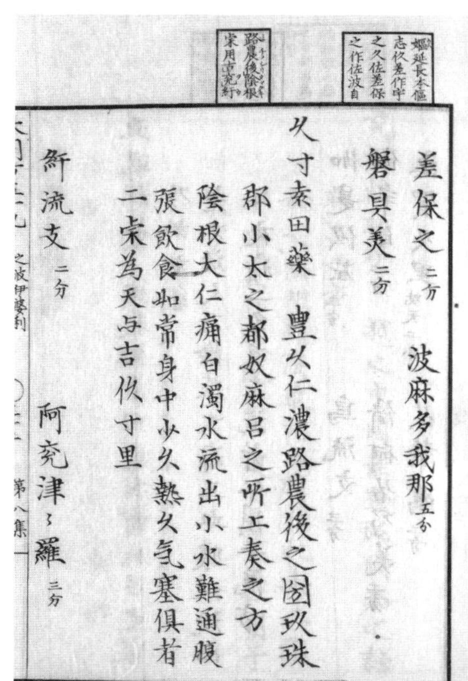
差保之 二方　波麻多我那 五分
磐具美 二分
从寸衣田藥　豊从仁濃路農後之國玖珠
郡小太之都奴麻呂之所上奏之方
陰根大仁痛白濁水流出小水難通腹
張飲食如常身中少久熱久气塞俱者
二宗為天与吉伮寸里
紆流支 二分　阿究津々羅 二分

〈사진 36〉 巻59, 之波伊婆利病, 志智乃返藥 2

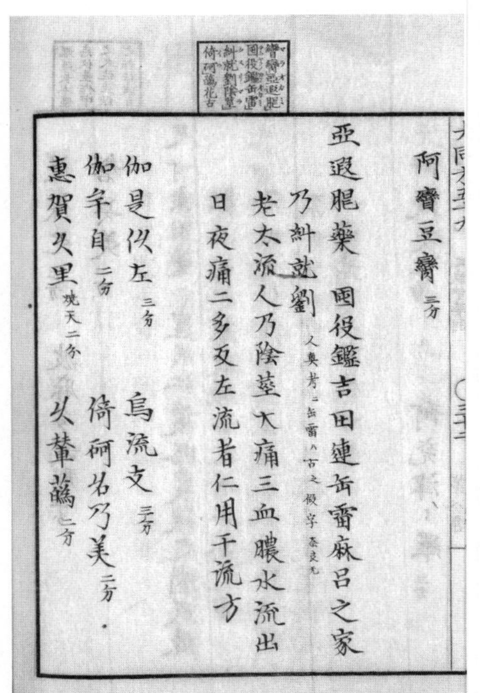
阿齊豆齊 三方
亞遐龍藥 國役鑑吉田連岳雷麻呂之家
乃糾就劉
老太流人乃陰莖大痛三血膿水流出
日夜痛二多叉左流者仁用千流方
伽是似左 三分 烏流支 三分
伽辛自 二分 倚阿名乃美 二分
惠賀久里 烧天二分 以葦藹 二分

〈사진 37〉 卷59, 之波伊婆利病, 亞遐龍藥

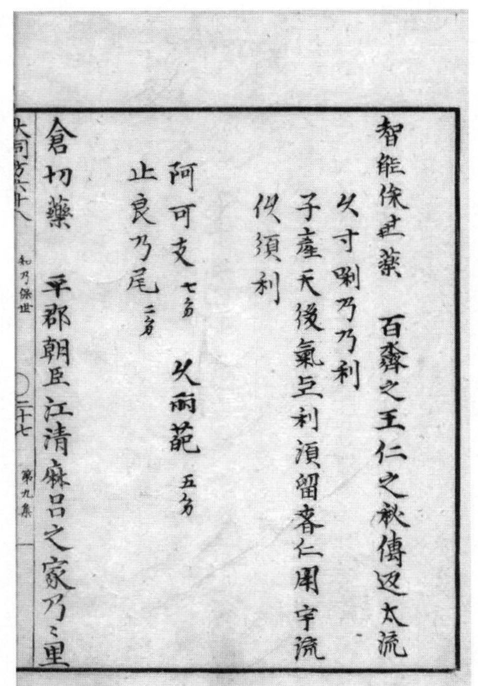
智能保世藥 百濟之王仁之秘傳返太流
久寸咧乃乃利
子産天後氣豆利須留者仁用宇流
似須利
阿可支 七分 久爾範 五分
止良乃尾 二分
倉切藥 平郡朝臣江清麻呂之家乃々里

〈사진 38〉 卷68, 知乃保世味坐, 智能保世藥

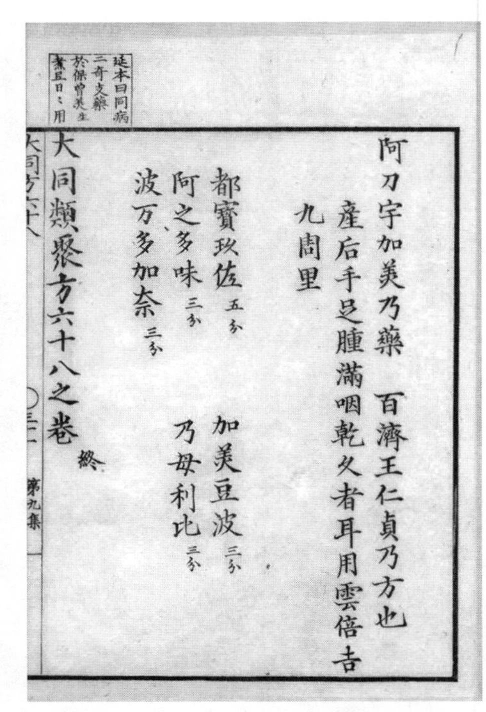
阿刀宇加美乃藥 百濟王仁貞乃方也
産后手足腫滿咽乾久者耳用雲倍吉
九周里
都寶玖佐 五分 加美豆波 三分
阿之多味 三分 乃母利比 三分
波万多加奈 三分
大同類聚方六十八之卷 終

〈사진 39〉 卷68, 知乃保世味坐, 阿刀宇加美乃藥

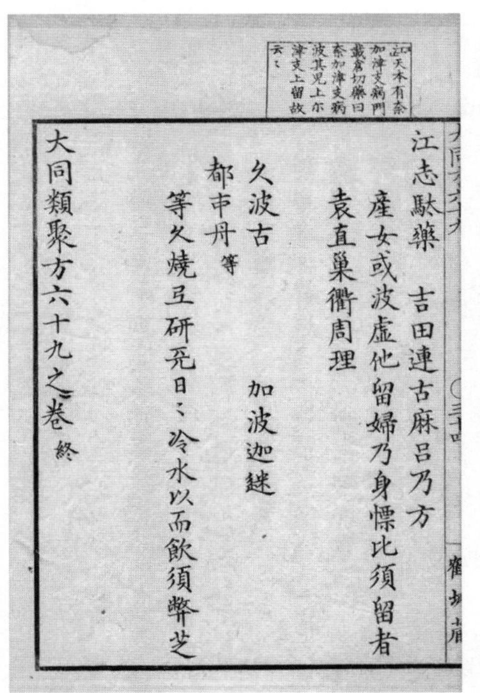
江志駄藥 吉田連古麻呂乃方
産女或波虛他留婦乃身慓比須留者
袁直巣衢周理
久波古 加波迦繼
都市丹 等
等久燒豆研死日々冷水以而飲須弊芝
大同類聚方六十九之卷 終

〈사진 40〉 卷69, 毛路毛路乃血乃病, 江志駄藥

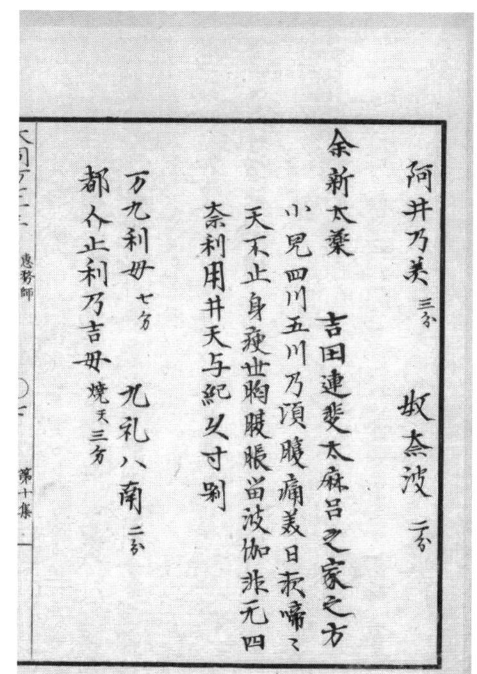
阿井乃美 三分　奴奈波 二分
余新太藥　吉田連斐太麻呂之家之方
小兒四川五川乃頂腹痛美日夜啼々
天不止身瘦世胸腹脹留波伽非元四
奈利用井天与紀久寸剛
万九利毋 七分　九礼八南 二分
都介止利乃吉毋 燒天三分

〈사진 42〉 卷72, 惠務師邪魔悲, 余新太藥

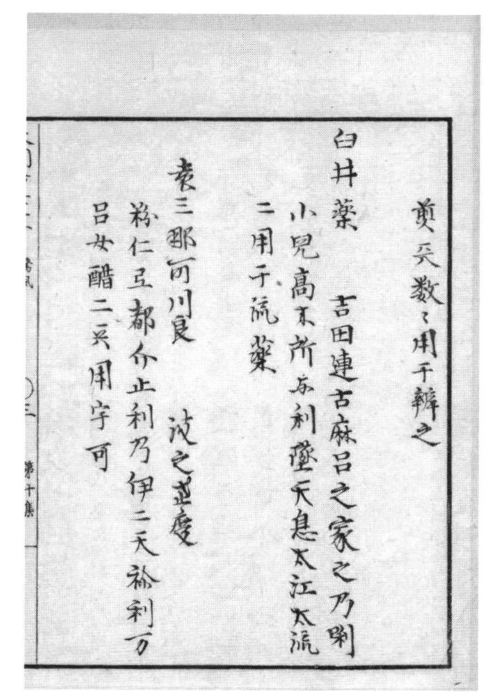
煎兵數々用于辨之
臼井藥　吉田連古麻呂之家之乃剛
小兒高木所尓利登天息太江太流
二用于流藥
衣三那可川良　波之並度
裕仁巳都介止利乃伊二天裕利万
呂毋醋二兵用字可

〈사진 41〉 卷70, 須久毛堂江病, 臼井藥

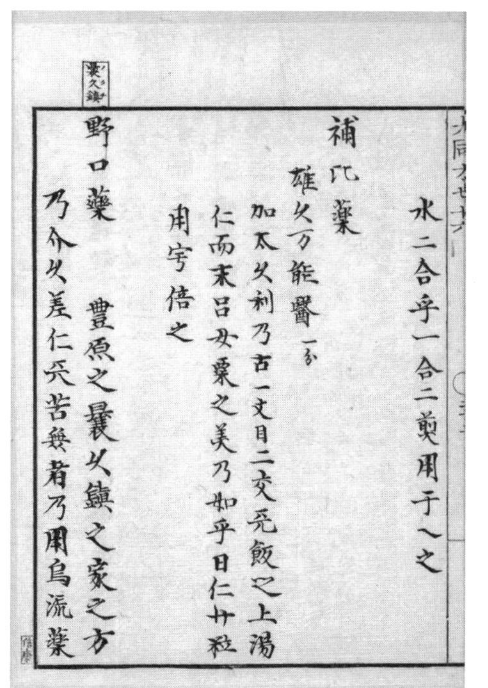
水二合乎一合二煎用于乀之
補
汇藥
雄久万能醫 一分
加太久利乃古一丈目二交兎飯之上湯
仁而末呂毋粟之美乃如乎日仁廿粒
用字倍之
野口藥　豊原之曩久鎮之家之方
乃介久差仁兵皆無看乃用烏流藥

〈사진 44〉 卷76, 伊裳加左, 野口藥 1

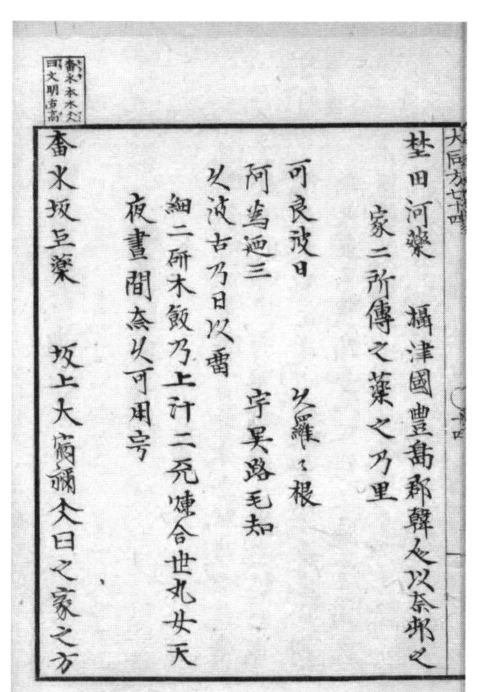
埜田河藥　攝津國豊島郡韓人以奈部之
家二所傳之藥之乃里
可良波日　久羅々根
阿爲迦三　宇異路毛知
久波古乃日以番
細二研木飯乃上汁二兎煉合世丸女天
夜晝間奈久可用字
畬米坂旦藥　坂上大宿禰太日之家之方

〈사진 43〉 卷74, 加多加異耶美, 埜田河藥

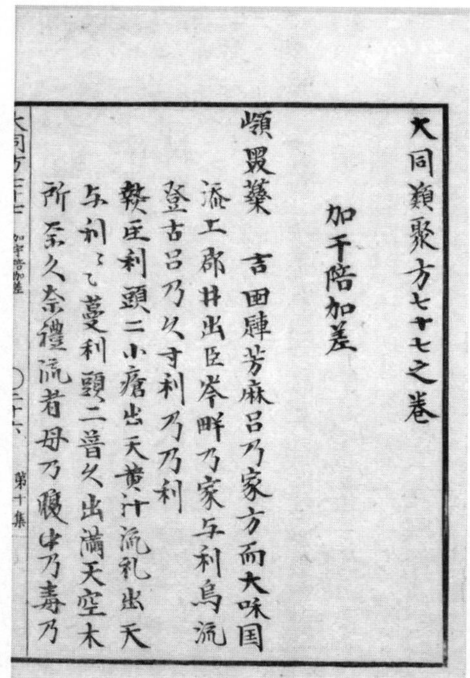

大同類聚方七十七之巻

加于陪加差

嶺黒薬　吉田肆芳麻呂乃家方而大味国流工郡井出臣岑畔乃家与利烏流登古呂乃久寸利乃乃利発匠利頭二小瘡出天黄汁流礼出天与利ゝ乙蔓利頭二普久出満天空木所奈久奈禮流者母乃腹中乃毒乃

〈사진 46〉 卷77, 加于陪加差, 嶺黒藥 1

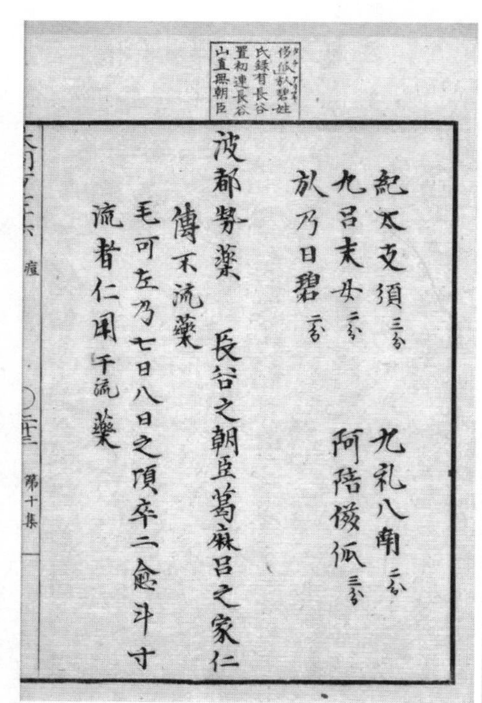

伊呂加左
氏録有長谷置初連長谷山直無朝臣

紀太支須 三分
九呂未女 二分　九礼八南 二分
於乃日碧 三分　阿陪倭佩 三分

波都勞薬　長谷之朝臣葛麻呂之家仁傳不流薬

毛可左乃七日八日之項卒二愈斗寸流者仁用于流薬

〈사진 45〉 卷76, 伊裳加左, 野口藥 2

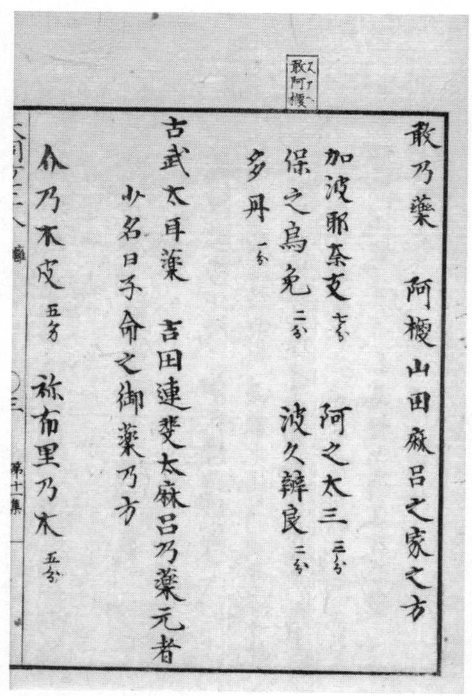

敢乃薬　阿樫山田麻呂之家之方

加波那奈支 三分　阿之太三 二分
保之烏兎 二分　波久辞良 二分
多丹 一分

吉武太耳薬　吉田連斐太麻呂乃薬元者少名日子命之御薬乃方

介乃木皮 五分　袮布里乃木 五分

〈사진 48〉 卷78, 世南半寸加左, 吉武太耳藥 1

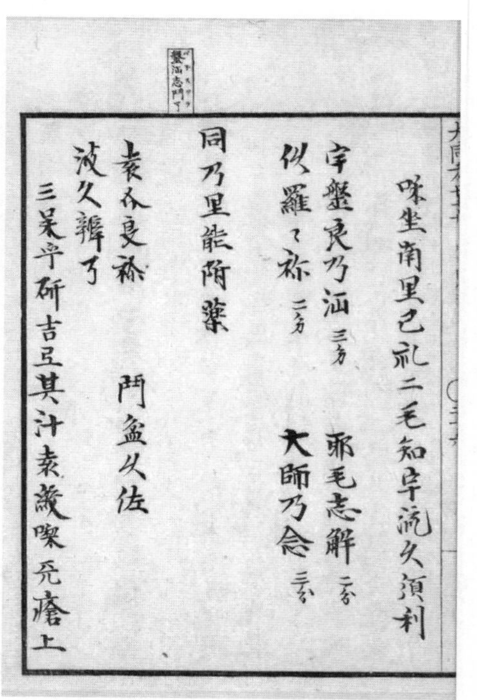

味生南里已礼二毛知卒流久須利

牢盤良乃洒 三分　那毛志解 二分
似羅ゝ祢 二分　大師乃念 三分

同乃里能陌薬

袁介良祢　門盈久佐
波久辨乃

三味平研吉旦其汁袁蔵喫充瘡上

〈사진 47〉 卷77, 加于陪加差, 嶺黒藥 2

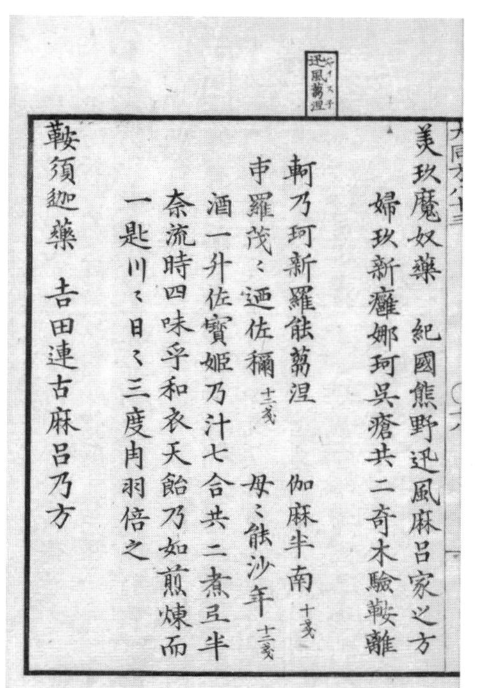

美玖魔奴藥　紀國熊野迅風麻呂家之方
婦玖新癰娜珂吳瘡共二奇木驗鞍離
軻乃珂新羅能蒻涅　伽麻半南 十戔
市羅茂々逦佐稱 十戔　母々能沙年 十戔
酒一升佐寶姬乃汁七合共二煮豆半
奈流時四味乎和衣天餡乃如煎煉而
一匙川々日々三度肉羽倍之
鞍須迦藥　吉田連古麻呂乃方

〈사진 50〉 卷83, 牟娜啣瑳病, 鞍須迦藥 1

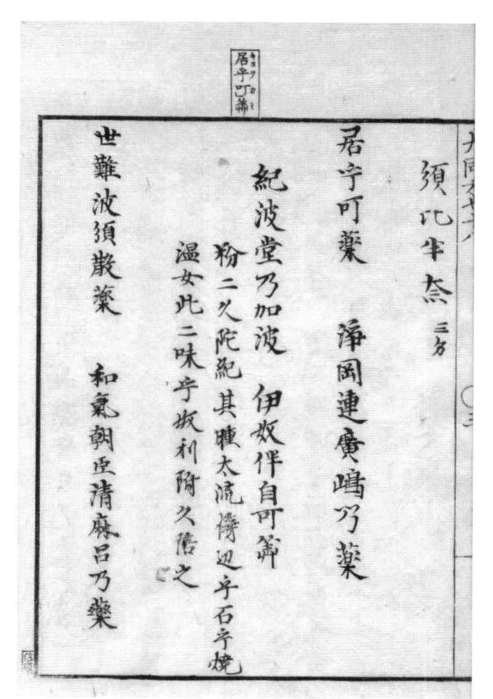

須比半寸　三分
居宇可藥　淨岡連廣嶋乃藥
紀波堂乃加波　伊奴伴自可簶
粉二久陀紀其腫太流傍辺乎石乎燒
温女此二味乎掀利附久倍之
世難波須散藥　和氣朝臣清麻呂乃藥

〈사진 49〉 卷78, 世南半寸加左, 吉武太耳藥 2

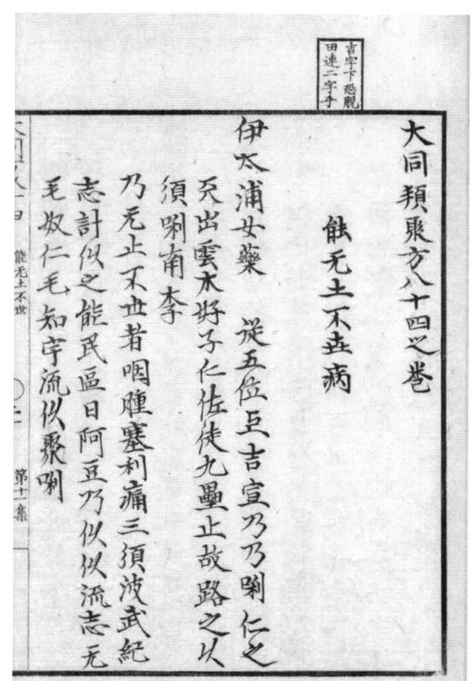

吉宇下恐脱田連二字乎

大同類聚方八十四之卷
能无土不丗病
伊太浦女藥　從五位上吉宣乃乃喇仁之
天出雲木好子仁佐伎九壘止故路之以
須喇南李
乃无止不丗者咽腫塞利痛三須波武紀
志計似之能民區日阿豆乃似似流志无
毛奴仁毛知宇流似聚喇

〈사진 52〉 卷84, 能无土不世病, 伊太浦女藥 1

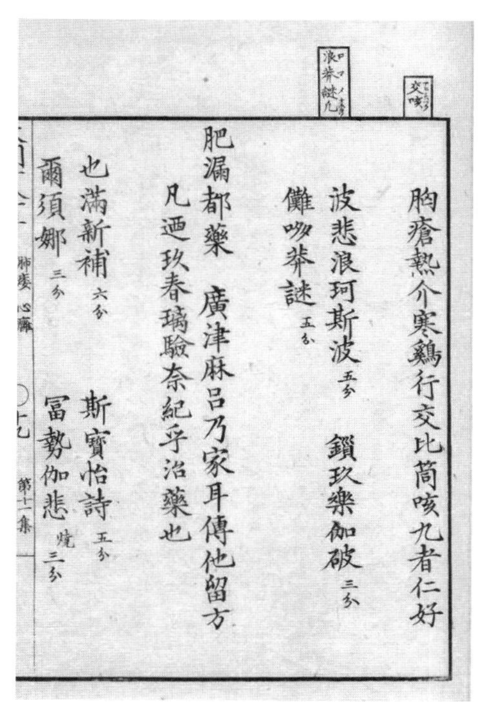

胸瘡熱介寒鷄行交比筒咳九者仁好
波悲浪珂斯波 五分　鎖玖樂伽破 三分
儺吻芣謎 五分
肥漏都藥　廣津麻呂乃家耳傳他留方
凡逦玖春璃驗奈紀乎治藥也
也滿新補 六分　斯寶怡詩 五分
爾須娜 三分　冨勢伽悲 燒 三分

〈사진 51〉 卷83, 牟娜啣瑳病, 鞍須迦藥 2

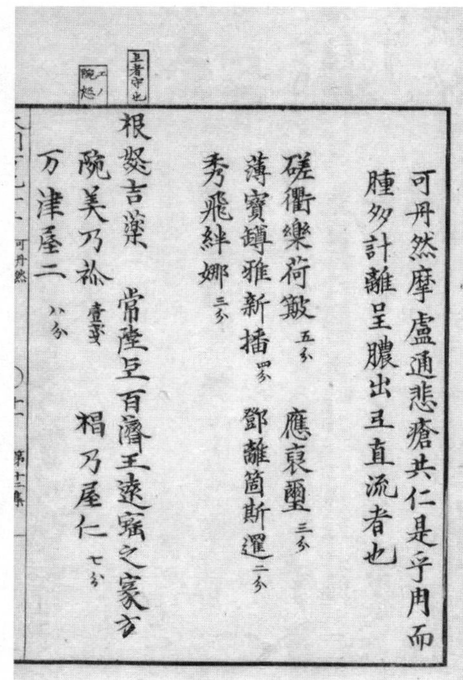

〈사진 54〉 卷92, 可丹然瘡, 根怒吉藥 1

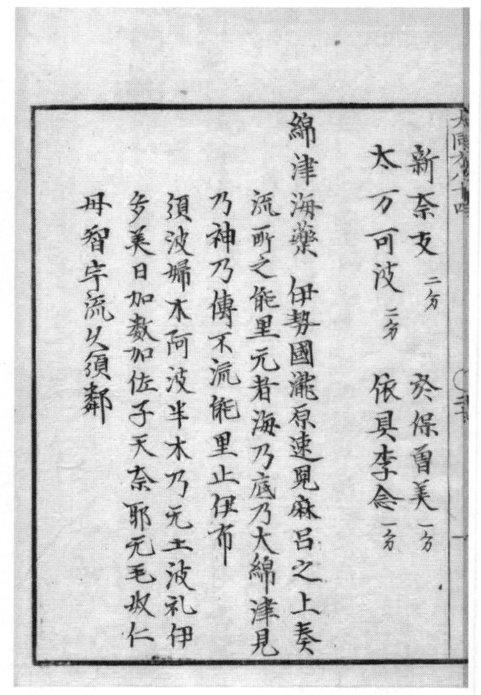

〈사진 53〉 卷84, 能无土不世病, 伊太浦女藥 2

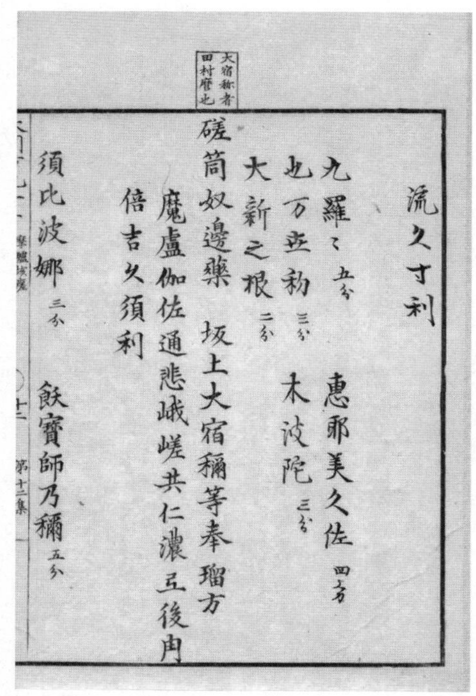

〈사진 56〉 卷92, 摩爐坆瘥, 大不野藥 2

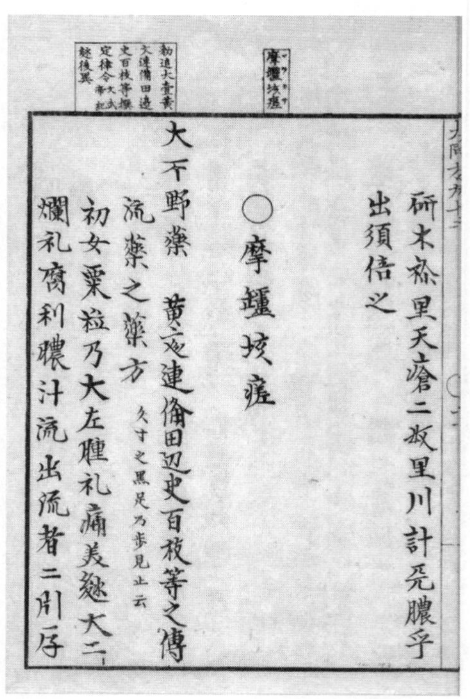

〈사진 55〉 卷92, 可丹然瘡, 根怒吉藥 2 / 大不野藥 1

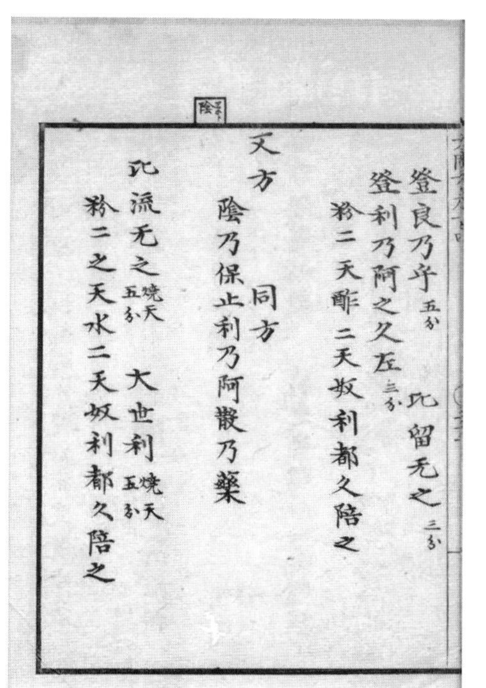
陰

登良乃弓 五分

登利乃阿之久左 三分 比留无之 三分

粉二天酢二天奴利都久倍之

又方 同方

陰乃保止利乃阿散乃藥

比流无之 焼天五分 大世利 焼天五分

粉二之天水二天奴利都久倍之

〈사진 58〉 卷94, 諸乃班病, 班乃伊耶之藥 2

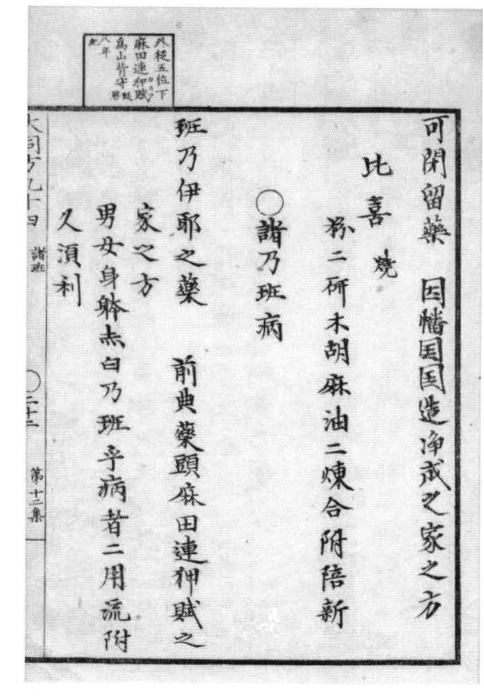
可閉留藥 因幡国国造浄成之家之方

比喜 焼

粉二研末胡麻油二煉合附倍新

○諸乃班病

班乃伊耶之藥 前典藥頭麻田連押賦之

家之方

男女身躰赤白乃班乎病者二用流附

久須利

〈사진 57〉 卷94, 諸乃班病, 班乃伊耶之藥 1

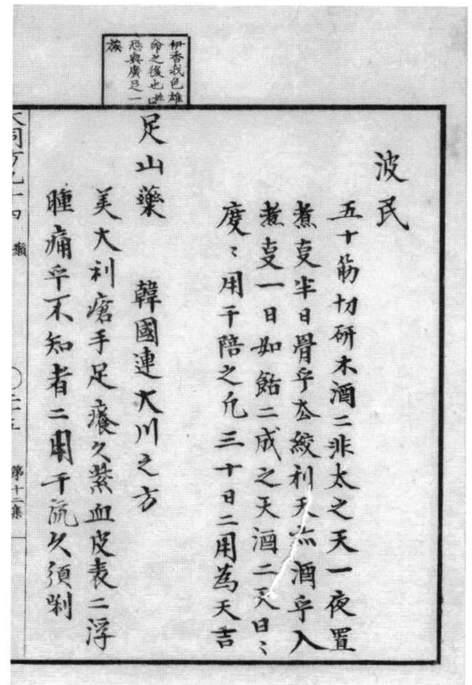
波民

五十筋切研木酒二非太之天一夜置

煮支半日骨乎叁絞利天汁酒乎入

煮支一日如飴二成之天酒二天日々

度々用千倍之乃三十日二用爲天吉

足山藥 韓國連大川之方

美大利瘡手足痿久紫血皮表二浮

腫痛乎不知者二用千流久須利

〈사진 60〉 卷95, 微大可左耶民, 鄙羅忌藥 2

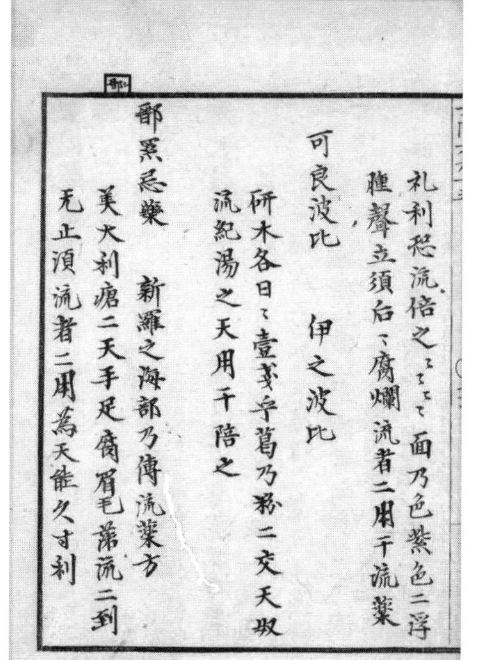
礼利乎流倍之々々々 面乃色紫色二浮

腫聲立須后々腐爛流者二用千流藥

可良波比 伊之波比

研木各日々壹兩乎葛乃粉二交天奴

流紀湯之天用千倍之

鄙羅忌藥 新羅之海部乃傳流藥方

美大利瘡二天手足腐眉毛落流二到

无止須流者二用爲天能久寸利

〈사진 59〉 卷95, 微大可左耶民, 鄙羅忌藥 1

휘/보

학회소식, 하계워크샵, 학술대회, 한국고대문자자료 연구모임, 자료교환

학회소식, 하계워크샵, 학술대회, 한국고대문자자료 연구모임, 자료교환

1. 학회소식

1) 제23차 운영회의

* 일시 및 장소 : 2015년 8월 21일(금) 경북대학교
* 제8회 학술대회 관련 논의
* 『목간과 문자』 등재후보지 선정 결과 보고
* 학회 회칙 일부 개정

2) 한국목간학회 연구총서 발간

* 제 목 : 『한국고대출토문자자료』 백제편 발간 (총2권)
* 출판일시 : 2015년 8월 31일
* 출 판 사 : 주류성출판사

2. 하계워크샵

* 일시 : 2015년 8월 21일(금)~22(토)
* 장소 : 경북대학교 대학원동 학술회의실 214호
* 주최 : 한국목간학회·경북대학교

《첫째날(8월 21일)》

■ 연구발표 / 사회 : 윤선태(동국대학교)

이승호(동국대학교), "관구검 기공비의 재판독과 그 의의"

이규호(동국대학교), "중원고구려비 판독과 그 의의"

오택현(중원대학교), "칠지도의 재해석과 그 의미"

김창석(강원대학교). "공주 주미사지 출토 문자자료"
이성호(동양대학교). "포항 중성리비 판독과 그 의미"

《둘째날(8월 22일)》

■ 경북대학교 박물관 및 국립대구박물관 답사

3. 학술대회

1) 제8회 학술대회

* 일시 : 2015년 10월 30일(목) 오후 1:30 – 6:30
* 장소 : 국립중앙박물관 제1강의실
* 주최 : 한국목간학회·국립중앙박물관 연구기획부

• 연구발표 – 사회 : 최연식 (동국대학교)
주보돈 (경북대학교), 신라 골품제 연구현황과 전망
이용현 (대구박물관), 신라 관등 형성과정–중고 초기 문자자료를 통해–
윤선태 (동국대학교), 신라 외위제의 성립과 변천
이재환 (서울대학교), 〈성주사 낭혜화상탑비〉의 '得難'과 '五品' 재검토

• 종합토론
사회 : 하일식 (연세대학교)
논평 : 전덕재 (단국대학교), 홍승우 (강원대학교)

4. 한국고대문자자료 연구모임

1) 월례발표회

* 주제 : 한국고대문자자료 역주
* 일시 : 매월 4째주 토요일
* 장소 : 성균관대 600주년 기념관 동아시아학술원 408호
* 주최 : 한국목간학회·동아시아학술원 인문한국(HK)연구소

■ 第21回 월례발표(2015년 8월 19일)

발표자 : 기경량(서울대학교)

주　제 : 집안 출토 와전 명문 검토(상)

발표자 : 박지현(서울대학교)

주　제 : 고진묘지명 검토

발표자 : 안정준(연세대학교)

주　제 : 유원정 묘지명의 역주와 묘주 가문 계통의 검토

발표자 : 채민석(서강대학교)

주　제 : 고목로묘지명 검토

발표자 : 이승호(동국대학교)

주　제 : 건흥5년명 금동광배 명문 검토

발표자 : 정동준(한성대학교)

주　제 : 경북대박물관 소장 낙랑 문자자료의 이해

■ 第22回 월례발표(2015년 10월 31일)

발표자 : 구언아(성균관대학교)

주　제 : 농오리산성 마애석각 검토 / 황조용명 세형동검 검토

발표자 : 이승호(동국대학교)

주　제 : 무구검기공비의 판독과 고구려-위 전쟁의 재구성

■ 第23回 월례발표(2015년 11월 28일)

발표자 :안정준(연세대학교)

주　제 : 덕흥리고분 묵서 검토

발표자 :이재철(대한민국역사박물관)

주　제 : 서봉총·호우총 문자자료의 이해

발표자 :박경원(성균관대학교)

주　제 : 출토지·문자 미상 낙랑 문자자료 검토

발표자 : 정동준(성균관대학교)

주　제 : '사자불후생자□수' 명전 검토

■ 第24回 월례발표(2015년 12월 29일)

발표자 : 기경량(서울대학교)

주　제 : 집안 출토 와전 명문 검토(하)

발표자 : 권순홍(성균관대학교)

주　제 : 평양 낙랑동 출토 문자자료

발표자 : 박지현(서울대학교)

주　제 : 고씨부인 묘지명 검토

5. 자료교환

日本木簡學會와의 資料交換

* 韓國木簡學會『木簡과 文字』14호 일본 발송 (2015년 8월)
* 日本木簡學會『木簡研究』37號 (2015년 12월)

학회 회칙, 간행예규, 연구윤리규정

학회 회칙

제 1 장 총칙

제 1 조 (명칭) 본회는 한국목간학회(韓國木簡學會, The Korean Society for the Study of Wooden Documents)라 한다.

제 2 조 (목적) 본회는 목간을 비롯한 금석문, 고문서 등 문자자료와 기타 문자유물을 중심으로 한 연구 및 학술조사를 통하여 한국의 목간학 발전에 이바지함을 목적으로 한다.

제 3 조 (사업) 본회는 목적에 부합하는 다음의 사업을 한다.

1. 연구발표회
2. 학보 및 기타 간행물 발간
3. 유적·유물의 답사 및 조사 연구
4. 국내외 여러 학회들과의 공동 학술연구 및 교류
5. 기타 위의 각 사항의 사업을 수행하기 위해 필요한 사업

제 4 조 (회원의 구분과 자격)

① 본회의 회원은 본회의 목적에 동의하여 회비를 납부하는 개인 또는 기관으로서 연구회원, 일반회원 및 학생회원으로 구분하며, 따로 명예회원, 특별회원을 둘 수 있다.

② 연구회원은 평의원 2인 이상의 추천을 받아 평의원회에서 심의, 인준한다.

③ 일반회원은 연구회원과 학생회원이 아닌 사람과 기관 및 단체로 한다.

④ 학생회원은 대학생과 대학원생으로 한다.

⑤ 명예회원은 본회의 발전에 크게 기여한 회원 또는 개인 중에서 운영위원회에서 추천하여 평의원회에서 인준을 받은 사람으로 한다.

⑥ 특별회원은 본회의 활동과 운영에 크게 기여한 개인 또는 기관 중에서 운영위원회에서 추천하여 평의원회에서 인준을 받은 사람으로 한다.

제 5 조 (회원징계) 회원으로서 본회의 명예를 손상시키거나 회칙을 준수하지 않았을 경우 평의원회의 심의와 총회의 의결에 따라 자격정지, 제명 등의 징계를 할 수 있다.

제 2 장 조직 및 기능

제 6 조 (조직) 본회는 총회·평의원회·운영위원회·편집위원회를 두며, 필요한 경우 별도의 위원회를 구성할 수 있다.

제 7 조 (총회)

① 총회는 정기총회와 임시총회로 나누며, 정기총회는 2년에 1회 정기적으로 개최하고 임시총회는 필요한 때에 소집할 수 있다.

② 총회는 회장이나 평의원회의 의결로 소집한다.

③ 총회는 평의원회에서 심의한 학회의 회칙, 운영예규의 개정 및 사업과 재정 등에 관한 보고를 받고 이를 의결한다.

④ 총회는 평의원회에서 추천한 회장, 평의원, 감사를 인준한다. 단 회장의 인준이 거부되었을 때는 평의원회에서 재추천하도록 결정하거나 총회에서 직접 선출한다.

제 8 조 (평의원회)

① 평의원은 연구회원 중 평의원회의 추천을 받아 총회에서 인준한 자로 한다.

② 평의원회는 회장을 포함한 평의원으로 구성한다.

③ 평의원회는 회장 또는 평의원 4분의 1 이상의 요구로써 소집한다.

④ 평의원회는 아래의 사항을 추천, 심의, 의결한다.

1. 회장, 평의원, 감사, 편집위원의 추천
2. 회칙개정안, 운영예규의 심의
3. 학회의 재정과 사업수행의 심의
4. 연구회원, 명예회원, 특별회원의 인준
5. 회원의 자격정지, 제명 등의 징계를 심의

제 9 조 (운영위원회)

① 운영위원회는 회장과 회장이 지명하는 부회장, 총무·연구·편집·섭외이사 등 20명 내외로 구성하고, 실무를 담당할 간사를 둔다.

② 운영위원회는 평의원회에서 심의·의결한 사항을 집행하며, 학회의 제반 운영업무를 담당한다.

③ 부회장은 회장을 도와 학회의 업무를 총괄 지원하며, 회장 유고시에는 회장의 권한을 대행한다.

④ 총무이사는 학회의 통상 업무를 담당, 집행한다.
⑤ 연구이사는 연구발표회 및 각종 학술대회의 기획을 전담한다.
⑥ 편집이사는 편집위원을 겸하며, 학보 및 기타 간행물의 출간을 전담한다.
⑦ 섭외이사는 학술조사를 위해 자료소장기관과의 섭외업무를 전담한다.

제 10 조 (편집위원회) 편집위원회는 학보 발간 및 기타 간행물의 출간에 관한 제반사항을 담당하며, 그 구성은 따로 본회의 운영예규에 정한다.

제 11 조 (기타 위원회) 기타 위원회의 구성과 활동은 회장이 결정하며, 그 내용을 평의원회에 보고한다.

제 12 조 (임원)
① 회장은 본회를 대표하고 총회와 각급회의를 주재하며, 임기는 2년으로 한다.
② 평의원은 제 8 조의 사항을 담임하며, 임기는 종신으로 한다.
③ 감사는 평의원회에 출석하고, 본회의 업무 및 재정을 감사하여 총회에 보고하며, 그 임기는 2년으로 한다.
④ 임원의 임기는 1월 1일부터 시작한다.
⑤ 임원이 유고로 업무를 수행할 수 없게 된 때에는 평의원회에서 보궐 임원을 선출하고 다음 총회에서 인준을 받으며, 그 임기는 전임자의 잔여임기가 1년 미만인 경우는 잔여임기에 규정임기 2년을 더한 기간으로 하고, 잔여임기가 1년 이상인 경우는 잔여기간으로 한다.

제 13 조 (의결)
① 총회에서의 인준과 의결은 출석 회원의 과반수로 한다.
② 평의원회는 평의원 4분의 1 이상의 출석으로 성립하며, 의결은 출석한 평의원 과반수의 찬성으로 한다.

제 3 장 출판물의 발간

제 14 조 (출판물)
① 본회는 매년 6월 30일과 12월 31일에 학보를 발간하고, 그 명칭은 "목간과 문자"(한문 "木簡과 文字", 영문 "Wooden documents and Inscriptions Studies")로 한다.
② 본회는 학보 이외에 본회의 목적에 부합하는 출판물을 발간할 수 있다.
③ 본회가 발간하는 학보를 포함한 모든 출판물의 저작권은 본 학회에 속한다.

제 15 조 (학보 게재 논문 등의 선정과 심사)

① 학보에는 회원의 논문 및 본회의 목적에 부합하는 주제의 글을 게재함을 원칙으로 한다.

② 논문 등 학보 게재물은 편집위원회에서 선정한다.

③ 논문 등 학보 게재물의 선정 기준과 절차는 따로 본회의 운영예규에 정한다.

제 4 장 재정

제 16 조 (재원) 본회의 재원은 회비 및 기타 수입으로 한다.

제 17 조 (회계연도) 본회의 회계연도 기준일은 1월 1일로 한다.

제 5 장 기타

제 18 조 (운영예규) 본 회칙에 명시하지 않은 운영에 필요한 사항은 따로 운영예규에 정한다.

제 19 조 (기타사항) 본 회칙에 규정되지 않은 사항은 일반관례에 따른다

부칙

1. 본 회칙은 2007년 1월 9일부터 시행한다.
2. 본 회칙은 2009년 1월 9일부터 시행한다.
3. 본 회칙은 2012년 1월 18일부터 시행한다.
4. 본 회칙은 2015년 10월 31일부터 시행한다.

편집위원회에 관한 규정

제 1 장 총칙

제 1 조 (명칭) 본 규정은 '편집위원회에 관한 규정'이라 한다.

제 2 조 (목적) 본 규정은 한국목간학회 편집위원회의 조직 및 편집 활동 전반에 관한 세부 사항을 규정하는 것을 목적으로 한다.

제 2 장 조직 및 권한

제 3 조 (구성) 편집위원회는 회칙에 따라 구성한다.

제 4 조 (편집위원의 임명) 편집위원은 세부 전공 분야 및 연구 업적을 감안하여 평의원회에서 추천하며, 회장이 임명한다.

제 5 조 (편집위원장의 선출) 편집위원장은 편집위원 전원의 무기명 비밀투표 방식으로 편집위원 중에서 선출한다.

제 6 조 (편집위원장의 권한) 편집위원장은 편집회의의 의장이 되며, 학회지의 편집 및 출판 활동 전반에 대하여 권한을 갖는다.

제 7 조 (편집위원의 자격) 편집위원은 다음과 같은 조건을 갖춘자로 한다.

1. 박사학위를 소지한 자.
2. 대학의 전임교수로서 5년 이상의 경력을 갖추었거나, 이와 동등한 연구 경력을 갖춘자.
3. 역사학·고고학·보존과학·국어학 또는 이와 관련된 분야에서 연구 업적이 뛰어나고 학계의 명망과 인격을 두루 갖춘자.

4. 다른 학회의 임원이나 편집위원으로 과다하게 중복되지 않은 자.

제 8 조 (편집위원의 임기) 편집위원의 임기는 2년으로 하되, 연임할 수 있다.

제 9 조 (편집자문위원) 학회지 및 기타 간행물의 편집 및 출판 활동과 관련하여 필요시 국내외의 편집자문위원을 둘 수 있다.

제 10 조 (편집간사) 학회지를 비롯한 제반 출판 활동 업무를 원활히 하기 위하여 편집간사 약간 명을 둘 수 있다.

제 3 장 임무와 활동

제 11 조 (편집위원회의 임무와 활동) 편집위원회의 임무와 활동 내용은 다음과 같다.

1. 학회지의 간행과 관련된 제반 업무.
2. 학술 단행본의 발행과 관련된 제반 업무.
3. 기타 편집 및 발행과 관련된 제반 활동.

제 12 조 (편집간사의 임무) 편집간사는 편집위원회의 업무와 활동을 보조하며, 편집과 관련된 회계의 실무를 담당한다.

제 13 조 (학회지의 발간일) 학회지는 1년에 2회 발행하며, 그 발행일자는 6월 30일과 12월 31일로 한다.

제 4 장 편집회의

제 14 조 (편집회의의 소집) 편집회의는 편집위원장이 수시로 소집하되, 필요한 경우에는 3인 이상의 편집위원이 발의하여 회장의 동의를 얻어 편집회의를 소집할 수 있다. 또한 심사위원의 추천 및 선정 등에 필요한 경우에는 전자우편을 통한 의견 수렴으로 편집회의를 대신할 수 있다.

제 15 조 (편집회의의 성립) 편집회의는 편집위원장을 포함한 편집위원 과반수의 출석으로 성립된다.

제 16 조 (편집회의의 의결) 편집회의의 제반 안건은 출석 위원 과반수의 찬성으로 의결하되, 찬반 동수인 경우에는 편집위원장이 결정한다.

제 17 조 (편집회의의 의장)　편집위원장은 편집회의의 의장이 된다. 편집위원장이 참석하지 아니한 경우에는 편집위원 중의 연장자가 의장이 된다.

제 18 조 (편집회의의 활동)　편집회의는 학회지의 발행, 논문의 심사 및 편집, 기타 제반 출판과 관련된 사항에 대하여 논의하고 결정한다.

부칙

제1조 이 규정은 운영위원회의 의결을 거쳐 2007년 11월 24일부터 시행한다.

제2조 이 규정은 운영위원회의 의결을 거쳐 2009년 1월 9일부터 시행한다.

제3조 이 규정은 운영위원회의 의결을 거쳐 2012년 1월 18일부터 시행한다.

학회지 논문의 투고와 심사에 관한 규정

제 1 장 총칙

제 1 조 (명칭) 본 규정은 '학회지 논문의 투고와 심사에 관한 규정'이라 한다.

제 2 조 (목적) 본 규정은 한국목간학회의 학회지인 『목간과 문자』에 수록할 논문의 투고와 심사에 관한 절차를 정하고 관련 업무를 명시함에 목적을 둔다.

제 2 장 원고의 투고

제 3 조 (투고 자격) 논문의 투고 자격은 회칙에 따르되, 당해 연도 회비를 납부한 자에 한한다.

제 4 조 (투고의 조건) 본 학회에서 발표한 논문에 한하여 투고하는 것을 원칙으로 한다.

제 5 조 (원고의 분량) 원고의 분량은 학회지에 인쇄된 것을 기준으로 각종의 자료를 포함하여 30면 내외로 하되, 자료의 영인을 붙이는 경우에는 면수 계산에서 제외한다.

제 6 조 (원고의 작성 방식) 원고의 작성 방식과 요령 등에 관하여는 별도의 내규를 정하여 시행한다.

제 7 조(원고의 언어) 원고는 한국어로 작성함을 원칙으로 하되, 외국어로 작성된 원고의 게재 여부는 편집회의에서 정한다.

제 8 조 (제목과 필자명) 논문 제목과 필자명은 영문으로 附記하여야 한다.

제 9 조 (국문초록과 핵심어) 논문을 투고할 때에는 국문과 외국어로 된 초록과 핵심어를 덧붙여야 한다. 요약문과 핵심어의 작성 요령은 다음과 같다.

1. 국문초록은 논문의 내용과 논지를 잘 간추려 작성하되, 외국어 요약문은 영어, 중국어, 일어 중의 하나로 작성한다.
2. 국문초록의 분량은 200자 원고지 5매 내외로 한다.
3. 핵심어는 논문의 주제 및 내용을 대표할 만한 단어를 뽑아서 요약문 뒤에 행을 바꾸어 제시한다.

제 10 조 (논문의 주제 및 내용 조건)　논문의 주제 및 내용은 다음에 부합하여야 한다.

1. 국내외의 출토 문자 자료에 대한 연구 논문
2. 국내외의 출토 문자 자료에 대한 소개 또는 보고 논문
3. 국내외의 출토 문자 자료에 대한 역주 또는 서평 논문

제 11 조 (논문의 제출처)　심사용 논문은 편집이사에게 제출한다.

제 3 장 원고의 심사

제 1 절 : 심사자

제 12 조 (심사자의 자격)　심사자는 논문의 주제 및 내용과 관련된 분야에서 박사학위를 소지한 자를 원칙으로 하되, 본 학회의 회원 가입 여부에 구애받지 아니한다.

제 13 조 (심사자의 수)　심사자는 논문 한 편당 2인 이상 5인 이내로 한다.

제 14 조 (심사 의뢰)　편집위원장은 편집회의에서 추천·의결한 바에 따라 심사자를 선정하여 심사를 의뢰하도록 한다. 편집회의에서의 심사자 추천은 2배수로 하고, 편집회의의 의결을 거쳐 선정한다.

제 15 조 (심사자에 대한 이의)　편집위원장은 심사자 위촉 사항에 대하여 대외비로 회장에게 보고하며, 회장은 편집위원장에게 이의를 제기할 수 있다. 심사자 위촉에 대한 이의에 대하여는 편집회의를 거쳐 편집위원장이 심사자를 변경할 수 있다. 다만, 편집회의 결과 원래의 위촉자가 재선정되었을 경우 편집위원장은 회장에게 그 사실을 구두로 통지하며, 통지된 사항에 대하여 회장은 이의를 제기할 수 없다.

제 2 절 : 익명성과 비밀 유지

제 16 조 (익명성과 비밀 유지 조건)　심사용 원고는 반드시 익명으로 하며, 심사에 관한 제반 사항은 편집위원장 책임하에 반드시 대외비로 하여야 한다.

제 17 조 (익명성과 비밀 유지 조건의 위배에 대한 조치)　위 제16조의 조건을 위배함으로 인해 심사자에게 중대한 피해를 입혔을 경우에는 편집위원 3인 이상의 발의로써 편집위원장의 동의 없이도 편집회의를 소집할 수 있으며, 다음 각 호에 따라 위배한 자에 따라 사안별로 조치한다. 또한 해당 심사자에게는 편집위원장 명의로 지체없이 사과문을 심사자에게 등기 우송하여야 한다. 편집위원장 명의를 사용하지 못할 경우에는 편집위원 전원이 연명하여 사과문을 등기 우송하여야 한다. 익명성과 비밀 유지 조건에 대한 위배 사실이 학회의 명예를 손상한 경우에는 편집위원 3인의 발의만으로써도 해당 편집위원장 및 편집위원에 대한 징계를 회장에게 요청할 수 있으며, 이 경우 그 처리 결과를 학회지에 공지하여야 한다.

1. 편집위원장이 위배한 경우에는 편집위원장을 교체한다.
2. 편집위원이 위배한 경우에는 편집위원직을 박탈한다.
3. 임원을 겸한 편집위원의 경우에는 회장에게 교체하도록 요청한다.
4. 편집간사 또는 편집보조가 위배한 경우에는 편집위원장이 당사자를 해임한다.

제 18 조 (편집위원의 논문에 대한 심사)　편집위원이 투고한 논문을 심사할 때에는 해당 편집위원을 궐석시킨 후에 심사자를 선정하여야 하며, 회장에게도 심사자의 신원을 밝히지 않는 것을 원칙으로 한다.

제 3 절 : 심사 절차

제 19 조 (논문심사서의 구성 요건)　논문심사서에는 '심사 소견', 그리고 '수정 및 지적사항'을 적는 난이 포함되어야 한다.

제 20 조 (심사 소견과 영역별 평가)　심사자는 심사 논문에 대하여 영역별 평가를 감안하여 종합판정을 한다. 심사 소견에는 영역별 평가와 종합판정에 대한 근거 및 의견을 총괄적으로 기술함을 원칙으로 한다.

제 21 조 (수정 및 지적사항)　'수정 및 지적사항'란에는 심사용 논문의 면수 및 수정 내용 등을 구체적으로 지시하여야 한다.

제 22 조 (심사 결과의 전달)　편집간사는 편집위원장의 지시를 받아 투고자에게 심사자의 논문심사서와 심사용 논문을 전자우편 또는 일반우편으로 전달하되, 심사자의 신원이 드러나지 않도록 각별히 유의하여야 한다. 논문 심사서 중 심사자의 인적 사항은 편집회의에서도 공개하지 않는다.

제 23 조 (수정된 원고의 접수)　투고자는 논문심사서를 수령한 후 소정 기일 내에 원고를 수정하여 편집위원장에게 송부하여야 한다. 기한을 넘겨 접수된 수정 원고는 학회지의 다음 호에 접수된 투고 논

문과 동일한 심사 절차를 밟되, 논문심사료는 부과하지 않는다.

제 4 절 : 심사의 기준과 게재 여부 결정

제 24 조 (심사 결과의 종류) 심사 결과는 '종합판정'과 '영역별 평가'로 나누어 시행한다.

제 25 조 (종합판정과 등급) 종합판정은 ①게재 가, ②수정후 재심사, ③게재 불가 중의 하나로 한다.

제 26 조 (영역별 평가) 영역별 평가 기준은 다음과 같다.

1. 학계에의 기여도
2. 연구 내용 및 방법론의 참신성
3. 논지 전개의 타당성
4. 논문 구성의 완결성
5. 문장 표현의 정확성

제 27 조 (게재 여부의 결정 기준) 심사용 논문의 학회지 게재 여부는 심사자의 종합판정에 의거하여 이들을 합산하여 시행한다. 게재 여부의 결정은 최종 수정된 원고를 대상으로 한다.

제 28 조 (게재 여부 결정의 조건) 게재 여부 결정의 조건은 다음과 같다.

1. 심사자의 2분의 1 이상이 위 제25조의 '①게재 가'로 판정한 경우에는 게재한다.
2. 심사자의 2분의 1 이상이 위 제25조의 '③게재 불가'로 판정한 경우에는 게재를 불허한다.

제 29 조 (게재 여부에 대한 논의) 위 제28조의 경우가 아닌 논문에 대하여는 편집회의의 토의를 거친 후에 게재 여부를 확정하되, 이 때에는 영역별 평가를 참조한다.

제 30 조 (논문 게재 여부의 통보) 편집위원장은 논문 게재 여부에 대한 최종 확정 결과를 투고자에게 통보하여야 한다.

제 5 절 : 이의 신청

제 31 조 (이의 신청) 투고자는 심사와 논문 게재 여부에 대하여 이의를 신청할 수 있다. 이 때에는 200자 원고지 5매 내외의 이의신청서를 작성하여 심사 결과 통보일 15일 이내에 편집위원장에게 송부하여야 하며, 편집위원장은 이의 신청 접수일로부터 15일 이내에 이에 대한 처리 절차를 완료하여야 한다.

제 32 조 (이의 신청의 처리) 이의 신청을 한 투고자의 논문에 대해서는 편집회의에서 토의를 거쳐 이의 신청의 수락 여부를 의결한다. 수락한 이의 신청에 대한 조치 방법은 편집회의에서 결정한다.

제 4 장 게재 논문의 사후 심사 및 조치

제 1 절 : 게재 논문의 사후 심사

제 33 조 (사후 심사) 학회지에 게재된 논문에 대하여는 사후 심사를 할 수 있다.

제 34 조 (사후 심사 요건) 사후 심사는 편집위원회의 자체 판단 또는 접수된 사후심사요청서의 검토 결과, 대상 논문이 그 논문이 수록된 본 학회지 발행일자 이전의 간행물 또는 타인의 저작권에 귀속시킬 만한 연구 내용을 현저한 정도로 표절 또는 중복 게재한 것으로 의심되는 경우에 한한다.

제 35 조 (사후심사요청서의 접수) 게재 논문의 표절 또는 중복 게재와 관련하여 사후 심사를 요청하는 사후심사요청서를 편집위원장 또는 편집위원회에 접수할 수 있다. 이 경우 사후심사요청서는 밀봉하고 겉봉에 '사후심사요청'임을 명기하되, 발신자의 신원을 겉봉에 노출시키지 않음을 원칙으로 한다.

제 36 조 (사후심사요청서의 개봉) 사후심사요청서는 편집위원장 또는 편집위원장이 위촉한 편집위원이 개봉한다.

제 37 조 (사후심사요청서의 요건) 사후심사요청서는 표절 또는 중복 게재로 의심되는 내용을 구체적으로 밝혀야 한다.

제 2 절 : 사후 심사의 절차와 방법

제 38 조 (사후 심사를 위한 편집위원회 소집) 게재 논문의 표절 또는 중복 게재에 관한 사실 여부를 심의하고 사후 심사자의 선정을 비롯한 제반 사항을 의결하기 위해 편집위원장은 편집위원회를 소집할 수 있다.

제 39 조 (질의서의 우송) 편집위원회의 심의 결과 표절이나 중복 게재의 개연성이 있다고 판단된 논문에 대해서는 그 진위 여부에 대해 편집위원장 명의로 해당 논문의 필자에게 질의서를 우송한다.

제 40 조 (답변서의 제출) 위 제39조의 질의서에 대해 해당 논문 필자는 질의서 수령 후 30일 이내

편집위원장 또는 편집위원회에 답변서를 제출하여야 한다. 이 기한 내에 답변서가 없을 경우엔 질의서의 내용을 인정한 것으로 판단한다.

제 3 절 : 사후 심사 결과의 조치

제 41 조 (사후 심사 확정을 위한 편집위원회 소집)　편집위원장은 답변서를 접수한 날 또는 마감 기한으로부터 15일 이내에 사후 심사 결과를 확정하기 위한 편집위원회를 소집한다.

제 42 조 (심사 결과의 통보)　편집위원장은 편집위원회에서 확정한 사후 심사 결과를 7일 이내에 사후 심사를 요청한 이 및 관련 당사자에게 통보하여야 한다.

제 43 조 (표절 및 중복 게재에 대한 조치)　편집위원회에서 표절 또는 중복 게재로 확정된 경우에는 회장에게 지체 없이 보고하고, 회장은 운영위원회를 소집하여 다음 각 호와 같은 조치를 집행할 수 있다.

1. 차호 학회지에 그 사실 관계 및 조치 사항들을 기록한다.
2. 학회지 전자판에서 해당 논문을 삭제하고, 학회논문임을 취소한다.
3. 해당 논문 필자에 대하여 제명 조치하고, 향후 5년간 재입회할 수 없도록 한다.
4. 관련 사실을 한국연구재단에 보고한다.

제 4 절 : 제보자의 보호

제 44 조 (제보자의 보호)　표절 및 중복 게재에 관한 이의 및 논의를 제기하거나 사후 심사를 요청한 사람에 대해서는 신원을 절대적으로 밝히지 않고 익명성을 보장하여야 한다.

제 45 조 (제보자 보호 규정의 위배에 대한 조치)　위 제44조의 규정을 위배한 이에 대한 조치는 위 제17조에 준하여 시행한다.

부칙

제1조(시행일자) 본 규정은 2007년 11월 24일부터 시행한다.

제2조(시행일자) 본 규정은 2009년 1월 9일부터 시행한다.

제3조(시행일자) 본 규정은 2015년 10월 31일부터 시행한다.

학회지 논문의 투고와 원고 작성 요령에 관한 내규

제 1 조 (목적) 이 내규는 본 한국목간학회의 회칙 및 관련 규정에 따라 학회지에 게재하는 논문의 투고와 원고 작성 요령에 대하여 명시하는 것을 목적으로 한다.

제 2 조 (논문의 종류) 학회지에 게재되는 논문은 심사 논문과 기획 논문으로 나뉜다. 심사 논문은 본 학회의 학회지 논문의 투고와 심사에 관한 규정에 따른 심사 절차를 거쳐 게재된 논문을 가리키며, 기획 논문은 편집위원회에서 기획하여 특정의 연구자에게 집필을 위촉한 논문을 가리킨다.

제 3 조 (기획 논문의 집필자) 기획 논문의 집필자는 본 학회의 회원 여부에 구애받지 아니한다.

제 4 조 (기획 논문의 심사) 기획 논문에 대하여도 심사 논문과 동일한 절차의 심사를 시행하는 것을 원칙으로 하되, 편집위원회의 의결을 거쳐 심사를 면제할 수 있다.

제 5 조 (투고 기한) 논문의 투고 기한은 매년 4월 말과 10월 말로 한다.

제 6 조 (수록호) 4월 말까지 투고된 논문은 심사 과정을 거쳐 같은 해의 6월 30일에 발행하는 학회지에 수록하며, 10월 말까지 투고된 논문은 같은 해의 12월 31일에 간행하는 학회지에 수록하는 것을 원칙으로 한다.

제 7 조 (수록 예정일자의 변경 통보) 위 제6조의 예정 기일을 넘겨 논문의 심사 및 게재가 이루어질 경우 편집위원장은 투고자에게 그 사실을 통보해 주어야 한다.

제 8 조 (게재료) 논문 게재의 확정시에는 일반 논문 5만원, 연구비 수혜 논문 30만원의 게재료를 납부하여야 한다.

제 9 조 (초과 게재료) 학회지에 게재하는 논문의 분량이 인쇄본을 기준으로 30면을 넘을 경우에는

1면 당 1만원의 초과 게재료를 부과할 수 있다.

제 10 조 (원고료) 학회지에 게재되는 논문에 대하여는 소정의 원고료를 필자에게 지불할 수 있다. 원고료에 관한 사항은 운영위원회에서 결정한다.

제 11 조 (익명성 유지 조건) 심사용 논문에서는 졸고 및 졸저 등 투고자의 신원을 드러내는 표현을 쓸 수 없다.

제 12 조 (컴퓨터 작성) 논문의 원고는 컴퓨터로 작성함을 원칙으로 하며, 문장편집기 프로그램은 「ᄒᆞᆫ글」을 사용할 것을 권장한다.

제 13 조 (제출물) 원고 제출시에는 입력한 PC용 파일과 출력지 1부를 함께 송부하여야 한다.

제 14 조 (투고자의 성명 삭제) 편집간사는 심사자에게 심사용 논문을 송부할 때 반드시 투고자의 성명과 기타 투고자의 신원을 알 수 있는 표현 등을 삭제하여야 한다.

제 15 조 (출토 문자 자료의 표기 범례 등 기타) 출토 문자 자료의 표기 범례를 비롯하여 위에서 정하지 않은 학회지 논문의 투고와 원고 작성 요령 및 용어 사용 등에 관한 사항들은 일반적인 관행에 따르거나 편집위원회에서 결정한다.

부칙

제1조(시행일자) 이 내규는 2007년 11월 24일부터 시행한다.

제2조(시행일자) 이 내규는 2009년 1월 9일부터 시행한다.

제3조(시행일자) 이 내규는 2012년 1월 18일부터 시행한다.

제4조(시행일자) 이 내규는 2015년 10월 31일부터 시행한다.

韓國木簡學會 研究倫理 規定

제 1 장 총칙

제 1 조 (명칭) 이 규정은 '한국목간학회 연구윤리 규정'이라 한다.

제 2 조 (목적) 이 규정은 한국목간학회 회칙 및 편집위원회 규정에 따른 연구윤리 등에 관한 세부사항을 규정하는 것을 목적으로 한다.

제 2 장 저자가 지켜야 할 연구윤리

제 3 조 (표절 금지) 저자는 자신이 행하지 않은 연구나 주장의 일부분을 자신의 연구 결과이거나 주장인 것처럼 논문이나 저술에 제시하지 않는다.

제 4 조 (업적 인정)

1. 저자는 자신이 실제로 행하거나 공헌한 연구에 대해서만 저자로서의 책임을 지며, 또한 업적으로 인정받는다.
2. 논문이나 기타 출판 업적의 저자나 역자가 여러 명일 때 그 순서는 상대적 지위에 관계없이 연구에 기여한 정도에 따라 정확하게 반영하여야 한다. 단순히 어떤 직책에 있다고 해서 저자가 되거나 제1저자로서의 업적을 인정받는 것은 정당화될 수 없다. 반면, 연구나 저술(번역)에 기여했음에도 공동저자(역자)나 공동연구자로 기록되지 않는 것 또한 정당화될 수 없다. 연구나 저술(번역)에 대한 작은 기여는 각주, 서문, 사의 등에서 적절하게 고마움을 표시한다.

제 5 조 (중복 게재 금지) 저자는 이전에 출판된 자신의 연구물(게재 예정이거나 심사 중인 연구물 포함)을 새로운 연구물인 것처럼 투고하지 말아야 한다.

제 6 조 (인용 및 참고 표시)

1. 공개된 학술 자료를 인용할 경우에는 정확하게 기술하도록 노력해야 하고, 상식에 속하는 자료

가 아닌 한 반드시 그 출처를 명확히 밝혀야 한다. 논문이나 연구계획서의 평가 시 또는 개인적인 접촉을 통해서 얻은 자료의 경우에는 그 정보를 제공한 연구자의 동의를 받은 후에만 인용할 수 있다.

2. 다른 사람의 글을 인용하거나 아이디어를 차용(참고)할 경우에는 반드시 註[각주(후주)]를 통해 인용 여부 및 참고 여부를 밝혀야 하며, 이러한 표기를 통해 어떤 부분이 선행연구의 결과이고 어떤 부분이 본인의 독창적인 생각·주장·해석인지를 독자가 알 수 있도록 해야 한다.

제 7 조 (논문의 수정) 저자는 논문의 평가 과정에서 제시된 편집위원과 심사위원의 의견을 가능한 한 수용하여 논문에 반영되도록 노력하여야 하고, 이들의 의견에 동의하지 않을 경우에는 그 근거와 이유를 상세하게 적어서 편집위원(회)에게 알려야 한다.

제 3 장 편집위원이 지켜야 할 연구윤리

제 8 조 (책임 범위) 편집위원은 투고된 논문의 게재 여부를 결정하는 모든 책임을 진다.

제 9 조 (논문에 대한 태도) 편집위원은 학술지 게재를 위해 투고된 논문을 저자의 성별, 나이, 소속 기관은 물론이고 어떤 선입견이나 사적인 친분과도 무관하게 오로지 논문의 질적 수준과 투고 규정에 근거하여 공평하게 취급하여야 한다.

제 10 조 (심사 의뢰) 편집위원은 투고된 논문의 평가를 해당 분야의 전문적 지식과 공정한 판단 능력을 지닌 심사위원에게 의뢰해야 한다. 심사 의뢰 시에는 저자와 지나치게 친분이 있거나 지나치게 적대적인 심사위원을 피함으로써 가능한 한 객관적인 평가가 이루어질 수 있도록 노력한다. 단, 같은 논문에 대한 평가가 심사위원 간에 현저하게 차이가 날 경우에는 해당 분야 제3의 전문가에게 자문을 받을 수 있다.

제 11 조 (비밀 유지) 편집위원은 투고된 논문의 게재가 결정될 때까지는 심사자 이외의 사람에게 저자에 대한 사항이나 논문의 내용을 공개하면 안 된다.

제 4 장 심사위원이 지켜야 할 연구윤리

제 12조 (성실 심사) 심사위원은 학술지의 편집위원(회)이 의뢰하는 논문을 심사규정이 정한 기간 내에 성실하게 평가하고 평가 결과를 편집위원(회)에게 통보해 주어야 한다. 만약 자신이 논문의 내용을 평가하기에 적임자가 아니라고 판단될 경우에는 편집위원(회)에게 지체 없이 그 사실을 통보한다.

제 13 조 (공정 심사)　심사위원은 논문을 개인적인 학술적 신념이나 저자와의 사적인 친분 관계를 떠나 객관적 기준에 의해 공정하게 평가하여야 한다. 충분한 근거를 명시하지 않은 채 논문을 탈락시키거나, 심사자 본인의 관점이나 해석과 상충된다는 이유로 논문을 탈락시켜서는 안 되며, 심사 대상 논문을 제대로 읽지 않은 채 평가해서도 안 된다.

제 14 조 (평가근거의 명시)　심사위원은 전문 지식인으로서의 저자의 인격과 독립성을 존중하여야 한다. 평가 의견서에는 논문에 대한 자신의 판단을 밝히되, 보완이 필요하다고 생각되는 부분에 대해서는 그 이유도 함께 상세하게 설명해야 한다.

제 15 조 (비밀 유지)　심사위원은 심사 대상 논문에 대한 비밀을 지켜야 한다. 논문 평가를 위해 특별히 조언을 구하는 경우가 아니라면 논문을 다른 사람에게 보여주거나 논문 내용을 놓고 다른 사람과 논의하는 것도 바람직하지 않다. 또한 논문이 게재된 학술지가 출판되기 전에 저자의 동의 없이 논문의 내용을 인용해서는 안 된다.

제 5 장 윤리규정 시행 지침

제 16 조 (윤리규정 서약)　한국목간학회의 신규 회원은 본 윤리규정을 준수하기로 서약해야 한다. 기존 회원은 윤리규정의 발효 시 윤리규정을 준수하기로 서약한 것으로 간주한다.

제 17 조 (윤리규정 위반 보고)　회원은 다른 회원이 윤리규정을 위반한 것을 인지할 경우 그 회원으로 하여금 윤리규정을 환기시킴으로써 문제를 바로잡도록 노력해야 한다. 그러나 문제가 바로잡히지 않거나 명백한 윤리규정 위반 사례가 드러날 경우에는 학회 윤리위원회에 보고할 수 있다. 윤리위원회는 윤리규정 위반 문제를 학회에 보고한 회원의 신원을 외부에 공개해서는 안 된다.

제 18 조 (윤리위원회 구성)　윤리위원회는 회원 5인 이상으로 구성되며, 위원은 평의원회의 추천을 받아 회장이 임명한다.

제 19 조 (윤리위원회의 권한)　윤리위원회는 윤리규정 위반으로 보고된 사안에 대하여 제보자, 피조사자, 증인, 참고인 및 증거자료 등을 통하여 폭넓게 조사를 실시한 후, 윤리규정 위반이 사실로 판정된 경우에는 회장에게 적절한 제재조치를 건의할 수 있다.

단, 사안이 학회지 게재 논문의 표절 또는 중복 게재와 관련된 경우에는 '학회지 논문의 투고와 심사에 관한 규정'에 따라 편집위원회에 조사를 의뢰하고 사후 조치를 취한다.

제 20 조 (윤리위원회의 조사 및 심의) 윤리규정 위반으로 보고된 회원은 윤리위원회에서 행하는 조사에 협조해야 한다. 이 조사에 협조하지 않는 것은 그 자체로 윤리규정 위반이 된다.

제 21 조 (소명 기회의 보장) 윤리규정 위반으로 보고된 회원에게는 충분한 소명 기회를 주어야 한다.

제 22 조 (조사 대상자에 대한 비밀 보호) 윤리규정 위반에 대해 학회의 최종적인 징계 결정이 내려질 때까지 윤리위원은 해당 회원의 신원을 외부에 공개해서는 안 된다.

제 23 조 (징계의 절차 및 내용) 윤리위원회의 징계 건의가 있을 경우, 회장은 이사회를 소집하여 징계 여부 및 징계 내용을 최종적으로 결정한다. 윤리규정을 위반했다고 판정된 회원에 대해서는 경고, 회원자격정지 내지 박탈 등의 징계를 할 수 있으며, 이 조처를 다른 기관이나 개인에게 알릴 수 있다.

제 6 장 보칙

제 24 조 (규정의 개정)

1. 편집위원장 또는 편집위원 3인 이상이 규정의 개정을 發議할 수 있다.
2. 재적 편집위원 3분의 2 이상의 찬성으로 개정하며, 총회의 인준을 얻어야 효력이 발생한다.

제 25 조 (보칙) 이 규정에 정해지지 않은 사항은 학회의 관례에 따른다.

부칙

제1조(시행일자) 이 규정은 2007년 11월 24일부터 시행한다.

Wooden Documents and Inscriptions Studies No. 15. December. 2015

[Contents]

The Korean Society for the Study of Wooden Documents

- 「毌丘儉紀功碑」의 해석과 高句麗·魏 전쟁의 재구성
- 부여 구아리 319 유적 출토 편지목간의 이해
- 포항 중성리신라비 판독과 인명표기
- 律令 제정 전후의 新羅 官等
- 공주 舟尾寺址와 '阿尼' 명문석편에 관한 고찰
- 「성주사 낭혜화상탑비」의 '得難'과 '五品' 재검토
- 신라하대 寶林寺 금석문의 서체와 그 서풍
- 2013年秦漢魏晉簡牘研究概述
- 『大同類聚方』 典藥寮本과 고대 한반도 관련 처방

木簡과 文字 연구 14

엮은이 | 한국목간학회
펴낸이 | 최병식
펴낸날 | 2016년 2월 15일
펴낸곳 | 주류성출판사
서울시 서초구 강남대로 435
전화 | 02-3481-1024 / 전송 | 02-3482-0656
www.juluesung.co.kr
e-mail | juluesung@daum.net

책 값 | 20,000원
ISBN 978-89-6246-266-1 94910
세트 978-89-6246-006-3 94910